You create your own reality.

新時代系列

夢、進化與價值完成（賽斯書）

Dreams, "Evolution", And Value Fulfillment

Jane Roberts 著

王季慶 譯

〔新時代系列〕總序

王季慶

自九歲那年，我認眞地思考我是誰？我由那裡來？往那裡去？而引起了我的大疑大惑後，這些問題就一直潛隱於意識的某處，不時地困擾我。這半生踽踽獨行於「人生」的風景裡，我熱切地生活著，不肯放過任何景色。經過荒漠，吃過風沙，踏過荊棘也悠遊欣賞過各種美景：藝術的、科學的、感性的、知性的……心靈接觸到這些美景，自然是歡欣雀躍，但未曾解決的「終極關懷」(ultimate concern)的問題，總令我不安、恐懼和悲傷；繁花勝景的美，徒然牽動「花落人亡兩不知」的驚悚，眞是情何以堪！

經過對心理學和哲學的探討，對宗教的依附，心中隱隱然有所期待，卻又不太能抓住我到底在渴望什麼。十幾年前翻譯的《先知》，現在看來，已然透露出端倪。一九七六年接觸的「賽斯資料」，打破了我不少成見，也解答了我很多問題，雖然其中有很多理論是無法印證、甚至超乎想像的，我深心的「直覺」卻與之呼應。回國後，我勉力譯了幾本「賽斯資料」，同時自己也繼續鑽研中西哲學和佛學。那時，我並不知道有「新時代運動」(New Age Movement)，只是每次去美國必然泡在書店裡，找一些談形上學或心理學之類的書回來看。其中，在「雄雞」(Bantam)平裝書裡，有一些在封底印了男女二人手牽手的圖樣，下面寫「新時代叢書——對意義、成長和變化的尋求。」這標幟使我心動，開始注意所謂「新時代」的書。

這是在我已經看了許多屬「新時代」範疇的書之後才眞正了解「新時代」的意義，而且知道「賽斯資料」已經成爲其中的典範書。

「新時代」是指「寶瓶座時代」(The Aquarian Age)，西方神祕學認爲現在是一個轉型期，正準備進入「寶瓶座時代」。「寶瓶座」象徵人道主義。人類由追求社會的、物質的、科技層面的進步，將演進到注重「心靈」、「精神」層面的探索，找到超越人種、膚色、民族、國籍以及宗教派別的人類心靈的共通點，認知人類的「同源性」和「平等性」，從而達成「四海一家」與「和平」的遠景。

在這世紀末，「末世」的恐怖像烏雲一樣籠罩在許多人的心上，許多聲音警告我們：人類即將面臨滅絕的命運。但也有人預言，在動亂之後，廿一世紀將是個心靈的世紀。如果相信「你創造你自己的實相」（You create your own reality）——「新時代」的重要共識之一，那麼人類的前途，就靠大家的心靈共識展現出那一種的實相了。綜觀世界各地，極權國家對民主和人權的逐漸開放，大家對「和平」、「救災」、「非暴力」、「環保」等等攸關人類共同命運的觀念的關注，並付諸行動。可以說「新時代」的影響力正在逐漸擴大、加深。

「新時代」運動在歐美正是方興未艾，百花齊放，有關的書籍和傳播節目、工作室等琳瑯滿目，而各種靈媒、催眠師、「上師」(Guru）等正各擅勝場，其中層次自然是良莠不齊。去蕪存菁後，我只簡單地介紹幾個最好最有力的觀念：

一、**我們皆爲「神」的一部份**：傳統的「神」，是一種超越的「外力」，久性的、權威式的判官。「新時代」則倡導這個「一切萬有」、「宇宙意識」、「生命力」、「能量」爲一切的源頭、本體、本來就有、不生不滅、不來不去，而我們皆爲其一份子。大涅槃經說「一切衆生皆有佛性，一切衆生皆可成佛，」我們本質上是不滅的精神體，無形無相。這個「一切萬有」正如朱子在中庸導言裡所說的「放之則彌六合，卷之則退藏於密」。在「本體」未彰顯展佈爲「現象界」之前，在無時間無空間性中，它寂然不動時，是孕含萬有的「空」，它的創造力和夢化成了現象界。而我們那純心靈的部份進入到肉體，來體驗物質實相，心靈是不滅的本體，宇宙是「如幻如化」的現象。

陸象山說過「吾心即宇宙，宇宙即吾心。」又說「萬物森然於方寸之中，滿心而發」。

二、**你創造你自己的實相**：也就是「萬法唯心造」。我們都是自己命運的主宰，我們不必受外界任何權威的擺布，不能再怨天尤人，而必須對自己的一切負起責任。外界的一切，只是我們內心世界的投射，我們在此「自編、自導、自演」一齣齣的喜、怒、哀、樂、悲、歡、離、合的好戲。

三、**肯定人生的意義**：不虛無，不悲觀，把人生當作學習的過程，去面對我們自己創造的「實相」。人生提供了我們的心靈能直接體驗物質實相的機會，在錯綜複雜的人際關係和五光十色的現象界，我們發揮創造力、想像力，最要緊的是，入世的生活，使我們生出悲憫之心。純知性的思考必須加上人生經驗、沉思反省和直接的感觸才能釀成「智慧」。在人生的戲裡，又不可一頭栽進去地過份入戲，還得能「抽離」(detach)，作一個觀者，才能去除「我執」，才有希望了悟「無限心」。佛家所倡「悲智雙運」放諸四海皆準。

四、**道德的內在性**：沒有「天堂」和「地獄」。(除非你的信念造給你一個)。沒有「人格化的神」來審判你。道德不應是規律的道德(morality of rule)而是德性的道德(morality of virtue)。孟子說「仁義內在」，道德是無條件的無上律令，是無所爲而爲，不靠宗教的戒律或國家社會的規定。所謂「良知」就是我們內在的「神」，每個人只要反躬自省，都明白應如何做，這就是「自律道德」，肯定了人的「性善」，沒有原罪，也沒有永罰的恐懼。這對傳統基督教義下生長的西方人有非常的震撼力。罪惡感和恐懼只是人發明了來控制人的手段。天羅地網剎那間消失無踪，而人可以在喜悅、坦蕩中做個「自在的人」。

五、**心身健康是自然狀態**：現代醫學越來越發現人身體的疾病絕大多數起自心理的因素。「新時代」更有些人主張身體的自然狀態應是健康的，而疾病（disaease）來自心的不適（dis—ease），因此只要自己能改變，或在他人幫助下改變心理狀態，就可恢復健康。而西醫由「頭痛醫頭，脚痛醫脚」的支離狀態也漸進而注重整體（holsitic）治療。

六、**環境保護**：爲了人類的存續問題，爲了給我們及後代一個更美好的生活空間，人們開始覺醒不能只盲目地「開發」或短視地濫用天然資源。基於「愛生命」，便得負起自然界的協調者、保育者的角色。「我們的」地球的種種變化，如臭氧層的被破壞、森林的消失、氣候的失常、資源的濫用、污染的氾濫等等，幾乎都是全球的影響，需要人們共同的關注和努力，也促成了「地球村」的觀念。「愛生」與「惜福」當是「新時代」的特質之一。

七、無條件的愛（unconditional love）：「一切萬有」的本質就是無條件的愛，是在所有上面所說的那些概念之後的一個共通性。中國人說的天（乾）是陽性創造原則，地（坤）是陰性的滋育原則。西方宗教的「神」代表陽性的「意志」，即創造原則，而「聖靈」代表陰性的「愛」，即滋育原則。萬物都生自這陰陽的交感。「新時代」倡導「無條件的愛」，是基於我們的「神性」，及我們都是同源的兄弟姐妹。這不是「貪愛」，不帶私慾，不帶強迫性，不是「己所欲，施予人」；而是溫柔地接受，溫暖地關懷，並且是由愛自己開始。認識自己內在的「圓明自性」，因而自愛自重。把這愛擴而充之，像陽光一般地普照，無條件、無要求、無批判。這種愛是不虞匱乏，源源不絕的，而且給予即獲得(giving is receiving)，給得越多自己越富足。「無條件的愛」簡單的講，可說是to be and let be。

東方的儒、道、佛的傳統裡，都找得到與這些觀念暗暗呼應的說法。西方正統基督

東方的儒、道、佛的傳統裡，都找得到與這些觀念暗暗呼應的說法。西方正統基督教影響下的西方人，近年來從古老的西方神祕學和東方哲學、宗教裡重新挖掘、汲取精神的養份，而得到了相當高明的洞見。

胡因夢和我有志一同，盼望藉著介紹新時代訊息而把喜悅和愛帶給願意接受的朋友。「新時代」不排斥某種宗教，也不局限於任何組織、宗派。在曹又方和簡志忠的支持和鼓勵之下，我負起主編的任務，選些國外的好書以饗讀者，並商請國內的名家與我們分享一些人生慧見，願這系列像「愛的活泉」解了你心中的乾渴。我深深覺得我要帶給大家的就是「愛的訊息」，因我曾是個驚恐不安的孩子……當我了悟生命即光即愛（Life＝Light＝Love），就渴望去安慰每個猶在驚恐中的孩子。

目錄

目錄

卷二

譯序

王季慶

這是珍・羅伯茲生前口授的最後一本「賽斯書」，也是衆多賽斯書的愛好者引頸盼望了許久的巨著。

在我們台灣，「賽斯書」也擁有爲數不少的忠實讀者，他們一致的感受都是：賽斯書彷彿喚醒了他們內心長久以來已具的智慧與之呼應。然而，也有少數並未深入去咀嚼、感受且深思的人，卻批判賽斯書過於理性，而忽略了愛與直覺。其實，只要眞正去讀賽斯書，這種偏見就不攻自破了。因爲，讀賽斯書時，他們的腦往往並不能全然了解，更不能證明賽斯所言不虛，但他們的心卻明白它已找到了眞理的源頭和依歸！

本書提醒我們都應有「信心」，我們是安然偃臥於「一切萬有」的懷中。那也喚起了人之爲人對「一切萬有」的「無量光」、「無量壽」和「無量愛」的無限「希望」，以及對「一切萬有」的每一分子油然而生的「愛」。如在第九一二節裡說的：「……信、望、愛被附在已建立的宗教信仰上。反之，這些是基因的屬性。」

每本賽斯書都有些章節非常深入地談到肯定和愛，以及我們做爲人所承受的「恩寵」和「護持」。賽斯所言並非渾沌的濫情，而是說明了「愛」的來源和意義。

如《先知》裡倡言的，人應「以理智和熱情為你在航海的靈魂的舵與帆」，本書也提到：

●需要知性和直覺並用。（第八八三節）

●人的推理心是建立在一個直接感知上——一個推動他的思想，使得思想本身成為可能的直接感知！

●思想、感受與直覺的主觀屬性，是探查實相的第一手工具。（以上第九〇八節）

●當理智被教導以遠較不受限的方式去用其能力時，直覺與推理能力能以平順得多的方式一起運作……

●我會一直談到在直覺與推理能力之間的平衡，而我希望引領你們朝向那些能力的結合……使得兩者都被不可計量的加強了……

●我並不是提倡依靠情感高於理智，或其反面。（以上第九一四節）

此外，我想先節錄一些很新鮮而發人深省的段落以饗讀者：

●身體意識和動物意識一樣，都是「對年齡沒什麼概念的」，在每一瞬都是「年輕的」。（第

八九八節)

●大自然的魚蟲草木各自代表「地球」活化的一部分，而「人」則是地球在「思想」的那個部分——人以他自己的方式專精於世界之有意識的工作。(第八九九節)

●靈性上來說，人的「目的」是去了解愛與創造的特質，在知性上與心靈上了解他存在的源頭，並且懷著愛心創造他目前並不覺察的其他實相次元。(第九〇一節)

●單單是年紀本身從不會導致任何身體靈活度或心智能力或欲望的任何減退。(第九〇二節)

●既然你們有了現在的基因構造，你們有意識的意圖和目的便成了板機，啟動你們所需的不論什麼基因性或轉世性的因素。(第九一一節)

末了，我要特別感謝許添盛的精神支持和實際上做筆錄的幫助，以及陳建志熱心仔細的校訂以及在文字和編排上的寶貴建議。

卷一

賽斯語錄

（羅註：以下是當珍在與賽斯合作《夢、進化與價值完成》之前及當時，她從賽斯傳過來的那些課中的摘錄。）

「很不幸地，科學甚至捆綁住了它自己最具原創性的思想家之心智，因爲他們不敢偏離某些科學原則。所有的能量都包含意識。那句話基本上是個科學上的邪說，而在許多圈子裡，它也是個宗教上的異端。承認那簡單的聲明，的確會改變你們的世界。」

——摘自一九七九年七月十二日的私人課

「有時我覺得好像人們期待我去合理化生命的狀況，但其實它們並不需要任何這種合理化。」

——摘自一九八〇年一月十六日第八九六節

「基本上，意識與大小無關，如果眞是那樣，那麼，就需要一個比地球還大的球體去包含單單一個細胞的意識了。」

——摘自一九八〇年五月二十一日第九一七節

「以肉體活在你們運轉中的星球上，安全地偃臥於你們的黃昏與晨曦之間，你的存在被四季與自發性秩序之整體運作所支持。這是一件禮物，一份恩賜，一種精妙的喜悅。」

——摘自一九八〇年十一月二十六日第九二九節

珍的詩（附羅的評論）

（當珍在製作《夢》時，她因身心的病痛多所耽擱。最後，當她為本書傳到最後六節時，她為自己寫下了以下這資料：）

「在一九八一年十月二十三日星期五，我從賽斯那兒收到以下的訊息：『照料在你眼前的事。你並沒有責任去拯救世界或找到所有問題的解答——卻有責任去照料宇宙中屬於你個人的特殊一角。當每個人這樣做時，世界就在救它自己。』」

「同一天我寫下：

晨曦微露。
我爲什麼該躺在床上
憂心我的身體或這世界？
在時間被記錄下來之前
晨曦尾隨著黃昏

而大地所有的生物
都偃臥在他們時間之
可愛的架構裡。

「在寫了上面那首詩後，我感覺到一種信心——而體認到，如許多人一樣，我已變得害怕信心本身了。那是隱藏在我最深處的恐懼……」

賽斯序

私人課　一九七九年九月十三日　星期四　晚上八點四十分

（實際上，賽斯是以下一節，第八八一節，來開始他為本書《夢、進化與價值完成》的序言，那是珍在十二天之後口授的。我選擇先呈現這一節私人課，因為在其中賽斯提供了有關珍和我的某些資料，我認為那適用於所有我們透過課及書與他的合作，並且也適用於我們自己個別的創作生活。

我認為他今晚的資料是在說明珍是「通靈者」或「神秘家」，因為至少對我而言，這意味著在這次人生裡，她選擇盡其所能的穿透實相或意識的深度。

有許多讀者寫信問我們有關動物意識的問題，首先，我想以賽斯在九月十日第八七八節裡的資料做為一個部分的回答。

我們的貓，咪子，約在三週前動了卵巢割除手術，而另一隻小公貓，比利，明年將被閹割。珍和我覺得愧疚，因為我們剝奪了牠們在生命中的繁殖角色，也因為我們不讓牠們四處自由的亂跑。

第八七八節是在星期一晚上九點七分開始的——只在賽斯完成了《群體事件》之後五節，而在他開始《夢》之前三節。那天稍早我做了一個紙團給咪子玩，牠以快如閃電般的反射動作，一直把紙團在客廳裡拍來拍去，並且當珍進入出神狀態而開始講話時，牠還在珍的搖椅下玩。以下是那節的摘錄：）

晚安。

（「賽斯晚安。」）

看到你們咪子滑稽的動作，給了我一個藉口來開始今晚的主題：動物意識。

我想只藉著要你們質疑幾個被視爲相當理所當然的觀念來開始。

（停頓。）把人類永遠看作是自然的掠奪者，看作是大自然家庭破壞性的一員，甚或視之爲與自然分離而被給予自然做爲他的生活基地，多少是很時髦的看法。

把人看作……污染他自己的窩的生物多少是很時髦的，而我也並不姑息人在那方面的行爲。不過，還有其他的論題，以及很少被問到的問題。你們忽略（整體的）動物意識有其自己的目的及意圖。的確不錯，爲了人類的消費，動物在最殘酷的情況下被屠宰——因爲那時牠們只被當作食物來對待。

（停頓。）野牛不再像牠們以前那樣四處漫遊。可是，自有文明以來，有過上千種農場畜養的動物活了一陣時候，好好的被照顧了一段時候——這些動物通常若非因爲人對肉食「貪婪的」胃口就不會存在。人們往往以這方式考慮這個問題，卻很少想到，某種形式的動物意識選擇進入物質形體，某些動物族類被人珍視並且保護，或這些動物族類的意識與這樣一種（整體的）安排有任何關係。

你不能說這些動物在這交易裡占了便宜，但你可以說，人類和某些動物族類一同形成了一種安排……那的確對雙方都有利。人比他體認到的更是自然的一部分，而在更大的活動領域裡，人也無法採取自然界的其他成員不為了它自己的理由而同意的任何行動。

在此記住，好比說，我曾給過有關細胞的溝通，以及統合所有族類的廣大相互溝通之網的其他資料。當然，動物能與人溝通，而當然，人能與其他族類——與所有的族類溝通。這種溝通一直在進行，在這點上，人無法承擔對這種溝通變得覺察，只因為你們整個文化是建立在動物「天然的」附屬地位之上的。屠宰動物的人，無法承擔去對待那些動物為活生生意識的擁有者。

（在九點二十六分停頓良久。）在這一切之下有一個重要的統一，一種心靈的溝通，大地之活意識的一部分死亡，以確保所有的自然之持續生命。不過，當這禮物被如此地誤解，而奉獻者被如此糟地對待，這種自然的聖禮就完全變質了。

基本上，許多農夫愛動物本身，並且喜歡牠們的樣子——但「喜歡動物」本身並不特別被認為足夠陽剛。因此，在你們的社會裡，如果你喜歡動物，你不可以喜歡牠們本身，卻必須要有其他的理由。如果你想與動物在一塊兒，那麼，你必須變成農夫、獸醫、牧牛者或不論什麼……

許多動物喜歡工作及目的，牠們喜歡跟人一起工作。馬喜歡牠們對人類世界的貢獻，牠們了解牠們的馭者，遠比牠們的馭者了解牠們要多得多。許多狗喜歡做家庭的保護者。在人與許多動物族類之間有很深的情感聯繫，有情感上的反應。舉例來說，海豚對人類世界有情感上的反應；在一個農場裡的動物，對農夫的生活及他家庭每個成員的整體心理內容，都有情感上的覺察……

意識——任一種意識——是充滿了內容的。以某種說法，農夫的動物了解他是個接生婆，負責牠們的某些生育。食物來自他的手。動物自己了解任何物質的生命都會死亡——而物質的資產都必須回到它們所來自的大地……

（在九點四十五分停頓。）動物一點兒都不責怪人。如果做爲一個族類，你們眞的發現自己在與動物溝通的話，你們就會有一個全然不同的文化，一個的確會帶來一種最深奧的意識變革的文化。

你們曾很方便地忘卻了，你們從所有的動物那裡學到了多少。如我在以往的課裡曾提及的，你們從觀察動物行爲學到了許多醫藥：你們學到要避免什麼植物，而培養那些植物；你們學會浸入水裡去弄掉蝨子；你們藉由觀察動物學會社交行爲。到一個可驚的程度，你們一度能與動物認同，而牠們也一樣。牠們曾是你們的老師，雖然牠們並沒選擇你們的路。很明顯地，若非由於那些動物，你們不可能變成現在的樣子。

被馴養的動物有牠們自己的理由選擇這樣一種狀況。舉例來說，去認爲你們的貓（比利及咪子）理想上應該在戶外空曠處跑動是很正常的，因爲那是在野外的貓族會做的事。

在野外的貓族是在探索一種自然，但在那種自然裡，在環境中應運而生的自然的族群數目將會比現有的少得多，而你們的貓也不會存在。那麼當一隻家貓，較喜歡罐頭的精美貓食，而非老鼠或蚱蜢時，為什麼會好像反自然，甚至有一點變態？家貓是在探索一種不同的自然，在其中牠與人類意識有某種關係，這關係改變了牠那特定種類意識的實相。

你們的貓在屋子裡，在所有方面就與在外面一樣的生氣勃勃。牠們了解牠們與你們人類實相的關係，牠們喜歡對你們的生活有所貢獻，就如任何野生動物喜歡做為其團體的一部分一樣。牠們的意識倚向一個新的方向，揣摹觀念的邊緣，感受一個不同種的覺察之開口，而形成與任何其他意識聯盟同樣自然的意識聯盟。

（十點一分，現在賽斯討論一兩個珍和我的其他問題，而在十點二十七分結束此節。

以下是我前面提到過的九月十三日的私人課，我一直在期待賽斯開始口授《夢》。從他那兒我們得知「價值完成」是某種難以定義的價值之創造性發展，它增進了所有生靈——不論是否為人類——的生命**品質**，而那品質也不只是道德性的。

「我想我差不多準備好了……」在珍非常輕易的進入出神狀態之後，她的傳述非常的活躍且精力充沛，與賽斯開始說話之前她睡眼迷濛的狀態剛好相反。）

（帶著幽默：）評論。

（「好的，賽斯晚安。」）

（停頓。）在我們的課開始前，你們倆認為你們自己明確的是個作家——或不如說，是個詩人——以及一個畫家。我想要澄清一些要點。

一直到那時，你們主要與做個詩人及畫家認同，因為那些名稱彷彿最近乎切合你們的能力與氣質。魯柏的寫作令他與別人有所不同，而你的繪畫也令你有所不同。這些是創造力可被認出的有形證據，所以，你們與彷彿最適合你們的成分、特性及傳統認同。

到某個程度，你們有你們自己獨特的位置，雖然它們是比較不尋常的，卻仍可為社會所認可。你們並不知道有一個你們所屬更深、更老或更豐富的傳統——一個更古老的傳承，因為在你們的社會裡找不到有關它的暗示。自從我們的課開始以後，在不同的時候彷彿有過分裂性的衝突，舉例來說：魯柏是個作家或是個通靈者？你是個畫家或不是？你寫過的東西又如何呢，那些為我們的書而寫以及你有時計畫自己要寫的東西？

那種衝突只存在於創造力的整個觀念都被區隔化的社會裡，在其間創造過程常被視為導致明確產品的內在的生產線：一個在其中創造力本身的本質大半被忽略的社會，除非其「產品」達到特殊的目的。

今天魯柏在為《群體事件》寫的序裡，有關詩人之久被遺忘的能力及其角色的說法是對的。在詩人這名詞最深奧的意義裡，魯柏一直就是個詩人。因為詩人並不僅僅把字句串在一起，更用節奏與聲音、諧韻與疊句為方法，以形成他自己意識可以上衝的台階，而送出一個意識的「句型」。

（八點五十三分。）當早期的藝術家們試著去描摹大地的風貌時，他們希望了解創造力本身的本質。以我在我們下一本書裡（幽默而故意不在乎的）將描寫的方式，詩與畫是既具機能性又有「美感」的，但一向以來，詩與畫主要涉及的是人想了解他自己及其世界的企圖。藝術——在此特指詩與畫——的原始機能已大半被遺忘了。以那種說法，眞正的藝術家永遠主要是——再以你們的說法——通靈者或神秘家；他特定的藝術是他了解自己創造力的方法，也是探索宇宙廣大創造力的方法——而它也被用作盡他所能去展示他知識的一個容器或陳列櫃。

那是你倆都跟隨而且曾忠實跟隨的傳承，它有一個光榮的傳統。如魯柏從我這兒正確地接收到的，還涉及了我們將稱爲心理藝術的一組成就，而你們也捲入其中。

（對我：）我要你明確的了解，比如說，在你的寫作與繪畫之間並沒有、而且也不可能有衝突。因爲以最基本的方式，它們代表探索創造力本身的意義及源頭的不同方法。

以通常的說法，我給你們的課是那創造力一個新的延伸——但再次的，那延伸有一個古老的傳承。（再對我：）當然，你自己的寫作是藝術，它也是感知及了解創造力的一個方法，是個會自己再加倍學習的方法，而你有獨特的配備從一個最不尋常的觀點去發現領悟力。

好比說，探索你自己對我的感覺：這些年來它們是否有改變？我有多少是像我自己，或部分是珍，或部分是魯柏，或部分是你，或部分是約瑟，或不論是什麼？了悟到你是在你想要在的位置，並且了悟到你的能力並不彼此衝突，而你也不與那些能力衝突，這將自動以超越明確界定的一種新的整體創造力完成並發展所有那些能力。

現在：當魯柏開始信任他自己時，如他已開始的，身體的（關節炎的）盔甲就鬆了，而創造能力甚至變得更可得了。因此，他有了新的創造力以及他已採取的身體上的步驟，它們全都是一起發生的。

他相信創造性的自己的本質必須明確，所以它只可在某些區域被信任。他相信他需要建立起強烈的精神性以及肉體性屏障，以對抗他自己的自發性。他正開始了解，人格的自發性及創造性層面正是給予生命的那些層面，它們能而且必須被信任。他現在知道他並不必減緩下來，而鬆弛會導向「動」。

（九點九分。）他的確從我這兒收到在我們的新書裡將要涵蓋的主題的部分名單，那本書將被稱為《夢、進化與價值完成》。

（停頓。）當然，這書將必然包括談論創造力的眞實本質，以及它被文明所利用及誤用的許多資料。你並不需要掙扎才能信任你自己生命的衝力，那衝力永遠是要領你朝向你自己最佳的成就，且以一種也會利益人類的方式。

當你信任你自己生命的衝力時，你是永遠被支持的。告訴魯柏這點。

那麼，我要你倆在創造力的更大光照之下去了解那點，了解其眞正的意義。你們已採取了正確的路線，所以，從你們的腦海裡放掉任何留連不去的衝突及懷疑的想法。這樣一種立場會自動的清除涉及像稅、性別角色或不論其他什麼事的所有問題——你們兩人都是。

你倆正在學習創造力的本質，如其他極少數人曾做或能做的——而那一定會使新的創造架構成為可能，並且對那些只在較小的架構裡引起困難的情況提供新的解答。

你有問題嗎？

（「沒有。珍近來進步很大，而我非常高興看到她如此。」）

他應該——我是在預言，他將會。此節結束。

（「謝謝你。」）

祝你們晚安。

（「賽斯晚安。」）

（九點十六分，正當課結束時，珍迅速的回到她開始為賽斯說話之前的非常鬆弛的狀態，她的頭猛然的鬆垂下來。）

第八八一節 一九七九年九月二十五日 星期二 晚上八點五十分

（今天我太太再一次又非常的放鬆，事實上到了這樣的一個程度，以致她睡了好幾次。在她身上好像發生了許多有益的肌肉變化。在晚餐時我建議，如果她今晚有課的話，賽斯也許可以評論一下她目前這一連串的鬆弛。在八點三十分她把我叫出了我的寫作室。現在，她很緊張，因為她覺得賽斯準備要口授他本書的序了。）

（耳語：）晚安。

（「賽斯晚安。」我笑了起來。）

序：這本書將是我至今最具野心的作品。

也許有人會說，要寫下任何一本源自心理源頭的書，都需要雄心壯志，因爲這源頭離你們對創造力的一般概念是這麼的遠。舉例來說，要一個具肉身的人去製作一篇稿子是一回事——而甚至那種創造也涉及了從未出現在稿件上的廣大而隱藏著的心理運作。

如我大半的讀者所知，我並不宣稱我現在是一個具肉體的人。（停頓。）但我的確宣稱，在另一個存在的層面，我有個獨立的實相。我的身分及來源看似奇怪，只因你們對自己的來源了解得這麼少。今晚我開始這本書，我已給過書名，而珍．羅伯茲（在十二天前）已能感知部分將被包括在此的某些主題。不過，到現在爲止，具體的東西只有羅勃．柏茲寫下我說的這些話的紙張。

就時間而言，有天將會有一本厚書。雖然這稿子尚未以一本具體書的樣子存在，但那書本身、那概念及字句，以最要緊的方式說來，在現在就是十分眞實的。在所有各種的創作裡都暗示了某種特質，但卻普遍被忽視了，因此，它們是不明顯的。我們所涉及的這種創造性過程，能將某些那種特質顯現出來，並且闡明人類心靈通常一直隱而不顯的許多面貌。

我透過魯柏——或如你喜歡的話，透過珍・羅伯茲——說話。魯柏有他自己的創造能力，並且也把它們用得很好，而大半因爲那些能力，我們的接觸才（在一九六三年十二月）得以發生。科學家喜歡說，如果你向外看向宇宙，你就是向內看向時間。那個說法只有部分眞實，不過，當你向內經過心靈時，以你們的說法，你才的確開始「向內」朝存在的源頭推進。你的創造能力並不只容許你去畫畫，去說或寫故事，去創造雕刻或建築，它們不僅爲你們的宗教、科學及文明提供一個基礎，並且也是你們與存在源頭本身的聯繫。

（九點十分珍在出神狀態停了很久。）請等我們一會兒……（停頓良久。）你的創造能力首先提供了容許你去形成一個信念系統的力量。

（停頓。）現在：當你相信意識不知怎地是由死的物質浮出時，你就永遠不會了解你自己，而你會永遠在尋找生命採取了形體的那一點。你必然永遠會對宇宙的一種機械性誕生感到奇怪——而你自己的世界的確看來好像是由多餘的零件所造成，它們不知怎地剛好以這樣一種方式落在一塊兒，使得生命隨後出現了。

你們心中充滿了疑問，關於：形形色色的族類是在何時何地出現的？有些魚何時自海洋浮出，而學會呼吸空氣？而你也一定會奇怪：在這兩者之間的時間裡又發生了什麼？

舉例來說，有多少爬蟲試著長翅膀而失敗了或飛不起來——或，在第一隻勝利的鳥飛在大地風景的上方之前，又有好幾百萬的爬蟲試過多少次呢？有多少魚只形成了一半的肺就死了，只因牠們離水邊太遠而無法再度潛入波下？（現在，更熱切的：）或有多少魚拍鰭後退到水裡，而發現自己在這樣一個過渡階段，以致既無法再活在水裡，又不能呼吸空氣？

所以，以那種說法，在第一個哺乳動物以完整的肺安然站立，呼吸地球上古早的空氣之前，又有多少水居生物死去了呢？

科學家現在說，能量與物質爲一。他們必須踏出了悟到意識與能量及物質爲一的下一步。

（在九點二十二分停頓。）請等我們一會兒……那麼，在這本書裡我們將從另一個觀點看看宇宙的起源、物種的起源及生命的起源。我希望這個觀點將提供另一個架構，透過它，你們能了解並研究物質實相及你們在其內的角色，並且感受到連結每個個體與意識源頭本身龐大具創造性的錯綜繁複。

要做到這一點，我希望去探索一個更有意義的進化觀念（註一）——而那觀念必然涉及了對主觀實相及其在人類意識「進化」上的影響的討論。

宇宙並不源自你喜歡想成的一個外在的及客觀化的源頭。你自己物質的身體提供你結實的肉體肖像及外在的展示。舉例來說，你的夢不會突然代替你的容貌，而外在化於你的肖像上，它們一直隱藏著。你的夢出現在你自己心智的內在銀幕上。

我從不想要讓任何我說的話以這樣一種方式被解釋，以致看起來好像我在以任何方式否定物質存在的完滿、有效及莊嚴。不過，我的確想指出，你們通常稱爲作夢的狀態，只是事件的內在實相一個朦朧的指示（熱切的），是物質世界由之浮出的事件的內在秩序。我希望讓你們看，夢的本質曾如何幫助形成人的意識。我希望讓你們看，意識形成環境，而非其反面（帶著許多手勢）。

我希望讓你們看，所有的物種都被我所謂的價值完成所鼓動，在其中每個尋求爲它自己並同時爲所有其他族類增益生命的品質。

這進一步將所有的物種統合在一個合作性的冒險裡。一般而言，因爲你們的科學與宗教兩者向外投射到世界上的信念，這大半一直不爲人所見。所有你們最偉大的文明，全都先存在於夢的世界裡。你可以說，宇宙將它自己夢入存在。

（在九點四十分停了一分鐘。）請等我們一會兒……一般而言，醒時與睡時狀態，一直是你們主要關懷的意識的唯一層面，在你們看來彷彿這是你們進化過程的結果——但在地球上曾有過專門利用意識的許多焦點的文明，就好比你們是專注於工具的利用上一樣。

夢可以是極爲明確的，它們可被用以提供資訊的來源。在做爲人「進化性發展」的一部分上，以及在你們所認爲的現代生活裡的可能性上，我都希望顯示夢的實際重要性。答案在你最沒去找它們的地方。宇宙仍在被創造，正如在每個片刻每個人也是一樣。

（九點四十七分。）序寫完了。那應讓魯柏覺得好多了（幽默的），並且請等我們一會兒。讓你的手歇歇吧……請你打開那瓶酒好嗎？

（在給珍一點資料後，賽斯結束這節說：）我們又開始了一本新書，而我相信你自己活潑的心智會把有趣的問題帶到前方來。

祝你們晚安。

（「謝謝你，賽斯晚安。」）

（九點五十六分。）

註一：最近我買了兩本「科學特創論者」（scientific creationists）所寫的書，他們強烈反對進化的概念。很簡單的說，特創論者相信上帝在約一萬年前創造了宇宙（顯然包括了地球），他們主張自從那主要的創造事件發生之後，所有地球上的生物基本上並沒有什麼改變。舉例來說，他們可以解釋恐龍的消失，以及我們在周遭不再見到的其他數目龐大的生物種類。在另一方面，進化論者則相信宇宙在一百億到兩百億年前之間開始存在；地球本身則約四十六億歲；而按照化石記錄及其他的證據顯示，其有機體至少在三十五億年前便首次升起，而開始進化。不過，科學也相信，對「第一因」的研究，涉及了非科學的卻是哲學與神學的問題，例如我們自認如此熟悉的宇宙究竟爲何進入存在？而那個開始的**原因**又是什麼？

第1章

在開始之前

第八八二節　一九七九年九月二十六日　星期三　晚上九點十四分

（珍今晚又是頗為放鬆，但仍決定試試賽斯課。她正在閱讀我推薦給她的那本談「科學特創說」（scientific creationism）的書。她對那書的感覺既曖昧又怪異，她不只一次的說：「你必須小心那些傢伙，」她意指那些特創論者，「否則他們會牽著你的鼻子走。你必須不斷的思索，我每回只能看那麼多頁……」好笑的是，有人寫信給我們，對賽斯資料也抱持同樣的看法，但珍並沒提到這類的事情。

然而，除了和進化論（及一個古老宇宙的觀念）正面衝突外，特創論者的信念的確提出了一些在我們看來很有趣的問題。我這話並不指珍和我之所以支持特創論只是因為我們對進化論質疑。我們認為無論任何一種信仰系統，都太不足以對實相有任何精詳的解釋。

珍預期賽斯今晚會開始他的新書。當我們坐著等課開始時她說：「吔，在我腦子裡有有關這本書的句子，我正等他將它們安置好。」然後，他沒有稱以下資料為第一章、口授或其他就開始了。

（耳語：）晚安。

（「賽斯晚安。」）

現在。（長長的停頓，許多次之一。）宇宙昨天將開始；宇宙明天已開始。（The universe will begin yesterday. The universe began tomorrow.）這兩句話都十分的無意義，時式錯了，或許你們的時間感完全被攪翻了。然而，說「宇宙在某個遙遠的過去開始」，在基本上也是同樣的無意義。

事實上，先前的那兩個說法，雖然不合邏輯，但的確暗示了（停頓）一種現象，顯示出時間本身只不過是個創造性構造。時間和空間，以某種方式而言，是你們的宇宙家具的一部分。

對時間一刻刻的過去的體驗本身，是屬於你們心理上的房間，就和鐘掛在你們的牆上一樣。一旦科學或宗教要探索宇宙的起源時，他們會在過去裡找它。宇宙現在正在被創造。以你們的說法，創造在每一刻發生，而時間的幻象本身亦在現在被創造。因此之故，用一個時間性的方案——其本身起碼也是非常相對的——來尋找宇宙的起源，多少也是會徒勞無功的。

你們的現在，或當下這一刻，是個心理上的平台。似乎宇宙是以某種能量的最初爆炸開始（「大爆炸」論），而進化派卻不能解釋其原因。許多虔誠的人們相信一個神存在於一較大的實相次元，他創造了宇宙，而他自身卻在其外；他啓動了這創造。許多人跟隨上面那兩種信仰的其中一種，相信不論宇宙的來源爲何，這〔宇宙〕必然會耗盡其能量。已確立的科學十分確信，現在沒有能量可被創造或毀滅，而只會轉換其形式（如熱力學第一定律所述）。科學把能量和物質基本上視爲一體，只在不同環境下顯現出不同的樣子。

（九點三十一分。）以某種方式，科學和宗教兩者都在談一個客觀地被創造的宇宙。不是神「造了它」，就是在一個最初的能量爆炸之後，物質以某種不可解釋的方式形成了。而以一種尚未能解釋的方式，意識由那本來是死的物質中顯露了出來。

反之，意識形成物質。如我先前說過的，每個原子和分子有它自己的意識。意識、物質和能量是一個的，但意識發動了能量變成物質的變化。以那種說法，你們宇宙的「開始」，是意識擴展的一個勝利，即意識學會將自己轉譯成實質的形式。就與任何意念從你們所認爲的主觀性露出成爲實質的表現那樣，宇宙以同樣方式，但以不同的程度，露出成爲實質。

此書每一個讀者的意識，（以你們的說法）在宇宙形成之前即已存在，但那意識是還未凸顯的。你們和在宇宙形成之前的存在最接近的狀態——只是個近似狀態——是夢境。（停頓良久。）在開始之前的那個狀態，你們的意識不受時間和空間之限而存在，覺知廣大無垠的可能性。這是極難用言語表達的，然而，做這種表達的企圖是非常重要的。（停頓良久。）你們的意識是一個無限的原創性的創造過程之一部分。

因爲傳統宗教加諸其上的涵義，因此，我將故意避免用「神」這個字。在這整本書裡，我將一直試著解釋這神聖過程的特徵，我稱這過程爲「**一切萬有**」。**一切萬有**是如此的爲其創造物的一部分，以致幾乎不可能「分離創造者和被造物」，因爲每個被造物都不可磨滅的在其內帶著其源頭的特徵。

如果你曾以爲宇宙是遵隨著一個機械性的模型，那麼，你必須說這「宇宙性機器」的每一部分創造它自己，而在整個的「未來構造」中知道它自己的地位。你更必須說，個別的，那每一部分很樂意的由它自己的源頭中出來，剪裁得剛巧適合其地位；同時，那個別的源頭，也同樣密切的是每個其他個別部分的源頭。

我也並不是說宇宙是某個「心理機器」的結果，而是說，意識的每個部分都是**一切萬有**的一部分，並且宇宙以一種自發的、神聖的秩序落到一塊兒（**專注的**）——而意識的每部分在其內帶有對全體的不可磨滅的知識。

世界的誕生，代表一個神聖的心理上的覺醒。以你們的說法，在地球形成之前，每個參與物質宇宙的意識，都夢到過這樣一種物質的存在。以比你們的說法更大的說法來說，說宇宙尚未形成或宇宙已然消失是相當眞實的。然而，仍以更大的說法，事實上宇宙一直是以某一種的狀態存在著的。

對於宇宙的目的，你們最接近的了解，可以在你們對於自己孩子的發展的那種摯愛感情中找到，在你們要他們能充分發揮其能力的意圖中找到。

（**九點五十八分。**）你們最高的熱望能給你們一些模糊的線索，那和在你們自己最細微的行動背後的偉大創造性衝力有關。而你們自己最細微的行動之所以可能，只因你們已在物質世界中被給予了身體。你們已被給予了生命。在每一刻生命都被更新。你這麼安穩不費力的騎在生命的能量上，以致你有時渾然不覺。（停頓。）你並非被配備了一個定量的能量，然後就用完了，死了。再次的，反之，你是在每一刻重新被創造。

今天說得夠多了。本節結束，祝晚安。

（「謝謝你，賽斯晚安。」）

（十點二分，「那真夠短，但我不在乎，」珍在脫離出神狀態後說，「我想那就是今晚所有的了。若還有更多時，我不會像關上水龍頭那樣的停下來。」

「我可以假設那就是第一章嗎？」

「哦，好的，他一直沒說。好吧！明天我會畫畫，然後忘掉關於進化這整件事……」

但當我兩晚後（星期五晚上）在給這資料打字時，我可以註明說珍根本沒畫畫。反之，她繼續寫她自己的《珍的神》（God of Jane），她也看完了特創論的書。）

第八八三節 一九七九年十月一日 星期一 晚上九點六分

（耳語：）晚安。

（「賽斯晚安。」）

口授。這章的標題——我忘了給你們——是：〈在開始之前〉。

現在：你不能以科學證實（你們的）世界是被一位（停頓）發動此事，但卻把自己留在其領土之外的神所造。你也不能以科學證實世界的創造是偶發事件的結果——因此，你也不能證實我將告訴你的事，不能以通常的方式證明。

無論如何，我希望隨著我的解釋而給你們看某些暗示和線索，那可讓你們知道在哪兒找主觀的(subjective)證據。

首先，你透過你自己主觀的知覺過你的生活。我將試著在你自己意識內喚起那些事件的記憶，那是當世界在形成時，你自己的內在心靈密切捲入的事件——而雖然這些可能看似爲過去的事件，然而，即使現在它們也還在發生。

在宇宙的開始之前，我們將假設一個全能的、創造性的來源和存在。（停頓。）我們希望能證明這神聖的主體性（subjectivity）現在仍在你們經驗的世界裡，就如在宇宙的開始之前那樣。再次的，我稱這最初的主體性爲**一切萬有**。我正在試著說出一些觀念，那是幾乎違抗了知性的，除非那知性是徹底的爲直覺的力量所加強。因此，在你讀此書時，你將需要用你的心智和你自己的直覺。

一切萬有，在那開始之前，在它自身內包含了所有可能的創造的無限衝力。**一切萬有**擁有（停頓）如此宏偉的創造力，以致它最微渺的想像、夢、思想、感覺或情緒也獲得了一種實相，一種生機，一種強度，那幾乎必須要有自由才能做到。是來自何處的自由？去做什麼的自由？去成為什麼的自由？

那經驗，那主體的宇宙，那**一切萬有**的「心」（mind），是如此燦爛，如此分明，以致**一切萬有**幾乎迷失了，神遊於這不斷繁生、不斷成長的內在風景之內。每個心念、感覺、夢想或情緒本身，都蓋上了這無限主體性所有屬性的不可磨滅的印記。每個因其自己的創造力而發光、顫抖。

在開始之前，有個無始亦無終的內在宇宙存在著。我用「在開始之前」這句話，因為這樣你們較易消化吸收（舉例而言，那同樣無限的內在宇宙現在仍存在）。

（在九點三十一分停頓。）**一切萬有**在其內包含了所有的存在的知識，連同它們無限的可能性，而「一旦」**一切萬有**想像那些無數的境況，它們便存在於我所謂神聖的事實之內。

一切萬有只知其自身。它全神貫注於自己的主觀經驗，當它自己的思想和想像獲得它們自己的活力，而傳承了它們的主體創造者的創造力時，它甚至感到神聖的驚奇。〔那些心念和想像〕開始和它們的「造物主」有了一個對話（全都非常強調的）。

具如此宏大活力的心念開始想它們自己的心念——而它們的心念又想出心念。**一切萬有**，好像在神聖的訝異和驚奇中，開始傾聽，並開始回應這些心念和夢想的「世世代代」——因為這些心念和夢想彼此也是相關的。沒有時間，因此，所有這些「發生」於同時。事情的次序是被簡化了。於是，以你們的說法，同時，**一切萬有**自發的想新的心念，作新的夢，並捲入了新的想像中——而所有這些又牽涉到那些現在已歷無限世代而常存的互織互纏的心念和夢想（帶著許多手勢和很多強調）。

因此，除了這自發的創造，這同時的神聖覺醒之「流」外，**一切萬有**開始觀察他自己主體的子孫之間發生的交互作用。（停頓。）他傾聽，開始對一個心念或一個夢反應或回答。他開始有意的引發這些歷代精神的子孫所要求的那些精神的狀況。如果他以前曾寂寞過，他不再寂寞了。

你們的語言在此造成一些困難，因此請盡量無害的接受「他」這個代名詞。為了我的目的，「它」聽來太中性了，而為了一些稍後的區別，我要保留「她」這代名詞。當然，基本而言，**一切萬有**相當超越任何一類或任何性別的意義。於是，當**一切萬有**悟到它自己一再孳長的心念和夢，其本身渴望享受它們生而賦予的那些創造的更大禮物時，它（註一）開始感覺越來越大的壓力。

很難試圖把任何像人類動機那樣的東西指派給**一切萬有**。我只能說，它著迷於「需要」從它自己的存在去鍾愛地創造，去鍾愛地以這樣一種方式改變它自己的實相，以使每個最微渺的可能的意識都能進入存在（停頓良久）；它著迷於「需要」看見任何可能的意識的交響有機會去出現、去感知並且去愛的這種需要。

我們遲些將討論「愛」這個字在此處更圓滿的涵義，而這一章只是將來資料的大綱。

於是，當**一切萬有**的每一個無上的心念、夢、心情及感覺，緊繃在它們存在的邊緣上，尋找那當時未知的、尚未被發現及尚未被想到的釋放時，**一切萬有**開始覺知到一種創造性的騷動。我說的是，這種神性的子孫包括了所有在你們地球曾出現過或將出現的意識——全都溫柔的潛藏著：第一個人類，第一隻昆蟲——每一個對它發展的可能性都有一種內在的知識。**一切萬有**，愛它自己的子孫，而在它自己內尋求這神聖的難局的答案（全都很專注的，眼睛大睜而顏色幽深，帶著很多的手勢）。

（在九點五十七分停頓。）當那答案來到時，它涉及了先前無法想像的神聖靈感的躍進，而它如此的發生了：**一切萬有**遍覽它真正無數種的、不可置信的子孫，來看看這甚至更壯麗的夢，這個客體性的自由的夢，到底需要何種狀況？究竟要開哪扇門，才能使物質的實相從這樣一個內在的領域浮顯出來？以你們的說法，當然，當**一切萬有**把所有那些條件放在一起時，它在刹那間看到了那些客觀世界所需要的精神性創造物——而在它想像那些世界時，以你們的說法，那些世界就被實質的創造了。

然而，**一切萬有**並沒將它自己與那些世界分開，因爲那些世界是從**一切萬有**的心念裡創造出來的，而每一個皆有神聖的內涵。所有的世界都是被那神聖的內涵所造，所以雖然它們在一方面是外在的，然而在另一方面也是由神聖的東西做成的。而在你們宇宙裡每一個假設的點（停頓），在最基本的說法上，都是和**一切萬有**直接接觸的。在**一切萬有**的部分裡都有整體的知識——然而，**一切萬有**是比其部分的總和要更多的。

神聖的主體性的確是無限的，它永不能全然的客體化。當靈感的神聖火花爆炸成爲客體性時，當你們的和其他的世界被如此造出時，那兒的確是有一個不可想像的比例之爆炸。

第一個「物」(object)是個幾乎不可忍受的團塊，雖然它並沒有重量，而它爆炸了，立即在一瞬間便開始了形成宇宙的過程——但卻不涉及時間。你們可以想像要花掉無限長時間的那個過程在一眨眼間發生了，而**一切萬有**巨大的心念最初的客體性物質化爆成了實相。以你們的說法，這是個實質的爆炸——但對涉及那個突破的那些意識而言，它們體驗它爲一個勝利的「首次」靈感之狂亂，一個成爲另一種存在的突破（最專注的）。

當意識把它自己變成自然的許多面時，地球就出現了。原子和分子是活的、有知覺的——它們不再僅只是一個神聖的句法的一部分，卻正透過它們存在的本質而說出它們自己（手勢）；它們變成活的、有知覺的母音及音節，經由它們意識才得以形成物質。

但以你們的說法，雖然是被完全設計好了，但這仍大半是一個夢的世界。一般而言，這世界有所有你們現在已知的物種。這些全都與意識的衆多種類有關，它們吵著要被釋放，而那些意識被**一切萬有**自發的賦予了適合其需要的形式。因此，你們所認爲的那些個別化的意識，就生成到物質的界域了。那些意識在開始之前已然個別化了，但卻沒有凸顯出來。但個別化了的意識並非都是那麼大膽，它一開始並沒全然的把自己附著於其實質的形象上，卻常常在其「古老的」神聖傳承內歇息。以你們的說法，就像是，地球及其所有的生物都在半作夢的狀態，而不像現在那樣的貫注於物質實相之內。

（十點八分。）且說，當個人化的意識在**一切萬有**的巨大主體性之內時，除了它自己的獨特性之外，它享受一種有護持性的合一之感，一種知道它與其來源爲一的令人安慰的知識。因此，在〔你們的〕世界的開始，意識的起伏波動很大，一開始是輕輕的貫注，但並非十分像它最先的意圖看起來那麼完全的獨立。

你們曾有過「夢遊者」（註二），那是你們人類古老的成員，他們主要的心志集中仍隱蔽在那更早的主體性之後，以那種話來說，他們是你們眞正的祖先。

你累了嗎？

（「我沒有問題。」）

且說，早期人類必須依賴他偉大的內在知識。休息一下。

（十點二十三分，賽斯很突然的叫停。「是不是有隻貓在外面？」珍立刻問，環目四顧。比利，我們八個月大的小虎貓，睡在靠近我們的一張椅子上。兩分鐘之前牠開始發出一些我以前沒聽牠發出過的高階音，我暗忖那些噪音會不會打擾在出神狀態裡的珍——果然。但我不知比利的小伴咪子在哪兒，後來我發現牠被關在四邊圍著紗窗的前廊裡了。

珍說：「我不想失掉這資料。」她很快的回到出神狀態。在我試著寫筆記時，咪子開始在我身上爬來爬去，低聲嗚叫並摩擦我。在十點三十分繼續。）

所有的物種一開始都強調一個很主觀的取向，那是當他們學著在新的物理環境中操縱時極爲重要的。

（珍停下來，眼睛閉著。咪子仍在我懷中膩著。然後：）

此節結束。

（十點三十一分。「哦。」我驚訝的說。

珍說：「我告訴你怎麼回事。我本來正弄到更多的資料。我很有興趣去做，並且也知道來的是什麼，但像那樣子回去後我就得不到它了。」

我告訴珍這節很精采，是她最好的一節。我告訴她，這節引起了許多問題，但我不認為有人曾對我們的宇宙、我們的世界及我們歷史的「起源」處理得更好。

「在課前我得到了一些——關於在地球形成之前最先的那些人——你可稱他們為非具體的存有。但現在說出『實體的存有不能包容那麼多的意識』這句話像是很蠢。然而，我直到那節完了才知道，才真正的確定……哇，那真是個很好玩的情況，我真的很享受它……」她滿意的說。

但我必須承認我也吃了一驚。當我在記錄時，賽斯這麼快而強有力的透過來，我幾乎沒時間想到問題。我問珍，他到底想做什麼——把科學的宇宙起源理論「大爆炸」，說所有都發生於數十億年前，和特創論的學說，謂同樣的那個宇宙是近來的一個自發的、神聖的創造，合在一起？我們的地球及所有它的生物到底「進化了」沒有？可能有同時的進化嗎？〔我猜，此地我們又回到了「同時性時間」那個矛盾。〕賽斯即刻的「形成宇宙的開始過程」如何——不涉及時間——與地球上的化石相符合?他是不是在說宇宙的成長或進化是經由一連串的夢境?

我告訴珍,就我所知,原始的極度稠密的情況,或存有的不可想像的爆炸因而導致的宇宙的形成,是個直截了當的事件:一旦開始就一直繼續。舉例而言,在實質和非實質之間,沒有任何起伏變動或時開時關的平衡狀態。這理論是科學目前假設其宇宙創造的「標準模式」。

那麼,賽斯自己關於可能的宇宙與可能的地球之概念,又如何契入他今晚的資料——如我確信它們一定會的?我很快的看出我的問題可以一直繼續下去。我告訴自己賽斯的書才剛開始,所以我只好耐心的等待了。

咪子的親熱表演早已結束,而從我懷裡跳了下來,在珍和我談天時牠就不見了。)

註一:在此,賽斯顯然是在做實驗,因爲當談到**一切萬有**時,他立刻回去用「它」,而不用「他」。「它」也不見得全然令人滿意,但珍和我並沒質問賽斯此事:我們偏愛「它」,因爲它涵括了**一切萬有**之內的任何一種性別取向和機能(當在此節稍後,賽斯讀到**一切萬有**而用「他」時,我在記錄時以「它」取代了)。

註二:賽斯首先在《「未知的」實相》卷二裡討論到「夢遊者」——見一九七四年九月三十日第七〇八節。

第八八四節　一九七九年十月三日　星期三　晚上九點十三分

（今年秋天的氣候是不尋常的暖——溫暖並常有雨或霧，但在一年的這個時候卻極受歡迎。樹木似乎遠遠的落在時間之後；只在最近我們才看到它們葉子的第一波變色。在乾乾的蟄伏了一個長夏之後，草又開始長了。

昨晨，我第一次聽見此季的野雁南飛，但牠們在濃密的低雲之上，因此看不見。今天下午我聽到也看到了牠們，並且叫珍也來看——一個寬廣的、散開的、變動的人字型隊伍，消失在我們下方小城所在的山谷上。與下方的大片土地相形之下，雁陣顯得很脆弱，但這只是個幻象：就與地球上其他的每個存有一樣，那些鳥的每一隻都很知道牠在做什麼，每一隻都有能力去找出牠個別的價值完成。

在我們坐著等這節課之前的幾分鐘，我剛打好上週一晚上的課的記錄，而珍在她感覺賽斯來到之前剛好有時間看過：「好的，我準備好了……」）

現在：（微笑，然後小心地：）讓我們回到我們的故事或起源。

我們在一個特殊的秋夜坐在此處。透過魯柏，我顯然在口授此書，而約瑟坐在一個很特殊的咖啡桌對面的沙發上，記下我的話。

今年是一九七九年，而時間與日期的概念似乎不可磨滅的與（每個人的）心理混在一起了。你們能夠記得去年，而到某個程度可以回想你們生命的過去歲月。似乎是你現在的意識往回漫遊到過去，直到最後你不復記憶爲止——而在一個有意識的層面，至少你必須以第二手的證據來看你出生這件事，而很少人對這件事有有意識的記憶。

爲了我們討論的目的，我必須把這書多少放在時間的架構裡表達。我必須尊重你們的特殊性，不然你們不會了解我在說什麼。

（停頓，許多次之一。）因此，雖然這本書是在時間的傳統裡口授的，但我必須提醒你們，基本上那個傳統不是我的——更有進者，基本上，它也不是你們的。

於是，我用「在開始之前」這名詞，而我將依某種順序談地球的事件。然而，以最深的說法，頗使試圖單獨運作的知性蒙羞的是，開始即現在。因爲那神聖的主體性的同時性性質，所以那神聖的主體之決定性的爆入客體性永遠在發生中，而你們在「每一刻」都被給予生命。

（停頓。）我們依然稱我們的下一章爲〈在開始之時〉，把某些事件以順序的形式羅列給你們。我希望在此書其他部分的某些精神練習，會容許你們躍過傳統的時間架構，而以統合的知性及直覺，感覺你自己個人存在於一個「廣闊的現在」的那部分，這廣闊的現在是大到能包含所有時間的片段的。

第2章 在開始之時

第二章：〈在開始之時〉。

再次的，以你們的方式來說，能量等於意識等於物質；而以那種方式（界定是必須的），意識是那個原動力，指揮能量轉變爲形式，形式轉變爲能量。你們發現或想像的所有可見或不可見的粒子——意指假定的粒子——都擁有意識，它們是能量化了的意識。

在能量本身之內有某些與生俱來的特性，而既然你們到今天仍不視能量爲有意識，因此那與你們對它們的解釋有相當的不同。

（九點三十五分。）最重要的是，能量具有無限的創造性、發明性及原創性。能量具有想像力（任何在讀這本書的科學家可以在此止步）。我並不是在把人類的特性歸於能量，反之，你們人類的特性是能量的特性的結果——一個相當重要的不同點。以你們的說法，你們所認爲的空間是充滿了看不見的粒子的，它們是物質實相未言明的部分，是你們的世界存在於其中的未凸顯的介質。然而，在那方面來說，原子和分子是言明的，雖然你們用（未得儀器之助的）肉眼看不見它們。造成原子和分子的較小粒子變得「越來越小」，最後終於逃過了任何一種物理儀器的檢驗，而這些粒子有助於聯結未凸顯與已凸顯的實相之間的間隙。

為了這個對（你們的）世界之開始的討論，我暫且（註一）只管已知的特質——原子和分子。在一開始，原子和分子想像實質上可能的無數形式。它們想像數不清的細胞可由它們自己的合作創造中升起。能量是無止境的、豐富的，它們不知什麼是限制（全都專注的）。以那種說法，原子將細胞夢成物質的存在——而由那物質活動的新門檻，細胞的意識夢著那可從這無法形容的冒險浮出的無數組織。

再次的，實際上所有這一切即刻發生。然而，包含在其中的心理經驗的深度是無法測量的，因爲這涉及了一種價值完成，而每一個意識都涉入其中。那價值完成的特性，恐怕是**一切萬有**這存在中最重要的成分，而且也是一切物種的傳承的一部分。

價值完成本身是最難形容的，因爲它把一個有愛心的靈（presence）——一個對自己的神聖繁複性有著天生知識的「靈」——的本質，和一個無限大的創造能力合在一起，而這靈試想把它自己倒轉的繁複性最微渺、最遙遠的部分也帶到價值完成。轉譯爲較簡單的話，能量的每一部分被賦予了一種與生俱來的創造性，而試圖以所有可能的變奏完成它自己的潛能——並且在這樣一種的方式下，以致這樣一個發展，也更促進了實相的各個其他部分的創造性潛能（全都非常強調）。

那麼，以那種說法，在開始時有個幾乎不可想像的時期，那時，有活力的意識用它自己的創造能力，它自己的想像力，以勝利的喧囂做著實驗，試過一個又一個的形式。以你們所想到的用語，沒有什麼東西是穩定的。如你們所想到的意識轉成了物質，而又轉成純粹能量，然後又再回頭。（在九點五十六分停頓。）主體性仍大半在當家。就像個初次離家的少年，個人化的意識也多少會想家，而常常回到家園——但逐漸增加了信心，而最後離開去形成一個（宇宙）。

且說，因為**一切萬有**在它自己之內包含了如此全能的、豐饒的及神聖的創造特性，它主觀經驗的所有各部分全都獲得不可形容的確實性次元。舉例而言，**一切萬有**的思想不只是像你們可能有的那樣只是思想，卻是至上的、多重次元的精神事件。那些事件很快的發現，如果它們想要進入客體性的話，必須要有個變形（停頓）——因為沒有客體性之本身能包容存在於神聖的主體性之內的主觀性事件的全體實相。而只有在那範圍內，它們相對的完美才得以維持。可是，它們卻在開始之前渴望其他的經驗，甚至渴望一種不同性質的價值完成。它們感覺有一種價值完成，要求它們應用到它們自己的創造能力。它們渴望去創造，如它們被創造了那樣，而**一切萬有**在一種神聖的困惑裡，還是悟到了這一直就是它自己的意圖。

（停頓。）**一切萬有**明白了這樣一個分離也可容許你們（停頓）產生一種不同的神聖藝術，在其中創造者自己創造，而它們的創造物也創造，把存在帶入確實性。那些存在卻正因為在創造者與受造物之間似乎有一個區別才可能存在。因此，**一切萬有**是在意識的每個最小的部分之內。

然而，意識的每個最小部分能獨特地創造，將**一切萬有**偏離中心的（eccentric。註二）版本帶入存在。以某方式而言，若無此分離，**一切萬有**是無法造出東西的。對最微渺的可能意識和凸顯，給予摯愛的護持，摯愛的鼓勵——那即**一切萬有**的意圖。

（停頓良久。）**一切萬有**知道，即使這個目的也是一個更大目的的一部分。就時間而言，那個目的的實現，將使另一個極重要的主觀性靈感爆入客體性，或爆入另一個形式。然而，以更深的說法，那目的現在也已知道，而整個的宇宙多少在夢著它，就如一度分子意識夢著它可能「形成」的器官。

（十點十五分。）我要強調，我在此所說的不是關於一種靈性的進化，而是一種擴張。然而，我們暫且將討論限制在世界開始時的意識，強調物質生命的第一個基礎大半是主觀的，而作夢的情況不只有助於形成你們人類的意識，而且，以那種說法，也用來給人對他的物質環境提供一個穩定的情報來源，並且在所有各物種間用為一個內在的通訊網。

口授結束。

（十點十九分。）等我們一會兒……提醒我在下一節討論那些主觀的存有（entifies）學習如何把自己轉譯為實質的個人。

（衷心的：）口授結束，此節結束。衷心祝你們晚安——

（「謝謝你。」）

——我欣賞你們小房間（珍的寫作間）安適的特殊性質，在山邊的房子裡，偎依在實質的巢窩，這特殊的街道和小城之中。尤其是當我們在討論這麼複雜的題目時——這題目似乎頗為浩瀚，但它卻正是在討論你們是如何能感知到這特殊的夜晚的。

我最衷心的祝福——晚安。

（「賽斯，謝謝你，晚安。」）

註一：在十六年前的第十九節裡，賽斯就說過：

「你們的科學家可以數數他們的元素……那是說，他們會創造及發現越來越多的元素，直到他們快發瘋爲止，因爲他們永遠會創造真實的（非物質）東西的（物質）『偽裝』。而當他們創造儀器去處理越來越小的粒子時，他們事實上會看到彷彿無止境的越來越小的粒子。

「當他們的儀器更遠地探入宇宙時，他們將『看見』越來越遠的東西，但他們會自動地將他們明顯『看見』的東西轉變成他們熟悉的偽裝模式。他們會是他們自己的工具的囚徒。

「特別設計來測量科學家所熟悉的振動的儀器，將被一再的重新設計。最後，這些儀器將發現各種各樣彷彿不可能的現象，直到科學家們了悟到有些事情錯得一塌糊塗了。那些儀器是預備用來捕捉某種偽裝的，而既然它們是被老練地想出來的，它們將會盡到它們的作用。我不想涉入得太深。不過，那些儀器本身自有辦法將你們不了解的資料轉變爲你們能了解的說法。科學家一逕在這樣做。」

另外，見《「未知的」實相》卷一第六八二節。

註二：我一直很喜歡珍在談到意識的任一部分能創造它自己的新版本時，用到的「偏離中心的」

這個字：她在字典上對「eccentric」的意思：不尋常、怪異或不從俗的之外，又加上了她自己原創性的詮釋。

珍在一九七四年十月，在她第一次有意識的經驗到她的「心靈圖書館（psychic library）之後，開始談到「意識之偏離中心」，而在接下去的一次超越的經驗裡，她突然開始看見在她周遭的世界的每個部分——例如，每個人、每座房子、每片草葉、每隻鳥——的偉大「模型」；我們平常的世界相形之下突然顯得相當寒酸了。珍寫道：「每個人都是個典型，然而，每個人卻也是個奇妙的怪人（eccentric）……我看到我們每個人都是個可愛的怪人，不僅是因爲我們都有『自己的』內在模型，並且也有自由去偏離它們，這一切都使得這『模型』活了起來，而且有創造性。」

第八八五節 一九七九年十月二十日 星期三 晚上九點二十分

（自從三週前的第八八四節之後，已過了五個定期課的日程；我們錯過了其中四個，但在十月十日的確有次私人的或刪掉的課。我們很忙，珍努力寫她的《珍的神》，也寫了一些詩（有些是談轉世的，我計畫當賽斯在這書中談到那主題時，把它們呈現出來）。十月七日星期日那天，珍第一次看到蘇．華京斯的《與賽斯對談》——她寫的關於珍以前教的ESP班的書的稿子。那件工作結果比珍想像的長了很多，蘇還有幾章要寫。兩位女士花了一天閱讀手稿，我也有機會看了一些。蘇後來笑著承認，她本來有些緊張，想像珍或我可能有的各種不好的反應——但她做得很好。她有全然的自由以她自己的方式寫《對談》。次日，珍開始為她將為那本書寫的序打草稿。

上個週末晚上，我們與一位從紐約來的心理學家有個很有意思的會面。我們的訪客錄下了賽斯辭藻豐富的資料，他答應寄一份謄本給我們。

今天珍又寫了三首精采的小詩，我希望有一天能予以出版。

然後，今晚珍開始寫關於我們的貓，比利和咪子的「一篇有趣的東西」，牠們是十個月大的一對兄妹：「在最初，比利和咪子還都不是貓咪呢，只是想要做小貓的一點雲和天。也還沒人知道貓是什麼，因為上帝還沒造任何的貓。如果不是為了比利和咪子，也許貓根本不會存在……」這故事是起源於她滑稽的稱呼咪子是來自上天的禮物；我告訴她，這故事可以成為很好的童話。在今晚她寫的幾頁裡，珍以十分幽默的方式展示她的東西，令人回想到她的第二本關於「七號」的書，《超靈七號更進一步的教育》，和她的《艾瑪兒》，卻又不同。

在最後一刻，珍令我驚訝的問我要不要上課；我以為因為她對自己一般性的不滿，她會不想上課。賽斯沒稱此節為書的口授，但它確然適用於此書。而在一開始他談到珍今天容許她自己享有的創造自由——雖然似與她有意識的焦慮抵觸。）

（耳語：）晚安。

（「賽斯晚安。」——）

幾句題外話。魯柏忘了擔心，因爲「他不是在工作」，他自然的遊戲的創造力就冒泡泡的升到表面，而今天他寫了詩。不過，詩並不適合他目前對工作的想法，因此，那精采的創造力幾乎不算數。

以某方式而言，宇宙以今晚魯柏的故事開始的同樣方式開始：以創造的欲望——出自歡喜，而非責任感。

我們目前書裡的許多概念，將使科學家用非常懷疑的態度看待，雖然，當然其中有些人會理解我將說的話。這對你們而言必然很尷尬，因爲（停頓）最深的眞理無法被實質的證明。（停頓。）科學慣於問十分明確的問題，而如魯柏近來寫的（在《珍的神》裡），科學通常有明確的答案——縱使那些答案是錯的（帶著些幽默）。

不過，「錯的」答案能彼此切合，而展示一個完美的畫面，其自身是一個很棒的構造——爲什麼不呢？因爲任何不適合這構造的答案就被丟開了，永不出現。因此，以某方式而言，我們在處理科學丟開的東西。那麼，我們最後展示的畫面必然不會適合已確立的科學。

但是，如果那種性質的客觀證據被認爲是證明事實的優先條件，那麼，如你們所知，科學同樣也不能證明它對「宇宙」起源的看法。它只建立了一個假設，那假設在其四周收集了所有與其相合的資料，而再次的忽略了那些不切合的。更有進者，科學的課題在人心中沒有找到一個呼應的肯定；事實上卻喚起了最深的反感。因爲在心裡，人很知道自己的價值，並且明白他自己的意識不是個意外（註一）。那麼，心靈，在自己內擁有一個內在的肯定，這肯定激勵肉體的出現，這肯定使人們不至於被他自己的心理構造物完全蒙蔽（全都很強調、很快的說出）。

（九點三十三分。）更有進者，在人的意識內有個很深的、主觀的、純潔無瑕的有見識的標準，他最終用之以判斷他那時代的所有學說和信念，即使他的理智暫時被卑陋的教條所淹沒，他內在的完整卻永不會被愚弄。

人有個部分**知道**。當然，縱令肺或消化過程不閱讀關於身體「機構」的有學問的論文，那部分也會出生而長大成熟。因此在我們的書裡，我們希望能在不論從事哪一行的讀者之內，喚起一種主觀的證據，一個概念和存在之間的共鳴。許多人寫信來，說不知怎的，他們感覺好像從來就對我們的資料很熟悉似的——他們自然如此，因爲這資料代表在每個個人內的內在知識。（停頓。）以一種方式而言，創造性的遊戲是那形成你們宇宙的遠爲偉大的特性之人類版本。對你們自己實相的本質，有各種各類確定的、甚至明確的主觀證據——你們明顯可見的證據，只要你們一旦眞正開始尋找它，尤其是藉由比較你的日常生活和你的夢中世界。

換言之，主觀的遊戲當然是所有創造的基礎——但遠勝於此，它還是主觀和客觀實相的偉大內在遊戲的主因。

你們的朋友（那心理學家）懷著所有應有的敬意，及最善良的意圖，但卻搞錯了對象。他對他的價值測驗非常熱心，而他的熱心才是重要的。然而，主觀心智的本質永遠不會對這種測驗開放。

那測驗比什麼都更代表一種機械的心理學，就好像你能把人類的價值分解爲一種心靈的原子和分子組成的合邏輯的字母。那是一個很好的嘗試（幽默的），但卻代表了心理學想使一個很差的假設有意義的最佳嘗試。

當然，你可以隨你的意思去做（關於做那個測驗），但我們的主要目的是超越心理學的界限，而非在現有的心理學花圃裡小心翼翼的走。

至於魯柏，他因爲合同及外國的糾紛之故，變得對工作過分憂心。如果你們能理所當然的認爲所有這些問題都會創造性的依你們的利益獲得解決就好了。他對放鬆仍有些害怕，那使他感覺有罪。可是，他的身體在響應。因此，讓他記住，創造是遊戲，而當他容許他的心放掉其憂慮時，創造力會不斷顯現出來。

你有問題嗎？

（「我想沒有。」）

你做得很好，而你（為《群體事件》）所寫的註，正以自己的規律組合起來，就隨它們去吧。

我祝你們晚安。

（「賽斯，謝謝你，也祝你晚安。」）

（九點五十七分。「他就在那兒。」珍帶笑說，「那很好。」

來訪的心理學家留給我們兩套賽斯提到的測驗。在我們與他見面的期間，珍拒絕填那測驗，而現在也無意去做。甚至我們的客人也說那測驗是非常實驗性的；我相信他的一個同事實際上發明了大部分的測驗。我認為他們（也許無意的）採取了負面的導向——那是說，受測的人必須從一系列多少是負面的可能性裡做選擇，按照他個人的信念系統將明確的選擇排出順序。

顯然，賽斯沒實現上一節尾他所做的聲明：「提醒我在下一節討論主觀的存有學習如何把它們自己轉譯為實質的個人的事。」不過，今晚我也沒問他。珍也沒提這事兒。當課的常規被打斷時，這種疏忽很容易發生——當我們在一次中斷時變得關心其他的事時，我們很可能沒那麼注意到某一節課。當賽斯真的傳述剛才講的那資訊時將會是非常有趣的。）

註一：至今，物理界幾個世界頂尖的科學家們已公開聲明，他們相信基本上意識在我們的世界或宇宙裡扮演著主要的角色。爲了在此無法詳述的太複雜的理由，甚至某些數學家也贊同此種觀點，而試圖穿透到我們實相的核心。

可是，有一個大膽到足以這樣想的科學家，就有二十個堅決反對的科學家。就大多數科學的唯物論者而言，只有物質的東西是眞的；對他們而言，意識只不過是一個表面現象，是大腦的生理學及化學事件的消極的副產品而已。他們相信身體的死亡是一切的結束，而一切終究是無意義的。他們輕蔑的稱他們反叛的同事爲「萬物有靈論者」(animists)——相信所有的生命形式及自然現象有一個與實質物體無干的精神性起源（這種異教者也被稱爲「生機論者」(vitalists)，一個與萬物有靈論者有關的名詞，而長久以來為科學家所輕視）。

珍和我常常對此處顯然的矛盾感到好奇，因為唯物的科學家除了用心智——或意識，那可憐的表面現象——來研究並分解物質之外還能用什麼？（更別說那不可計數的實驗證明了「物質的東西」根本不是堅固的或客觀的，卻「只是」能量！）那麼，我們有了心智否認其自己的實相，更別說其重要性的弔詭了。就我們所知，人類在地球上是唯一認眞從事此種徒勞無益的行為的生物。我認為很諷刺的是，唯物論者花了許多年的工夫獲致他們專精的教育及名望，而他們隨之用這兩者來告訴我們所有努力（當然也包括他們自己的）終極的無意義。但對唯物論者而言，心腦二元性在正統的說法並不科學，但它也並非可被偽造的；那是說，並不能說在什麼精確的條件下心腦二元性能被證明為誤。我們同樣可以理解，那些接受心智的實相的科學家們對上面那些話的回答是，「只有『物質的』東西才是眞的」的概念也無法被證明為誤。

且不論賽斯對於其他可能的實相，甚或人類在地球上的起源曾說過或可能會說什麼，我認為在歷史的這個階段，任何人——不論是否為科學家——要敎條式的聲明說生命是沒有意義的，或是個鬧劇，或我們在此時只能精神性的理解有關我們實相的屬性並不眞的存在，都是極危險的。在「未來」的發現，很可能會證明這種局限性的觀點是錯誤的。科學的歷史本身就包含了許多學說與「事實」出了差錯的例子。更有進者，我們人類為什麼會想依賴像表面現象這樣脆弱的觀念來理解我們的實相呢？的確，我們對我們自己可能實相之個人及集體的無知，在我們線性歷史的這個時候是最嚴重的。如果最終因爲人類無休止的對意義的追求，我們最後也沒以一種官方的方式回到我們對每件東西——有生命或無生命——內都有靈的古老觀念的話，珍和我也不會訝異。這樣一個最新版的萬物有靈論或生機論的觀點，會將從次核子事件，一直到在可觀察到的宇宙裡可想像的最大的天文現象之發現，都包括進去。人類**的確**知道他們自己的價值，如賽斯在這節裡聲明的。

近來，珍以她自己的方式評論這些問題，她所說的將出現在《珍的神》後面的某一章裡：

「無疑的，我們需要相信生命有意義。那個信念很可能是一個生物上的必要。如果我們是如科學所主張的——只是在一個本身被機率創造出來的宇宙裡，被無心地組合的元素所形成的生物，到處被混亂包圍著——那麼，我們又如何可能產生意義或秩序的概念呢？

「科學會說意義的概念本身只不過是大腦狀態的一個反映，就如我們意識的幻象也一樣。但一個不尊重意識的科學，結果必然會創造它自己的幻象，它無視於經驗的實相和存在的證據，而在如此做時，它否定而非加強了生命的價值。」

第八八六節　一九七九年十二月三日　星期一　晚上九點二十分

（自從賽斯於將近六週前的最後一個定期課（第八八五節）傳過來後，我們只上了三節私人的或刪掉的課。我真希望我能在這兒展示那些課，在其中賽斯給了我們很有價值的資訊——不光是關於我們自己（包括珍的多少不健全的身體狀況，她的「僵硬」），還關於在我們的內在和外在實相，或如他稱之為架構一和架構二之間經常發生的無數交換。那部分的資料有些是個人性的，但大半是普遍性的。

在後記中，我提到珍的第二本詩集的想法，她在主題上已進展到一個程度，以致賽斯能在十一月二十一日說：「愛的詩集是個好主意。」到現在，珍想要在那集子裡包括我們自一九五四年二月相遇以來，多年來珍贈給我的一些詩。上個月她打電話給譚·摩斯曼談這本書，他們討論書可能的標題，但珍還沒有喜歡的。

在後記中，我也寫過關於三哩島和瓊斯鎮或伊朗事件所掀起的宗教意識和科學意識的偉大盛放：我認為它們一旦生出便會繼續長大，似乎它們自己有生命似的。自第八八五節後，珍和我一直看著這些效果穩定地增長。現在，我們國家對三哩島意外的最初關切已大到包括浮塵的問題，關於我們為何在靠近龐大的人口中心建了這麼多核能發電廠；當一個嚴重意外發生時，要在那些地點實施一個大規模的疏散，似乎是暴露出一連串無法克服的挑戰。

至於伊朗，在一九七九年二月時，一群馬克思主義暴民領導的伊朗游擊隊，在該國首府德黑蘭占領了美國大使館，暫時俘虜了七十餘位美國人。我說這種情形可能會再度發生——果不其然：在十一月四日，伊朗學生攻擊美國大使館區，抓了六十三個人質；另三個則被監禁在伊朗的外交部。回教好戰者釋放了十三名美國公民，他們在感恩節前回到了家，但回教好戰者繼續囚禁其餘的五十三個美國人。伊朗藐視我們整個國家。

此處所說的可能並非原創性的想法，但這些意識的增殖，暗示我們人類這方面某些相當驚人的能力——因為這種發展顯示，縱令我們活著，像是在一個全盤的意識，或一切萬有的不可置信的豐富之內的小小生物，我們的行動仍能致使那偉大的意識探索它自己的新範圍。我得說，這是我們這方相當可怕的創造能力，而我們不知不覺的視之為理所當然。當然，我們個人的和集體的一直在這樣做。

今天早些時候，珍和我曾談到賽斯恢復寫書的工作，但當他如此做時，我仍感驚訝。珍同時也強烈的希望在這節中得到一些個人的資訊。）

（在開始時相當緩慢和慎重的：）現在：在一開始，沒有天父、阿拉、索羅亞斯德（譯註：祆教鼻祖）、宙斯或佛陀。

反之，在最初，再次的，是有個神聖的心理完形（gestalt）——我是指一個存在，其實相不能以「存在」（being）這個字來定義，因爲它即所有存在由之而出的那個來源。那個存在存在於一個心理的次元（長長的停頓），一個廣闊的現在，在其中所有過去、現在或未來的一切東西全都保持在它密切的注意裡，在一個神聖的範疇裡安立不動——這範疇是在這樣一個燦爛的貫注裡，以致最偉大和最低下的、最大和最小的，都同等的在一個多重眷愛的不變焦點裡。

你們對開始和結束的觀念，使得這樣的一個情況極難解釋。因爲以你們的說法，宇宙的開始是無意義的——即是說，以那種說法，並沒有開始這回事（熱切地）。

如我解釋的，宇宙是永遠在進入存在，而每一個現在的一刻，都攜帶著它自己固有的過去。大幅度的可用資料個人地或全球地組合成每一個片刻，然而你們卻協議只把這資料其中的一小部分接受爲事實。舉例而言，你們只接受合乎你們對在時間內運動的概念的那些資料，結果是你們考古學的證據通常展示一個符合你們對歷史、地理的時期等等概念的畫面。

（九點三十四分。）意識心（conscious mind）以一個壯麗卻有限的眼界去看，它缺乏所有周邊的視覺。我用「意識心」這如你們所定義的名詞，因爲你們只容許它接受五官所及的那些實質資料爲證據——同時，自然，五官只代表一個實相的相當平面的看法，那只與最明顯的表面相關。

肉體感官是內在感官（inner senses）的延伸，內在感官是每個具體物種的一部分，不論其程度爲何。內在感官提供給所有物種一個內在的溝通方法。那麼，細胞擁有內在感官。

原子感知它們自己的位置、速度、運動、它們周遭環境的性質和它們所組成的物質。你們的世界並不是就這樣聚到一起，無心的原子這兒那兒的成形，無腦的氣體聚合成元素——再次的，世界也非什麼遙遠客體性的**神**所創造的，像在宇宙性的生產線上那樣，裝上一件件零件，有的還帶著缺陷（帶著些幽默），而在每個地理性的季節都推出更好的產品。

宇宙是自**神**的本質生成。

宇宙是神聖的創造性和意圖的自然延伸，鍾愛地由內而外形成——因此，在有物質之前先有意識，而非其反面。

在某些基本而重要的方面，你們自己的意識是那神聖完形的一部分。就你們的塵世經驗而言，把物質與意識分開是個形上學的、科學的和創造性的錯誤，因爲意識在物質生命中將它自己具體化成物質。

（停頓良久。）你們的意識在你們肉體死後仍會存活，但它們也將採用另一種形式——一個本身由「意識單位」組合成的形式。你們有一種習性，想要以意識的階級組織來思考，而以地球來說，人類居其首。例如，聖經說人是被置於宰制其他動物的地位，而看起來彷彿是，若把動物的意識升級，就必然多少貶低了你們自己的。可是，那神聖的完形是以這樣一種方式來表現，以致它的品質（停頓）是未被稀釋的。它不能被摻水稀釋，以致基本上，存在的一部分是比其他部分在尺度上更高或更低。它們全都是A級品（好玩的）。

拒絕容許意識心用更大的注意範圍，你們就限制了它的容量，以致你們對其他物種不同的、變化多端卻豐富的經驗，一直是關閉而無知的：它們的確看起來比你們低下。你們容許了某種頑固的、不知變通的頭腦來提供你們定義，對除了你們之外的實相加以分類，而非加以照明。

（在九點五十五分停頓很久。）那麼，在一開始，有個變成客觀化了的主觀世界。以你們的說法，那時物質並非永久性的，因爲意識也還沒穩定。於是，在一開始，有一個夢的世界，在其中意識形成一個物質實相的夢，而在那世界之內逐漸甦醒。

山嶽升起，又傾頹。海洋漲滿，浪潮鳴嘯。島嶼出現。季節本身也未穩定。以你們的說法，磁場本身起伏不定——但所有的物種在一開始就在那兒，雖然是以同樣不穩的方式。因爲當夢的世界突破進入物質實相時，那兒有著一個群體創造事件被完成時所具有的喧囂的興奮和混亂。當意識試驗它自己的形式時，有多得多的可塑性、動態、變化及消長。物種和環境一同在協奏中、在光榮的組合中形成它們自己，以致每個都成就了它自己存在的要求，而同時也增益了物質實相的所有其他部分（全都非常熱切的，帶著許多手勢）。

那種樣子的事件，根本就不合你們對「世界的開始」的觀念，以爲意識是從物質升出，幾乎像是個愼思熟慮後的決定，或以爲有一個外在的**神**，創始了一個神聖卻機械化的自然世界。

（停頓。）這個觀念也不適合你們對善與惡的想法，如我在這本書後面會解釋的。**神**或**一切萬有**，在最深的意義來說，是完成的，卻又未完成。再次的，我明白對你們的心智來說，這似乎顯得矛盾。可是，以一種說法，一個創造性的產品，有助於完成一個藝術家，雖然一個藝術家當然永不會被完成。且說，以某種方式而言——這是個附有條件的說法——當你們在學習時，**一切萬有**或神也在學習，而按照你們的知識做調整。我們在此必須非常小心，因爲對神聖的妄想有時來得太輕易，但在一個基本的意義上來說，你們在你們內全都帶著**一切萬有**不可否認的印記——以及一個與生俱有的能力——能力——去以你們自己的方式瞥見你們自己更大存在的不可否認的證據。你們與亞當和夏娃、羅馬人、埃及人或索瑪利亞人一樣的接近「你們的」世界的開始。這世界的開始只在這片刻的一步之外。

在這本書裡——因爲這是口授——我有個目的，那就是改變你們對自己的概念，在你們不朽的意識和你們肉體的傳承兩方面，對你們顯示你們歷史的一個更眞實的畫面。

口授結束。

（十點十三分，賽斯在給了珍一些資料之後於十點三十二分結束此節。珍說：「我沒想到他會用那種方式進行，我真高興又回到書上了。」）

第八八七節　一九七九年十二月五日　星期三　晚上九點十七分

（今午珍和我在我們的遺囑上簽了字，我們的律師和他的太太作證。珍今晨有些沮喪，她沒能好好寫作。遺囑的明顯涵義沒使她開心。在信賴她的衝動下，她午睡了兩個小時——然後，當她醒來時，因為她睡了覺，而病態的對自己不高興。晚餐時她比平常安靜，雖然她說她想上課。

她身為賽斯的傳述大部分是比較抑制的。）

（耳語：）晚安。

（「賽斯晚安。」）

現在：口授。（帶著許多停頓：）當我說到夢的世界，我不是指某些想像的領域，而是指像概念、思想及精神行動那種的世界，你們所知的所有形體從中而出。就事實而言，這更是個內在宇宙而非內在世界。你們的物質實相只不過是那內在組織的一個物質化而已。所有可能的文明首先存在於那內在心智的領域。

（停頓良久。）那麼，在一開始，物種尙無它們現在所具的形體，它們有假形（pseudoforms）——如果你喜歡的話可稱之爲夢的身體——而且它們在肉體上無法生殖。它們對時間的經驗完全不同，在一開始，整個地球在一種夢的時間裡運作。以你們的說法，這指時間可以加快或拉長。那是一種心理時間。

再次的，形體出現又消失。（停頓。）然而，以你們的時間而言，夢的身體採取了實質的形體。肉體的生殖是不可能的。不過，那並沒對所有的物種同時發生。於是，有一陣子地球有一個混合的物種人口，有已完全採用實質形體的物種，也有尙未有實質形體的物種。然而，不論有無實體，形體本身是完成了的。鳥是鳥，魚是魚。

（九點三十分。）在一開始，也有其他不同的物種：「人—動物」及「動物—人」的組合，及許多其他的混種；以你們的說法，有些還持續了相當長的一段時間。這適用於所有的範圍。有夢的樹木，長著夢的樹葉，它們逐漸的在那夢中有了知覺（帶著溫和的強調），轉成實質，越來越貫注於物質實相，直到它們的夢之種子最後帶來了實質的樹木。

也許有其他我可用的術語，在某方面比「夢的世界」要有力。可是，我在強調這夢的聯繫，因爲夢境是每個讀者都熟悉的，而它代表了與你們物質世界從中露出的那種主觀實相最接近的標準。夢境之所以顯得混亂、朦朧、可疑、甚至無意義，就正因爲在生活裡，你們是如此燦爛地貫注於每日的實相，以致夢顯得像是靜態的客觀背景噪音，是當你睡覺時遺留下來的。但對一個不是貫注於實質經驗或對其組織無經驗的人，實質經驗也會顯得是那樣。

（停頓。）再次的，世界是以任何意念產生的同樣方式產生的。物質世界的擴張，正如任何意念的擴張一樣。我爲了你們的啓發而談你們所認識的世界、所知道的地球，但當然，有可能的地球，與你們自己的一樣眞實。它們與你們自己的共存，而且全都在某一方面相連；每一個帶著關於其他地球的暗示和線索。以科學的術語而言，並沒有線性的進化，卻有意識的大爆炸（停頓），能力的擴張，在所有物種的各部分展開著，而這些仍在繼續。它們是意識用以表現它自己的內在操縱。

在此書的稍後，我將討論其中一些，但它們代表新的了解的直覺性跳躍。例如，動物的行爲模式，完全不是如你們假設的那樣固定與完成了的。你們的實質經驗，是夢事件與你們所謂的客觀行動交織而成的。

要不是由於你們的迷思，你們不會發現任何「事實」。

請等我們一會兒……口授結束。

（九點四十八分。現在賽斯透過來，就珍和我在架構一與二之間所做的心理操縱，以及我們如何能在那些過渡期互助，發表了很長的議論。在十點十三分結束。）

第八八八節　一九七九年十二月十日　星期一　晚上九點四分

（上週六晚上蓋博士（姑且稱之）來訪，他是附近一個著名大學的心理學教授。他在十一月十六日寫信給珍。當珍回蓋博士的電話時，他說一位甘博士（另一個假名）吩咐他與珍聯絡。甘博士是一個中西部大學的社會系教授，他要蓋博士叫珍接受一些靈異能力的測驗（這兩個科學家並未曾謀面）。

那天的會面很愉快。蓋博士認識一些超心理學界的重要人物。蓋博士和甘博士倆都對巫術深感興趣。賽斯透過來幾次，對蓋博士傳遞了組織得很美的小小論文，談到他如何能夠放鬆，以使他如此感興趣的靈異信號能透過來。奇怪的是，蓋博士沒帶錄音機，而我們也不用錄音機，因此，長久以來的第一次，賽斯資料一邊來就一邊同樣快的消失了——這對我們是個怪異的經驗。賽斯也與蓋博士討論巫術的施行和其後的動機。而為了回報賽斯，當我們三人圍坐在客廳桌旁時，蓋博士也為我們演出了他自己小小的魔術表演，使我們甚感驚訝與好奇。

如珍事後評論的，蓋博士沒對我們說一句他對賽斯的反應，雖然我觀察他像許多人一樣的對那個人格全神貫注。珍說：「我猜他會寫信給甘博士。」我們沒問蓋博士他想做什麼。就那事而言，我們甚至沒問他甘博士到底叫他對珍和賽斯——或甚至我——調查些什麼。蓋博士留給我們一本書，是一個科學家寫一位有名的靈媒，我們看完後我會立刻寄還給他。）

（帶著微笑：）晚安。

（「賽斯晚安。」）

口授：你們只能對以某種方式落入你們感知範圍的一個事件正確的定位。你們無法精確的定位微觀或宏觀的事件。你們無法精確定位「看不見」的事件，因為縱令你們精密的儀器能感知它們，它們並沒在同樣的時間範疇裡會面。我要簡短地談談這種概念，以便稍後我們能討論宇宙的位置。

任何你們感知的事件，只是那事件真實幅度的一部分。觀察者和被觀之物是同一件事的一部分，彼此改變了另一方。在任一實相系統和在任何活動層面，這相互關係永遠存在。例如，以某種說法，甚至一個電子也「知道」透過你們的儀器它在被觀察。在儀器本身之內的電子，與科學家也許試圖「孤立」來觀察的電子之間，有一個關係。

可是，撇開那個不談，還有我們暫且稱之為所有電子的集體無意識這東西，它組成了那彷彿是在科學家觀察的電子之外的整個事件。在你們活動的範圍，你們要想能適當的鑑定一件事，在時空中投射它們，唯有把大得多或小得多的事件的某部分孤立出來，而把一事物極度特定的定則認作是真的。

（停頓，許多次之一。）光可被定義為波或粒子，而在許多其他例子裡也是同樣的情形。例如，意識可被定義爲波或粒子，因爲它能以其中一種來運作，而顯得是其中一種，縱使它的眞實定義也必須要包括將自己形成這種形式的創造能力。

你們無法給宇宙的開始精確定位——因爲（突然較大聲）那個開始同時地是太大和太小，不能被含容在你們任何的明確陳述裡。雖然在那些明確陳述裡，每件事似都乾淨俐落，而且完整。你們在時間與空間的戲院裡，實在是以無比漫不經心的方式在運作的。時間和空間，每樣都是心理屬性的結果。（停頓。）當你們問宇宙有多老，或世界有多老時，那時你們已認定時間和空間多少是幾乎絕對的性質。你們問的問題，只有走出通常經驗的範圍之外，才能找到答案——因爲在那經驗之內，你們總是被帶回到開始和結束，順序而來的時刻和其內似無其他來源的證據的一個世界。

（在九點二十三分停頓。）你們所知的物質世界是獨特的，對宇宙本身的重要性是不可或缺的，它是那個宇宙天生的一部分。然而，它也完全是它自己的實相，那實相是依賴組成它的每一種生命的感知力。那是意識的一個創造，由那神聖的存在完形升起爲一個獨特的表現——而那神聖的存在完形具有如此不可想像的幅度，以致它全部的實相無法出現在它自己的諸多實相、它自己的諸多世界中的任一個之內。

再次的，空間是個心理的屬性。時間亦然。那麼，宇宙並沒有在某個時間的特定一點，或在空間的任何特殊位置開始——因爲（較大聲）說眞的，所有的空間和所有的時間同時出現，而看起來是同時的。

你們無法精確定出意識的位置。

（停頓良久。）當你在作夢時，你無法精確定出你夢的位置，好像你能決定你作夢的床旁邊的椅子或櫃子的位置。可是，內在的位置是眞的，而有意義的活動能在其間發生。物理的空間以同樣方式存在，只不過它是個爲群體分享的心理屬性——但在開始的某個「時候」這並非如此。

在一開始，物理空間有著你們現在所知的夢的空間那種特性，它似有個較私密的性質，而只是逐漸的，以那種說法，它才變得爲公衆所分享。

（停頓。）這樣一個世界是什麼樣子呢？你們又如何能把它與你們所知的世界連起來呢？

此章結束。

第3章

夢遊者。在早期出神狀態的世界。物種的甦醒

（九點三十六分。）第三章。

（「第三？」）

第三：〈夢遊者。在早期出神狀態的世界。物種的甦醒〉。那是標題。

（停頓。）請等我們一會兒……你們會教你們自己只對某些神經模式反應，而忽略替代的那些，而那到現在只變作了背景活動。可是，那些你們在生物學上認爲眞實的百萬種神經刺激的衝力，卻是由這背景活動支持的。那些其他的背景刺激現已很難被你們認明，但它們一直是在你們清醒意識的腹地裡，在你們通常的聯想之下，像是夢中的囈語。

神經學上來說，你們只對準著你們身體一部分的實相，而對那偉大、微小卻喧囂的通訊無所知，那是一直在精微卻重要的細胞世界裡飛來飛去的。

以你們的說法，電子能預知，而你們的細胞意識亦然。你們身體在時間中相對的恆久性，就依賴著電子在處理可能性時了不起的行爲。（停頓。）細胞的穩定性，以及它在肉體環境中的可靠性，就是依靠它即刻通訊和即刻決定的天生屬性。因爲每個細胞都與所有其他的細胞在通訊，且透過意

識場(fields of consciousness)而與所有其他的聯合，在其中，不論哪種程度的每個存在體都參與其事。

在一個層面，你們的細胞遵守時間法則，但在其他層面卻違反它。所有這些通訊是實相中屬於人類部分的一部分，而它們全存在於你們所認爲的正常意識之下，它們是心理活動的結果。

（九點五十一分。）請等我們一會兒……「在一開始」你們只覺察那種心理的活動，它「還」沒有自己變濃厚而成形。形狀是在那兒，但它尚未凸顯（專注的）。我並不特別喜歡這比喻，但它是有用的：並非有小粒子（停頓良久），反之，是有意識的小單位，逐漸的把它們自己建造成大的——但意識的一個小單位，你明白，並不「少於」一大單位，因爲每個意識單位在它自己內包含著一切萬有天生的傳承。

你們想到你們所知的意識心，以爲是唯一一種的意識，具備有意的意圖，覺知自己爲它自己，而有能力了解邏輯和象徵。其實那只因爲你們特定的活動範圍，並因你只能以在一特定的心理頻譜(spectrum)之內給事件定位，所以那才看來彷彿是眞的。

口授結束。爲我們的朋友……

（十點一分。現在，賽斯給了珍幾段資料，而在十點十分道晚安。即使他今晚有多次停頓——我大半沒予指明——珍的傳述仍常是十分熱切而很有意義的。以它們自己的方式，那些停頓給賽斯的某些資料額外的標點和強調。）

第八八九節　一九七九年十二月十七日　星期一　晚上八點四十五分

（我相信昨晚是入冬以來最冷的——差不多九度——而今晚當我們坐著等上課時，也沒暖和多少。不過，在我們這地區，今年冬天是特別的暖和。至今地上大半尚無雪跡。

珍在八點三十分叫我，說她準備要上課了。她說：「我最好開始，不然我可能會延期，我覺得這麼放鬆。我也在從賽斯那兒得到關於這書的許多好東西……」而那就是上週三晚上我們沒上定期課的緣故：她變得太放鬆了，而懶得去貫注於進入出神狀態的事。）

口授。

現在：我叫物質的建材為CU's——意識單位（units of consciousness），它們形成存在於你們理解和經驗之中的物質。意識單位也形成其他你們並不感知的物質（註一）。

CU's也以「粒子」或「波」的方式運作。不論它們以何方式運作，它們是覺察自己的存在的。以你們的話來說，當CU's以粒子運作時，它們在時空中構建了一個連續性。它們採取了特殊的特徵，藉由建立明確的界限而確立自己的身分。

（停頓良久。）那麼，當它們以粒子來運作時，它們採用某種形體，而由那些形體的「中心」體驗它們的實相。它們集中或貫注於它們獨有的特殊性。以你們的說法，它們變成了個體。

可是，當CU's以波狀運作，它們在它們自己的自覺四周並不建立界限——而當運作如波時，CU's的確能同時在不只一個地方。

我了解這多少是難以理解的資料。不過（停頓），在其最純粹的形式，一個意識單位能同時在所有的地方（有力地）。既然它是有能力同時在所有的地方和所有的時間，那麼，要說當它運作如波時，一個意識單位是有預知性的或具有千里眼，就是多此一舉的。

那些意識單位是建材，建構了你們實質的肉身、樹木和岩石、海洋、大陸，以及如你們所了解的空間本身的凸顯。

（當我第一次沒能聽懂時，賽斯非常大聲的重複最後一句。）

這些CU's能如分別的存有或如本體（identities）般運作，或它們能如一個力量在一個廣浩、和諧的活動之波中合流。事實上，意識單位一直在以這兩種方式運作。沒有一個本體，一旦「形成」，曾被消滅，因爲其存在是「它所屬的整個意識波」中不可磨滅的一部分。

（在九點四分停頓，許多次之一。）可是，每個「粒子化」的單位，騎在波和粒子兩者同屬的意識場所設立的繼續不斷的衝力上。意識的每個粒子化的單位，在其內天生包含著對所有其他這種粒子的知識——再次的，因爲在其他的層面，單位是如波般運作。基本上，這些單位運動得比光還快，以你們的說法，它們慢下來以形成物質。（停頓。）再次的，這些單位可被認作爲存有或力量，而它們能以任一種方式運作。形而上地說，意識單位可被認作是**一切萬有**採取行動以形成（你們的）世界的那一點——那永不終止的創造性靈感的即刻接觸，進入精神性的焦點，那確然神聖的本源的變形，這本源從神聖事實的更大實相中，將物質世界帶入了存在。再次的，科學上來說，這些單位能被認作是物質的建造材料。倫理上來說，CU's代表世界在價值完成中的壯觀的基礎，因爲每個意識單位都彼此相關，爲另一個意識單位的一部分，每個都參與「在生滅的經驗」的整個完形中。我們將看看這如何應用於你們對物種的態度，以及人與其他有意識的存有和與它們共有的行星之間的關係。

（在九點十七分停頓。再次的，就像珍開始口授本書後常有的事，她替賽斯的傳遞顯出一種充電的、振奮的味道。像上面那段中的字句，以一種強而幾乎莊嚴的樣子由她口中滾出。很容易看出她喜歡做這件事——如果必要的話，她會允許自己忘形。也許她展現的方法與三個月之前賽斯在他的序中所宣告的相符合，他說：「這本書將是至今我最具野心的作品。」）

那麼，在開始，CU's，意識單位，存在於一個神聖的心理完形內，被賦予那「超越的本體」之不可想像的創造力。它們自己開始創造、探索，並完成那些使它們獨具特性的天生的價值。它們以波和粒子兩者運作，一部分爲它們自己的創造性騷動所指揮，一部分被**一切萬有**的不可滿足的創造力所指揮，而開始了那將時間、空間和你們整個宇宙帶入存在的工作。那麼，它們是最先的存有。

我要你們試著想像一種情況，在其中（停頓良久）存在著一個心理力量，在其性能內包括了同時在微觀及宏觀層面活動的能力；它能在其自身內形成（停頓良久，眼睛閉著）上億各自分開的、不可侵犯的獨特身分（identities），而它仍可做爲那些身分的一部分而運作，做爲一個是它們的來源的較大單位——在那情形，它是粒子由其中浮露出的一個波。那描述適合我們的意識單位。

（九點二十六分。）意識單位由內而外地建造你們的世界。做爲實質的生物，它們貫注於你們所謂的實質身分上：分開的、個別的差異性，將自己創始性的變化和創造性的潛能，以及自己獲得全然創始性經驗的機會，賦予每個實質的意識，並提供給它一個從中參與實相的觀點或高台——在那個層面，這觀點是別的個體無法以相同方式體驗到的（全都非常熱切地）。這是任一物種或任一程度的任何個體，當它碰到客觀宇宙時之獨享、永遠常新、私密而親切的直接體驗。

在其他的層面，雖然每個個別性仍維持，它卻騎在意識的波狀構造上。意識單位同時存在所有的地方，而造成你們細胞的意識單位知道所有其他這種單位在時間與空間裡的位置。

那麼，在一開始，這些單位同時以身分或粒子及波運作，以你們的說法，主要的貫注還不是實質的。你們現在所認爲的夢境，在那時是清醒的境況，因爲它仍是被認可的有目的的活動、創造性和力量的形式。夢境一直仍是兩個實相之間的聯繫。而做爲一個物種，你們眞的是先會夢遊後才學會走路的。你們在睡眠中走路。你們夢到你們的語文。你們在夢中說話，而後寫下字母——而你們的知識和知性，總是由你們心智之所從出的偉大內在實相來發動、銳化和推進的。

物質靠它本身永不能產生意識。光是一個心智不可能只由機率而進入存在；如果物質本身不先因有意識而活著，充滿了要存在的意圖，一個念頭無法從無量數的神經末梢躍過。一個相信生命無甚意義的人很快地離開了生命——而一個無意識的存在永不能產生生命（熱切地）。宇宙也非單爲了一個物種，而被一個只是那物類的超級版本的**神**——和最壞時候的人類一樣地剛愎和具毀滅性——所創造。

（九點四十五分。）反之，你們有一個內在的活動次元，一個廣大的多重空間的創造範圍，一個變成它每個創造物的一部分，卻是比它所有部分的總和還要大的**創造者**。一個**創造者**，它能知道它自己如一田間的小鼠，或如那田野，或如田野所倚的大陸，或如支持著大陸的行星，或如支持這世界的宇宙——一個完整卻可分割的力量，它是一個，又是無窮多個；一個同時是永恆而又會死的力量；一個一頭栽入它自己的創造性，形成四季，而又體驗四季的力量；在個別化中享榮耀，卻又永遠覺知所有個別化的經驗之內、之後、之中的偉大的合一：每個過去與未來的片刻從它向每個想像得到的方向流出之力量。

（珍以了不起的流暢熱情傳述那一整段，而我在它剛透過來時盡我所能的打上標點。我想，我沒聽過她比這次更辯才無礙地、更篤定地為賽斯說話。這書使她振奮。）

（停頓良久。）可是，以你們的時間來說，我們將說到一個開始，而在開始是早期人類的夢容許他能應付物質實相的。夢的世界是他最初的學習園地。在乾旱時他會夢到水源所在；在饑荒時他會夢到食物所在。也就是，他的夢讓他可以千里眼方式看到大塊陸地。他不會在你們現在視爲理所當然的嘗試錯誤的過程上浪費時間。在夢裡他的意識以波狀運作。

在那些早先的時代，所有的物種以一種對現在人類而言相當無意識的方式共享他們的夢，因此在夢中人也向動物探詢——遠在他學到跟蹤動物之前。食物或水在哪兒？那塊地的方位如何？人類探索這行星，因爲他的夢告訴他陸地在那兒。

那時人們不是像現在看起來那麼孤立，因爲早期人類在他們的夢裡互通他們各自的位置、他們文化和了解的象徵、及他們藝術的性質。你們現在常以爲頗爲偶然的所有發明——從第一件工具到火的重要性的發現、或鐵器時代或不論什麼的來臨——所有的那些發明，即爲夢世界的靈感和通訊的結果。人夢到他的世界，而後創造它，而意識單位首先夢到人和所有你們所知的其他物種。

（在十點二分停頓。）在我講得太遠之前，我在此要強調一點，就是：夢世界不是個漫無目的、非邏輯或不具知性的活動場。只是你們自己的視野關掉了它廣大實相的大部分，因爲在作夢的知性可勝過你們的電腦。因此，我並不是把思考能力放在不重要的地位——而卻是說思考能力以你們所知的樣子出現，乃是因爲作夢的自己不受阻斷的利用了聯合的知性和直覺的全部力量。

如你們所知的思考能力（停頓），無法與那些即是你們自己內在實相的一部分的更大性能相比。

口授結束。

（「好的。」）

（十點八分，現在賽斯透過來給了珍和我一段——此地節略——然後：）

你有問題嗎？

（「關於我對每天看電視新聞這件事的評論，你有什麼想法？」〔註二〕）

你們看新聞或否無甚相干——但你們對世界的事件的想法卻是極要緊的。

你們從哪一個視角看世界的事是極重要的，而眞的，現在大衆傳播帶給意識心比以前多得多的槍林彈雨。但那也是個令人看見他自己活動的槍林彈雨，甚至包括在第三世界內成長的新民族主義，那些國家的確是從一個在被世界的眼睛注視的新視角開始。

你們國家面對著它自己政策的後果——它的貪婪及善意，但它們是以一個新的方式被公開出來。世界將被視爲一體，但是，可能在整個稅法的評估上有所改變，而那些過去沒付多少稅的人現在會付得更多些。

狂熱主義的後果也被公開出來。以你們的話來說，以前從來沒有一個私自的個人能以這樣的方式來看世界，或被迫與他政府的政策認同。那在其本身就是一個創造性的成就，表示人對他的世界的不平等並沒閉上眼睛。

口授結束。祝你們晚安。

（「賽斯，也祝你晚安，非常謝謝你。」）

（十點十八分。「好大的能量喲！」珍一離開她極佳的出神狀態便喊道，「我就覺得我們在得到些好棒的東西——我就有那種感覺。我不那麼記得他說了什麼，但我就感覺到那棒極了的信念。你懂我的意思嗎？」

我當然懂，我為這一課恭喜她。）

註一：後來我請賽斯評論他最令人好奇的聲明，他的答覆很短，而雖然我很想請他再加以說明，但我並沒要求他。不過，我確信「其他種類的物質」這題目有著幾乎無限的延伸。賽斯：

「意識單位的確形成了不同類的物質實相——如魯柏本身在他有些詩裡的確暗示過的。可以說，有許多次元與你們自己的世界一樣的實質，但如果你沒聚焦在它們上面，你根本不會覺察它們的存在，卻只感知到空無一物的空間。

「在宇宙裡從沒有東西被遺失、錯置或浪費掉，因此，你們自己思維的能量，雖然它們仍是你們自己的思維，卻有助於形成你們沒感知到的物質實相的自然屬性。因此，你們自己的世界也是由意識單位形成的，其自然的成分是你們看不見的其他意識單位之閃閃發光的殘餘物。」

註二：今晚稍早我問珍，我們爲什麼每天晚餐時都拿電視上那壞新聞無休止的槍林彈雨來餵自己。在伊朗的人質危機就是一個例子。我說我們世界大部分的問題彷彿都是來自架構一的思考方式，而我們人類是如此沈湎於這種有意識的行爲——地區性、全國性及世界性地——以致好像我們很少有機會掙脫那鐵籠。我進一步告訴珍，我們的歷史反映出，我們頑固的拒絕去調整我們對架構一式的操縱法的深深依賴，縱使我承認這種長期的群體行爲有許多複雜的理由。

我也覺得我的質疑是由於珍和我近來的努力，我們想改進習慣性的思考方式，從架構二提取更多的要素來幫助我們創造每天眞正想要的結果。我用賽斯在一月一日給我們的一套勵志箴言做爲輔助——雖然很奇怪的，珍並沒對它們那麼在意。不過，我倆都注意到自己近來在心態與內心的平靜上都有進步。

第八九〇節　一九七九年十二月十九日　星期三　晚上九點十七分

（當上課的時間迫近時，珍處在一種煩躁的情緒中。當我問她今晚有沒有問題要問賽斯時，她的態度既古怪又尖銳。她想在八點開始，但沒成功。在九點十分時她說：「但現在我感覺他就在附近。」在課開始時她的傳遞相當慢。）

現在，晚安。

（「賽斯晚安。」）

口授。這個內在宇宙是由有知覺的能量場形成的完形，它包含了我們將暫稱爲「資訊」（information）的東西——但將來我們要做些評論，因爲這不是你們習慣的資訊。

每個意識單位天生在其內擁有全體所能得到的一切資訊，而當它以一粒子運作時，它的特殊性質就是依賴那偉大的內在知識之「整體」。只因所有其他這種粒子的位置、相對位置及情況是已知的，任何一個這樣的粒子才能在其所在之處，在其所在之時，成爲其所是之物。

（在九點二十三分停頓良久。）再次的，以最深的方式，你們的物質世界是在每一個點開始，在這每一點這些意識單位肯定它們自己去形成一個物質實相。不然的話，生命不會被一代又一代地「傳下來」。每個意識單位加強、放大它自己生存的欲求，而你可以說，由其自己內部激出一個原始欲望的爆炸性火花，而「爆」入一個肇始「實質的物質化」的過程。意識單位變成我稱之爲EE單位的東西，而以那方式開始了它自己那種實體經驗。

就如意識單位那樣，這些EE單位也以「場」、波或粒子運作——但以你們的說法，它們更接近物質取向。可以說，它們的模子已定型：它們已然開始那些必要的特別過濾過程，而那將帶來物質的形體。那些EE單位開始處理將助你們形成世界的那種資訊。在EE單位用它們自己的方式組合，以形成最微小的物質粒子前，眞是有無數的步驟。此地甚至發生了最偉大、最溫和的揀選過程；這些單位在某個運作層面把它們自己從其更大的「資訊」場中解放出來，以便專門化成各種不同的成分，而那將容許無懈可擊地適合你們世界的原子和分子之產生。

（到現在，珍正從上一課她為賽斯說話的那種流利渾厚的聲音之中，進入一種較柔和的方式。）

首先，再次的，你們有不同階段的夢形象的假物質，可以說，那只逐漸地——以那種說法——凝聚，而變成實體上有生活能力的東西，因爲在你們認知的物質和物理學家理論上的反物質當中，有數不清的種種「物質」。

換言之，形體存在於你們所認知的那些層面之外的許多其他層面。你們的夢中形體與你們的具體形體一樣眞實，只不過是在另一個活動層面。它們適合它們自己的環境，而相當令人想起在〔你們的〕世界開始時的那種形體。

雖然你們及所有其他的物種在那時是我所稱的「夢遊者」，但你們的身體已經能作用了；而以一種方式來說，那時你們尚不知如何正確地用身體。且說，從一個清醒狀態，你們不了解你們的夢中身體如何似乎能飛過空中，違反了空間、甚至時間，及與陌生人交談等等。然而，以同樣方式，你們曾一度必須學著應付地心引力，應付空間與時間，在一個物體的世界裡操縱，只簡單地呼吸，消化你的食物，及做所有你們現在視爲當然的生物上的操縱（全部極為強調地）。

你們擔當不起與這種身體太過認同，直到你學會如何在它們內存活。因此，在夢境中，當這些新的身體和地球取向的意識，看見它們自己精神性地演練這身體的所有部分時，生命的眞正過程於焉開始。在所有那些背後，是組合這身體的所有意識單位之聰明絕頂的理解及合作。每個加入它自己的資訊和特殊知識到整個的身體組織，每個涉入最錯綜複雜的關係場中，因爲身體效率的奇蹟是存在於所有部分之間的關係的結果，而把身體與不具體呈現的其他層面相連接。

（九點四十八分。）意識單位把它們自己變成EE單位，以一個你可稱之爲環形的方式，而非線形的方式，而在同一個過程裡形成環境及其所有居民。當然，以那種說法，有其他形形色色的意識的具體顯現，不只是一個行星及其居民，卻是一整個有知覺的意識的完形。以那種說法，實體取向的意識的每一部分，由其特有的觀點來看實相與經驗，其他一切似乎都繞著它而轉，雖然這可能涉及一個比你們自己的場較小或較大的一般性的場。

因此，對岩石而言，比如說，你可被認作是它們環境的一部分，而同時你可能認爲它們只是你的環境的一部分。實際上（停頓），許多其他類的意識，雖以它們個別的方式集中焦點，卻比人對地球統一的性質更有所知覺——但人在走他自己的路時，卻以相當不爲平常的知識系統所知的方式，也對所有其他意識的價值完成有所增益。

如果你記得，基本上，每個意識單位對其他每一個單位的位置都有所覺知，而這些單位形成所有的物質，那麼，也許你能直覺地了解我的意思。因爲不論人獲得什麼知識，不論任何一個人能累積什麼經驗，不論你生產了什麼藝術或科學，所有這種資訊都即刻地被那組成物質實相的其他每一個意識單位在其他的活動層面感知——不論那些單位形成的是一塊石頭、一滴雨滴、一顆蘋果、一隻貓、一隻青蛙或一隻鞋的形狀。製造出的產品也是由原子和分子組成，也是騎乘在轉變成EE單位而後成爲物質的成分的意識單位上。

眞的，你們所具有的是個已具體顯現及未顯現的意識，但這只是相對地說。你並不感知物體的意識，它不對你顯現，因爲你的活動範圍要求有界限來框起你們的實相畫面。

你們所有的製成品也是源自夢的領域，顯然它們最先是被抽象地構思，而以同樣方式，人造出他最先的工具。人天生具有（停頓良久）所有那些能力——給予他特徵的能力——以及那些以你們的說法尚待發展的能力。並非他到現在還沒用它們，而是在你們所認爲的文明之連續性主線上，他還沒貫注於它們。有關那些能力的暗示，永遠在夢境，在藝術、宗教、甚至科學裡出現。它們出現在政治與商業裡，卻是做爲大半未顯現的直覺背景，而大半被忽略。我們在此書稍後會回到這上面去。

（十點十二分。）人的夢一直給他一種動力、目的及意義的感覺，並給他形成他文明的素材。世界的眞正歷史即爲人的夢的歷史，因爲它們對所有的歷史性發展多少都要負責。

夢對農業的誕生負責，對工業、對國家的興亡、對那曾爲羅馬的「光榮」以及羅馬的毀滅也一樣。（停頓。）你們目前科技的進步，可幾乎直溯到印刷術的發明，到愛迪生的發明，那是夢中靈感的直覺閃現。但如果我現在告訴你們的是眞的，那麼很顯然，當我說你們的物質世界是源自夢的世界，我必然是指與通常對夢實相的定義非常不同的東西。再次的，我可以選擇另一個用語，但我想強調每個人與那另一個實相的密切聯繫，那實相的確發生在你們所認作的夢境裡（全都很熱切地）。

那比喻將助你們至少直覺地了解像痛苦、貧窮等情況的存在，否則那些似乎沒有適當的解釋（如今天珍和我曾討論過的）。我希望也能對大自然那確然似乎暗示弱肉強食、適者生存的部分，或對一邊是一個有報復心的神的懲罰行動，而另一邊是一個邪惡力量的勝利的情形有所解說。

不過，暫且在我們伊始的故事裡，我們仍有一個時隱時現的間歇性的宇宙——以那種說法，它逐漸地顯現較長的時間。你們在一開始眞正有的是沒有形體的意象（images），慢慢地採取了形狀，如燈光明滅閃爍，而後穩定成尚未完全實質化的形狀。然後這些採取了你們現在認爲形成物質的東西的所有特徵。

當所有這一切發生了時，在你們這一端，意識負擔起越來越多的特殊化取向及更大的組織。在「另一端」，意識使自己從較大的活動場中掙出，以容許這特殊化的行爲。再次的，所有這些意識單位以存有（或粒子或波或衝力）的樣子運作。以那種說法，當然，意識形成對時間的經驗——而非其反面。

（在十點二十九分。安靜地：）口授結束。一個小註……

（賽斯透過來給了珍兩句話。然後：）

我祝你們晚安。我們將有一節課，題目任你們選，時間隨你們訂。

（「賽斯，謝謝你，晚安。」）

（十點三十一分。我覺得賽斯最後的話頗為幽默，反映了在課前珍心情不好的理由之一：在寫書的課和在其他我們一直想獲得一些賽斯資料的主題之間，她感覺矛盾。目前這些題目包括像瓊斯鎮、伊朗、架構一和二等話題，以及今年早些我提出的關於人類生殖的一個題目，稱作「精子社區」（community of sperm）。我在兩篇論文中討論過，並且也問過問題，那是關於兩億到五億在受孕時沒與卵子達成接觸的精子所扮演的角色。我也想知道在一個男人的身體裡，所有的精子之間必然在進行的深層生物性交流，以及為什麼在一次特定的射精裡最「適合的」精子顯然並不永遠會使卵子受精。賽斯已在一、兩節裡給過一些答覆，而我們想要更多。我原本計畫在這兒從我們共同的資料裡提出一些摘錄——但我現在看出我沒有篇幅這麼做。

結果珍今晚的傳遞很棒，她的態度穩定，而且比她在星期一晚上的課要少些停頓。雖然她沒有達到在上一節中她觸及的那雄辯滔滔的高峰，但那種情況的成分今晚也還是有的。）

第八九一節　一九七九年十二月二十六日　星期三　晚上九點七分

（週一晚上是聖誕前夕，我們沒上課而邀了幾個朋友來。

今晚的課並非正式書的口授，但它包含了與此書相關的許多事。當我們在八點五十分坐著等課的開始時，珍說：「我不在乎我們有一堂講書的課，或談其他事情的課。我只在等，我甚至沒感覺到他在附近……」她認為這很奇怪，因為在過去兩天她從賽斯處拾到了一些對各題目的洞見。我們曾對所有那些加以討論，卻沒記下來。

在九點六分。「我想我準備好了，它卻不像是關於書的。有時我得到第一句……」）

（柔和地，眼睛黑而發亮：）晚安。

（「賽斯晚安。」）

（幽默地：）今晚的主題：「偉大的期望」（Great Expectations。譯注：中譯爲《塊肉餘生錄》，爲狄更斯著名小說）——因爲我在此提到狄更斯的書。

現在：在這一刻，一九八〇年以它所有的潛在版本存在。當然，因爲涉及了群體事件，所以對地球表面的每一個人而言，並沒有一個完全不同的一年——但有眞的是數不盡的群體共享的一九八〇年的世界「在側翼」，可以這麼說。

以你們的說法，既然你們已然建立了某種一大團的可能性做爲來年的素材，那麼，這就不是只決定你想要把什麼事件物質化爲實相那樣簡單的事了。舉例來說，如你，約瑟，相當不可能忽然變成一個裁縫，因爲你對可能性的選擇中沒有一個會導向這樣一個行動。

相似的，英國再怎麼樣也不會在明年突然變成一個回教國家，但在可行的可能性、私人和群體的選擇範圍之內，世上的人在選擇他們可能的一九八〇年。

（停頓良久。）我在慢慢地來，因爲有些問題我想澄清，那是很難解釋的。

一個人考慮的任一個可能的行動，是那個人有意識的思想的一部分。不過，就在那之下，人們也在考慮其他的可能性，那也許會也許不會到達有意識的層面，只因爲它們被推到了一邊，或因它們沒被有意識的認知。當你們想到眞實事件的時候，我要你們試著把它們想作是可能性之活化了的代表——即是精神性的可能性之實質版本。你們沒有有意識地關切的那些可能性留在心理的外圍！

可以說，它們在那兒又不在那兒。

你們的意識心只能接受某一個順序的可能性爲被認可的經驗。如我說過的，在可能性之間的選擇經常在進行，在有意識和無意識的層面皆然。你們未感知爲有意識經驗的事件（停頓），到某程度卻是你們無意識經驗的一部分。這對個人適用，當然整體來說，同樣也適用於世界性的事件。每個行動尋求它自己所有可能的成就。**一切萬有**尋求所有可能的經驗，但在這情形裡，在這樣一個較大的架構裡，好比說痛苦或死亡的問題，根本不適用，雖然（顯然）它們在物質層面是適用的（全都十分有力）。

（九點二十五分。）基本上，偉大的期望與程度毫不相干，因爲一枝草也充滿了偉大的期望。偉大的期望建立於對實相本質的信心，對自然本身的信心，對你被給予的生命的信心，而不論它的程度爲何——舉例來說，所有的孩子是生而具有這種期望的。童話故事的確常是——雖非永遠是——一種地下知識的傳訊者，像你們對灰姑娘的討論，最好的童話故事中總是最偉大的期望獲勝：物質世界的不幸成分能透過偉大的期望在一瞬間改觀。

你們的教育告訴你們那一切都是胡說，而說世界是單單被它的物質面所界定的。當你想到動力時，你會想到好比說核能或太陽能——但動力是人心智內的創造性精力，那容許他們去用這種動力、這種能量及這種力量。

眞正的動力存在於敢臆想尙未實現之事的想像力裡（熱切地）。想像力，輔以偉大的期望，可帶來在可能性範圍之內的幾乎任何的實相。一九八〇年的所有可能版本都將發生。除了那些你們選定的，所有其他的將留在心理的外圍，在你們有意識的經驗的背後——但所有那些可能版本將在某方面相連。

在你們的社會裡，最重要的教訓從沒眞正出現過：帶著偉大的期望，連同對架構一和二的活動的知識，對被導向的意志之最有益的利用。非常簡單地：你要某樣東西，你有意識的凝注於其上一會兒，你有意識地想像它來到可能性的前列，更接近你的現實。然後你把它像個小石子似地丟入架構二，兩個禮拜盡量不去想它，以某種節奏這樣做。

去年我給了你們一些新年的立志，我看它們似乎（帶些反諷）可以起死回生。

（我告訴賽斯：「我每週讀它好幾遍。」實際上他是今年一月一日給我們他的新年志向的〔註一〕。）

告訴魯柏——魯柏現在沒讀了——它現在與那時一樣的好。它有助於集中心智和想像力。那種集中幫助你去行動、去存在。現在，請等我們一會兒……

（九點三十七分。賽斯透過來給了珍兩小段。然後：）

現在：在我們的書裡，我將盡我所能的解釋你們宇宙的起源，並且是以這樣一種方式，以致回答了大部分最切身的問題，但人們目前對實相的觀念是如此狹窄，因此我必須常常訴諸比喻。

以最基本的說法，當一九八〇年發生時，進入你們宇宙的能量（以你們的說法）就好像世界昨天才被創造那麼的新鮮——相當難解釋的一點。一九八〇年的所有可能版本，旋轉分出它們自己可能的過去，就如旋轉分出它們自己可能的將來一樣，而任何在一九八〇年存在（再次的以那種說法）的意識，也是你們所認爲的世界之始的一部分。

（對我：）在你母親老年，她不只簡單地選擇去相信一個和其他家人所接受的不同的過去——她有效的改變了可能性。她並非自欺或執迷。且說，她在那方面的記憶並沒出毛病：那是她所變成的那可能的女人的記憶。

像整個的美國人質事件（在伊朗），任一實質事件成爲一個焦點，吸引了它所有的可能版本和結果。人質的情況（現已是第五十三天）是個物質化了的群體的夢，它意在將其重要性與活力顯示在實相的政治和宗教舞台上，意在將信念的衝突戲劇化，並把那衝突向外投射到衆所周知的領域。在人類行爲最基本的層面，每個涉及的人都有意識或無意識的自願參與，當然，一九八〇年即刻被那事件先罩上了陰影。這世界將拿它怎麼辦？

當然，你們電視和新聞的通訊體系是這事件本身的一部分。在某方面，這事件在此時以這種方式發生要好得多，以便問題在世界舞台上清楚地呈現。如此，它們實際上就會遠不如它們可能會是的那麼暴烈。

像它們前所未有的，宗教信念將被檢查，還有它們的聯繫以及和政治的掛勾。阿拉伯世界仍需要西方，而再次的，當他們至少到某程度必須考慮世上其餘的人時，那些問題現在曝光比較好。

對於你們不想要它發生的事，不要再給它任何個人的有意識的考慮。（停頓良久。）不論什麼程度的任何這種貫注，都把你們與那些可能性綁在一起，因此，貫注於你們要的事上。至於就公共事件而論，要了解到有時候甚至人們也比他們所知的要聰明。

你有問題嗎？

（我想，恐怕有一百萬個呢。但我告訴賽斯：「不，我想沒有。」）

那我祝你們結婚週年快樂！

（「謝謝你。」）

——以及最吉利的一九八〇年。晚安。

（「謝謝你，賽斯晚安。」）

（九點五十八分，珍和我明天慶祝我們結婚二十五週年。）

註一：賽斯的新年志向——

「壹：我要贊同我自己、我的特色、我的能力、我的好惡、及我喜歡做的事和不喜歡做的事，了悟是這些形成我獨特的個人性，它們被賦予我是有其道理的。

「貳：我要贊同並為我的成就感到欣慰，我同樣要元氣旺盛的把它們條列下來——同樣有力地記得它們——就如我曾奮力地記住及計算我的失敗或無成就。

「參：我要記住我生存於其中的『存在的創造性架構』。因此，架構二的可能性、潛能、看似奇蹟的事及快樂的自發性將在我心中，而因此『創造性的生活』之門打開了。

「肆：我要明白將來是個可能性，就平常的經驗而言還沒有任何事存在，它是塊處女地，被我現在的情感和思想所播種。因此我將種下成就和成功，我將藉著記住在未來沒有我不想要它在那兒的事存在而做到這個。」

第八九二節　一九八〇年一月二日　星期三　晚上八點四十七分

（十二月二十七日我們結婚紀念日的晚上，珍為我們一些已婚的年輕朋友上了一節沒在計畫中的課。雖然她因為所涉及的工作量而很少再做這種事，但她這種創造性的自發表現，對她的幫助和對涉及的其他人的幫助一樣多。我用聖誕節我送珍的錄音機錄了下來；我們的朋友將寄給我們一份錄音帶的謄本。

上週一是除夕，賽斯沒來。反之，珍和我開了個派對，第二天我們已準備好回到我們的寫作和繪畫上，但首先我得先把假日的道具——包括我們美麗的聖誕樹——都清掉。

週末期間我們和出版公司Prentice-Hall為《群體事件》和《珍的神》簽了約，今早寄給他們了。我們在那兩個案子上都進行得很好。我告訴珍，我給《群體事件》所寫的註是我寫過最具挑戰性的。我們每天六點就起身，以便在午餐前就能好好做一上午的「工」。）

（耳語：）晚安。

（「賽斯晚安。」）

恭賀新禧。

（「謝謝你，也祝你新年好。」我說，明知賽斯對「時間」的了解定然與我們的大不相同。）

口授。那麼，在世界一開始時，你們每個都在場，雖然你們也許現在是以一個略微不同的方式在世界裡。

記住，每個意識單位是**一切萬有**的一個片段、一個神聖的部分。那麼，也許我馬上要解釋的會比較合理些。

以你們的說法，有那麼一段時間，夢遊者多少停留在那個活動層面；而有許多世紀之久，他們將地球表面利用爲好像是其他活動的一種背景。他們眞實的生活是你們現在會稱之爲作夢的那種。在睡著時，他們做精神性的工作（停頓良久），在他們個別的心智以及其聯合的心理工作中，構築所有令人目眩的意象（images），那在後來會變成一個精神的水庫，人們可從中汲取。在那多次元的陣式裡，意識精神性地學習，把它自己形成爲EE單位、原子和分子、電子和染色體。意識精神性地形成那些模式，而所有實質生命可以流過其中。世界於是進入了物質的存在。不論它們採什麼形狀，那些意識單位都是不可毀滅而有活力的，而雖然人的形狀是夢的意象，意識卻把形狀帶入實質的物質裡。

意識擁有最不可想像的機敏，而從不失去任何的效能及潛力。例如，那些意識單位可以和其他的相混與組合，形成記憶和欲望、神經的成就與認知、以及結構和設計的百萬種不同的順序。

你們現在以一種垂直的方式讀你們自己的意識，只與它的某些部分認同，而在你們看來，彷彿任何其他的感知組織、任何其他對身分的認知，頗爲必然地會否定了你們自己的，或使得它不能運作。可是，在世界的開始，意識有無數的集團及聯盟，許多也被承認的其他的身分組織，以及你們現有的那種心理取向——但〔你們的〕這種取向並非最高的一個。雖然一般而言，地球上的物種在一開始就以你們現在所知的形狀存在，但物種的意識卻頗爲不同。所有的物種透過林林總總的身分認明而更親密的相連，自那時起，這身分的認明便已進入知覺的底層了。

（九點五分。）那麼，最初，世界是一個夢，而你們所認爲的醒時意識是那個在作夢的意識。那樣說來，地球的整個環境是精神性地建造，由一個個有意識的原子建造的——每個原子最初是由意識單位所形成的。我說過，這些單位能被當作存有及力量來運作，因此，我們不是在說一個精神力學，卻說的是「存有」這個字眞正的意義：具有不可想像的創造及靈異屬性的存有，由無限心智(infinite mind) 推動出來的有目的的片段體，當那心智是充滿了那給予世界光明的靈感時。那些存有，以你們的說法，是如此的古老，留下它們自己在出神狀態的有目的的片段體。可以這麼說，那些形成了岩石和丘陵、山嶽、空氣和水，以及所有存在於地表的成分。

（在九點十三分停頓一分鐘。）以那種說法，那些存有是在出神狀態，但它們的潛力並沒有減少，在它們之間永遠有經常的溝通。

（停頓良久。）在其他你們並沒認知的層面，它們和你們之間也有經常的溝通，以致在每個物種和其環境之間有無止境的相互作用。

（停頓良久。）並沒有一個地方，在那兒意識停止而環境開始，或其反面。每種生命形式是與其他每一種一同造成的——以那種說法，環境和有機體彼此創造。可是，在形狀完全地實質化後，所有的物種仍以夢遊者的方式運作了數世紀之久，雖然以那時存在的尺度來說，時間的過去並非以現在同樣的方式來考慮的。在那個期間，把非實質的意識和物質聯合在一起的工作完成了。例如，地心引力的影響被穩定了，季節採取了最適合在各個不同地方的生物的節奏，環境和生物彼此適應。

一直到那時，主要的溝通仍遵循著意識單位的典型模式（停頓良久），每個單位知道它與地球上所有其他意識單位的關係。生物仰仗著內在感官，同時學習運作新的、高度特殊化的肉體感官，它們將感知瞄準在時間和空間裡。這種感知的瞄準是極爲重要的，因爲當在肉體裡的意識被完全喚醒時，它與時空的交叉（必須是）無懈可擊。

夢身體變成了肉體，藉著感官的應用向肉體的頻率調準——這種頻率是如此有威力及誘惑力，它們搆到了每一種生物，從微生物到大象，把牠們全包容在一個時空定位（space-and-time alignment）的有內聚力的網裡。

在最開始，人的夢是與切身的肉體存活相關的，它們給人情報——那種情報是新的肉體感官出於必要而不能容納的。那些感官只能感知切身的環境，但人的夢彌補了那個缺失，藉著給它以前很容易得到的那較大的一般性情報的利益，而填滿了他的意識。當他睡著時，人能利用那包含在組成他肉身的那些意識單位之內的情報庫藏。

（九點三十分。）現在：當人作夢時——當人作夢時——人實際上回到了一種醒前的狀態，那是他肉體生命本身由其中露出的狀態，只不過現在他是一個新的生物，一種新的意識了，而所有其他的物種也一樣。在夢裡，所有的物種使自己和它們的老聯盟相熟，而以不同的方式讀它們自己的身分。「它們記起以前的情形」。它們記起它們形成彼此。

我承認，這故事比一個簡單的上帝創造世界的故事，或在一個無意義的宇宙裡透過不可靠的機率而實際造出世界的故事要難懂多了。我的故事卻較莊嚴偉大，因爲其眞理的成分，將在那些夠開通而願傾聽的心智裡找到共鳴。因爲人的心智本身，就有願正確閱讀的活生生的欲望，而對他們自己廣大的傳承有所覺知。並非只是人有一個不知怎的受到祝福的靈魂，而他的其餘部分卻沒被祝福，而卻是，以那種說法，（他所知的）每件東西，不論其尺寸或程序，都是由「靈魂質」（soul stuff）做成。每一部分都有它自己的身分和有效性——從沒有任一部分曾被消滅或毀掉，雖然形狀可能會改變。

（全都流利而熱烈地：）我出於必要，必須以連續系列的方式來說這故事。但世界和其中所有的生物，實際上，像某一闋隨興作成而一直在演奏的樂曲那樣地組合在一起。在其中，音符本身是活的，並奏出它們自己，以致演奏家和音符是同一個，目的和演出是一體，而每個奏出的音符繼續彈奏它所有可能的版本，形成它自己所有可能的曲子，而同時又參與在所有其他樂曲的主題、旋律和音符裡——因此，每一個音符奏出來，界定它自己，卻也藉它在整個的曲式中的位置而存在。有意識的心智無法處理那種多重次元的創造性，但當它被它自己的主題帶著跑——仍是它自己——時，它卻能擴張到一種新的認知。

以某種方式，你們的世界在創造力所作的曲子裡追隨著它自己的主題。可以說，你們想知道你們是在哪兒進入這音樂產品中的（停頓）。我在此用一個音樂的比喻，來指出我們也在與感知的頻率打交道。〔你可以說〕你們對準了地球的管弦樂曲，而你們對時間的感知僅只是習性的結果——在世界開始時你們必須學會的感知習性。在你們的肉體感官逐漸變得較警覺和明確化時，你們學會那些習慣。

（九點四十七分。）你們為自己「設定了時間」——但更廣大的感知總是出現在你們意識和夢境的背後。是夢境的偉大活動使你們，做為心理的和肉體的生物，可以去認知和居住於你們所知的世界（較大聲）。

口授結束。

你對自己夢的解釋做得非常好，而魯柏無意中以他的詩增益了它。

你有什麼問題嗎？

（「你對今年的開始有什麼話要說，像你在去年開始所說的新年立志？」）

（帶著相當的幽默，瞪著我說：）我以爲上回我給了你我一九八〇年的演講。

（「好吧。」）

繼續講立志。我期望像今晚這樣的課將助你們了解架構一和二的本質，以及你們的精神活動在形成實質事件上的重要性。

（「我正想到那個。」）

我祝你們晚安。

（「謝謝，賽斯晚安。」）

（九點五十二分，珍說她在課中跑得很遠——後來當我們在聊天時，她說她從賽斯處得到下一節他要給的關於我們自己的世界、物種和文明的情報。那麼，賽斯是有能力現在就把那些資料傳過來的。縱使在關乎像賽斯課這樣不平凡的現象上，只有珍和我自己對時間和習慣的習性才不讓賽斯如此做。不可避免的，下週一晚上珍將為賽斯傳遞的課，將與她今晚能製作的略有不同。在此有許多有趣的暗示。）

第4章

古老的作夢者

第八九三節 一九八〇年一月七日 星期一 晚上八點四十三分

（珍早早的叫我上課，只為確保在她變得太放鬆之前上一課。她曾計畫要回到中間有休息的方式，以使她能上長些的課。到八點四十分時，她感覺到賽斯就在附近。「如我所說的，我會盡量去做……」）

（帶著令人驚奇的豪爽：）晚安。

（「賽斯晚安。」）

口授：新的一章（第四）：〈古老的作夢者〉。

請等我們一會兒……按照你們的時間尺度，有對你們而言如永劫那麼長的時間，人在夢境遠比他們醒來的時間長。他們睡很長的時間，如動物們都是的那樣——可以說，醒來只為運動他們的身體、補充體力，後來則為了交配。那的確是個如夢般的世界，但卻非常迷人又充滿了活力。在其中，作夢的想像力騷亂地玩這新的冒險所惹起的所有可能性：想像各種可能的語言和溝通方式，織出偉大的未來文明之夢的故事，其中充滿了它們自己本生的歷史——並建造精神性的架構，而因爲他們現在和時間聯盟了，這架構自動的創造了過去就如創造了未來一樣。

到某個程度，這些古老的夢爲每一個從事塵世冒險的意識所分享，以致生物和環境一同形成偉大的環境的實相。河谷與山嶽及其居民，一同把他們自己夢進了存在與共生狀態。

就彼而言，人類——從你們的觀點——以一種慢得多的步調生活。例如，血液不必那麼快速的循環過靜脈（及動脈），心臟不必跳得那麼快。並且以一種重要的方式，生物在其環境中的合作不必如此的精確，既然在兩者之間有一種彈性的意識之相互取予。

以幾乎不可能描寫的方式，基本法則還未很堅固的建立。地心引力本身還沒行使它遍及一切的支配力，以致空氣是更有浮力的。人以一種奢侈的、親密的方式覺知空氣的支持力。他以一種不同的方式覺知他自己，以致他與自身的認同並不僅止於他皮膚之內的範圍：他能跟著它出去，進入他形體四周的空間，而以一種你們已遺忘的原始感官經驗感覺他與大氣合而爲一。

（八點五十八分。）附帶地說，在這段時期，最高級、最有創始性的精神活動，就是最強的夢的特徵，而人獲得的知識印在肉體的腦子上：現在所謂的完全無意識的活動，包括身體的機能、它與環境的關係、它的平衡和溫度、以及它經常的內部改變。當意識單位藉作夢狀態把它們內在的知識轉譯成實質的形式時，所有這些非常複雜的活動都在夢中爲人所學習並鍛鍊。

然後，以你們的說法，人開始和其他的物類一起更完全地醒轉到實質世界，發展外在的感官，與時間空間更精確、更微妙的相交接。然而，人仍然睡眠和作夢，而那個狀態仍然牢固地連接著他自己的本源，以及他所知的宇宙的本源。

（在一個穩定卻大致相當沈抑的傳遞中停頓。）

人夢到他的語言。他夢到如何用他的舌頭形成字句。在他的夢裡，他練習把字串起以產生意義，以致最後他能有意識地開始一句話，而並不眞的知道它是如何開始的，卻有他能夠並願意完成這句子的信心。

所有的語言都以在夢中所說的語言爲其基礎，不過，當人變成較少是個作夢者，而較多地沈浸在特定的時空裡時，語言的需要就升起了。因爲在夢境他和旁人及其他物種的溝通是即刻的，那麼，語言升起以取代那內在的溝通。在人所謂的早期文化——洞穴繪畫和宗教——裡，有個很大的、在所有之下的根本統一性，因爲當人試著將內在知識改換爲物質的確實性時，他們全是由那共同的來源所餵養的。

身體學會維持其穩定、其力量和敏捷，在對天氣和地水火風四大的互補反應裡達成一種平衡的狀態，去夢到那意識心獨自無法包容的計算。在睡眠裡身體學會在其夢中治癒它自己——而在那狀態的某些層面，甚至現在意識的每個部分仍對所有其他部分的健康和穩定有所貢獻。你們的宇宙遠非一個劍拔弩張的宇宙，而根本是建立於其所有各部分的懷著愛心的合作上。那是被賜予的——生命的賜予本身就帶來那合作的實現，因爲一個合作性的內在關係，身體的各部分以一個單位存在；而那些在你出生時就存在（**最強調地**），當你還沒浸染於任何相反的文化的信念時。

（**九點十四分。**）如果不是爲著這最基本的、原始的愛的合作，那是生命本身的一個先天的特質，生命不可能持續。每個物類的每一個體，把那初始的熱切和生命的歡喜當作它自己的準則。不論哪種物類的每個分子，以及每個意識，不論其程度如何，都自動地尋求去增強生命品質的本身——不只是爲它自己，也是爲實相的所有一切。

這是生命的本有特性，不管有什麼可能引導你去誤解大自然的行動的信念，使得有些生物顯得彷彿應受譴責似的。

（**停頓。**）以某方式，那些古老的作夢者透過他們廣無邊際的創造力，夢到在其過去、現在與未來裡的所有「生命之生物」（life's creatures）——就是說，他們的夢爲那些非如此不能被釋出而進入實際性的那些存有打開了時間和空間的門，舉例來說，就像意識單位是一度由**一切萬有**的心智中釋放出來的一樣。

從古到今，所有可能被確實化的存有一直是存在的，它們〔以前〕一直存在，而它們將會一直存在。因其特性，**一切萬有**必須以它所有可能的形式存在（be all that it can ever be），因此，存在不可能有終結——而，以那種說法，也沒有開始。但以你們的世界而言，意識單位同時扮演爲力量，以及扮演爲勢力強大的心理存有，把你們世界的種子種在一個有想像力量的次元裡，而這次元生出了物質的形相。以你們的說法，那些存有是你們的祖先——但（它們）並非只是你們的，卻是所有形成你們世界的意識的祖先。

你休息一下。

（九點二十五分。很久以來第一次，珍真的在一節中間休息。我告訴她：「妳做得很好。」「是啊，我真的很成功。」縱使她的傳遞是較安靜的，賽斯有時仍以相當的能量透過來。珍說：「在冬天我喜歡早些開始上課，以便我能早些結束，而看個半小時的電視——這樣很輕鬆安適，尤其是當我倆獨處時……我想剩下的課將是關於我的。」

她說對了。從九點三十四分開始，賽斯回來給了她相當分量的資料（註一），然後在九點五十八分結束此節。）

註一：看看賽斯給珍的資料如何從他今晚寫書的工作中衍生出來，是很有意思的。在此我只摘出我筆記中的幾頁——剛夠顯示即使在他較私人性的資料裡，他如何能違反常俗：

「現在：活著是很容易的——如此的容易，以致雖然你活著、休息、創造、反應、感受、觸摸、觀看、睡覺和醒來，你卻不必努力去做那些事。由你們的觀點，它們已為你做好了。

「它們在架構二已為你做好了——附帶地說，對架構二進一步的討論將與我們現在的書攪在一起。不過，你們的信念常常告訴你們，生活是艱難的，再次的，宇宙是不安全的，而你們必須用盡你們所有的資源——當然，不以任何像是快樂的放縱這類態度去度日，卻要保護自己不受生命暗含的威脅之害；你們被教導去預期那些威脅。

「但你們的信念還不止於此。在西方的文明裡，由於來自科學與宗教兩者的影響，你們相信也有由內而來的威脅。結果是你們忘了你們自然的自己，而變得捲入於一個二手的、大半是想像的文化裡：個人及群體地，被負面地投射到未來的信念。人們以某種疾病或誇張的行為來反應。

「生活是容易的，因爲它是容易的，所以是安全而可靠的。這話是爲了魯柏的好處……」

稍後，很幽默地：「只要你們受得了我，我是願意給較長的課的。如果你們喜歡，我願意一個晚上做這本書，下個晚上做另一本，或討論私人的資料，或其他一般性的問題，或一週兩次講我們現在的資料——不論什麼你們想得出來的妙法都可以。」

珍在課完了後說：「就某個心不太在焉的人來說，我做得還不差。」她精神振作了些。我們重又被賽斯現有與潛在的創造力所懾。「如果不是爲了我們收到的所有那些信件，我要試試至少一週上三節。」她又說，「但以你目前正在做的那麼多工作，你不再有打字的時間了。」

「我會挪出時間。這是值得的。」我提醒珍，在她當年開ESP班的時候，她常常一週上三節。當我們在一九七五年準備從我們城裡的公寓搬到這山坡小屋的時候，我們上了最後一節ESP課。

第八九四節　一九八〇年一月九日　星期三　晚上九點八分

（對此時節而言，天氣仍然是不合理的溫暖，地上仍光禿無雪。今冬我們很少有雪，真難以相信。

我們在八點五十分等著上課時，珍覺得很累，她剛讀完今天中午從我們的出版人轉來的四十八封賽斯書迷來信中的二十五封；在課前她需要一點時間來放鬆，並且做點筆記。不過，那堆信意謂著人們在讀我們的書，而為此我們真的很感激。在假期當中，我們從讀者那兒收到比以前都多的聖誕卡，事實上，我們仍繼續收到卡片。「看那些信我真的累壞了，」珍說，「但它們有些寫得真好。」因為我沒時間幫她，這些日子她都自己在回大半的信。）

晚安。

（「賽斯晚安。」）

（一開始帶著許多停頓：）口授：在這段我們標明為屬於作夢者的期間，當對準地球的意識的「結構」形成了「自己」(the self) 這現象，某些主觀的行動發生了。

所需要的是可以在一個時空架構裡有效運作的一個高度集中及精確對準的實質自己，那個架構是與實質生物一同形成的——不過，那個自己卻多少必須被某種基本上獨立於時空之外的資訊和知識領域所支持。一個不可或缺卻也不被允許去使實質焦點偏離的知識。

（停頓良久。）那內在資訊必須多少連接地球表面的每個意識。地球生物必須能在一刹那之間反應，然而，使得這種反應成爲可能的內在機制，卻是建立在無法被大腦有意識地記住的計算上。舉例來說，在你們的時間架構裡，如果你必須有意識的運用參與動作——或說話，或任何這樣的身體動作——的所有肌肉的話，你就永遠不可能像你現在這樣迅速的動作。如果你首先必須覺察所有語言的機制，而在一個字被說出前有意識的運作它們的話，你顯然無法在這樣一個物質層面上溝通。然而，你必須有那種知識，而且你還要以一種不會干擾你有意識的思想的方式去擁有那知識。

基本上，自己並沒有眞正的區隔，但爲了解釋之故，我們必須以那種說法來討論它們。首先，你有內在的自己，那創造性的作夢自己——再次的，由那形成你的本體以及形成最早的地球居民之本體的意識單位、有覺性的能量所組成。如先前解釋過的，這些內在自己們（內我）在它們四周形成它們自己的「夢體」（dream bodies），但那些夢體並不需要有具體的反應，它們不受地心引力及時間、空間的束縛。

（在九點二十三分停頓。）可是，當身體變成具體時，內我形成了身體意識以使具體的身體更覺察它自己、它的環境，及它在環境內與別的東西的關係。然而，在這事可以發生之前，身體意識必須被教會變得覺察它自己的內在環境。身體是由電磁單位懷著愛心，經過所有原子、細胞、器官等等的階段形成的。身體的模式來自內我，因爲所有涉及這冒險的意識單位，一同形成這環境與生物的組織，彼此密切配合。

那麼，討論到現在，我們有一個主要住在精神或心靈次元的內我，將它自己夢成物質形相，而最後形成一個身體意識。內我給了那個身體意識「它自己的一堆具體知識」，它勝利地製造出的具體成就的廣大庫藏。（停頓。）身體意識並非「無意識的」，但爲了你們所說的操作目的而言，（身體）擁有它自己的意識系統，那到某個程度是與你們所認爲自己的正常意識分開的。身體意識幾乎不能被認爲比你自己的意識要差，或比你內我的意識要次等，因爲它代表了由內我來的知識，並且是內我自己意識的一部分——派給了身體的那部分。

那麼，如我常常說的，每個細胞在時間裡運作得這麼好，是因爲以那種說法它是預知性的。細胞覺知地球表面所有其他細胞的位置、健康及活力。它覺知每個海岸上每粒沙的位置，而以那種說法，它形成地球意識的一部分。

在那個層面，環境、生物及自然世界的元素全部都聯合在一起——我們常常會重複談到的一點。你們所認爲的你們的智能如此清楚而精確、如此邏輯（帶著幽默）、有時如此高傲的運作，乃是因爲智力騎在那了不起的密碼化的「古老的」「無意識的」力量——立即知曉的力量——之衝刺上，那即身體意識的一個特性。

（停頓，許多次之一。）我們討論到現在，仍只有一個內我及一個身體意識。當身體意識發展它自己，完美其組織時，內我及身體意識一同道出了一種心理的雙關語。

（在九點四十二分停頓。）請等我們一會兒……我所能想到的最好比喻是，直到那時，自己是像一個心理的橡皮筋，以極大的力量與活力向內及向外彈，但卻沒有任何一種夠僵化的心理架構來維持一個身體的姿勢。內我仍與夢實相保持關係，同時，身體的取向，以及身體的意識，獲得一種偉大的身體冒險、好奇及驚奇感——如本來計畫的——因此，再度的，內我將其意識的一部分放在一個不同的包裝裡。如它一度形成了身體意識，現在它形成了一個向身體調準的意識，一個自己，其欲望和意圖的取向是內我無法單獨做到的。

（全都帶著強調的節奏：）內我太覺察它自己的多重次元性，所以以你們的說法，它透過在時空中的身體，給它自己一個心理上的誕生。認識它自己為一個實質生物的自己的那個部分，即你認識為你通常有意識的自己的那個部分，在看來彷彿來了又去了的文明中，活在季節的架構之內，覺知於時間的設計之內，且在燦爛覺性的一剎那中發呆。那就是警覺於當下的精確性裡的那個自己，其肉體感官和光與暗、聲音與觸覺密切相關。那就是過著肉體生活的自己。

它就是那個向外看的自己，它就是你稱為自我性地覺察的自己。內我變成了我所謂的內在自我。它看入你自己的意識及你身體的意識兩者由之浮露的那個內在實相，那覺性的心靈次元。

那麼，你是一個自己，但為了操作的目的，我們將說你有三個部分：內我或內在自我，身體意識，以及你所知的意識。

可是，這些部分是密切相連的，它們就像是意識的三個不同系統，在一起運作以形成整體。那區分——那彷彿的區分——並非固定的，而是在不斷的改變。

（在九點五十七分停頓良久。）請等我們一會兒……到某個程度，在物質宇宙裡、在所有的物種及所有的粒子裡，這三個意識系統都多少在運作。以你們的說法，這意謂著這三個系統的比例可能會有所不同，但它們永遠在運作中，不論我們說的是一個人、一塊岩石、一隻蒼蠅、一顆星星或一個原子。內我代表著你主要的身分，你眞正的自己。

（非常快速地：）「地球是個好地方，但我不會想要住在那兒。」我相信這是一個略微修飾過的老生常談——但事實卻是，你是物質性的生物，因爲你眞的「喜歡」住在地球上，你眞的喜歡這狀況，整體而言，你眞的享受這特定的一種挑戰及這特定的一種感知，即地球環境提供的知識和了解。

（全都非常熱切地：）以你們的說法，那個環境無疑地包括了受苦。如果喜悅一向是地球經驗的一個特性，那麼，受苦也是一樣，而那個主題將在這本書裡論及。不過，在此我只想提及一個面，即身體覺受的重要性，不論是哪種覺受——因爲除了其他的事之外，身體的生命還提供給你一個感受及感覺的生命，一個光譜，必須包括在其整體範圍內所有可能的覺受的經驗。

現在，如你將看到，所有的生物，不論其高下，能而且的確會選擇在它們的實相範圍之內那些它們會經驗的覺受——但到某個程度，所有的覺受都會被感覺到。舉例來說，稍後我們會討論心智的部分及其對痛的刺激的詮釋，但我要指出，那些被肉身生活吸引的人，首先而且最重要的是覺受的品嘗者。基本上，除此之外，在刺激之間有種種頭腦上的分別。身體天生就是要反應的，它天生就是要藉由對一個不是它自己的環境反應，藉由面對你可以稱爲自然壓力的東西去感覺生命及活力，藉由對地心引力反應，藉由與其他身體接觸，藉由改變它自己的覺受，藉由洋洋自得於平衡在平衡與不平衡之間。

（在十點十四分停頓良久，然後緩慢地：）請等我們一會兒……所以身體意識被給予了對它自己實相的一個超等的感覺、一個對身分的確定感、一種天生具有的安全感，那允許它不只在物質世界裡運作，並且成長。它被賦予了一種膽大無畏的感覺、一種天然力量的感覺。它是完美地形成以切合其環境——而那環境也是完美地形成以保有這種生物。

存有或意識的單位——由**一切萬有**之廣大無垠的心理領域爆入客體性的那些古老片段體——無畏無懼，因爲它們在時間與空間裡喜悅的放縱它們自己。它們創造新的心理存有，打開了「在之前」都關閉著的一個神聖創造力的區域，因而，到那個程度，擴張了**一切萬有**之經驗及廣大的存在。在如此放縱自己時，既然它們在自己內包含著它們和**一切萬有**與生俱有的關係，它們當然並未被拋棄。以那種說法，**一切萬有**也變成了實體，在其神聖的深處，被從泥土竄入空氣的每片草喚起，被每個出生及每個生物之存在的每個片刻喚起。

所以**一切萬有**是沈浸在你們的世界裡，現身在每個假設的點裡，而形成物質的每一部分都由之創造出來的「材料本身」。

那就可以了。

（十點二十五分。）現在，我爲魯柏歡呼。他的確有很好的心理上的進展，那意謂著他也有身體上的進步。

我想再補充一點點，我的能量是常常以你們未預期的方式與你倆同在。此節結束，並祝晚安。

（「賽斯晚安。」）

（十點二十六分結束此節。）

第八九五節　一九八〇年一月十四日　星期一　晚上九點十七分

（我們的朋友，大衛・約德〔非真名〕，今年四十八歲。他是個單身漢，在高中教書。當我們在一九六〇年五月從塞爾市〔Sayre〕搬到靠近艾爾默拉市中心的一間公寓時，我們認識了他。那棟房子一度曾是豪華的私人宅第。三年之後珍在那兒開了班；的確，我們在那兒待了十五年。最初大衛住在二樓我們公寓的對面，最後，當剛在我們下面的一間大公寓空出來時，他就搬到樓下去了。再過後，珍和我租下他在二樓住過的公寓，所以，結果我們有了並排的兩間公寓；那時我們需要更多的空間，但並不想搬家。

大衛是我們認識過最好心的人之一。珍在一九六七年底開創了她的ＥＳＰ班——因此，以後的七年半，每星期二晚上我們的朋友都在忍受他頭頂上一大堆的叫嚷及敲擊。他知道珍是在幹什麼，但對「靈異現象」只有一丁點的興趣。大衛從來沒抱怨過那喧嘩，雖然有時他躲到後面的一間小房間裡，或離開那房子直到課結束。好像我們一直為吵到他而道歉。

當我們自己裝不起電話的時候，大衛讓珍用他的電話打給我們的出版人。他給我們他的雜誌和報紙——一直持續到現在。有時我們跟他交換家具，有時他以非常合理的價錢賣給我們他要換掉的家具。他非常注重整齊，而有一個次序井然的生活。他買了一部電動割草機，多年來他都自己割草而沒向房東要任何補償。

一九七五年三月珍和我買了就在艾爾默拉城外的坡屋，而幾週之內大衛也在下面山谷離我們不遠處買了他自己的地方。我們沒像以往那樣常常看到他，但每週的一個早晨在他去學校的路上，大衛都會將他的雜誌及報紙留在我們的後門，不論我們有沒有起來或看到他。

在上兩週裡大衛沒有按時上坡來，但珍和我是如此忙碌，以致幾乎沒注意到那件事。然後，上週四早上當桃樂絲——她也是個老師，並且是我們住在公寓時的一個朋友——打電話告訴我們說大衛住院時，我們真是大吃一驚。大衛第二天要做冠狀動脈繞道手術。我們一直以為大衛的身體狀況極佳；他不久前開始慢跑，而到現在每週跑三天，每次跑十五英哩。當大衛躺在醫院時，他問桃樂絲為什麼這發生在他身上，正當他試著照顧自己、幫助別人，並且「做好每一件事」時？

每次我們認識的某人碰到嚴重的麻煩時，珍和我都會重新質疑我們的價值，以及我們置身其中的社會的價值，因為這種挑戰彷彿從每個人的實相中某個遠遠的角落裡不招自來。我們心裡也想著去年死於癌症、年方三十九歲的另一個朋友。

現在大衛恢復得很好，但尚無法接見訪客。珍每天打電話到醫院去問候他；她正準備做一本獨特的詩畫集要送大衛。我在替大衛跑腿，最後會接他回自己的家。

今晚賽斯談到一般的疾病與受苦，而特別談到了大衛。我將他資料中一般性的部分摘錄於下，卻完全不談大衛本人。我們完全沒想到要強迫賽斯談大衛的資料；那樣做會是侵犯了大衛的隱私。不過，今晚的資料增益了我們對於像自由意志與選擇、善與惡、疾病與健康等主題的了解，並且反映了多年來人們問過我們的許多問題。

當我們坐著等上課時，珍說：「我幾乎寧願覺得你是盲目機率或意外的受害者，而非由於你自己愚笨的無知或選擇才生病的……」當我說我試著不再擔心這種事時，她回答說，她最好也回到寫書的工作，而忘掉世界的問題。「來吧！賽斯，我在這兒。」但縱使她覺得賽斯在身邊，她知道賽斯不會給書的口授。）

（耳語：）晚安。

（在回答時也開玩笑的耳語：「晚安，賽斯。」）

多少世紀以來，羅馬天主教會的結構將西方文明保有在一起，而給了它意義及箴言。那些意義與箴言流過了整個社會，而被用爲知識、商業、醫藥及科學等等所有已建立的模式的基礎。

教會對實相的觀點是爲人接受的那個。那個時代的信念結構了個別人類的生活，我再怎麼強調這個事實都不爲過，所以，個人生活最私密的事件被詮釋以賦予如此這般的意義，而當然國家的事件、植物及動物的現象也是一樣。世界的觀點是一個宗教性的觀點，被教會明確規定，而其用語同時是眞理及事實。

疾病被默默忍受，疾病被上帝派來以清算靈魂，以清潔身體，以處罰罪人，或只是教導他安分守己，不犯驕傲之罪。那麼，上帝帶來的苦難被認爲是生命的一個事實，並且也是一個宗教的事實。

（在九點二十五分停頓很久。）有些其他的文明曾相信，疾病是被惡魔或邪靈派來的，世界是充滿了善靈與惡靈，無影無形而與自然本身的元素混合在一起，而人必須走一條謹慎的路線，否則他將冒犯那些較危險或淘氣的存有。在人的歷史裡有各種各類的咒文，以安撫在事實及宗教的眞理裡衆人信以爲眞的邪靈。

去看著那些信念結構而聳聳肩，訝異於人對實相的扭曲觀點是很容易的。不過，對疾病的整個科學觀點也是幾乎一樣的扭曲**（帶著好笑的強調）**，它是同樣費力的醞釀出來的，並且與「無稽」交纏在一起。它與上帝派出疾病做爲懲罰，或疾病是淘氣惡魔不受歡迎的禮物的「事實」，幾乎沒有兩樣。

現在，中世紀的教會人士可以畫人體種種不同部分的圖表，說明人們由於沈浸在特定的罪裡而患了某種病。邏輯的頭腦有一度覺得那些圖表頗爲令人信服，而在身體的某個部位患了某種病的病人，會承認他犯過所涉及的種種罪。那整個的信念結構在其本身內被視爲合理。一個男人也許由於他父親的罪而天生畸型或多病。

現在，基本上，科學的架構是同樣的不合理，雖然在其中事實也往往看似證實了它們自己。舉例來說，有病毒的存在。你的信念變成了自我證實的實相，而在討論人類苦難時，不可能不把那納入考慮。理念是由一代傳給一代——而那些理念是你們所有實相的載具，包括其喜悅及其苦痛。可是，科學根本就是個很差的治療者。教會的觀念至少給了受苦一種高貴：它的確來自上帝——或許是個不受歡迎的禮物——但畢竟它是由一個堅定的父親，爲了孩子自己的好處而給孩子的懲罰。

當然，科學將事實與宗教的眞理分開。在一個由機率形成的宇宙裡，適者生存是好的行爲的主要法則，疾病變成了不容於其族類本身的一種犯罪。疾病意謂著你不適合，因而帶來了所有種種先前沒被認眞地問過的問題。舉例來說，那些「基因較差」的人有沒有權利生殖？

疾病被認爲是來得像一場暴風，個人沒有什麼辦法去反抗的物理力量的結果。對令人厭惡的無意識那「新」佛洛依德式的概念，更導致了一個新的難局，因爲那時——就如現在——人們廣泛的相信，由於在嬰兒期的經驗的結果，潛意識或無意識很可能會破壞有意識人格的最佳利益，將之誘騙到疾病和災難裡。

以某種方式而言，那觀念以心理的魔鬼取代了形而上學的魔鬼。如果生命本身被科學視爲沒有眞正的意義，那麼，當然，苦難也必然被視爲無意義。就他的出生、他人生的事件及他的死亡而言，個人變成了機率的受害者。疾病變成他與「個人存在看似的無意義」最直接的接觸（全都十分熱切的）。

你透過你的思想影響你身體的結構。如果你相信遺傳，遺傳本身在你的生命裡就變成一個強烈的暗示性因素，而能將你相信一直在那兒的病痛帶到身體來。直到最後，你們的科學儀器發現了那「出了錯的機制」或不論什麼，而就有了每個人都可看見的證據。

（在九點五十分停頓。）以你們的說法，顯然有一些狀況是遺傳的，而在出生之後幾乎立即顯示出來，但與你們相信是遺傳性的那些疾病——許多癌症、心臟問題、關節的或風濕性的病變——比較起來只占了非常少數。而在許多遺傳性疾病的病例裡，透過應用我們有一天無疑會談到的其他精神性方法，可以造成較好的改變。

苦難有許多種，就如喜悅也有許多種一樣，而我無法給你一個簡單的答覆。做為人類這種生物，你接受生命的條件，然後再從這些條件裡創造你生活的經驗。你生入信念系統，就如你生入實質的世紀裡一樣，而自然有以種種的方式去詮釋生活經驗的自由（全都熱切的）。苦難的意義、本質、高貴或恥辱，將會按照你的信念系統被詮釋。我希望一邊講，一邊給你一個實相的畫面，把苦難放在它適當的視角。但這是最難討論的一個主題，因為它最深的觸及了你們為自己與人類所抱持的希望，觸及了你們為自己與人類所感到的恐懼。

請等我們一會兒……你曾教你自己只覺察且追隨你自己意識的某些部分，所以，思想上你將某些主題認作是禁忌。對死亡與受苦的思緒包括在這些當中。那麼，在一個將適者生存及物競天擇視爲最重要的一個族類裡，任何一點點的受罪或痛苦，或對死亡的思緒，就變成了丟臉、生物上的恥辱、懦弱及近乎精神失常。生命必須不計代價的被追求——並不因爲它是天生地有意義，卻因爲它是唯一的遊戲，而再好也不過是個機率的遊戲。你只能活一次，而那一次還處處被疾病、災難及戰爭的威脅所圍堵——而如果你逃過了這種激烈的環境，那麼，你頂多只能有這樣一個生命，那不過是由於無生命的元素短暫地進入意識與活力裡的結果，且這生命必然會終止。

（在十點五分停頓。珍以一種混合著速度、諷刺與幽默的強調語氣，替賽斯傳述了所有以上的資料。）

在那個架構裡，即使愛與狂喜的情緒，也被視爲只不過是神經元放電或化學素對化學素之不穩定的活動而已（停頓）。光是那些信念就帶來了苦難。在你們的時代裡，所有的科學都被設立來宣揚直接相反於人心的知識的信念。你們曾注意到，科學曾否定情感上的眞實，科學不只是否定了情感經驗的有效性，並且它還如此堅定地相信，知識只能從外面、從觀察自然的表象而獲得。

我談到生命的品質，而說眞的，至少在許多世紀之前，男人和女人們也許死得早些，但他們卻過著更充實、具有更令人滿意的品質的生活——而在那方面我不想被誤解。

現在，宗教在其某些面裡也眞的曾頌揚受苦，將之提升爲主要的美德之一——而在其他時候，卻也曾貶低受苦，將病人視爲被惡魔附身，或視瘋子爲非人。所以，這兒涉及了許多問題。

可是，科學視身體爲一個機械，提倡意識是困於一個機械模型裡，以及人的受苦是來自機械性的原因等觀念：你只不過給那機器一些較好的零件，一切就會沒問題了（好笑的）。當然，科學能運作得像魔術，所以，在某些場合，對科學的信仰本身彷彿會造成奇蹟，舉例來說，新的心臟會給一個人新的心。

（十點十六分。在討論大衛的個人情況後，賽斯在十點三十分後回到他較一般性的資料。）

疾病被用爲人的動機的一部分。我的意思是，人類的動機在某些時候會涉及疾病，因爲疾病常常是達到一個想要的結果的方法——一個達成某些事情的方法，那是一個人認爲除此之外也許無法達成的。

一個人可能用疾病來獲致成功，一個人也可能用疾病來獲致失敗。一個人也許用疾病做爲表示驕傲或謙遜、獲得注意或逃避注意的方法。疾病往往是另一種表達模式，而科學從來沒有提及疾病也許有其目的，或很多目的。但我並不是指那些目的本身必然是很糟的，疾病往往是一個人爲了獲得他認爲重要的事物的被誤導的企圖。疾病可以是一個榮譽或不榮譽的標誌——但當你看著人類的畫面時，毫無疑義的，到某一個程度，並且是個重要的程度，受苦不只有其目的和用處，並且，爲了某些理由，還被積極地追求。

大多數人並不尋求受苦的極端經驗，但在那些極端之下，有各種可以被認爲是痛苦不同程度的刺激，那是被積極地追求的。當然，人之涉足於運動裡是一個現成的例子。在其間，社會的獎賞與身體上了不起的成就的希望，將運動員導入普通人會認爲是最痛苦的活動裡；人們爬山，在追求這種目標裡，心甘情願地承受很大的痛苦。

（十點三十七分。賽斯再傳來一些更多關於大衛的資料。然後：）

我並不想讓任何這些資料顯得太簡化，但在這種討論裡，我們必須從某個地方開始……這離疾病的整個故事還差得遠呢！但就今晚而言，這些是足夠了。如果你可以的話，鼓勵你的好太太跟著你的榜樣決定不再擔憂。這該是第一誡。

（「好的。」）

我最衷心的祝福，並祝晚安。

（「謝謝你，賽斯，也祝你晚安。」）

（十點四十五分。「我的天，你的指頭一定快要斷了！」當珍很快的從極佳的出神狀態出來時，她喊道。她從她的搖椅中挪到沙發上。「你為什麼沒有要求休息？」

「妳似乎不需要休息。」但我也變得對這課如此感興趣，以致我什麼都忘了。不過我的右手現在很痠。

「我不大記得他說什麼，」珍說，「但我有個感覺，賽斯意思是要用這資料來解除我自己最近一些想法的危機——對在世界裡所有的痛苦與受罪根本沒有任何解答——這整件事是如此之大，以致你無法說或做對任何人有用的事……」

我告訴珍，那也許可解釋她對大衛的病的反應，包括她為大衛製作的書。我又說，雖然賽斯沒稱這節口授是為《夢》，他卻大可這麼說：它的一大部分至少可有助於回答人們的問題。）

第八九六節 一九八〇年一月十六日 星期三 晚上九點九分

（我根據我的筆記打完了星期一晚上的課後，剛好來得及準備上這堂課。同時，珍打電話給在醫院的大衛。令她驚奇的是，大衛聽起來比上次珍和他講話時更衰弱了，而他要我將明天的訪問延到週五下午。

其次，珍迅速的瀏覽了我近來的一批賽斯所謂的「塞爾背景之夢」。自從十二月二十二日起，我已經錄了六個以我家鄉為背景的長而複雜的夢；在其中我探索關於寫作與繪畫，我與社會及畫市的關係之形形色色、有時互相矛盾的信念，還有與我已逝父親的關係，因為他代表了一些其他的信念。最近我問珍，賽斯會不會有所評論。

今晚賽斯真的評論了——而非常有見地的將所有的夢放到一起。「在你的心裡，塞爾代表了你的童年，」他在結論裡說，「而到那個程度，對你個人而言，也代表了所有人的童年。因為，再次的，到某個程度，每個人都覺得，做為一個整體，人類多少是在他自己出生的那一刻誕生的。」

我們在九點四十分休息了一下，當我稱讚珍說得好時，珍說：「我要告訴你，我只不過看了一眼你筆記本裡的那些夢，我花了不到五分鐘，真想不到。」她笑了起來，對賽斯的能耐頗為高興。

「我對那些夢事件的記憶，就與我對最近做的任何別的事的記憶一樣真實。」我說，「去買東西、或工作、或不論什麼……」我一直對我簡單的觀察感到好奇，因為至少對我而言，一旦它們開始成為過去時，夢事件在我的生命裡占據了一個越來越重要的地位。我想，當一個人在現在醒來時，他遠較可能稱一個夢「只是個夢」，而不給它一個與他在醒時狀態裡「真的」經驗相等的實相及有效性。

珍想趕快回到課上。縱使以下的資料並非書的口授，但為了明顯的理由，我將它放在這兒。在九點五十二分繼續。）

繼續我們對受苦的討論。我覺得有時候好像人們期待我來將人生的狀況合理化，當它們其實並不需要任何這種合理化的時候。

你們的信念令你們看不見關於人的心理之許多否則可輕易得到的知識——可以用來回答許多關於受苦原由的問題的知識。說真的，其他問題還更難回答。不過，男人和女人生而就有關於所有的覺受及關於所有可能的人生經驗的好奇心，他們渴求所有各種的經驗，他們的好奇心並不限於漂亮的或現世的事物。

人們生而就有一種去突破限制的欲望——去（幽默而大聲地：）「探索人類足跡從未到過之處」——我相信這是對一個著名電視節目的引言的盜版。人們生而就有一種戲劇感，一種對刺激的需要。生命本身就是刺激。最安靜的情緒騎在壯觀的分子活動的衝勁上。

當你們成熟爲成人時，你們忘記了自己許多十分自然的傾向、感受及內在的幻想，因爲它們不適合你們曾被教以相信你們是的那種人，或經驗，或族類的畫面。你們生命中，原本是那些感受的自然延伸的許多事件，就因此顯得陌生（停頓），相反於你們最深的希望，或彷彿它們是被外在的力量，或是淘氣的潛意識投擲到你們身上似的了。

兒童的思想對人類的天性給了極佳的線索，但許多成人並不記得任何童年的思想，除了適合或彷彿適合他們關於童年的信念的那些。

孩子們玩被殺死的遊戲，他們是試著想像死是什麼樣子。他們想像如同「蛋頭」（Humpty-Dumpty）從牆上掉下來，或跌斷他們自己的頸子會是什麼樣子。他們想像成人會贊同的角色，也放縱同樣多的創造力去想像悲劇性的角色。他們往往相當覺察到他們以「意願」使自己生病來逃避困境——而也以意願使他們自己再好起來（帶著幽默。註一）。

他們很快的學會去忘記他們在這種插曲裡的角色。所以，後來當他們是成人而發現他們自己病了時，他們不只忘記了是他們引起了那病，並且很不幸的，也忘記了如何以意願使自己好起來。

（十點五分）。如我所說，有各種等級的受苦（suffering），而我以一種非常一般性的方式開始這個討論，在正規的書的口授之間，我也會不時的繼續這討論。尤其是在過去的時代，人們清算自己，把灰抹在頭髮上，並且以鐵鏈鞭打自己，或挨餓，或做其他的自我懲罰。換言之，他們爲了宗教的緣故受苦，而這習俗至今也尚未完全消弭。他們並不只是相信受苦對靈魂有益——附帶一句，這個聲明可以是眞也可以是假，而我稍後會再加以說明——但他們也了解另外的一件事：身體只能承受這麼多的苦難，然後它就會釋放掉意識。所以，他們希望達成宗教的狂喜。

宗教的狂喜並不需要身體上的受苦做爲一個刺激，而這樣一個方法終究會有損於宗教上的了解。不過，那些插曲是諸多的方法之一，代表人能主動地尋求受苦，做爲達成另一個目的的手段。而說這種活動是不自然的並不切題，因爲它存在於自然的架構之內。

（停頓良久。）苦行是應用「受苦」的一種形式，它通常是如此爲人所用的。人們並沒被教以去了解他們自己對經驗的了不起的胃口。一個小孩很自然會對受苦感到好奇，想要知道它是什麼，去看它——而藉此他學會去避免他不想要的受苦，去幫助別人避免他們不想要的受苦，而更重要的，去了解本爲他傳承的情感與覺受的種種層次。如果他了解這個，做爲一個成人，他不會造成別人的痛苦，因爲他會讓自己去感覺自己情感的眞實性。

如果你否認對你自己情感的直接經驗，卻透過太嚴厲的苦行去掩蓋它們，那麼，你就能非常輕易地傷害別人，因爲你將你麻木的情感狀態投射到他們身上——如在納粹俘虜營，人們遵守命令折磨其他的人——而你首先藉由麻木了你自己對痛的敏感度，並壓抑你自己的情感，你才能那樣做。

（十點二十五分。）人對痛的易感性幫助他同情別人，因而幫助他更主動地減輕存在於社會裡各種不必要的痛苦的起因。

請等我們一會兒……今天晚上就到此為止，我對你倆最衷心的祝福。我只還再說一點：每個人的具痛苦性質的經驗，也記錄在我們將稱為世界之心的那個東西上。造成痛苦的每個失敗、失望或未解決的問題，變成了世界之經驗的一部分：這個或那個方式是行不通的，或這個或那個方式曾被試過，但結果不好。所以，以那種方式，甚至受苦的弱點或失敗也都被解決了，或毋寧說，被彌補了，因為在那些資料裡做了一些調整。

就彼而言，每個人私密地，而卻也是為所有的人類過他的生活。從一個獨特的觀點，每個人為他自己也為人類整體嘗試新的挑戰、新的情境及新的成就。

（快活地：）此節結束，並祝晚安。

（「賽斯，非常謝謝你，晚安。」）

（十點二十七分，「天啊，那真是精采極了。」當珍從很好的出神狀態及傳述裡出來時我跟她說，「我真希望我們能找個機會在某個地方用到這資料，而不是讓它束之高閣。」因此，縱使我將上一節非寫書的課插入到本書裡，我卻沒有很快的對這節做同樣的決定。

「我也在想該怎麼做，」珍說，「但別去管它了，也許有一天我們能在一本書裡用到它，但同時我才不會去操心這件事。也許賽斯會繼續這樣做，而有一天它會變成另一本書也說不定。誰知道呢？」

我笑了，並告訴珍她不去擔憂的新決心聽起來很像我。）

註一：賽斯關於兒童在遊戲裡「試著想像死是什麼樣子」的概念，無疑的對我自己兒時活動增加了一個直覺性的次元。在二〇年代末期，我們那夥孩子最喜歡的遊戲就是「牛仔與印第安人」。而當我們在附近的田野裡遊玩時，我們所有的人假裝我們殺了敵人，或我們被殺了。我們玩得開心極了，經常玩這種遊戲直到筋疲力盡。

我也贊同賽斯說的，兒童「往往相當覺察到他們以意願使自己生病來逃避困境」。我記得很清楚，我在某些場合那樣做——通常是要避免一些學校的活動——而甚至在那時我也覺得很驚奇，因爲我父母沒有弄清楚我在搞什麼鬼。（在危險期過了之後，恢復健康簡直是易如反掌！）

珍說我從沒告訴過她有關故意生病的事，雖然我以爲我有。我問她有沒有那樣做過，「當然囉！」她說，「在天主教的小學裡，我知道有時候我令自己生病，以逃避像圖解句型及背乘法表之類的事。我好怕那些東西——我想是在四年級左右。我想有一次我也令自己得了腮腺炎。」

珍又說她那群玩伴沒有玩我們那類的遊戲。「我們也許偶爾裝死——你知道，躺下來閉上眼睛，但也只是那樣。」在五年級的歷史課裡，珍學到關於法國皇后瑪麗・安東尼的故事，她於一七九三年在巴黎被送上斷頭台。「我常常一個人假裝是她，」她說，「我會是勇敢而輕蔑的，知道我將被砍頭——諸如此類。」

於是，我倆都有點驚奇，覺察到對我倆而言，至少有些我們「想像的」經驗都圍繞著我們早年的兒轉打活生校學。

第八九七節　一九八〇年一月二十一日　星期一　晚上九點十五分

（對一年的這個時候而言，天氣仍然非常暖和；在白天溫度往往不到冰點，而當真的飄了一點雪時，也馬上就融化了。今天早晨我從醫院接大衛回家，下午我帶我們的虎貓比利去看獸醫。自從上週六比利就不太對勁兒，牠美麗的皮毛失去了光澤，體溫高達華氏一百零五度，獸醫給了牠一針並開了些藥丸。然而那獸醫並不真的知道比利為何會生病。珍和我奇怪比利的病在我們和大衛的事之間扮演了什麼角色——那的確是在賽斯資料出現之前我們不會有的一種想法。

我們也注意到，當比利失去了胃口時，牠的同胎小貓咪子就變成如珍形容的「無事忙」，在房子裡及走廊上玩耍奔跑，好像以牠自己的方式，牠在試圖補償比利不尋常的缺乏活動。

「我希望賽斯會談談比利為什麼生病！」晚餐後我對珍說。她回答說她寧願慢慢來：她變得非常的鬆弛，而不想捲入可能會干涉到她越來越舒服的狀態的「深入問題」。事實上，我太太只希望她還能上課。她一直在憂慮大衛、世界的情形、人類的脆弱、比利及她自己，而必須很努力才能改變她的思緒。

不過，珍知道若是她上課的話，賽斯資料會是為書的口授。今晚當她在洗碗時，她從賽斯那兒接收到這訊息。）

晚安。

（「晚安。」）

現在：口授：那麼，再次的，你們的世界並非被某個外在化的、客觀化的上帝從外面創造了它，而令之開始運作的。舉例來說，許多宗教的理論家相信，有這樣一位上帝以這樣一種方式創造了世界，而敗壞的過程幾乎在那創造結束的同一個假設的瞬間就開始了。

這樣一個概念很像一些科學性的概念，後者認爲宇宙在衰退中，其能量在消散，而秩序逐漸的瓦解成混亂。兩種說法都想像一個完成了的創造，雖然其一是一個神聖的製品，而另一則不過是偶然事件的一個結果。

（停頓。）可是，整體而言，雖然我必須以系列性的講法來解釋它，但我們說的是一個經常不斷的創造。我們在討論一個宇宙的模型，在其中，創造是繼續的、自發的，並且同時地在每個地方發生。在一種廣闊的現在裡，所有我們對時間的經驗都是從那裡浮現出來的。在這個模型裡，永遠有新的能量，而所有的系統都是開放的，縱使它們看起來也許是分別的運作。再一次的，這個模型也建立在它每個部分之主動的合作之上，那些部分以某種方式也參與了整體的經驗。

在這個模型裡，形式的改變是創造性合成（creative syntheses）的結果。這個模型的來源，被了解爲出自一個廣大、無垠及神聖的主觀性——一個在每個意識單位之內的主觀性，不論那單位的層次爲何。那麼，那是在創造本身之內的一個主觀的神聖性，一個如此大的多次元創造性，以致它本身同時是創造者及其創造物。

（在九點三十七分停頓良久。）這個神聖的心理過程——而在這兒「過程」並非最好的字眼——這個神聖的心理上的彼此相關狀態，由它自己的存在形成了層出不窮的世界。你們的宇宙並非唯一的一個，在自然界裡沒有東西孤立的存在；而以那種說法，你們宇宙的存在本身就預設了其他宇宙的存在。

這些宇宙在過去、現在及未來會以我解釋過的同樣方式被創造——而再次的，所有這種系統都是開放的，雖然在運作上來說，它們也許看起來並非如此。

眞的有無限量的序列（sequences）無誤的被啓動，那使得你們自己的世界之存在成爲可能。我承認有時候我無法想像一個人能想像他的世界是無意義的，因爲一個人體的存在本身，就涉及了一個幾乎不可置信的分子與細胞的合作，那是即使透過機率最順遂作用的豐富結果，也不可能造成的。

（無論如何，今天珍爲賽斯的傳述都不是她最快的，雖然那個「能量人格元素」相當熱切並且帶著不只一點的幽默感結束了上面的一段話。但是，現在珍的步調更慢了下來；她停頓了很多次。）

以一種說法，你們的宇宙及所有其他的宇宙躍自一個次元，那是所有實相的創造源頭——可以說，一個基本的夢宇宙，一個神聖的心理苗床。從那兒，主觀性的存在被它自己想創造的無限欲望所點燃、光照、刺激及穿透。其力量的泉源是如此之大，而使其想像物變成了世界。但它被賦予了如此光輝燦爛的一個創造力，以致它尋求最精緻的完成，因爲即使它最微小的思惟及它所有的潛力，都被一個眞的超過所有想像力的善良意圖所引導。

（九點四十七分。）那個善良意圖在你們的世界裡是很明顯的。它在聯合礦物、植物及動物王國的合作性冒險裡，在蜜蜂對花朵的關係裡，是很明顯的。而你們卻相信其反面；你們已對人類自己的合作天性，他天生對同伴之誼的渴望，他想照顧別人以及（帶著苦口婆心卻溫和的強調）利他性行爲的天生傾向視而不見。但我們將在本書的後面討論那些事。

稍微休息一下。

（九點五十分。當珍從出神狀態出來時，她非常的放鬆，我沒提及她中間有很多長的停頓；光是最後一段她就花了三分鐘，她的頭輕晃著，她的眼皮顫動著。「他不該讓我休息，」她說，「這是我最糟的一次……，我想回到兩小時的課程……」當我在寫這筆記時她安靜的坐著。當然，她說「最糟」是指太放鬆，我告訴她並不一定要繼續上課。「我不知道我還能回去嗎？我是如此……」她的頭一直要垂下來。她點了一支菸說：「我只是在等。」

餘下的課見註一。）

註一：（賽斯在九點五十九分回來。）

「口授結束。」

「現在：生命或者有意義或者沒有，它無法有時有意義有時沒有——或人的生命有意義而其他物種的生命卻沒有。但意義並非永遠都是明顯的，因爲當我們討論它時，我們當然是從一個人類的觀點去討論。

「舉例來說，爲什麼大衛生了病？我們曾討論過那點，那涉及了幾個層面——但意義往往落入一些幾乎無法形容的範疇裡。

（十點五分。）「以一種奇怪的方式，你們的貓對天氣反應——倒不是反應太大，而是與牠對天氣的情緒性詮釋認同——以一種方式，變成了天氣的一部分，對天氣開放；但以你們的說法，卻變得沮喪了。

「對那貓而言，這是一個經驗。還有一些額外的暗示，在於牠接收到你們對你們的朋友大衛的共同感受——但那並非原因，只不過是個附加的色彩。天氣狀況及動物行爲之間的互動很少被了解。舉例來說，你們另一隻貓以一種相反的方式反應，積極的提供牠自己額外的刺激。

「稍後有一天我們會說得更多。祝你們晚安。」

（「謝謝你，賽斯。」）

（十點十分。「我以為今晚你不要賽斯說任何有關比利的事呢。」當珍很輕易的離開出神狀態時我問她，她以她自己的方式回答這問題：「不過，那是我的錯——那是附帶了很強的情緒的資料，他本來還要說更多的。關於疾病的資料對我而言仍是相當的令人激動。」我想她自己身體上的困難必然在此扮演了一個強烈的角色，雖然她並沒這樣說。「這件事令我生氣，」珍安靜的說，「在休息時我可以感覺他已完全準備好去深入比利的狀況，而我開始覺得心中都糾結起來。我沒有告訴你。然後我對我自己說：『賽斯，你就去談吧！』所以他為什麼沒有說那隻貓將會沒事呢？」

在回答我另一個問題時，她說她情緒上的激動也涉及了在一九七九年二月，我們的貓比利一世的死。顯然地，比利一世曾是我們現有的比利之前任；現在的比利在外表及脾氣上都與牠非常相似。「我真受不了我自己，」珍說，「我希望我們當初叫這隻為威立，但我知道那全是迷信的胡說。」

而就在結束的時候，我聽見咪子在廚房玩著我替牠紮起來的紙球。地窖的門是開著的，牠再三將紙球踢下地窖的台階，跟著球追下去，再把球帶上台階，而又再踢飛下去——看起來好像牠仍然必須為我們表演。同時，在恢復中的比利，則在客廳一張舒服的椅子上打瞌睡。）

第八九八節　一九八〇年一月三十日　星期三　晚上九點二十八分

（自從在九天之前上了第八九七節後，珍替賽斯傳述了三節不凡的私人課〔註一〕。今晚她相當的輕鬆，有點想翹課去畫畫。我告訴珍如果她想畫畫，她並不必得上課，但如果她真的進入出神狀態的話，我倒希望賽斯談談我今早的夢。在那夢裡我是一個與我父親同年齡的婦人，而我父親已死的事實並未進入那個夢。）

口授。

（「好的。」）

（停頓良久。）如你們所認爲的醒時狀態，是夢境的一個專門化的延伸，而由之浮現到你們覺知的表面；正如你們的物理位置，是首先存在於心智領域裡的位置之明確的延伸。

那麼，清醒狀態的源頭是在夢境裡，而在清醒狀態裡你熟悉的所有物體、環境及經驗，也都源自那內在的次元。

（停頓。）不過，當你檢查夢境時，通常你都是從醒時實相的架構去那樣做。你試圖應用你通常判斷事件標準的實相規則，去度量夢經驗的幅度，所以，你沒辦法感知夢境的眞實特性。除了在那些稀有的場合裡，當你在你的夢境之中「變得覺醒」時——我們在本書稍後會討論這件事。但以一種說法，說宇宙是以你自己的思想與夢發生的同樣方式被創造出來是眞的：自發性地，卻又有一個天生固有的令人驚異的秩序，以及一個內在的組織。你想你的思想，作你的夢，而對其中涉及的不可置信的過程沒有任何清晰的知識。然而，那些過程正是在宇宙的存在本身背後的過程。

同時，以一種說法，你自己就是那將你們的世界夢入存在的古老作夢者。你必須了解，我並沒有說你們是被動的、倏忽即逝的夢者，失落在某個神聖的心智裡；而是說你是一個神聖智慧之獨特的創造性示現，那個神聖智慧之創造力爲所有的實相負責，而那些實相本身被賦予了它們自己的創造能力，且帶著想要圓滿的潛力及欲望——的確是那神聖過程本身的繼承者。自發性知道它自己的秩序。

（九點四十一分。）我已說過許多次了，世界的各部分以基本上違反了較小的因果律或前後關係的一個秩序，自發的聚到一起。再次的，就彼而言，你的夢境帶給你關於你自己生命的來源及你們世界的來源的許多線索。

電腦不論多偉大、多複雜，卻不會作夢，因而，就所有它們不可置信的資訊儲存而言，它們必然缺乏那最小的植物或種子所擁有的未言明的天生知識。任何電腦擁有或處理的任何數量的資訊，也無法與組成這樣一個儀器的原子及分子所擁有的未言明的天生知識相比。電腦沒有被配備去感知那類知曉，因爲它無法作夢，所以它沒有配備來做這種事。在夢裡，原子和分子天生的知識被組合及轉譯，這被用爲感知到的資訊及知識之苗床，而夢境由之升入其物質形式。

在你生前你是主觀的「活著」；在你死後你也將會主觀的活著。你的主觀生活現在是被透過你稱爲清醒的那種專門化的意識狀態來詮釋，在其中，你只承認將落入某些時空座標裡的經驗爲眞實，你的更大的實相存在於那些座標之外，而宇宙的實相也一樣。（停頓。）你們爲你們自己創造生活，當你一邊走你一邊改變它們，就像一位作者可能改變一本書，變更那些環境及改變那些情節。那作家只知道他創造了，而並沒了解創造力賴以發生的自發性秩序，那過程發生在意識的另一個層面。

以最基本的方式，世界是自內而外地形成的，並且是自作夢的實相形成爲具體的實相——而那些過程發生在實相的另一個層面（安靜地強調）。

休息一下。

（九點五十五分。我認為休息來得相當早。賽斯在十點十分回來，而他的確討論了我的夢，直到十點三十分道晚安。）

註一：我們稱那三個非常深入的課爲私人的或被刪除的課，因爲它們生自我們自己對大衛的挑戰、對我們的貓比利、對比利的同胎小貓咪子的頑皮動作、及對幾個其他個人的問題的反應。不過，所有那些資料有一種一般性的吸引力，而我希望我能在幾句話裡顯示賽斯資訊的變化多端及深度。

舉例來說，他在一月二十三日告訴我們：「你們的身體意識就像任何動物的意識一樣。咪子在階梯上跑上跑下，是人和動物天生被賦予的對興奮與活動之喜愛的一個例子。動物們喜歡被拍、被摸及被愛，牠們以牠們自己的方式對暗示反應，而就彼而言，你們的身體意識對你們對它有意識的對待反應。爲了這個討論的目的，且將你們的身體設想爲一個健康的動物……動物們及你們自己的身體意識對年齡沒什麼概念，以一種幾乎不可能描寫的方式，那些意識——身體及動物們的——在其存在的每一瞬間都是『年輕的』。我認爲你們當然了解我在談的是動物及身體意識的『心態』，因爲它們的確擁有它們自己的精神屬性——心理上的色彩——而尤其是情感『狀態』。」

賽斯資料大半反對身體在某個年齡限制內會衰退的科學的機械性模型，那個模型被認爲身體會衰退的信念的力量所煽動。透過我們對未來的恐懼投射，我們是如何爲自己加上不必要的壓力，而不利的影響了我們那聚焦於現在的身體意識，關於這些賽斯說了很多。心電感應、「分子的精神狀態」及細胞意識，全都深深的捲入於所有的這些討論裡。

第八九九節　一九八〇年二月六日　星期三　晚上八點五十一分

（這星期一晚上沒有上課，所以我們得以休息。

我估計我已完成了我想為《群體事件》寫的三分之二的註。珍一邊做本書，一邊又回去寫《如果我們再活一次》以及《珍的神》，對後者她正在一種「創造性的高潮」上。

昨天及今天早些時候，珍曾將她從賽斯那兒接收到的東西潦草地寫下來；她將之放在課的筆記本裡，如果我有時間就可以打字下來（我沒有打）。然後今天稍後她重讀所有賽斯給本書的資料。）

晚安。

（「賽斯晚安。」）

口授。（停頓。）當然，當人光是有他們的夢體時，他們享有極大的自由，因爲那些身體並不需要吃飯穿衣。他們並不需要在地心引力下運作，人們可以如他們所願的在風景裡四處漫遊。他們還沒有認同他們爲他們自己到任何很大的地步，或與環境以及他的生物分離。他們知道他們自己是他們自己，但他們的身分感並不像現在這樣與他們的形體密切相連。

不過，夢世界是一定會醒來的，因爲那是它替它自己設定的方向。再次的，這個醒轉自發地發生，然而，卻有它自己的秩序。就這個討論而言，地球上其他的生物實際上比人醒來得早，而比較地說，在人這樣做之前，牠們的夢體已形成物質性的身體。所以，動物變成在身體上可以有效的操作，同時，到某種程度，人們仍留連在夢的實相裡。

植物先動物而醒——而這些不同程度的「清醒度」是有其理由的。基本上，那與科學從外在界定的物種分類無關，卻與意識的內在聯合及與意識的族類或家族有關。當所有踏上物質實相的意識，分享（停頓良久）那造成物質上有效的世界不可思議的創造性成就時，那些聯合就發生了。

（九點四分。）再次的，如你們所認爲的環境，是由活生生的意識組成的。舉例來說，古老的宗教談到自然的精靈，而這種說法代表來自史前的記憶。那麼，部分的意識將它自己轉化成你們所認爲是大自然的東西——綿亙不絕的大洲、海洋與河流、山嶽與山谷及大片的土地。物質世界的創造性衝力，必須從那活生生的結構升起。

（帶著強調：）以一種說法，鳥類與昆蟲的確是地球正在活生生的飛翔的一部分，就像是，再次的，以一種說法，熊與狼、牛與貓，代表了地球將它自己變成活在它自己表面上的生物。而再次的，以一種說法，人變成地球在思想的那部分，而當人在想著他自己的思想時，人以他自己的方式專精於世界之有意識的工作——那工作是依賴其餘的大自然，一個維護他生存的大自然不可或缺的「無意識」的工作（全都非常熱切地）。而當他思考時，他在爲微生物、爲原子及分子、爲他體內最小的粒子、爲昆蟲、爲岩石、爲天空的生物及空氣與海洋思考。

人思想就與鳥飛翔同樣的自然。他替其餘的物質實相看著物質實相：他是地球活了起來，透過有意識的雙眼看著地球自己——但那意識是受到恩寵去那樣做，因爲它是地球架構如此親密的一部分。

（停頓。）當人從夢世界醒轉時是個什麼情形呢？

本章結束。

第5章

「伊甸園」。人「失去」夢的身體而獲得了「靈魂」

（九點十五分。）第五章：〈伊甸園。人「失去」夢的身體而獲得了「靈魂」〉。

伊甸園的傳說代表了人做爲肉身生物之覺醒的扭曲版本。他變得全然的在他的肉身裡運作了，而先前對他而言如此眞實的那個夢體（dream body），在清醒時只能間接的感受到了。現在他在一個必須被餵飽穿暖，被保護不受自然力侵害的身體裡，去面對他的經驗——一個遵從重力及地球法則的身體，他必須用肉體的肌肉從一個地方走到另一個地方。在理解的靈光乍現中，他突然第一次看見自己的存在不僅是與環境分開的，並且也是與地球其他所有的生物分開的。

就彼而言，那種分離感一開始幾乎令他受不了，但人是大自然那個注定要由一個局外的觀點來看他自己的部分。再次的，他是大自然那個注定要專長於觀念之自覺運用的部分。（較大聲：）他將長出知性之花——一朵必須安全的深深根植於大地的花，外散出新的心靈種子——那不僅是爲他自己，也是爲自然的其餘部分，而他也是自然的一分子。

但人向外看，感覺他自己突然的分離了，而爲其孤單感到驚訝。現在他必須找尋食物，然而，之前他的夢體並不需要物質的滋養。以前，人既非男又非女，而是組合了兩者的特質，但現在肉體也就因性別而分化了，因爲人必須實質的繁殖。有些失落的古代傳說，以一種更清楚的方式強調這突然的性別區分。可是，到聖經傳說出現的時候，歷史事件及社會信念被轉變成亞當和夏娃的版本。

在一方面，人的確感到他從一個高的身分地位掉了下來，因爲他記得先前夢實相的自由——其他生物仍到某程度沈浸其中的一個實相（註一）。附帶的說，人的心智在那一刻就有你現在賦予它的所有能力：能包容想像與理性之對比的偉大包容力，追求客觀性與主觀性的驅策力，以及充分具備發展語言的能力——一個敏銳的心智，它存在於穴居人之中的聰慧程度，就與在現代街上任何一個人的一樣。

（九點三十五分。）但如果人突然的感到單獨而孤立，他也立刻被世界及其生物偉大的千變萬化所震懾。每個與他自己分開的生物都是一個新的神秘。他也著迷於他自己的主觀實相，他發現他自己在其內的身體，以及在他自己與其他像他的人及其他生物之間的不同。他立刻開始探索（停頓）、分類、指出並命名來到他注意範圍內的其他地球上的生物。

以一種說法，這是意識與它自己玩的一個偉大的創造性卻又宇宙性的遊戲，而這遊戲的確代表了一種新的覺知。但我要強調，**一切萬有**的每個版本都是獨特的。每個都有其目的，雖然那個目的無法輕易的以你們的說法來界定。例如，許多人問：「我人生的目的是什麼？」意思是：「我該做什麼？」但你的生命及每個生命的目的是在其存在裡（熱切的）。那個存在可能包括某些行動，但那些行動之所以重要，乃在於它們是由你生命的本質裡躍出的。而生命單純的藉著存在，就必然會完成其目的。

（在一個穩定而相當快的傳述裡停頓良久。）當然，人的夢體仍是與他同在的，但現在肉體遮蔽了它。夢體是無法被傷害的，而肉體卻可以——當人將其經驗大略的從一種轉變到另一種時，他很快就發現了這一點。在夢體裡人什麼都不怕。夢體不會死，它在肉體死亡之前及之後都存在。在夢體裡，人曾看到動物「殺」其他動物的景象，而他們看到動物的夢體毫髮無損的浮出來了。

他們看見地球就這樣改變其形式，但每個意識單位的身分都存活下來——而因此，雖然他們看到死亡的畫面，但他們並不認爲這就是死亡，雖然許多人現在將之視爲彷彿不可避免的結束。

人看出爲了讓世界繼續，必須要有一個肉體能量的交換。他們看著「獵者」與「獵物」的戲劇，見到每個動物都有所貢獻，所以地球的具體形式才可以繼續——但被狼吃掉的兔子存活在一個夢體裡，而人知道那是它眞正的形式。可是，當人在肉體裡「醒來」，而專精於感官的應用時，他不再感知被殺的動物釋出的夢體跑開來而仍然在山麓跳躍。他保有他先前知識的記憶，而有相當一段時間他能偶爾重新捕獲那知識。可是，他變得越來越覺察他的肉體感官：有些事顯然是令人愉悅的，而有些則否，有些刺激該被追求，而其他的則該被避免。因而，有一段時期，他將愉悅及討厭的事轉譯成善與惡的粗略版本。

基本上，令他感覺愉悅的就是善的。他被賦予了強烈清楚的直覺，那是要引導他朝向他自己最了不起的發展，及他自己最偉大的成就。以這樣一種方式，使他也能幫忙帶出所有其他意識族類之最高的潛力（熱切的）。他的自然衝動就是要提供內在的指導，那剛好會引導他到這樣一個方向，因此他會追求對他自己及別人都是最好的事物。

（誠懇的：）口授結束。

（九點五十分，在給珍和我幾句話之後，賽斯在十點十三分結束此節。）

註一：當我打這節的字時，我以爲賽斯在此自相矛盾，因爲在那節的前面，他說過：「地球的其他生物實際上比人先醒來，而相對的說，在人那樣做之前，牠們的夢體把牠們自己形成爲肉體。」然後，我開始想賽斯實際上是指，人比其他生物更大程度的將自己與其夢體分離——以致縱使那些其他的存有在人類之前變得能「有效的運用身體」，牠們仍比人對牠們的夢體保留了一個更大的覺察。我要記得請賽斯詳細解釋這一點，雖然我也認爲他在此節的後來也間接的提到了這點。

第九〇〇節　一九八〇年二月十一日　星期一　晚上八點四十七分

（晚餐後，珍重讀我上週六早上的夢的記錄，以及我第二天晚上的清醒經驗〔註一〕。這兩件事都涉及了對顏色或光的強烈感知，而我告訴珍，我歡迎賽斯談談它們。我對在我的兩次探險與我們近來讀到的瀕死經驗之間的相似性尤其感興趣。在那些瀕死經驗裡，人們常常報告說他們接觸到強烈的白光。顯然，在我自己的經驗裡我並沒接近死亡，但我真的覺得透過它們。我對有史以來一直在被熱烈追尋的「宇宙之光」有了驚鴻一瞥。

今晨我試著畫一小幅油畫，描繪我自己站在我夢中所見的水晶色彩的牆壁前面。畫那自畫像本身沒什麼問題，但結果我卻有很大的挫敗感。我多少也預期了失敗：只用油彩我根本無法畫出光與色的夢牆之虹彩。到上課時我卡住了，我該拋掉畫了一半的畫或試著完成呢？當然，我可以明天早上再試一次，但不知何故我卻不願承認今天的失敗。）

（耳語：）晚安。

（「賽斯晚安。」）

現在：題目：光。

如我曾告訴你們的，有一個內在的「心理」宇宙，而你們自己的乃由其中浮出，那內在宇宙也同樣是架構二的源頭；它是所有的實質效應的因由，並且在所有的物理「定律」背後。

這樣的一個內在宇宙不但是與你們自己的不同，並且需要一個全新的物理學才能有對其實相真正的或實際的解釋——而這樣一個發展又必先有一個全新哲學的誕生。你明白嗎？物理學無法先發展。

與其說這種發展超過了人的能力，不如說以人目前的立足點而言，這涉及了實際上不可能做到的操縱。相對的說，理論上，人可以在一眨眼間移到一個較優越的立足點，但目前我們必須大半用比喻。那些比喻也許可以引導你、魯柏或少數其他人到一個更有利的觀點，以使某種躍進變得可能——但，你明白嗎？那些躍進不只是知性上的躍進，也是意志與直覺的躍進，全都融合並且集中在一起。

你問到的光，以其自己的方式，是由那另一個內在宇宙來的。在你們的世界裡，光有某些屬性及限制，它被肉眼感知，而到一個遠為少的程度也被皮膚本身所感知。在你們的世界裡，光來自太陽，它是一個外在的源頭；而在你們的世界裡，光明與黑暗顯然看來是相反的。

當你們還住在公寓時，魯柏有幾次瞥見了所涉及的一些法則——有一次是當他試寫一首關於根本無法訴諸語言理解的詩時（註二）。我不知道如何解釋某些事，但以你們的說法，在黑暗之內有光。光不只有具體形式的顯現（熱切的），所以，縱使當它沒有具體顯現時，光也是遍及四方的，而那光是你們實質的光及其物理定律的來源。以一種說法，光本身形成黑暗。再次的，不論其程度為何，每個意識單位都是由能量組成的——而那能量以一種不被肉眼感知的光顯示它自己：那麼，那種光基本上是遠比任何實質種類的光強烈，而所有的顏色都由其中浮出。

你們覺察到的色彩，只代表了整個物理光譜很小的一部分；但你們認知的物理光譜，只代表了另一個更完全的光譜——存在於物理定律之外的光譜——無法想像地小的一個部分。

（在九點六分停頓。）所謂空的地方，不論是在你們客廳裡物體之間的空間，或在星辰之間看似虛空的空間，都是「空間」（space）的一種具體的表象，或錯誤的表象——因為所有的空間都充滿了意識單位，洋溢著一種光，而生命之火的本身就是由之點燃的。

肉體感官必須過濾掉這種感知，可是，那光眞的是同時無所不在，而它是一個「覺知之光」(knowing light)，如魯柏的《威廉·詹姆士》所感知的（註三）。

現在：在某些場合，有時在瀕臨死亡時，但常常只在有意識的出體情況，人可以感知那種光。舉例來說，在有些出體經驗裡，魯柏看見比任何實質的顏色更爲眩目的顏色，而你在夢裡看到同類的顏色。它們是你內在感官所感知的較大光譜的一部分，而在夢境中你根本不依賴你的肉體感官。

在那個夢裡，你的憂慮第一次被反映出來——你的朋友弗洛，也同樣面對的關於男性雄風與老化的擔憂。所以，你看到你倆在一個廉價商店裡，那只不過代表了商業世界，在那兒物品被出售：你們在那世界仍有價值嗎？你們仍有男性雄風嗎？你們每個都要經過試驗。（停頓。）其他的人看到你們，但並不關心，這表示說是你們自己在擔心，但也表現了你們感覺世界也許並不眞正的在乎你們。

結果你們沒做試驗，反而看到了一個閃閃發光的玻璃的景象，它有發亮的顏色及七彩稜光，豐富而複雜，代表了生命與性本身的眞正源頭——在這廣大多次元的的拼圖中，性只是其中的一面。你是在看你自己存在的多面的光之代表。

現在：那燈光插曲。在這兒你照你該做的做了，你觀看那內在的光，但燈罩有兩個目的：其一，如你臆測的，給你一個讓你舒服的形象，事實上替你的眼睛遮光。不過，在看到燈罩與（二次世界大戰）納粹用人的皮膚做的實驗之間的關聯這點上，魯柏是正確的。（昨晚在電視上）關於無性生殖的繁殖及納粹暴行的電影，令你們再次對生命的本質及人的不朽感到好奇。與無性生殖繁殖的關聯，是從在老的新聞故事裡，由人皮做的燈罩而起的——雖然你的燈罩只不過代表了那些人皮燈罩，而且是用布料做的。不過，那關聯是在底下，而也代表了你的感覺：縱使那些人被凌虐致死，他們的確又再重生了。他們沒被消滅，他們的意識的確像燈泡，在新的燈裡打開了。那麼，那光連接了生與死，那光也代表了純粹覺知。

（九點二十六分。）在談到一個內在的心理宇宙時，我很難解釋我的意思。（停頓。）不過，在那個實相裡，心理活動不被你所知的任何物理定律所局限。舉例來說，思想有你不感知的屬性——那些屬性不僅影響物質，並且會在你們的實相之外形成它們自己更大的模式，而遵循它們自己的物理定律。終你一生，你在其他的次元裡增加或者建立你自己的實相。

（停頓良久。）舉例來說，你所看到的那些畫存在在那兒，而它們每一方面都與你畫室裡的畫一樣眞實。在這兒我並不是象徵性的說。的確有你看不見的光，你聽不見的聲音，以及你感覺不到的覺受，所有這些都屬於內在感官的領域。內在感官代表你眞正的感知力量，它們代表了，好比說，你本有的非實質感知「設備」。你可以相當容易的分辨肉體感知：你可以分辨你看見的與你聽見的東西，如果你閉上眼睛你就看不見了。

雖然我在過去曾藉分開其機能與特性來描寫內在感官，但基本上它們以這樣一種方式一同運作，以致以你們的說法，會很難將一個與另一個分開。它們以一種完美的自發秩序作用，覺察到所有的同步性。那麼，在那心理宇宙裡，存有是可能「同時無所不在」，同時覺察到每件事的。你們的世界是由這種「存有」——那形成你身體的意識單位——所組成的。你有的那種意識心無法保有那種資訊。

（九點四十四分。）請等我們一會兒……（一分鐘的停頓。）不過，這些意識單位自己累積起來形成心理的生靈，其數目遠比你們銀河系裡星星的數目多得多（比四千億更多）。而每個這種心理的形成物有自己的身分——如果你喜歡的話，可以說有自己的靈魂——在整個存在的結構裡有自己的目的。

那是今晚我們就那題目所能談到的極限。我們需要一些新的例子來解釋那些觀念，但那光本身代表了那個內在宇宙以及所有理解的源頭。

此節結束。

（「我可不可以問個問題？」）

沒問題。

（「今天早上為何我那幅小畫進行得不太理想？」）

首先，你覺得自己表達不出那個理解。那些顏色比任何物質性的顏色都要燦爛得多，因而，以一種方式，你試圖做一個太實事求是的轉譯——太實事求是是因爲一個眞正的轉譯需要你在物質基礎上所沒有的顏色，甚至象徵符號。如果你把那些顏色想作是在你裡面，甚至在你自己的細胞理解之內，那麼，你就不會這麼小心了，你聽懂了嗎？

（「懂了。」）

你太過小心了。

（「是的。」）

此節結束。

（「謝謝你。」）

（九點五十九分。我告訴珍，賽斯叫我把我夢裡的顏色視為我細胞結構的一部分，是個很精采的想法。

結果我並沒有放棄我的夢畫。）

註一：我將只報告與我對光及顏色的感知有關的那部分夢，但將描述我隔天傍晚整個的醒時經驗。

「我的朋友弗洛，和我在我家鄉塞爾的一家廉價商店裡。我倆都穿著衣服，卻知道我們都必須做某種性能力的試驗。我們站得離店面的大玻璃窗很近——幾乎所有的人都能夠看見我們，包括那些在附近桌子用餐的人們。然而，似乎沒人注意到我們……弗洛必須先受測，他踏入一個像收帳員用的那種小亭子。當我在等著輪到我時，我轉身看向窗外——突然發現自己三面被牆包圍著，那牆從地面延伸到天花板，是用最美麗的鑽石樣玻璃水晶做的複雜且色彩繽紛的格子窗。我無法形容那些多面的牆天生的閃爍及璀璨，正以溫暖的橘、棕、黃、紅、紫色發光顫動。每種顏色都被鑲在一個很細的黑框裡，就如在一個粗糙得多的比例上，一片彩色玻璃窗可以被彎曲的鉛條包住一樣。當我在幾小時之後寫這記錄時，我仍能『看見』那些夢裡的光與色。我曾試想畫一幅我最美的夢中影像……卻不知道我要如何才能辦到……」

至於我第二天晚上的經驗：

「珍和我在看了一個電視影片之後，在一點十五分左右上床。那影片的主題是第二次世界大戰。珍安靜的朝右躺著，背對著我。當我面朝上，在一種非常舒服而平靜的狀態裡休息等著入睡時，我覺察到兩個極明亮的光在我右方發亮，在珍的身形之外，但卻在我的眼角餘光之內。我知道，或看到那些光是來自有圓柱形的白布燈罩的普通桌燈，而它們坐落在像我們客廳裡的那種圓形橡木桌上。最近的燈的罩子比另一個燈罩更大且更高，但這好像無關緊要：我很快的發現那兩個光都亮得不得了——的確，光是這麼強，以致雖然我很想轉頭去直視它們，但卻制止了自己，因爲我不確定我是否能受得住那種強光。不過，我明白那燈罩既令人舒適又有保護作用，而我對這個冒險既不害怕也沒有不安。我知道我沒在作夢，而那經驗是非比尋常的。我也知道，如果我想的話，用意志力我可以把那些光『轉到』我的面前來，而我試著那樣做，也做到了：當那些光移動時，它們變得甚至更強烈了，以致我很快的決定我不想面對它們刺眼的光芒，即使有燈罩也不行。

「它們立刻令我回想起昨晚的夢，在夢裡我看到許多的色彩。但雖然這些光『只是』白色的，但它們是既暖又涼，其強度無法形容，而眞的包含了各種色彩。

「當珍在我身邊睡著時，我享受了那經驗一會兒，然後讓我自己緩緩入眠。」

第二天早上珍對我自己對那些燈罩所代表的意義的理解，補充了一個相當出人意料的洞見，而令我感到驚奇。賽斯在這節的後半段也討論了珍的說法。

註二：我們差不多在五年前從我們城裡的公寓遷入這坡屋，但珍認爲她在那之前幾年曾試圖寫賽斯提到的那首詩。我非常好奇想看那首詩，以便我可以在這兒摘錄一些。珍有好幾堆筆記本、詩稿及各種各式的零散筆記，但我倆都無法挖出我們所要的。眞令人懊惱！那時我們沒像現在這麼小心的歸檔。

註三：見《一個美國哲學家的死後日誌：威廉·詹姆士的世界觀》第十章，珍寫於一九七七年三月三十一日的那些話。

第九〇一節　一九八〇年二月十八日　星期一　晚上九點二十分

（就身體症狀而言，珍近來覺得好多了；她有一些很好的自發性放鬆時段，而她的走路也進步了不少。她的創造性作品也相當不少，她一直努力在寫〈我又重生了〉，那是她為她的詩集《如果我們再活一次》所寫的最長的一首詩。

今天我去看我們的驗光師，那結果令珍和我感到非常有趣〔註一〕。）

（耳語：）晚安。

（「晚安。」）

口授。（停頓良久。）那麼，在這次覺醒的時候，人的確體驗到某種與他的夢體以及與他自己的內在實相——他的夢中世界——分離的感覺，但他仍比你們現在對那主觀的存在遠爲覺察得多。他自己的夢之實際性也比較明顯，因爲，再次的，他的夢給了他關於，比如說，在哪兒可以找到食物的精確視像。而有好幾個世紀之久，人類就像現在你看到的野雁那樣的遷徙；所有那些旅程都眞的遵循在夢境裡所給的途徑。但人開始越來越與外在環境認同了，他開始把他的內我幾乎想作像是一個陌生人了。內我被他視爲靈魂，而彷彿有一個二元性——一個在物質宇宙裡行動的自己，以及一個在非物質世界裡行動的分開的精神性靈魂。

那些早期人類將蛇視爲最神聖而基本、最秘密並且最有知識。無疑的，在那早先的經驗裡，蛇看似爲土地的一個活生生的部分，而由大地的肚腹升出，且從所有地祇的隱藏源頭升出。人們好奇的看著蛇從牠們的洞裡現身。那時——現在也是——蛇同時是陰性和陽性的象徵。蛇彷彿來自大地的子宮，而擁有大地的秘密智慧。而尤其在其伸長的形狀裡，牠也是陽具的象徵。蛇之蛻皮也是重要的，因爲人天生的知道他會蛻掉自己的身體。

（在九點三十一分停頓。）不論意識的程度如何，所有的意識單位都擁有目的與意圖，它們被賦予了創造的欲望以及去增益存在品質的欲望。它們有能力去響應形形色色的行動暗示，它們的行爲及機動性有很大的彈性。所以，舉例來說，在人類裡，人有意識的經驗眞的可以以一個幾乎無窮盡的方式被組合。

內在與外在自我並沒有一個水泥似的固定關係，但卻能以幾乎無限的方式彼此關聯，而仍保有具體經驗的實相，卻藉主觀生活的內在領域給具體實相加上各種不同的特色。甚至看似未修飾的歷史事實，也會因爲它們無可避免的浸潤其中的象徵內容，而被非常不同的經驗到。以你們的說法，一次戰爭眞的可以被體驗爲一個慘烈的災難、一次人類蠻性的勝利——或被當作人類精神克勝邪惡的崇高勝利。

（停頓良久，然後非常熱切的：）我們以後還會回到戰爭這題目上。不過，我想在這兒提一提，人基本上並沒被賦予「好戰的特性」，他並不自然的去謀殺，他並不自然的尋求毀滅他自己的或其他人的生命。並沒有生存競爭之戰——但當你投射這樣一個概念在自然的實相上時，那麼，你會以那種方式去解讀自然及你自己與之相處的經驗。

人的確有要活的一種本能及欲望，而他也有要死的一種本能及欲望。這同樣也適用於其他的生物。每個人在他的生命裡，都與他自己的同類以及其他的族類，從事一個合作性的冒險；而在死亡時，他也以一種合作性的態度行事，將他的物質肉身回歸給大地。（停頓。）具體上來說，人的「目的」是去豐富在其所有次元裡的存在的品質。靈性上來說，他的「目的」是去了解愛與創造的特質，在知性上與心靈上了解他存在的源頭，並且懷著愛心創造他目前並不覺察的其他實相次元。（停頓。）在他的思索裡，在他思想的品質裡，在其流動裡，他的確是在實驗一種獨特的及一種新的實相，形成其他的主觀世界，而它們隨後長成意識及歌，它們又隨後由一個夢的次元綻放成其他的次元。人正在學習創造新的世界，為了要這樣做，他接受了許多挑戰。

（停頓良久。）你們全都有實質的父母。你們有些人也有實質的兒女——但你們全都「有一天」也是夢中兒女的精神性父母。那些孩子也會在一個新世界裡醒來，第一次四面張望，而同時覺得孤立、害怕卻又勝利。所有的世界都有一個內在的開始。所有你們的夢都在某處醒來，但當它們醒來時，它們本身帶著創造的欲望醒來，而它們生而就有一個純眞的新意圖。凡是與宇宙、與**一切萬有**和諧的東西，都有一個自然天生的動力，會化解所有的阻礙。所以，就自然而言，要繁榮反而容易得多。

你可以休息一下。

（九點五十六分到十點九分。）

你們現在都知道像自動口傳及自動書寫，還有夢遊這種活動了。這些在現代都給了人早先與世界及與自己的關係一些非常重要的證據之暗示。

在那開始時，夢遊一度是個非常普通的經驗——遠比現在普通——在其中內我真的教肉體走路，因而阻止新冒出的肉體取向的理性問太多的問題，阻礙了身體平順的自發性移動而擋了它自己的路。

以同樣的方式，人天生就具有語言的固有傾向，以及透過繪畫與寫作來達成符號的溝通的固有傾向。首先，以在他夢裡開始的一種自動方式說話。以一種方式，你幾乎可以說，在他有意識的了解語言之前，他就在用語言了（安靜的）。他並不只是藉「行」而學，而是「那」行本身就在教他。再次的，若有一個尖銳質問的理性，過分好奇字句是如何形成的，或哪些動作是必要的，那麼，他就無法做到那些。他的繪畫也同樣是自動的。你幾乎可以說，「他雖具理性」，居然還學會了用語言。所以，語言擁有一個幾乎是神奇的特質，而「道」(word)被認爲是直接來自上帝（譯註：聖經創世紀說：「太初有道。」這「道」的原文即word)。

請等我們一會兒……分開來……

（十點十九分，在給了我於註一裡摘錄的資料之後，賽斯在十點三十分道晚安。）

註一：簡單的說，當我還是個少年時，我的母親帶我去見我們的家庭驗光師。我的父母認識他好些年了，那仁慈的紳士帶著最大的善意，給我戴上了遠近視兩用的眼鏡。度數並不高，但一旦有了那個習慣，我在後來的四十年裡就毫無異議的戴著眼鏡。一直到珍開始傳來賽斯資料所包含的概念時，我才開始質疑我戴眼鏡的「需要」。沒有特別在意我在做什麼，我開始不再經常的戴了。當我在寫作或畫畫時，眼鏡經常礙我的事，不過，開車時我還是必須戴，因爲我的駕照上註明了我需要眼鏡。除此以外，通常只有當我覺得疲倦時我才戴。在同時，縱使我的信念在進步中，我也避免給自己負面的暗示，說我的眼睛仍然不完美。

上星期我從現在的驗光師（我將稱他爲約翰）那兒收到他例行的通知，說自從我換眼鏡後已過兩年了。我告訴自己別理這件事，卻開始覺得眼睛不舒服，不論我戴或不戴眼鏡。我認爲暗示的力量正在作用。因爲有人取消預約，所以我那天下午就見到約翰——而得到了一個驚喜，因爲他的檢查顯示出，自從上次的驗光後我的視力已進步了，我現有的眼鏡度數變得太深了。出於習慣，我以爲情形正相反呢！約翰也很驚訝；在他訂較淺的鏡片之前，他又重驗了一次以確定他沒弄錯。當我離開他的辦公室時，我覺得心情爲之一振。

當我跟珍解釋了這種情形後，我說我必然做了一些正確的事。而在今晚課程的私人部分，賽斯給了我一些非常有趣的評論：

「你想要一些對你身體的活力、彈性及復原性的能量之肯定。你也想要再次獲得那只要你選擇做藝術家終其一生你都可以辦到的證明。你用驗光師通知這件事來給你自己一個非常好的教訓，因爲你的確隱約擔心並且奇怪你的眼睛是否越來越壞。在通常的情況下，那些『症狀』會被詮釋爲問題的徵兆。反之，你發現所謂的症狀卻是你的眼鏡已變得太深了的徵兆，因爲你的視力不只是維持住了，而且非常令人驚奇的改善了，並且是以一種在醫學上可以被證明的方式。

「你的眼睛進步了，因爲你的確學會更放鬆了，而那進步首先發生在你主要興趣的區域——你的工作——但這代表你到了一個整體更新的時候，因爲並不是只有你的眼睛長在你的頭上。」

第九〇二節 一九八〇年二月二十日 星期三 晚上九點八分

（今晚賽斯建議「這節的一部分可以附在本書之後」，但我覺得不如逐字逐句的提供它一般性的大半資料，而去除他談我的一個夢的資料。）

現在：再談幾句有關眼睛的事。

你給你自己看了一個有關自然人的能力的重要例子。我曾說過，所謂的奇蹟只不過是未受阻的自然的結果，而顯然那例子就是如此。你現在在這個世界裡被提供了身體及其活動的一幅畫面，而那畫面看似非常理所當然，它彷彿不證自明。

當然，你是被提供了一幅人體的畫面，如它反映人的信念及被人的信念影響的樣子。舉例來說，醫生們預期在三十歲之後視力會開始退化，而有無數的病歷「證明」這種瓦解的確是個生物上的事實。

再次的，你的信念告訴你身體主要是一個機制——一個最令人讚歎的機器，卻仍只是個機器（較大聲），沒有自己的目的，沒有任何意向。一個由各種零件組合而成的「無心」工廠，只不過以某種預定的方式長在一起了。科學說並沒有意志力這回事，然而，科學卻將求生的意志指派給自然——或不如說，一個無意志的求生直覺。就彼而言，科學的確承諾身體這機器「傾向於」保證自己的存活——卻是一個沒有超越其本身意義的存活。而因爲身體是個機器，所以它被預期在這麼久的使用之後必然會衰退。

在那個畫面裡，意識沒有多少戲可唱。可是，在人類非常早期的歷史裡，以你們的說法，在如我們書裡所描寫的那「覺醒」之後，有好幾世紀人們都健康地活過長得多的一段時間——而在某些例子，活了好幾世紀（註一）。一方面，沒有一個人曾告訴他們這是不可能的，他們在世界裡的驚奇感，他們的好奇感、創造力，以及鮮活的精神上與物質上探索的廣大領域，使得他們生氣勃勃而強壯。不過，另一方面，老人因著他們對世界獲得的資訊而非常的爲人們所需及尊敬。他們被需要。他們教導其他的世代。

在那些時代，高齡是處於一種被尊崇的地位，隨之帶來新的責任與活動。感官的有效性並沒有褪色，而生物上來說，那種性質的種種更新是十分可能的。

（對我：）你今晚說到世界上的有些政治家根本就不年輕了，以及一些在晚年裡不只有所成就（停頓），而且也打開了新的地平線的人。他們之所以能辦到，是由於他們個人的能力，而也由於他們在回應世界的需要，並且是以在許多情形裡一個較年輕的人無法做到的方式。

在你們的社會裡，老年幾乎已被認爲是個不名譽的狀態，關於老年的不名譽之信念，常導致人們在到達了所謂的終點之前做出——有時十分有意識的——把他們自己的生命結束掉的決定。可是，一旦人類需要較老的成員所累積的知識時，那情況幾乎立刻逆轉，而人們會活得較長。

在你們的社會裡，有些人覺得年輕人被排除在生命的主流之外，不給他們有意義的工作，因此，他們的青春期被不必要的延長了。結果有些年輕人爲了同樣的理由死去：他們相信年輕的狀態不知怎地是不名譽的。他們被哄騙、安撫，有時被當作有趣的寵物那樣對待，被給予科技的產品使其分心，卻不被容許去用他們的精力。子承父業的老系統曾有許多不幸的誤用，然而，年輕的兒子被給予了有意義的工作，感覺他是生命的主流的一部分。他是被需要的。

（九點三十四分。）所謂標榜年輕的文化，不管它對年輕人的美與成就彷彿的誇張，實際上結果卻貶低了年輕人，因爲少有人能符合那個畫面。那麼，年輕人與老年人常常都覺得被排除於你們的文化之外。兩者也都分享了加速的創造活力之可能性——年老的偉大藝術家或政治家總是揀選那種活動，並且用之來放大他們自己的能力。會有那麼一個時候，這樣的人的經驗會扣合在一起，形成了一個更清楚的新焦點，而提供了一個新的心理架構，從其中，他最了不起的能力能浮出以形成一個新的整合。但在你們的社會裡，許多人從未達到那一點——或有些人雖然達到了，但卻沒被以適當的方式，或爲了適當的理由承認他們的成就……

人的求生意志包含了一種意義與目的感，以及一種對生命品質的關心。你的確被給予一個很明顯的畫面，那彷彿非常生動的暗示了人會穩定退化的「事實」；然而，即使在你們的世界裡，如果你去尋找的話你也會看到相反的證據。

電視上的奧林匹克轉播，讓你們看到年輕人體的偉大能力的證據，不過，在那些運動員的活動與正常的年輕人活動之間的對比是非常強烈的。（停頓。）你們相信必須用嚴格的訓練與紀律以帶來這種成果——但那彷彿特殊的體能只不過代表了人體天生的能力。在那些例子裡，運動員透過訓練終於能令人略微瞥見身體自發的能力。那訓練是必要的，因爲你們相信它是必要的（全都帶著強調）。

（九點五十三分。）再次的，在我們談到受苦的資料裡（比如見第八九五節），我提到疾病有其目的——在你們的社會裡它有一個挽回面子的性質——所以，在此我談的是身體自己的能力。就那方面來說，感官不會退化，單單是年紀本身從不會導致任何身體靈活度、或心智能力、或欲望的任何減退。死亡必然會降臨到每個活著的人，然而，時間與方式基本上是看每個個人而有所不同的。在任何年紀，有意義的工作都是重要的。你無法以嗜好來令老年人滿足，正如你也不能以嗜好令年輕人滿足一樣。但有意義的工作意謂著也具有遊戲的活力的工作，而就是那遊戲性在其本身內含著一種治癒及創造性的偉大特質。

現在，以一種方式，實際的說，你的眼睛以一種遊戲的方式改進了它們的能力。感官想要超越自己，它們也「透過經驗」學習。你近來畫得比較多，你的眼睛多少變得更投入了，你的眼睛享受它們在那個活動裡的角色（熱切的），就如耳朵享受聽覺一樣，那是它們的目的。你自己想畫的欲望，加入並且加強了你眼睛天然想看的欲望。

當然，當你們大多數人想到身體的症狀時，你們以一種致命的嚴肅來看你們的身體，那到某程度阻礙了內在的自發性。你將你局限性的信念置於自然人之上。

在此，你的夢（註二）以它自己的方式也符合這一點，你明白嗎？因爲那生命之船在意識的表層之下也迅速而美麗的航行，旅遊過心靈的海水……你在表面下的層面進步得非常快。阻礙並不多，可以說，你暢行無阻，而那夢的確意味著對你的進展的一個內在視像。

（十點二分。）現在，這節的一部分可以被附於此書之後。

（「我正想問你這件事呢。」

在討論了我另一個夢之後，賽斯於十點十一分道晚安。）

註一：當賽斯告訴我們，在古代有些人曾「活了好幾世紀」時，我第一個念頭就想到聖經裡那些遠祖的長壽；而我第二個想法是想把賽斯的話整個刪除，以使珍和我根本不必去爲這件事煩惱。珍對賽斯的說法並未感到不安，而我能了解我自己最初反應的幽默面——然而，在他給我們資料的這麼多年裡，賽斯從未提到看似不可能的長壽的事。

我查了幾本聖經，但一個人只需讀讀創世紀第五章就可以知道亞當及他的九個後代，一直到諾亞或大洪水時代的人所被記載的長壽。亞當眞的活了九百三十年，或亞當與夏娃的第三子賽斯眞的活了九百一十二年嗎？（爲什麼聖經裡沒記載夏娃的年齡？）在賽斯之後所列名的第五個長老伊諾，只活了三百六十五年，卻是聖經上記載活得最老的米蘇希拉之父。米蘇希拉活了九百六十九年，他的兒子拉美活了七百七十七年，拉美的兒子諾亞活了九百五十年。

在創世紀第十一章裡，亞伯拉罕祖先的名單以洪水之後諾亞的長子閃姆開始，他活了六百多年。一般而言，亞伯拉罕的祖先活得不像亞當的後代那麼長，在閃姆之後他們的年齡大約在一百四十八歲到四百六十歲之間。亞伯拉罕自己「只」活了一百七十五歲。

我關於那些古老長壽者的問題，導致賽斯在兩節私人課裡自動提供了更多的資料。

第一：「在那些古早的年代，*人的*確活到今日會令你們驚奇的年歲——許多人活了幾百年。這的確是因爲他們的知識及經驗被極迫切的需要，他們被尊崇的看待，他們將他們的知識鑄造成詩歌及故事，而可以傳諸後世。不過，除此以外，他們的精力是以與你們不同的方式被利用的：他們交替於清醒與作夢狀態之間，而當睡著時他們就不那麼快的變老，此時他們的生理過程慢了下來。雖然這是眞的，但他們作夢的心智過程*並不*慢下來。在夢境裡有一個大得多的溝通，使得某些課程是在夢裡被教導，同時，其他的則在清醒狀態進行。當肉體存在繼續時，要被傳遞的知識就越來越多了，因爲他們並不只傳遞私人的知識，並且也傳遞屬於整個團體的全部知識。」

第二：「聖經是寓言及故事的聚合物，其間混雜著一些早得多時候的*不清楚*的記憶。可是，你們認知的聖經並不是第一部，卻是由當人試著向回看，重述他的過去並預言他的將來時，所形成的好幾種先前的聖經所組合而成的。這種聖經存在，沒被寫下，卻由以前提過的說法者口傳下來。要過了很久之後這資料才被寫下，而當然，到那時很多都已被遺忘了。這還不包括，當林林總總的派別爲它們自己的目的用那資料時，竄改的事實或根本的誤傳。」

賽斯第一次談到說法者及其口傳傳統，是在一九七〇年十一月五日的第五五八節，見《靈魂永生》附錄。

註二：以下是從我夢的筆記本濃縮來的，關於我今天下午的夢的內容：

「在燦爛透明的顏色裡：我夢到一艘船——一艘暖灰色及鏽橙紅色的貨輪——沈入海中。我在水面下斜著身子，以一個觀察者的身分看每件事，我看著那船平平的透過藍綠色的海水沈到平坦的黃棕色砂質海底——但那船並沒沈著不動，反而開始『行駛』或破砂而行，幾乎像是沿著路在開的一部車。我看見縷縷黃砂優雅的由貨輪的船尾揚起。我沒看見人或魚——只有那船、那海洋及海底，而海底沒有任何東西擋住船的輕易前進。船能在水下這樣航行的事實，對我而言是個啓示：我知道，以某種方式，這是我未來的好兆頭，我覺得很高興。色彩很美，我眞的想畫一幅這夢的畫。」

第九〇三節　一九八〇年二月二十五日　星期一　晚上九點十六分

（當我從我的筆記打每一節的字時，我把它們歸於兩種檔案之一。我們已經到了「定期」課或書的課之第七十七卷，以及私人的或「刪掉的」資料之第二十二卷。以下是珍今天早上寫的一個小註，她把它插在第七十七卷裡了：「上週末從賽斯那兒得到一點東西，那是關於地球感知方格（grid of perception）是如此建構的，以致於……每樣東西必須同時被創造，否則方格裡就會有『空洞』。」

然後，當我們坐著等此節時，珍告訴我，今晚晚餐後她從賽斯那兒收到資料，「那是我不太確定的資料，因為我不懂賽斯的意思……」在這兒涉及到她關於哺乳動物、物種、亞種及生物之其他分類的問題。我認為她來自賽斯的兩個直覺顯然是直接相關的——而她心靈的某些具創造性的部分從未停止「工作」。我很快的試著解釋生物的分類學（taxonomy）。我在描寫像「門」（phylum）及「屬」（genus）這種名詞上只各知一二，因為我手邊並沒有一本字典來印證我的記憶；不過，我的確助珍了解了哺乳動物並不是任何其他集團的一個亞種，卻是溫血動物的一個主要類別。

有趣的是，珍對分類學詞彙的知識有限，然而賽斯竟能用我認為是正確的一般術語來講這堂課。不過，縱使如此，他仍在有些這種基本分類上加進了他自己的意義。）

晚安。

（「賽斯晚安。」）

口授。（停頓。）你所知的世界以它現在的樣子存在，乃因為你自己是感知之巨大的「有意識的格子」一個活生生的部分。

以那種說法，每個細胞都是一個發訊者與收訊者。所有生命的較大區隔——哺乳類、魚類及鳥類等等——都是那活生生的格子網絕對必要的一部分。不過，世界的畫面並不只是傳達及收到那些訊息的結果，卻也是由在那些訊息之間的關係所造成的。那麼，以你們的說法，所有生命的大類別「在世界的開始」就都存在了，不然的話，那使得肉體生命的知覺本身成為可能的感知格子裡，就會有大洞。

以一種說法，物質宇宙是從必然為其源頭的另一個實相「搬過來的」。世界本是，現在也還是，在時間及你們所了解的空間之外的次元（熱切的）創造的。

其他的實相就如你們自己的一樣的合法，一樣的重要，且一樣的「真實」，與你們自己的共存。並且就你們的理解來說，「在同樣的空間裡」——但當然，就你們的經驗而言，那些空間及實相彼此會顯得是相當分開的。不過，沒有系統是封閉的，所以基本上，造成一個世界或實相的活生生的感知格子，也與所有其他這種系統「接上了線路」，而在其間有一個交互作用。

（在熱切的傳述裡於九點三十分停頓。）組成你們世界的感知格子，給了你如你所經驗的世界畫面，因爲你的肉體感官將你置於整個格子內的某個位置。舉例來說，動物雖然是你們經驗的一部分，卻也在另一個層面「調準到」那個格子。哺乳類、魚類、鳥類、人類、爬蟲類及植物等等大分類，每個都是那較大的感知模式絕對必要的一個部分——而以那種說法，甚至在你們時間的開始時，那模式就必須是完全的。

（九點三十五分，我們的貓比利，如牠最近習慣做的，跳上沙發，把自己捲成一個球，緊貼著我的左肘。）

在種種不同的時段，那「格子網」可能比在其他時段沿著某些電路負載更多的訊號——所以容許了某些創造的餘裕，尤其是就組成你們較大分類的物種而言。舉例來說，一直是有鳥類的，但在這龐大的活系統的所有部分之間，那「內在」與外在溝通的偉大互動裡，有一個創造性的互動，那容許在那類別之內，並且在其他每個類別之內有無限的變奏。

你們的科技溝通系統是一個有意識的建構——一個了不起的建構——但卻是建立在你們與生俱有的知識上，那知識是關於在所有物種之間內在的、細胞的溝通。我那樣說並沒有剝奪理性爲那科技而自詡自讚的權利。

（九點四十二分。）生命的大分類給了你那些模式，意識在其內形成它自己，而因爲那些模式看似相當穩定，所以很容易錯過它們在每一刻都被充滿了新鮮能量的這個事實。人類在其肉體的發展裡，並沒經過那離水登陸以變成哺乳類的假想生物假定跟隨的階段——但每個物種的確在其內含有「其過去」的知識。再次的，這有些部分極難表達，而我必須試著賦予舊字新的意義。（停頓。）不過，物質生命的轉世層面具有一個非常重要的目的，提供了一個內在的主觀背景，而這樣一個背景是每個物種都需要的。

那麼，就所有的物種而言轉世都存在。可是，一旦一個意識選擇了其物質存在的較大類別時，它在其「轉世的」存在裡就停留在那個架構之內。舉例來說，哺乳類回來爲哺乳類，但物種可以在那分類之內改變（註一），這提供了偉大的基因力量。而在那些分類裡的意識，因爲它們的癖好與目的而選擇了那些類別。舉例來說，就意識而言，你們認爲動物彷彿有一個有限的身體活動的範圍，比如說，一隻動物不能決定去看張報紙，報紙是在其實相之外的。實際的說，動物們在某些其他區域有一個廣得多的範圍，牠們對牠們的環境、對與環境分開的牠們自己、並且也對做爲環境的一部分，都有一個親密得多的覺察。（熱切的：）就彼而言，牠們的經驗是與另一種關係打交道。

（剛才珍在傳述裡停了好幾次，我覺得賽斯是在找最能讓他的意義盡可能清楚的字眼。）

這些感知格子在你們的時間次元裡「並不永遠存在」，因爲你們的時間次元無法保有任何在它外面的東西。不過，一旦一個世界存在了，它就印在永恆上，所以，它「同時」存在於時間內及時間外。

當你問：「世界是什麼時候開始的？」或「眞的發生了什麼？」或「是否有一個伊甸園？」你是在指如你所了解的世界。但以那種說法，在你們認知的地球存在之前，在同樣的空間就有地球存在過（註二），而它們是以本書前面的章節裡我告訴你們的方式開始的。地球的模式在你們的時間次元裡繼續，雖然，在那個時間次元裡那些世界必須消失，以便繼續「它們在時間外的存在」。那些模式又被填滿了。

（十點三分。）在地球的例子裡，感知的格子只是被不同的利用。在某些時代，某些區域變得重要了，而在其他時代則較不重要。以你們對時間的觀念，我只能說，當形成某個特定地球的整個意識完形已盡其所能的形成其實相，盡量滿足它們個別與集體的能力時，然後，它們懷著愛心把格子交給其他人，而繼續參與，以你們的說法，非物質的存在。而那已發生過許多次了。

那麼，你們關於伊甸園的故事是個有關地球最近一次開始的傳說。再次的，每個世界都是如此巧妙地建構的，以致每個意識，不論其程度，都扮演了一個重要的角色。而你的每個行動，不論多不重要，都以一種或另一種方式與每一個別的實相及每一個別的世界相連（全都十分強調）。

現在，以一種說法——雖然我在這個客廳裡說話時，我看到時間沒過去多少——今晚我們到某程度已超越了時間，因爲在我所說的話裡的確有暗示與幻象——韻律——如果你準備好了的話，可以讓你稍微感受到時間範疇之外的存在。即使要試著以語言表現這種資料，也必然會造成涉及了感知的改變。因爲，雖然那格子網對你們的感官而言顯得相當穩定，給了你們關於實相的一個可靠畫面，但這也是因爲你們曾訓練你們自己只接收某些信號，而其他信號在其他層面是可以得到的。舉例來說，你可以調準到細胞意識。

既然這資料必須是可被理解的，因此，魯柏和我一同形成我們自己的感知途徑——他從他那端，而我從我這端，因而我們來回穿梭，好像穿過某個龐大電腦的電路一樣——卻是一個活的電腦。

（十點十八分。）口授結束，此節結束，除非你有問題。

（「在我現在正在為《群體事件》整理的一節裡——那是有關一年前我們的貓比利一世之死的第八三七節——你說根本沒有任何像一個貓意識的這種東西。」賽斯點頭。「今晚的課提醒了我那節，我看出它們是如何的彼此呼應。」）

它們的確是。比利可以如牠選擇轉生爲牠的分類之內的任何一種哺乳動物。（「那不會變成了六道輪迴的觀念了吧，會嗎？」我在想人也是一種哺乳動物。）

那是另一回事——那是指人生作動物。我把人放在他自己的一類裡。不過，要記住，還有片段體，那也是另一回事（註三）。

（「上個星期六早上，我有彷彿是兩個完全相同而並排或在同時的夢，但它們並不像在一個雙重夢裡那樣，一個在另一個裡——」）

你知道，在一個時候你可以有不只一個夢。你也可以體驗可能自己的夢的版本，但總會有一些接觸點——那是說，你爲什麼收到這樣的一個夢總有一個理由。人們所有的夢形成了一個集體的夢架構。夢存在於其他的層面，而當然，在物質層面它們影響身體的狀態。以這種方式，世界的行動是在集體的夢溝通裡解決的，那在同時既是公共的又是私人的。

國家以那種方式解決全國共同關心的事務。當你在睡覺和你在清醒時你都一樣在思考，但當你睡著時你的思緒有一個更豐富的次元性投影：它們因象徵與影像而變豐滿了。

此節結束，並祝晚安。

（「非常謝謝你，晚安。」）

（十點二十五分。「哇，我有個感覺，我們有非常棒的一課。」珍一旦離開了出神狀態就很熱心的說。我同意了。她又說：「我真的在努力擺脫科學關於進化的信念或任何像那樣的東西。」

摘自我夢筆記裡一九八〇年二月二十三日，上星期六早上的記載：

「如平常一樣有顏色：我幾乎記不得任何東西了，但珍建議我盡量寫下來。我有兩個夢，並排著。我相信它們彼此相同，在每個裡有同樣的人物及同樣的解答：我在山坡旁的一間新房子裡做出了一個決定。這決定涉及了在一個有名的電視節目裡的一個男性角色。我們昨晚看了那個秀。不過，我覺得很奇怪，我怎麼能有兩個並排的夢；好像它們本該是前後順序的。我並沒有一個夢在另一個夢裡面的那種感覺，像在我稱為的一般雙重夢裡那樣。」）

註一：在此，賽斯在一個珍和我很少與他共同探討的題目上，告訴了我們一大堆的事。我們還想知道更多。哺乳動物是溫血的脊椎動物裡最高等的，牠們通常是多毛的，而牠們的幼兒是靠母乳餵養的，舉例來說，狗、貓、海牛、獅子、海豚、人猿、蝙蝠、鯨魚、地鼠、樹獺及鹿等等都是哺乳動物。

我替賽斯的詮釋是，一個意識可以在這種形式的範圍內選擇。不過，爲了在這節後面暗示了的理由，靈長類的人（也是一種哺乳動物）在此並不在賽斯所指之列。

我發現對有機體科學的、系統化的分類非常令人著迷。光就人而言，就可以從最廣泛的分類，以下面這種越分越細的方式歸類：動物「界」；脊椎動物「門」；哺乳「綱」；靈長「目」；原始人「科」；人「屬」；人「種」。

註二：幾乎從這些課的一開始賽斯就告訴我們，以我們的說法，我們所知的地球只是曾存在於同樣的「空間」或「心理實相的價值氣候」裡的一連串地球中最近的一個。不過，按照賽斯的說法，這當中涉及了多得多的事。以下摘自一九六四年二月二十六日的第二十九節：「在你們的地球上有數不盡的層面，或不如說，有數不清的層面與你們的地球同時發生。對那些看似占據了你們地球的同一空間的居民而言，你們堅實的地球並不那麼堅實。所謂占據了同一空間的概念本來就是錯誤的，但我看不出我們如何能避免這種用語而仍能令你們懂。」

即使在那時，珍、我和賽斯就都不太喜歡那陳腐的用語——「層面」，而「心理實相的價值氣候」是賽斯想創始一些更好的術語的一個嘗試，見《「未知的」實相》卷一附錄八。

註三：珍和我一直認爲，佛教的輪迴只是指一個人的靈魂轉生爲動物的形式。不過，實際上，那術語是指靈魂投生入**任何**的形式裡，不論是人類、動物或其他的生命形式——因而，是與平常的轉世或轉生成同類的說法有所不同。在許多文化裡對輪迴的種種詮譯是很古老的。賽斯在《「未知的」實相》卷二第七〇五節說：「並沒有靈魂的輪迴，在其中一個人的整個人格以動物的樣子『回來』。然而，在物質的架構裡有一個經常的彼此混合，因此，人的細胞的分子可以變成一株植物或一個動物的細胞，而當然，反之亦然。」在《群體事件》第八四〇節的註二裡，我摘錄賽斯在一九七九年三月五日的第八三八節：「我想避免人的靈魂輪迴成動物的故事——那是對某個完全不同的事之極為扭曲的版本。」

在一九六三年十二月八日的第四節裡，珍和我透過碟仙接觸的人格法蘭克·韋德，用指針拼出他較喜歡被稱作賽斯的訊息——而從那以後就一直是賽斯了。在法蘭克宣稱他自己為賽斯之前不久，我問他，人曾否「生作動物」。他的回答是非常直接的：「不會。」我再問他：「是否你部分的心靈現在仍活在地球上？」那答案在當時對我們而言是非常奇怪的：「非常小的部分。我幾乎忘掉它了。我觀察它但不去管它，那是個狗的片段體。」法蘭克不肯告訴我們這狗在哪裡。

珍早在十二月十五日的第八節裡，就給了她第一次替賽斯說出的答案。雖然那時對許多我們在課裡的問題她已在腦海裡收到迅速的答案，她仍常常謹慎的印證那些反應——藉由至少讓答案的開頭用碟仙一個字一個字的拼出來（我在第一節就開始把每件事寫下來）。

在那第八節裡賽斯給了我們談片段體的更多資料：「以某種潛隱的方式，一個人格的所有片段體存在於一個存有內，而各有它們獨自的意識，它們並不覺察那存有本身……存有以一種你會稱之為潛意識的方式來運用其片段體，那是說，沒有給予有意識的指揮。存有給片段體一個獨立的生命，然後，多少忘掉了它們……舉例而言，即使思想也是片段體，雖然是在一個不同的層面。」然後，珍口授了最重要的一句：「另一種片段體叫作人格片段體，則獨立的運作，雖然是在存有的贊助下。」

當我在同一節裡問賽斯他發人深省的字眼「片段體」時，賽斯回答：「就我所知，那是我創始的字眼。」可是，在下兩節之內當他繼續以對人格及存有、轉世、時間、夢及其他相關題目越來越深的討論來發展他的資料時，他開始將「片段體」這個字讓賢給其他的術語了。當他在這本書裡回到這字時，我頗爲驚訝。我設計了這個註以補充在《靈界的訊息》裡賽斯對片段體的描述。

在第四節舉行了幾年之後，沒有告訴我們關於那題目的任何別的事，賽斯自動提出說，他的狗片段體已死了，而我們也沒再追問下去。

第九〇四節　一九八〇年一月二十七日　星期三　晚上八點五十四分

(「賽斯晚安。」)

(一笑：)口授。

(「很好。」)

現在。(停頓。)行動在時間架構內的出現，實際上是與你們世界之開始有關的一個最重要的發展。

以最基本的說法，伊甸園的故事講的是人突然覺悟到現在他必須在時間之內行動了。他的經驗必須被神經性地結構，這立刻帶來在一個行動與另一個之間選擇的重要性，而使得做決定這件事變得極爲重要了。

這時間架構在地球經驗內也許是最重要的，並且是最影響到所有生物的那一個。在時間之外的經驗或存在裡（停頓），沒有做某種判斷的必要。在一個「時間之外」的狀態裡，理論上說，數不盡的指令能同時被跟隨。可是，地球的時間架構給經驗帶來一個非常清晰的新焦點——而在時間的壓力下，再次的，某些活動相對的會比另一些更必要，相對的比另一些更令人喜歡或不喜歡。在一個更多林林總總的可能行動之中，人突然面對了做選擇的需要，而那是在那範圍內他「以前」沒做過的。

（九點二分。）以你們的時間而言，早期人類仍有一個神經上較大的餘裕，有替代的神經途徑。那實際的說，在那時比現在要更可能。那些途徑現在仍舊存在，但它們卻已變得像在神經活動的背景裡幻影般的訊號。

（珍停下來，雙眼閉著，彷彿在搜尋適當的字眼。）再次的，這很難解釋，但自由意志在所有的意識單位裡作用，不論其程度爲何——但（耳語）它在那程度的架構之內作用。人擁有自由意志，但那自由意志只在人的程度之內運作——那是說，他的自由意志多少爲時空的架構所局限。

他有自由意志去做他能做的任何決定（熱切的），這意謂著他的自由意志是受限的、有意義的、有焦點的，並且是被他的神經結構框住的。具體的說，在時空裡他只可以選擇在某些方向移動。不過，那時間架構給了他的自由意志意義及一個在其內運作的範圍。我們現在談的是你們所認爲的有意識的決定。

（停頓良久。）你只能做這麼多有意識的決定，否則你會被淹沒，而且陷入一種做決定的經常難局裡。時間組織可以做的選擇。那麼，先前提到的覺醒，發現人由其先前的「作夢情況」醒了過來，突然面對行動的必要：在一個時空世界，一個選擇變得不可避免的世界，一個他必須在其中從可能行動中選擇的世界裡——並且從一個無窮的形形色色可能行動中，選擇他想具體實現的事件。這幾乎會是一個不可能的情況：若物種——意指每個物種——沒被賦予它自己的表達與活動途徑，而使得某些物種比較容易以某些方式行動的話。而且，每個物種有它自己整個的特性及癖好，那更進一步界定了它的影響範圍，在其中它能夠行使它做選擇的能力。

（九點十七分。）每個物種托組成它的意識單位之福，也都被賦予了其他每個物種情況的一個整體的內在畫面（停頓），而進一步被基本衝動特殊化，使它被導向於選擇最能滿足它自己的發展潛力，同時也增進整個世界意識的整體利益。這並不會削減自由意志，就如人的自由意志並不會因爲他必須由胎兒長成成人而非其反面，就被削減。

在所有物種之間的差異是由這種組織引起的，所以，選擇的區域被清楚的畫出，而自由活動的區域也被清楚的界定。所以，可能行動的整個完形已然多少聚焦於物種的分化裡。可是，在可能活動的廣大結構裡，更多的分化仍是必要的，而這就透過轉世存在的內在通道被提供出來。

舉例來說，每個人都生而有他獨特的個別一套特性與能力、喜好與厭惡。那可用來在一個世界裡組織個別的行動，在那世界裡有無數條可能的路都是開放的——而個人的衝動基本上是要引導每個個人，朝向最適合他的發展的表達途徑及可能活動。所以，那些衝動是幫助組織行動的輔助，並且是要令自由意志更有效的發生作用。不然的話，以實際的說法，自由意志會幾乎無法運作：個人將面對如此多的選擇，而使任何決定都近乎不可能。如此一來，基本上，個人就不會有朝向任何一個行動的特殊傾向了（全都十分強調）。

「等到」伊甸園的故事被寫成你們聖經故事的時候，整個畫面已經被看作是善與惡的觀念，這實際上是在人類發展上很久以後才出現的。人類心靈的內在轉世結構，在人肉體的存活上是非常重要的，因而，他們能夢見前生而記起，比如說，如何走路與說話。他們生而有如何思想的知識，生而有語言的癖好，他們被他們隨後忘掉的記憶所導引。

在時間架構裡，每個個人的私人目的也出現在較大的歷史舞台上。因此，每個人形成他自己的文明的角落——而在一個既定時期裡，所有的個人都有私人及整體的目的、設定的挑戰，以及他們會試圖在歷史舞台上演出的可能行動。

（在九點三十七分停頓良久。）請等我們一會兒……

（停頓良久。）口授結束，你有問題嗎？

（我的腦子彷彿一片空白，我試著思考了幾分鐘，然後搖搖頭。）

那麼，我就祝你晚安。給你倆我最衷心的祝福。

（「謝謝你，賽斯晚安。」）

（九點三十九分，珍說：「在課前我知道賽斯將談到伊甸園、選擇及轉世，我感受到這一大團的資料，而再次的，我覺得他是令人震驚的，他又再一次的有所突破。」

當珍看鐘時，她說：「天啊，那真短哪！」課上了四十五分鐘，「我覺得我已經走開五個世紀之久，幾乎可以去到月球了。我想我得了心理時差症。」她說——一個很棒的形容。「怪得很，有時當你回來時你無法相信時間過得這麼短，但你卻無法以任何其他方式得到那資料，不管怎麼樣，我覺得那資料很好。」）

第6章

基因遺產及轉世偏好

第九〇五節 一九八〇年三月三日 星期一 晚上九點二十七分

（這節短短的課幾乎是書的口授。我把它放在這兒，因為它顯出在我們生活的一天裡的一件事——一個電視節目——如何影響了珍傳述的一節賽斯資料。而理所當然的，還涉及了其他的因素，我在這節的末尾會提到其中之一。

珍在晚餐後非常的放鬆。當我走到客廳去等上課時，我發現她在看教育電視台上那種迷人的、好幾個主題的科學節目：形形色色的專家們在討論像分娩與聲音、克里安攝影〔kirlian photography。譯註：即克里安發明能照出人或生物之「氣」或「靈光」的技術〕、天文及粒子物理等等。當那節目在九點結束之後，我用自己有限的知識為珍解釋粒子加速器——「原子撞擊器」——是如何運作的。她部分的了解了我告訴她的，我建議她很快的看看我最近歸檔的談這題目的文章，但她不想看。

她說：「我想我不該看那節目的，它把別的東西趕出了我的腦海，我不覺得賽斯在附近。」還有：「我不知道我是否能有一課。」我叫她回到她的放鬆狀態。她終於在九點十九分說：「我有點覺得他來了。」

我開玩笑說：「也許他才從最近的銀河系回來呢！」

珍回答說：「不是的，只不過在那節目前我覺得他有許多複雜的資料要給，而之後我就收不到了。」我們繼續等待。在九點二十三分：「現在，我知道他有了一個新章節的標題了……我希望他傳來一些東西。我覺得非常奇怪，事實上我覺得我是在出神狀態，」然後，珍帶著無心的幽默說：「但卻非對的那個……」結果顯示她從沒有過像這樣的一節。）

晚安。

（「賽斯晚安。」）

現在。（停頓，安靜的：）我們一直在試著形成某種神經性的橋樑，以便傳遞一些對我們的書特別重要的資料。這就是令魯柏不知所措的原因。

他的確收到了我們下一章（六）的標題：〈基因遺產及轉世偏好〉。而我試著在不同的層面上給他這個另外的資料，然後，待會兒它眞的會被轉譯成適當的英文句子。

我們也在與可能性打交道，而那資訊與你最終接受爲具體經驗的那些資料有關：你爲什麼接受它，它來自何處，以及你沒有經驗到的那些事件「跑到」哪兒去了。所有這些都關聯到任何個人從屬於整個族類生物的庫存，以及從內在轉世的庫存收到的基因訊息（註一）。我們將確保魯柏會收到他在必要的層面所需的資訊，以使那資料可被口語化。所有這些也都與那些區域密切相連，在其中，自由意志可以被自由的利用，以將可能的事件變成具體被感知的事件。

我現在過來只不過要給你這個解釋。魯柏在他自己的層面也在經過頗爲加速的治癒過程——你可以說是在微觀的層面。

再說一點我就結束此節了：有天晚上當你睡著時他看見你的表情，他的詮釋是頗爲正確的，而他醒過來看到你的表情也並非巧合。你深深的沈浸在你自己整體的治癒過程裡，在其中你自己的某些了解被傳達到你身體的各種器官，以致你的身體進入了一個遠較良好的整體關係。那個關係也是你眼睛進步的原由之一，而魯柏在你根本還未覺察之前就能感知在你內的不同。

魯柏的迷惑感一部分也是他自己身體內治療過程的結果，並且再次的，在親密的微觀層面改變了關係，因而向上透過形形色色物質的形成而發出它們新的「治療的震顫」，所以，告訴魯柏去享受它吧！

此節結束。

（「謝謝你，賽斯晚安。」）

（九點四十二分，賽斯所提到的我在睡時面容的改變，觸及了一個珍和我好幾次都想問他的問題，珍今天又提了一次。我眼睛的進步已由我們的驗光師約翰在二月十八日證實了。在那之前的某一晚珍醒了過來，打開她的桌燈，坐在床上吸菸，如她有時那樣做的。她注意到我睡著時的表情，「幾乎是一種幸福的表情，雖然我不喜歡那個字，而且那也不是個恰當的字。」她第二天早上告訴我，「但我以前也看見過你的睡容，而我知道那不同。」

在今晚的課後她笑著說：「幾乎像是你在重生。當有天晚上巴伯夫婦帶著他們的嬰兒來訪時，我在那嬰兒的臉上看到差不多同樣的表情——只不過你的像是它的成人版本——你知道我的意思嗎？」

今晚我只能回答——如我在那時一樣——我很高興她看到了，但我並未有意識的覺察任何身體上的改變。我倆都沒將我隨後眼睛的進步與她的洞見聯想在一起，雖然我們也許早該想到。但這種聯想在事後了解要比事先預見容易多了。

我現在提醒珍說，今晚在晚餐時約翰曾敲我們的後門。她驚奇的叫了起來：在意識上她已忘了那件事，因為，當我在後廊跟他短短的談了幾句時她並沒看見約翰。約翰在回家的路上順道送來我的舊鏡片，因為在四天前，當我將偏愛的老鏡框換上度數較淺的新鏡片時，他忘了給我。我告訴珍，由於今晚課的主題，我覺得不管約翰有沒有來，賽斯都會提到我眼睛的現象。然而，我又說，因為賽斯資料的性質，我一定會認為在那簡單的解釋之下必然有「更深的」關聯——在其中，電視節目、珍對它的反應、約翰的出現及今晚的課全都有關聯。珍同意了。）

註一：基因是在每個細胞核裡順著線狀的染色體排列的基本單位，它們可以將遺傳特徵傳給動物及植物的後代。基因主要是由蛋白質及DNA或去氧核醣核酸的雙股螺旋所組成的。每個基因位於染色體上的一個特定位置，好比說，人類在每個細胞裡有四十六個染色體，及大約十萬個基因，而基因提供藍圖給五萬種左右的蛋白質之合成。我敢說，當科學家深入探索基因的複雜性時，我們對自然的廣大組織的好奇將會繼續增長。而在所有這些裡涉及自由意志的哲學問題又怎麼說呢？如果所有一切都被我們的基因遺產所設定了，那我們到底還有多少眞的自由呢？（這是除了在哲學、心理學及宗教裡對於自由意志存不存在的爭論之外，另一個相關的問題。更有進者，現在我們對於遺傳來的基因之平等性或不平等性，也有許多更新的問題！）

就彼而言，對於我們假定的轉世遺產也可以問同樣的問題：究竟**那個**觀念留給我們多少的自由意志呢？我們是否注定要跟著未知及未實現的非物質轉世事件、傾向及目標，就如我們要跟著物質的、基因的那些呢——那是說，這兩者是否在一起運作呢？那兩種天賦到底有多不可變，而如果我們選擇的話，任一個的哪些部分是我們可以關掉的呢？解剖一個基因到甚至原子的成分，究竟能否獲得轉世的線索呢？在《群體事件》裡賽斯告訴我們：「意識形成基因，而非其反面，而快要出生的嬰兒是透過染色體結構來增加新資料的力量。」見第四章一九七八年三月十三日的第八二七節。

第九〇六節 一九八〇年三月六日 星期四 晚上八點五十二分

（珍和我得了重感冒，顯然是被上週末晚上我們的訪客之一傳染的。昨晚因為我們覺得很嚴重，所以就沒上正規課。實話實說，我們已記不得上次得感冒是什麼時候了。

今天下午珍說她從賽斯那兒得知，我們得病是因為我們想要用我們身體的免疫系統；換言之，那些結構需要鍛鍊。今晨，我有一個模糊的相似念頭，而它令我想起我星期六晚上的感覺——我們的朋友在那團體中不斷的打噴嚏，事實上是個拖長了的攻擊性行為。

「我一直在收到一些迷人的東西，」珍在洗碗時說，「它來來去去的。今晚如果我的聲音可以支持的話，我要試著上一課。此外，整晚坐著看電視也令我覺得無聊，看兩個晚上也就夠了……」

今晚的課並非書的口授，但我放在這兒的大部分都對我們的社會行為與社會健康傳達了有用的洞見，而如我在註一裡顯示的，那些狀態也能包括我們與動物的互動。

當珍開始上課時，她的聲音有點啞，而且很輕，但很仔細的聽時，我能聽得清楚。）

現在。

（「賽斯晚安。」）

主題：病毒是身體整體保健系統的一部分，而且是生物性的聲明。

如我以前說過的，病毒有許多用處（註一）。身體含有各種各類的病毒，包括那些被認爲是致命的，但那些通常不僅是無害或不活動的，而且還對身體的整體平衡有益。

身體維持其活力，不僅透過你感知到的身體的動作和靈巧，而且也透過你並不感知到的極微細的靈巧以及在微秒之內的行動。在身體內部環境裡，以及當身體與外在環境相遇時，都有同樣多的動作、刺激及反應。身體必須不時的「清洗它的系統」，清點它的庫存，升高它的溫度，更強烈的啓動它荷爾蒙的活動。以這種方式，它保持免疫系統的清晰。那系統永遠在運作。到某個程度，那是身體分辨自己與非自己的一個方法。

（九點一分。）以某種方式，那系統也使得身體免於浪費精力，以保持生物上的健全性。不然的話，就會像是好像你不知道你自己的房子從哪兒開始或結束，因而試圖讓整個鄰里都夠暖和。所以，有些「被病毒引起的」不適被身體接受爲受歡迎的板機，以發動來清理那系統，而這適用於你們現在的不適。

不過，永遠還涉及了更多的事。因爲被你們認作可傳染的那些病毒，的確多少代表了在生物層面上的一個溝通，它們是生物性的聲明，眞的是在生物上達成的社會性溝通。而它們有許多種。

（聲音仍很輕，速度卻不慢：）當一個臭鼬被嚇著時，牠放出一股很臭的氣；而當人們被嚇著時，他們有時也會以多少相同的方式反應，生物性地對環境裡他們認爲具威脅性的刺激反應。他們放出一大股「臭」病毒——那是說，他們事實上從他們自己的身體內收集並且動員那些有潛在傷害性的病毒，生物性地觸發或啓動它們，而在自我保護下把它們放到環境裡去，以擊退敵人（有力的）。

以一種方式而言，這是一種生物性的侵略。不過，病毒也代表了當事者正在擺脫的壓力；那是一種聲明。在戰爭或不得了的社會動亂裡，當人們覺得害怕時，那聲明常常以一種很強烈的方式被說出。

現在，你們的朋友曾經去看奧林匹克運動會（上個月在紐約的寧靜湖），而他被他在看那運動的全景時感受到的了不起身體活力所充電。（因爲那個以及其他的個人理由）他無法渲洩他感受到的強烈能量，所以他爲了擺脫它、保護他自己，而擲出他威脅性的生物姿勢：那些病毒。

（一笑：）你們的身體有好一陣子沒收到這種好東西了，所以它們興致勃勃的用這種東西做板機，來重新激發免疫系統。

許多人看過奧林匹克後也有像你們朋友的這種反應，因爲他們不知道如何利用及釋放自己的精力——就好像與這種成就相比時自覺很不如。

（在九點十七分停頓。）在身體之間有各種各類未被注意到的生物上的反應，而它們基本上是社會性的，是在與生物上的溝通打交道。再次的，以一種說法，病毒是處理或控制環境的一種方法。這些是自然的相互作用。既然你們是住在一個世界裡，在那兒，整體而言，人們是夠健康而能透過勞力、精力及概念而有所貢獻，所以健康是主宰性的成分——但在所有的肉體之間有生物上的相互作用，那是那健康的基礎，而這機制包括了並未被了解的病毒的相互作用，以及甚至生病的期間。

所有這些都關係到人的意圖及他的了解。不過，當然，那同樣的關係不僅存在於人類的身體之間，也存在於人和環境裡的動物及植物之間，並且就整體而言，那也是產生了物質經驗的活力之無窮盡的生物上溝通的一部分。

給魯柏一個關於維他命的提示：服用二或三週是最有效的，那樣它們就能有刺激並且提醒身體的作用。然後停用二或三週，因而身體能隨之靠自己生產那些你提醒了它你想要的元素。維他命的任何長期服用整體而言對你並無益處，因爲你太輕易的給了身體它需要的東西，因而身體靠自己產生這種東西的能力就變遲緩了。你懂了嗎？

（「懂了。」）

（九點二十七分。）等一會兒……某些「疾病」有避免其他疾病的作用，而身體本身是它自己絕佳的調節者。

顯然，當你信任那些能力時，它們運作得最好。可以說，身體的系統知道什麼疾病正在醞釀，而常會事先建立對抗的方法，把你體驗爲某種疾病的東西給你——但實際上卻是阻止另一種病況的一個聲明。

在都市裡有很大的交通流量，而身體在一瞬間知道如何跳開一輛駛近的車子。在身體的內部環境裡有大得多的交通流量。在你無法想像的那麼短的時間內得做一些決定——一些幾乎在還沒開始前就已結束的反應；當身體對其內在實相反應，並且對從外在環境來的所有刺激反應時，那些反應快到你無法感知它們。身體是一個開放的系統。雖然在你看來身體彷彿如此堅實，但在它和世界之間有經常的化學反應、電磁性的調整、平衡的改變及關係的變化——在身體及每個其他實質事件，從行星及日月的位置，到最小的砂粒的位置，到在任何一個人的腸子裡最小的微生物，它們之間的關係所發生的改變（熱切的）。

所有這些調整都是在沒有你有意識的注意下做的，然而，卻與你整體的目的及意圖相符。

此節結束。

（「謝謝你，那真是太好了，晚安。」）

我給你倆最衷心的祝福。

（九點三十五分。「天啊！我不知道我能不能做到，」珍說，「但我覺得所有那些東西都在一個好大的團裡，而我非把它弄出來不可。當我那樣做時，我覺得很高興，而當我不需要那樣做時，我也很高興。」所以我再一次的眼見它發生：當珍事先覺得很糟時，她仍很成功的上了一課。雖然她的聲音仍然瘖啞，但當課進行時她的傳述卻增加了活力與強度。就像是她從賽斯那兒得到一股能量似的——然而，一旦上完了課她就宣布她想上床休息了。）

註一：賽斯最先在一九六四年一月二十六日的第十七節裡提到病毒，那時我請他評論一下我們的狗米夏，及珍從她兼差的藝廊門房那兒得來的一對小貓不久前的死亡。當時我四十四歲，珍三十四歲，而以通俗的說法，我們都仍在奮鬥中——不只在學習關於我們及世界，並且也在那世界裡尋找我們的創造方式。賽斯對我問題的答覆不僅令我們有些驚訝並且悲傷，而且還打開了一些洞見：

「剛剛在那些動物死亡之前，那環繞著你們個性的特殊氣氛是破壞性的、短路的，而且充滿了內在的慌亂。我並不想傷你們的感情，但我很遺憾的說，那是在你們層面上的一個自然現象。事實是，那些動物是受到了你們的情緒感染，而按照牠們較微小的能力替牠們自己轉譯了那情緒。

「當然，病毒及感染是有的，它們永遠在場，它們本身是片段體，沒有傷害意圖的奮鬥中的小片段體。信不信由你，對所有這種病毒及感染，你們都有一般的免疫性。理想的說，你們能無懼的和它們居住在同一個層面上。只有當你給予無言的同意時，這些片段體才能在你身上造成傷害。到某個程度，像家庭寵物這種較微小的依賴性生命，是依賴你們的心靈力量的。沒錯，牠們有牠們自己的，但無形中你們加強了牠們的精力與健康。

「當你們自己的個性多少是平衡的時候，你們在照顧這些生物上根本就沒問題，並且實際上還以你們的創造及同情力量的餘渣去加強牠們的存在。在有心理壓力或危機的時候，你十分不自覺的保留而不給予這強烈的強化。

「在貓的死亡裡，兩隻貓都遺傳了那殺死了牠們的怪病，那是由一種病毒引起的。在第一隻貓的情形裡，你們還能加強牠的力量並且維持牠的健康一陣子，隨後，你們自己需要那份能量了。因此，第二隻貓幾乎沒享受到這種強化，而很快就完蛋了。

「那狗的病是與生俱來的，但無論如何，你們也沒法維持牠的健康許多年。當然，我想澄清的是，動物無疑的的確有精力維持自己的健康，但一般而言，這會被動物在情緒上依附的人之活力強烈地加強。事實是，當你們的狗最需要那額外的情感活力時，你們沒辦法給牠。你們並不需要自責，那是你們無能爲力的。

「像人一樣，動物感覺得到牠們什麼時候是個累贅，而那隻狗感受到牠是個累贅，而也是個令人討厭的東西。我情願你沒問我這個問題，但既然你問了，且既然你倆都愛那隻狗，這問題就值得回答。」

米夏是一隻混種的謝德蘭牧羊犬，是我們養的最後一隻狗。牠的確是我們的一個良伴，即使現在，當我在十六年後寫到牠時，我仍感覺得到對牠的強烈情感。

第九〇七節　一九八〇年四月十四日　星期一　晚上八點四十七分

（我們很難相信在珍上一回的定期課，三月六日的第九〇六節之後，已過了五週半了。這期間她只在四月九日上了一節私人課。

在組織起賽斯書時，我大半的決定是關於要把什麼放在一邊，而不是要把什麼包括進去。關於四月九日的課我也有同樣受限制的感覺，在其中賽斯談到藝術的創造：不只是由「自然的人」，而且也是由其他地球上的生物——對了，還有花兒〔註一〕。

雖然珍一直在享受許多段時間的放鬆，但她也有因全身僵硬及行走困難〔她的「症候」〕而起的陣陣憂鬱。但她終究擺脫了感冒的最後階段，而感覺到一股想上課的精力。她自己的寫作也一直進行得相當好。

今天珍重讀了本書的最近幾節；她想在今晚恢復寫書的工作，而一整天都從賽斯那兒收到東西。她偶爾告訴我點滴的資料，但我並沒記住。珍在八點二十分就叫我上課，她說：「關於回到書上，我仍覺得緊張……」

她說了給第六章的第一句話時，我立刻就想起她今天下午正確的說給我聽過，說那是賽斯會開始這一節的方式。）

（耳語：）晚安。

（「賽斯晚安。」）

（幽默的：「好吔！」）

口授。

（緩慢的：）第六章。現在：任何對基因遺產的眞正討論，必然也會引起涉及自由意志與決定論〔註二〕的問題，而到某個程度，那些議題必然也會導致關乎推理心本身的性質的問題。

如你們所熟悉的推理是在時空範疇內，並且是以一種特定方式作用的精神或心靈過程的結果。

那麼，到某個程度，推理——再次的，如你們所熟悉的推理——是缺乏可得的知識的結果。因為答案不在你面前，你才試著去「推理出來」。如果答案在的話，你就會「知道」，因而就不用質疑了。人類的與物質的推理心是一個獨特現象。（停頓良久。）它依賴著有意識的思考及解決問題的方法，而它是個自然的人類進展，且是在其自己活動架構裡一個令人嘖嘖稱奇的精神發展。

你們的科技是那推理心的結果之一；不過，因為缺乏一個更大的、切身的知識領域，「推理」才必要。思想是精神活動，按照時空的尺度來規範的，所以思想像是只按照某種尺度建造的精神性構造。你們的思想使你們成為人。

（在八點五十九分仍舊緩慢的：）可是，其他的生物有牠們自己那種的精神活動，牠們也有對實相不同種的切身感知。不過，所有的族類都是被牠們在情緒狀態裡的參與所聯合起來的。不只是所有的生物族類都有情感，而且全都參與了情感實相的次元。人們認為只有人有道德感，只有人有自由意志——如果自由意志眞的可能的話。當然，「道德」這個字有無窮盡的暗示，然而，動物們有牠們自己的「道德」，牠們自己的社交禮法，牠們自己與所有其他生物無懈可擊的平衡感。（停頓。）牠們有充滿愛意的情感關係、複雜的社會（註三），而且至少以某種說法——一個重要的說法——牠們也有牠們的藝術與科學。但那些「藝術與科學」並不是建立在你們所了解的推理上。

動物也擁有獨立的意志，而雖然我在此是強調動物，然而，這同樣也適用於任何大或小的生物：昆蟲、鳥、魚或毛蟲；也適用於植物生命；適用於細胞、原子或電子，它們擁有與它們存在條件相符的自由意志。

存在的條件大半由基因結構決定。那麼，自由意志的作用當然必須符合基因的完整性。基因結構使得實質有機體成爲可能，透過有機體生命才能被體驗；而到一個很大的程度，那結構必須決定在世界裡可能的那種行動，以及意志能夠被有效表達的方式。

海狸沒有去結蜘蛛網的自由。（停頓良久。）在人類裡，基因結構大半決定了像身高、眼睛顏色、髮色、皮膚色這種身體上的特徵——而當然，更重要的是決定了手指及脚趾的數目，以及其他你們族類的特定身體屬性。所以，身體上來說，並且只談他身體上的屬性，一個人無法用他的自由意志去像一隻鳥那樣的飛，或去做人體沒有配備去做的身體上的行爲。

可是，在許多方面，身體是配備好去做得比你所相信的要好得多——但事實仍然是，基因結構限制了意志。基因結構及染色體訊息，事實上包含了遠比你能用到的多得多的資訊，舉例來說，那基因資訊可以以無數種的方式組合起來。（停頓良久。）族類在任何可能的狀況下都照顧自己，所以，基因訊息也攜帶了無數的板機，而如果必要，那板機會改變基因的組合。

可是，除此之外，基因訊息還以這樣一種方式印在密碼上，以致在那些訊息與任何一個個人的目前經驗之間，有經常的相互作用。那是說，沒有一個基因事件是不可避免的。

現在，除了這身體的基因結構外，還有一個心靈資訊的內在庫存，那以你們的說法，會包含那個人「過去的」歷史——轉世的歷史。這提供了一個心靈特徵、傾向、能力及知識的整體庫存，那是這個人的遺產的一部分，就如基因結構是身體遺產的一部分一樣。

舉例來說，因爲那轉世的結構，所以一個極聰明的人可能會生自一個白痴家庭。音樂才能可能就此完整的出現——

（九點二十七分，我們被突然響起的電話鈴聲嚇了一跳。）

休息一下。

（一個以前參加珍ESP班的好朋友打了我們沒登在電話簿上的號碼，問一些有關神通的問題。當然，珍被震出了出神狀態，當我掛上之後，我們奇怪為什麼這麼清楚知道我們常規的朋友，沒有想到我們可能在週一晚上的這個時候上課。

然而，在九點三十分珍恢復上課，就好像未曾有過任何中斷一樣。）

因此，音樂能力可能以偉大的技術性圓熟的出現，而不受限於基因上的家庭背景。而再次的，特性的轉世庫存正是這類事件得以發生的原因。那內在的轉世心靈結構，也觸發某些基因訊息而忽略掉其他的，或觸發了基因訊息的某些組合。當然，實際上——說我笑了——所有的時間都是同時的，因而，所有轉世的人生都同時發生。

（停頓。）也許比喻會有所幫助，一個演員將他自己投入一個角色裡，甚至暫時的忘卻他自己，但在一個比那戲劇更大的範疇裡，卻仍以他自己的樣子活著並且運作。戲中的角色在演出時彷彿是（創造性地）活生生的，他的感知爲那架構所局限；然而，要演那個角色，演員卻汲取他自己人生的經驗。他將他自己的了解、同情心及演技集中在上面。而如果他是個好演員，那麼，當戲演完時，因爲演了那個角色，他變成了一個更好的人。

現在，在轉世存在的較大架構裡，你選擇你的角色或你的人生，但你說的話及你遇到的情況，卻並非預先決定的。縱使當你在過你的人生時，「你」也活在一個較大的活動架構內，而在時間裡的你與在時間外的你之間，有一個難以想像的互動。

（停頓良久。）在時間內的你採取了一個推理心，它是你爲你人生戲劇的目的而用的一種創造性的心理面孔。在我們比喻裡的這心理面孔有某些正式的、儀式性的特色，所以，在思想上與心理上，你傾向於只看到在那戲的正式結構裡可得的那些資料。舉例來說，你無法看進未來或看進過去。

你依據推理定出你的位置，不然的話，在一個物質架構裡，你的自由意志將會沒有意義。因爲可做選擇的數目是如此的龐大，以致你無法在時間內下決心去行動：這麼多創造的機會，唾手可得的更大的知識，你會被這麼多刺激所淹沒，以致你眞的無法有具體的反應。而你們現今特定的那種文明、科學及藝術就不可能達成——且不論其瑕疵，它們仍是推理心的偉大成就及獨特產品。沒有推理心的話，畫家就沒有作畫的需要了。因爲他精神視像的直接性，會是如此的即刻且令人目眩，如此在精神上圓滿具足，以致不需要去試著實際畫出它來。所以，我從無意貶低如你們所了解的推理心的品質或卓越。

可是，你們利用推理心時已變得如此專門化，如此的偏愛它，以致你們傾向於用推理心做爲唯一的尺度，來評判知性生活及檢查所有其他類的意識。你們大半到處都被其他類的意識所圍繞，你們大半忽略了它們的確實性，也無視於它們在心靈上與你們的手足關係——尤其是那在動物王國裡的意識，它們處理另一種形式的「知曉」，卻與你們分享深刻的情感經驗的實相，並且天生就能覺察生物與心靈的價值，但卻是以你們有偏見的檢查所無法得知的方式。

到某程度，那情感實相在作夢的時候在其他層面也被表達了——就像你們自己的實相也是一樣——在其中，動物和人一樣，都參與了一個龐大的合作性冒險，那有助於形成你們的生命首先必須存在於其中的心理氛圍。

口授結束。除非你有問題，否則此節也結束。魯柏現在可以輕鬆了（帶著幽默）。

（「好的，我沒有問題，這資料很棒。」）

（十點一分。課一結束比利和咪子就跑出來玩了。）

註一：以下是四月九日的課之摘錄（附帶一句，我們並沒要求這課），賽斯討論了珍和我做為藝術家的個人功能，以及在我們選擇的可能實相裡，藝術的一般性作用。一如往常，賽斯加上了他自己更深廣的洞見：

「不論什麼程度的所有生物，都有它們自己對美學的欣賞。許多這種生物將它們的藝術如此完美的融入生活裡，以致幾乎無法將兩者分開：舉例來說，蜘蛛的網或海狸的壩——而還有數不盡的其他例子。這根本不是『盲目的本能行爲』，卻是秩序井然的自發技藝的結果。

「藝術並非只有人類才能從事的特定的事，雖然人喜歡如此相信。首先，藝術是一個自然的特性。我試著橫跨你們的定義——舉例來說，花朵以某種方式視它們自己爲自己的藝術創造，它們對自己的色彩有一種美學上的欣賞——當然，與你們對色彩的感知不同。但在最基本的藝術的說法上，自然尋求超越它自己，縱使那些說法可能也包括了十分實用的目的。那麼，自然的人是一個自然的藝術家。以一種方式，繪畫是人去創造的自然企圖，以對他自己實相做出一個原創卻有條理的、精神卻實質的詮釋——而更進一步地爲人類創造了一個實相的新版本。」

大聲的對我說：「你仍在學習，你的作品仍在發展中。如果事實不是如此，那你不是很不幸嗎？任何眞正的藝術家對已完成的作品永遠有一種藝術上的不滿，因爲他永遠覺察到在他感受到的理想及其顯現之間的張力及拉扯。以某種說法，藝術家是在對一個感受到卻永未清楚表明的問題或挑戰尋找一個創造性的解決，而那是一個事實上永無休止的冒險。以一般的說法，這必須是個沒有清楚表明目的地的冒險。以最基本的說法，藝術家無法說他要到哪兒去，因爲如果他事先知道的話，他就不在創造而在複製了。

「眞正的藝術家是投注於他自己和宇宙的一個內在工作裡——一個他做的選擇，而藝術家眞的常常背棄了被認可的認知途徑。而更有進者，明白了那點之後，他常常不知如何估計他自己的進境，既然他的旅程沒有可被認知的創造性目的地。就其本質而言，藝術基本上是要將不論哪種的藝術家置於與宇宙和諧之境，因為藝術家汲取的創造能量，乃是生育由之浮出的同樣能量。」

註二：自由意志是說個人不受逼迫，而有自由去選擇與他特定的道德及理想一致的一些行為的哲學立論。決定論則是相反的理論，說每件事，甚至個人的行徑，也是被一個人意志之外的條件所決定的。

世代以來，哲學與宗教的思想家曾創造好些涉及自由意志與決定論的各種複雜概念，所以，這兩種理論都不像表面看來的那麼簡單。舉例來說，人很久以前就把自由意志的觀念與他能否故意選擇「惡」的問題連在一起，現今仍是如此。在上帝的全知全能面前，人是否有自由？人仍然在與這個問題奮鬥，不知道那些特質是否引起事件或能不能引起事件，以及事件是否涉及了命定。與決定論相反的，是人一直在為其個人責任奮鬥的概念——相反於全然被他的傳承所控制，他能根據他自己歷史的複雜模式，來形成思想與行為的新合成。

很奇怪的，對珍和我而言，決定論做為一個觀念總像是少了什麼似的——因為如果真是如此，那麼顯然人類設定了決定論在其內運作的那些界限，而我視此為與個人全然被其歷史及自然擺布的說法相矛盾。如果世代以來我們創造了歷史與自然，然後又反抗它，我們又為何如此呢？換言之，在共同及個人的尺度上，雖然它們可能很廣大，但我們的確創造了共同與個人的實相。

我想要補充的是，即使就宗教決定論的概念而言——比如，說人無法知道上帝的意志，或人是相當依賴神聖的恩典——以那種說法，我們仍在創造我們對上帝的本質的有意識概念。所以，再次的，我們有一個運作於我們的官能與智力界限內的決定論：那是另一個架構，我們在其內不斷試圖了解「生命的意義」。

註三：見《群體事件》第五章談動物文化與文明的資料。

第九〇八節 一九八〇年四月十六日 星期三 晚上八點四十九分

（今天早上我給珍看我正在畫的油畫人像，那是隨著賽斯在四月九日的私人課裡為我講了談藝術的資料之後，我在一週前開始畫的我那想像的男性頭像之一。我跟珍解釋說，雖然它還未完成，但那畫像包含了我已經知道會在下一幅裡更進一步發展的改進。一旦我開始以某一個模式畫幅畫，它就變成多少固定在那個表現裡了；如果一個人要完成那實質的畫，這是不可避免的。那些感受到的、額外的改進，必須等待下一個努力：那麼，在現在與未來之間的一個創造性張力就被建立了——一個我常常感覺到的，一種想跳到下一步的不耐，縱使我仍在繪目前的這幅。我請賽斯今晚評論這幅畫，如果他肯的話。）

（耳語：）晚安。

（「賽斯晚安。」）

現在：如先前提及的，推理心代表了人類在時空範疇裡的思維活動。

再次的，推理心涉及了嘗試錯誤的方法。它設定了假設（停頓），而其存在本身是依賴著可得知識的缺乏——那是它尋求去發現的知識。

在作夢狀態，推理心的特性改變了，而由一個清醒的觀點來看，它的活動可能看似扭曲了。可是，實際發生的卻是，在作夢狀態裡，你被提供了某種直接的知識，而那常常顯得超出了普通說法的範疇。那直接的知識並不是按照你心智的推理部分所了解的架構組織起來的，因而，在夢裡你多少遭遇到大量你無法分類的資訊。

那資訊也許不會符合你們可被認知的時間或空間。事實上，有許多重要的議題與作夢狀態相連，那可能涉及某類的基因啓動：物種這方面的資訊處理，文明化元素的嵌入或再嵌入——而所有這些也與作夢的轉世層面相連。

我以前沒觸及過某些這種主題，因爲我想在人類起源，及人做爲一個族類在歷史上出現的較大範疇裡呈現它們。我也想提出某些要點，當夢侵入並且形成文化的環境時，強調夢的重要性。夢有時也有助於顯出一個個人或一組個人所採取的有利途徑，因此，有助於澄清自由意志可被最有利的導向之方向。所以，我希望涵蘊所有這些題目。

（停頓良久。）首先，讓我們暫時回到推理心及其用處和特徵這題目上。就推理心而言，它彷彿必須在它自己之外尋找資訊，因爲它是與身體感官一同運作的，而那些感官只給了它有關在任何既定時候環境的有限資料。今天的肉眼無法看到明天早上到來的黎明，今天的腿無法走過明天的街道，所以，如果心智想知道明天會發生什麼，或在肉體感官領域之外現在正發生什麼，那麼，它必須試著藉推理去從它可得的資訊演繹。它必須依賴觀察，然後隨之做出它的推論。以一種方式，它必須先畫分，然後再得到結論。對於那從實質上可得的部分所無法感知的整體，它必須試著推斷其性質。

（九點十分。） 孩子們從數手指來開始計數。後來，不用手指了，但計數的概念保留了下來。有史以來，一直有人在思維裡顯出極可驚的數學偉蹟，而幾乎是在片刻之間達成的。有些人若活在你們的世紀裡，會將電腦比了下去**（就好像現在有些人的確將電腦比下去了）**。在顯出這種成就的大多數例子裡，它們是發生在根本太年輕而不可能學過科學性的數學程式的孩子身上；常常這種偉蹟是爲那些在其他方面被列爲白痴的人所呈現的，他們沒有能力做知性上的推理。

的確，當涉及到一個小孩的時候，他越深入去用推理心，他數學能力的發展就越差了。其他被歸爲智能不足的兒童（或成人），能夠說出任何過去或現在的日子會落在一週的哪一天，而其他人在從事林林總總的重任時，能夠保有從任何既定的時間算起所發生的事的精確記憶。再次的，有些孩子有極高的音樂造詣及熟練的音樂技巧——在得到任何一種進一步的教育協助之前，就有所有這些成就。

且說，這些兒童有的繼續下去，變成了偉大的音樂家，同時，其他的則在半路失去了他們的能力。所以，在這種例子裡，我們在和什麼打交道呢？我們在與直接認知打交道。我們在與心靈的自然感知打交道，至少當我們在以人類的說法來說時。我們在與自然的直接認知打交道，如它存在於人經驗到推理心之前及之後的樣子。

這些能力有的在那些被歸類爲智能不足的人身上顯出來，只因爲推理心的所有力量都沒被啓動。在這種情況的兒童，推理心在所有各層面都還沒充分發展，所以，在一個特定領域，直接認知以其燦爛的能力閃現出來。

直接認知是一種內在感官，以物質的說法，你可以稱之爲遙感（remote sensing）。你的肉體及你物質的存在，是建立在某些種直接認知上，而它即推理心本身的作用的由來。科學家喜歡說動物透過簡單的本能行爲運作，沒有意志力：蜘蛛織網，海狸築壩，鳥做窩，都不算是成就，因爲按照這種推理，這種生物不能不這樣做。蜘蛛必須織網，如果牠選擇不織，牠就無法存活。但以那同樣的推理——當然，我不附從它——你應該也補上說，人在他的智力上也沒有功勞可言，因爲人必須思考，而他不得不這樣做。

有些悲觀的科學家會說：「當然，因爲人跟動物同樣都被他們的本能所驅使，而人之聲稱他有自由意志只不過是個幻象。」

（九點三十三分。）可是，人的推理心連帶其邏輯與演繹，以及觀察的迷人能力，是建立在（停頓）一個直接感知上——一個推動他的思想，使得思考本身成爲可能的直接感知。他思考，因爲藉由思考他才能知道如何思考，縱使思考的真正過程對推理心而言是個謎。

（停頓良久。）在夢裡，推理心放鬆了它對感知的控制。從你們的觀點來看，那時你幾乎面對了太多的資訊。當推理心在快醒來而重組其能力時，它試圖捉住它能捉住的，但其推理之網根本無法保有那麼多的資訊。反之，資訊卻在心靈的其他層面被處理了。夢也涉及了一種心理上的視角，那是沒有具體的對等物的——所以，這種問題是最難討論的。

就物質的存在而言，以及就非常依靠清晰可見的行動之感知的自由意志之利用而言，推理心是極爲必要、有效及合適的。可是，在較大的存在架構裡，推理心只不過是組織資訊的無數方法之一，如果你喜歡的話，你可以稱推理心爲一個心理性的檔案系統。

你作夢的自己擁有逃過你注意力的心理次元，而那些次元有連接基因與轉世的系統的作用。再次的，你必須了解你所知的自己只是你較大身分的一部分而已——這身分也在你自己之外的歷史時代裡實質化過。你也必須了解，精神活動是最有力量的。一般而言，你從你自己的視角體驗你自己的夢（停頓良久），我只不過試著給你一種夢情境的一幅畫面，或給你看你通常不覺察的夢活動的一幅畫面。

如果你正有一個夢，在其間，從你自己的視角你仍是你自己，那麼，另一個轉世的自己也許從他的視角有同樣的夢——當然，在其中你扮演一個次要的角色。在你的夢裡，那轉世的自己也許出現爲一個次要的角色，且相當地在你注意力的邊緣。而如果那夢包括了關於一齣戲或一個發明的概念時，那麼，那戲或發明可能出現爲在兩歷史時代的一個具體事件，其程度則要看活在時間裡的那兩個個人詮釋那資訊的能力。但世代以來，文化不只是以物質的方法傳播的。能力與發明並不依賴人類的遷徙，但那些遷徙本身卻是在夢裡所給的資訊的結果，那些夢告訴人類的部落在哪兒可以找到較好的家園。

（較大聲：）口授完畢。

（「好的。」）

（九點五十五分。）請等我們一會兒……直接認知：你知道你所知道的東西。

（對我：）你的知識知道如何透過你學到的技巧流出來，去用那些技巧，並且變成它們的一部分。因此，一張畫就以一種自發的智慧出現了。那就是你正在學的東西，那就是那幅畫顯示的東西，那就是你在的地方。

到某個程度，每個視像、每個主題，如果你容許它的話，它都會在技巧上自己做細微的改變。你的衝動就與你的色彩一樣有深淺層次，它們應該與你的筆觸渾然為一。所以，在每一點油彩裡，你主題的概念幾乎被神奇的包含在內了，而那就是你在學的東西，或不如說，你在學著利用你的直接感知。

此節結束。

（「謝謝你。」）

祝你晚安——並且告訴我們的朋友（珍）在心態上要更遊戲些——我說，努力用功（很幽默的）的去遊戲。

（「賽斯晚安。」）

（十點一分。）

註一：稍微回想，這便變得很清楚，但我想，說明珍對賽斯資料的表達顯然是她直接認知的結果是很重要的。因爲她必須以文字做線性的傳述，那是要花時間的，所以，她無法像那些數學天才產生答案那樣立刻的製作她的資料。但以她自己的方式，她與賽斯的溝通，在心理上就如那些數學天才計算出數字，或音樂家寫出音符，一樣的清晰而直接。從一九六三年尾這賽斯課的開始以來，我即察知珍傳述賽斯資料的速度，而開始在每節裡記錄所涉及的時間。我現在認爲，我自發的開始那樣做，是反映了我自己對她的直接認知的直覺性了解，且遠在我倆知道如何描寫它之前。而當珍即席的爲賽斯說話時，她的傳述甚至更快。當她在ＥＳＰ班上替賽斯說話的那些年裡還要更快——有時甚至快得令人咋舌。

當然，還涉及了更多東西。我讀到過數學天才愛他們的數字，並且在一個常常不確定的世界裡依賴數字的可靠性。珍對文字有一種深愛。可是，文字可以是非常捉摸不定的工具，且由一種語言到另一種語言就會有所改變。雖然透過賽斯資料珍本就傳達了深刻的意義，那意義卻繼續在轉譯成的其他語言裡發展。這種心理性的成長，以及所涉及的許多挑戰，使得她的作品與精神計算機的數字或音樂家的音符有所分野，因為後兩者不需要翻譯：例如那些和善的數列，在任何語言裡都有相同總和。在珍自己的直接感知裡，她是在與通常離這種可靠性與接受性相當遠的感受及概念打交道。

那麼，不論賽斯是誰或是什麼，在珍的許可之下，他將他的資料加入珍的推理心所擁有的資訊裡——因而，提供那資訊給其他人的推理心。

第九〇九節 一九八〇年四月二十一日 星期一 晚上九點五分

（中午珍在小睡之前收到了一封信，那位男士解釋說他娶了一個手有基因性畸形的女人，他們剛生了一個女兒，也有這同樣的「毛病」。那個人顯然從閱讀賽斯資料學到了很多，而透露出關於他和他太太一開始為什麼選擇結婚的洞見。然而，他仍表達了憂傷，並且問：「為什麼？」他被必須每天與一個所謂的畸形妻子住在一起的挑戰所困擾，而現在又加上了一個女兒。珍預備告訴他說，他和他的家人其實比他們所以為的要過得好得多。

在珍午睡時，珍有個小小的出體經驗，她一醒來就描述給我聽。然後，這個下午她從賽斯那兒收到說，在新的一章裡賽斯將會解釋，除了其他原因，身體的畸形是在我們族類的基因庫裡所包含的極大範疇的能力的顯現，而我們保留這種彈性，為的是萬一需要很大的改變時可以派上用場。她還說，我們基因上的條件也與我們轉世的模式相連。那麼，為了讓我們的族類在許多不可預期的方面保持適應性，那可能造成所謂的殘障的屬性是需要的。珍還說了更多，但在那時我沒有把它寫下來。她以為賽斯今晚可能會評論來信者的情況。）

（耳語：）晚安。

（「賽斯晚安。」）

口授。現在：人類在生命裡與物質實相的第一次接觸，是他對他自己意識的體驗。

他覺察一種不同的存在。首先，他接觸到他的意識；隨後，他接觸到世界——因此，當然，我在說的是，每一個人都有一個比你們通常在人生裡所熟悉的意識架構更大的身分。

當你出生時，你了解你有一個新的意識，你探索其分支，它是你存在於肉身裡的主要證據。基本上，每個人必須透過直接接觸來面對現實的經驗。當然，這接觸是透過運用肉體感官來感知及詮釋物質資訊而發生的。不過，那些感官的利用就依賴著你意識的本質，而那意識透過運用自己的屬性，來覺察它的力量與行動。

那些「屬性」就是想像、創造、心靈感應、千里眼和作夢的能力，以及邏輯與推理的機能。你知道你作夢，你知道你思考，那些是直接的經驗。（停頓。）任何時候你用儀器探索進實相的本質時，不論那儀器多精密，你都是在看一種二手的證據。舉例來說，作夢的主觀證據，比一個關於擴張中的宇宙、黑洞、甚至原子及分子本身的證據，要遠較「令人信服」且不可推翻。雖然在許多方面，儀器的確可以是非常有利的，但它們給你的卻仍只是二手而非第一手的探查工具——而它們遠比思想、感受與直覺的主觀屬性，更扭曲了實相的本質。

（九點二十一分。）所以，人類意識沒有發展出可用以檢查實相本質的最好及最適當的「工具」。就因為你們用了其他的方法，才使得很多證據不為你們所見——那些證據會顯示出物質宇宙以與你們所設想的十分不同的方式存在。

你們被教以不去信任你們的主觀經驗，那是指你們被告以不要去信任你們與實相之最初的及第一手的聯繫。

轉世的證據是十分可得的，有足夠已為人們所知並且被列表的例子來證明轉世的事實；而除此以外，還有在你私人生活裡心理上一直看不見的證據，只因為你曾被教以不要貫注在那個方向上。

有足夠的證據可以證明死後的生命的事實。所有這些都涉及了直接經驗——為個人所遭遇的插曲非常強烈的指涉了對死後生命的假設；但那假設從未被你們已確立的科學當眞。舉例來說，對轉世與死後生命的證據，比對黑洞的證據要多得多。（好笑的：）很少人曾看過一個黑洞來支持那最一般性的聲明，然而卻有數不清的人曾有指涉了人格死後猶存的私密的轉世經驗或接觸。

那些經驗是很平常的，它們曾被各種時代的各種人報導，而它們代表了一種常識性的知識，那是有名大學的學者所不屑的。在這整本書裡，我們將常常談到大多數人以某種方式接觸到的經驗，它們卻沒被已確立的知識界所認可。所以，在這整本書裡，我會透過基因學、轉世、文化及私人生活，來談到夢的種種不同的特性。我們也會考慮在個人的價值完成裡有關自由意志及其角色的事。

第7章

基因學及轉世。天賦及「缺陷」。廣大的基因及轉世規模。資優者及殘障者

（在九點三十四分停頓。）請等我們一會兒：下一章（七）：〈基因學及轉世。天賦及「缺陷」。廣大的基因及轉世規模。資優者及殘障者〉。

（停頓良久。）你們人類，身爲一個族類，包括了白痴及天才，愚人及智者，運動員及畸形人，美人及醜人，以及其間的所有種種不同的人。那麼，有眞的無窮種類的基因文化在運作（熱切的），而每個都有它們的位置及理由，並且每個都切合那整個畫面——不只是人的實相的畫面，並且也是包括了所有自然的地球實相的畫面。

你們的宗教概念常常告訴你們，天生畸形是父母的罪投在孩子身上的結果，或涉及了一種叫作「業障」的懲罰。以生物學的說法，人們談到來自好的種或壞的種，而甚至那些標示也暗示了道德判斷。

轉世的整個概念也曾被其他的宗教觀念大大的扭曲了。轉世並不是一個由罪與罰組成的心理競技場。再次的，在你自己既定的特性下，你在你生命的狀況裡是有自由意志的，人類了不起的才能

和適應性，是依靠基因的精確性與基因的自由之間令人驚異的互動。人類之非常具特徵性的屬性，那可靠性與完整性，是依賴經常的制衡，及人類可以據之度量他自己的不同特性的存在。

人類也永遠處於在其基因庫存裡保存上百萬的特性的過程裡，那些特性在種種不同的偶發事故裡可能會用得上。而就彼而言，當然，在許多種的病毒與人類及其他族類的健康之間有一個聯繫。

創造性改變的可能性必須永遠存在，以保證人類的彈性，而那彈性可以以許多方式顯現——以你認爲是畸形、天生殘障的情況，或和任何假設的身體標準不同的變形。你們全都看起來相當相似，一般而言，都有一個頭（好笑的），兩隻手臂，兩條腿等等。這種不同或變形，在某個層面是非常顯而易見的，比如說，你可能有比你該有的更多或更少的手指，或一隻手有兩個拇指，或其他任何被認爲是畸形的狀況。

（九點五十二分。）也有精神上的狀況：不像其他人那樣用推理心的所謂智障者。再次的，也有身體上或智力上非常有天賦的人，他們有時彷彿在資優程度上離凡人那麼遠，就如白痴在另一端一樣。所以，當我們繼續下去時，我希望給你們看所有這些情況在個人與族類的發展上所扮演的角色。

在一個較小的活動層面，這種差異當然會爲你所忽略，你並不知道你是否有任何不好的基因，除非它們的效應顯現了出來。事實上，在微觀的層面並沒有所謂符合標準的東西，而根本無法以安全的肯定去預測任何基因因子的發展。你可以做集體的預測，並且整體地做某些判斷，但因爲還涉及了其他的因素，所以，任何特定的基因因子無法就其發展被精確的預測。這是因爲其活動也涉及了不在你們的任何計算裡顯現的關係。

當你透過你人生的經驗，運用你的自由意志，並且經常做新的決定，你的思想、感受、欲望及意圖，還有你的轉世知識，調整了那個結構，將某些潛在的特性帶入實現，而減弱了其他的。

口授結束（有力的）。你有問題嗎？

（十點四分，「對於珍今天中午小小的出體經驗你想說些什麼嗎？」

珍的意識離開了她在臥房裡睡覺的身體，而旅行到屋子後邊她的寫作間裡。她在那兒碰到了也在出體狀態的我，而我們有一次非常生動的談話。事後她堅稱我也是出了體的，雖然我並沒有關於這樣一件事的有意識記憶。我們推測那時我正畫完了上午的畫，而在浴室水槽邊洗我的刷子——我每天做的例行公事，一個可以讓我心靈的一部分自由去從事其他冒險的工作。然而，既然當她睡時我是醒的，因此，我們猜測那些同樣的習慣性清潔工作，也足以占據我的心神到令我不覺察我的另一部分在搞什麼。）

請等我們一會兒……那出體是一個態度改變的結果，而也因爲魯柏身體的放鬆才使之成爲可能。他在練習使用他的意識，容許他自己更大的自由。在那時，你心神的一部分在漂浮。

現在，當人們貫注於其他事情上時，他們可能搖動脚，或塗鴨，或敲桌子，他們也在以同樣的方式練習他們的意識——以他們的心智塗鴨，以這樣一種方式放鬆他們自己，遊盪開去更新他們自己——而你倆都在那樣做，但可以說，魯柏捉到了他自己的尾巴。

你倆都在屋子裡神遊，而魯柏在他心思在的地方捉住他自己——只不過他的肉體不在同一個地方。因爲這是像一個精神上的塗鴨，所以色彩還不完全，畫面還沒有完成。

整個的對話是使得那事件看似合理的一個企圖，一個替畫面著色的企圖。

此節結束。

（「謝謝你。」）

你倆都做得非常好，祝你們晚安。

（「賽斯晚安。」）

（十點十分。）

註一：以下兩首詩是珍爲我去年的生日寫的，它們很適合放在這兒。

總覺得
我是一直認識你的，
然而你每天都令我驚訝
以你這個人的新版本，

然後再爲我所記憶
我在心裡鼓掌
說：「當然。」
而你又在變成
一個新的版本
那是我前些一向認識的！

還有：

這個私人的可能性
並非那麼壞
當你考慮到
要到達這兒
我們必須旅行過的
大衆的世界：
分子等待

在側翼，
尋找
精確的
時空
躍入，
細小的
意識束
在幾世紀後
重聚，
由我們曾參與的
上百萬
其他形式裡
找出我們自己——
只重組
我們所要的
爲羅和珍。

第九一〇節 一九八〇年四月二十三日 星期三 晚上九點六分

（多明尼加共和國位於西印度群島中希斯旁紐拉島東部，是個非常貧窮的國家。昨天，珍和我重讀了我在去年九月裡歸檔而就忘了的一篇文章：在該國的某個村莊周遭的區域裡，三十八個女孩在青春期開始時變成了男孩。這了不起的身體上的改變，是從在一百多年前的一位共同祖先所攜帶的一個基因「缺陷」衍生出來的。這些男人的精子數目很少，而可能無法以正常的方式生育。然而，珍和我認為這稀有的集體事件——這類事件唯一的記錄——與有關包含在我們人類廣大的基因庫裡上百萬的變化之賽斯資料相符。那麼，為了不論什麼神秘的理由，我們整體的意識想要並且需要這種特殊的「基因文化」。見上節被做為這章開頭的那部分。

然後，今天我們讀到，在一個販賣動物給醫學研究用的公司，科學家如何繁殖了一種沒有胸腺的無毛實驗鼠。胸腺有助於身體創造出對外界感染的免疫力。舉例來說，科學家常將無胸腺鼠用於癌症的研究裡，因為那些老鼠不會排斥移植過來的腫瘤。〔老實說，這些動物對任何一種疾病都如此敏感，以致牠們必須被養在無菌的狀況下。〕這篇文章令珍覺得非常不舒服，而她跟我提了好幾次〔註一〕。）

現在：晚安。

（「賽斯晚安。」）

口授。（停頓。）如果在你們之中沒有白痴，那麼，你們很快就會發現，天才也不見了。

再次的，那些你們認爲是你們族類特徵的人類能力，是依靠著無窮盡的變化的存在，那出現在集體裡，以給你們常常顯然相反的狀態。那麼，你們所認爲的平均智力，是因爲經常的變數之活動而存在的一種狀況，那些細微的變化在尺度的一端給了你們白痴，而在另一端給了你們天才。兩者在維持那精神活動較大的「標準」上都是必要的。我在這兒爲了你們的方便而用「標準」這個字，雖然當它被用來做爲心理學上的測量尺度的時候，我並不同意那個字的通俗用法。所以，基因系統並非封閉的，基因並不只是持有資訊而與身體活生生的系統無干。那麼，基因結構並不像一些已設定好的，非常複雜的機制那樣存在，「盲目的」開始並運作，以致它一旦被啟動後就沒有機會再修正。

尤其在你們自己的族類裡，在人類基因系統、環境及文化活動之間，有一個了不起的相互作用——而我所講的文化活動，是指包括了你們政經世界等的獨特活動領域的有關事件。

（停頓。）基因事件並非像決定論那樣無可轉圜。它們代表了朝向某種身體或精神活動的強烈傾向，某種生物上的偏好，它們傾向於某些而非其他的事件的啟動，所以，機率是「偏向於」某個方向。（停頓。）那麼，基因事件的確是事件，雖然是在一個與你們習慣認定不同的活動層面上。

我們在談的是染色體的訊息。這些訊息並不是被寫在染色體內，就好像字被寫在紙上那樣。但是，訊息及染色體是一個活的單位，那訊息是活的（**熱切的**）。我們談的是一種生物上的楔形文字，在其中，細胞的物質結構本身就包含了形成一個肉體——形成它們自己——所需的所有知識。這的確是生物形式的知識，並且在生物上做出最清晰的活生生的聲明。

（**九點二十七分。**）帶著基因包裹的細胞，像所有的細胞一樣，會對刺激反應。細胞會活動。它們生物性地覺察所有身體的事件。以無法言明的方式，細胞也覺察在生物層面被感知的身體的環境。我以前曾說過，每個活細胞多少都透過一個內在溝通系統與每個其他的活細胞相連，因此，「被設定的」基因活動，可以被環境裡的條件所改變。

（**停頓良久。**）舉例來說，我並不只是在說基因活動能透過像核子意外這種事而被改變，卻是說非常有意的改變也能在基因行爲裡發生。因爲以你們的說法，基因結構不僅讓人類爲任何偶發事件做了準備，並且也藉由觸發人類在任何時候需要的那些特徵及能力，藉由爲這種未來的發展預留餘地來做準備（**全都十分有力。**）

你們的基因結構也對你們有的每個念頭、你們的情緒狀態、及你們的心理氣候反應。以你們的說法，這包含了與人類可能的未來能力相關聯的人類具體歷史。你選擇你的基因結構，以令其適合人類的挑戰及能力。你選擇你的基因結構，以令其適合你已選擇的挑戰與潛能。（**停頓良久。**）這基因結構代表了你物質的參考點、你身體的架構；它是你個人身體上的屬性；它是你在物質上與之認同的部分，充滿了你自己的身分。你的身體像一艘最好的船，是你爲了一個絕佳的挑戰性冒險事先選擇了的——一艘你個人指定的船，它是配備好來盡量做出你個人性的一個物質性的顯現。

有些人在開始這樣一個冒險時，的確會堅持要一艘絕佳的船，具有最頂尖的設備，配備著華麗的艙房及宴會廳。其他人則想要多得多的興奮和多得多的熱情，而訂購了一艘較不華麗但卻駛得更快的船。有些人會替他們自己設定一個目標，考驗他們的駕駛技術。這可能是個簡單的比喻，然而，每個人心懷自己的意圖及目的，而選擇了身體這活生生的船。

（停頓良久。）在物質實相裡，生命是遊戲的關鍵——而那遊戲建立在價值完成上。那就是說，每一種生命形式尋求它感受到在其生活架構內的所有能力的完成及綻放，且知道在那個別的完成裡，生命的其他每種族類也會受益。

（九點四十五分。）我絕無意貶低天才毋庸置疑的價值，或他們對生命品質的偉大貢獻——但再次的，生命的品質也因白痴的存在而受益。不只因爲爲了基因的理由尺度的兩端都是必要的，並且也因爲白痴本身並不被大自然認作是失敗或缺陷。那些說法是人類的判斷。藉由調節了推理心有時可能對人類活動的強烈支配力，白痴也扮演了他們的角色。

白痴也常能在他自己的實相裡體驗一個更自由、更慷慨且更忠實的情感狀態之流，不被理智有時嚴厲的支配所阻礙，而這種調節性的傾向，在基因的運作是很重要的。

我在本書的稍後會再談到這個題目。

迄今，大略來說，自從基督教的誕生以來，你們用到的推理心，都將其推理能力限制在一個非常狹窄的實相範圍裡。推理心大半只以符合它自己標準的生命來看生命的價值。（停頓。）那是說，你們所用的推理心，認爲只有能推理的動物才有了解生命價值的能力，其他形式的生命則幾乎像是不用考慮了，它們的價值只以它們對人類的用處而被考慮。但人的生命顯然依賴著其他生命族類的存在，而那些族類跟他分享某些價值。生命是神聖的——所有的生命——而再次的，所有的生命尋求價值完成，不僅是身體的存活。

魯柏讀到關於發展一種沒有胸腺的老鼠的文章。既然胸腺在維持身體對疾病的抵抗力的必要過程裡是非常重要的，那麼，這些特定的老鼠沒什麼抵抗力。牠們爲了實驗的目的而被繁殖及出售。這種做法的意圖，是爲了促進人類生命的品質，爲了研究疾病的性質，並且希望將所學到的東西運用在某些人的身上。老鼠不被認爲是人類，牠們並不是，所以，像任何動物一樣，牠們被認爲是可以棄置的，可以爲了一個好的人道目的而犧牲掉。

（停頓良久。）也許，一開始推理心的偏見可能逃過了你們的注意，因爲無論如何，老鼠與你們自己的族類離得很遠。（較大聲：）不久之前也有猶太人爲了同樣的目的被犧牲了，而其推理大半相同，雖然在那個情形裡你們是在與你們自己的族類打交道。

（十點五分。）不過，猶太人被認爲幾乎不是人。而無論何時，當關係到這種對你們自己族類的殘暴行爲時，你們就沈迷在同類的扭曲推理中。因爲猶太人被認爲不大是人——或至多也不過是人類的缺陷品——他們被認爲是在「改善人類基因」的祭台上可被合理化的祭品。你無法藉由毀滅任何其他種生命的品質，來改進你們自己生命的品質。並沒有基因上的優越種族。首先，將人類畫分成「種族」的本身，就是建立在整體的相似性畫面裡可笑的微細區分上。

魯柏對他讀到的文章感到激憤，而他義憤塡膺的說，這種做法在生物上是不道德的。我通常避免用「道德」或「不道德」這種字眼，因爲定義因人而異。可是，那做法的確涉及了生物上的侵犯，一個違背大自然的流動及意圖的做法。在其中，一種生命形式被迫違背自己的價值完成，而就因爲這種涉及了其他種生命的態度，才使得猶太戰時集中營的恐怖成爲可能。

口授結束（較大聲）。你有問題嗎？

（在賽斯問完以前我已搖頭說沒有。）

（「謝謝你，這資料非常好。」）

那麼，我祝你晚安。

（「帶著幽默：」）自然啦！

（「好吧，晚安。」）

（十點十四分。見註二與賽斯在本節裡對基因的討論相關的一些評論。）

註一：珍和我都對醫學研究裡的動物實驗有顯然的曖昧感受，並且也爲之困擾。我們也認爲其他大多數人，不論他們知道與否，也有這種複雜的感受。是否我們自己的肉體生命曾被從動物實驗所獲得的那些知識所挽救——也許甚至在出生前？我們並不知道。我們眞正知道的是，如果一個人與一個支持傷害性及重複性的動物研究的哲學隔離的話，會較容易接納它。

不過，如果讓我們選擇的話，我們現在**會**放棄來自動物實驗的「好處」，縱使因爲缺乏隨之而來的知識，可能使得我們未來的福利受損——並且假設在危機時我們共同的決心也沒有減弱！追隨這樣一條路，實際上會非常困難，因爲在我們的社會裡，來自動物研究的結果是如此的普遍！我甚至認爲要脫離它們，人必須住在野外做一個隱者才行。在實驗室裡利用動物，**是**將人類的目標與價值強加在其他的生命形態上，縱使現代的科學方法被假定是與價值無干的。當然，因爲這種研究是以進步和實際的共同好處爲名而進行的——而讓我們記住，那進步也應用在其他動物的治療上。我們認爲這本書的每個讀者都曾從動物實驗獲益，並且仍舊如此——其中有的實驗是最殘忍的，以人幾乎沒懷疑到的方式，更別說清楚的知道——而每人都獲益於在國內家家戶戶都能找到的醫學、化學、美容與娛樂的產品，在其研究裡都用到動物。

註二：一般而言，科學仍以機械的、決定論的或化約主義的說法來看我們的基因系統，因此，證據正被累積起來以支持那個整體觀點。那就是說，在這個時候科學並不需要去尋求涵括了意識、意圖及基因學另外的、更大的或更令人不安的參考架構。眞的，我很少看見意識與基因學一同被提到，除了好比說，當意識的品質可能被與像智障的基因「缺陷」相連的時候。

我也不認爲已成立的科學很快就會對賽斯的這些概念感到興趣：在我們的基因系統、環境以及像政治和經濟這種文化活動之間有互動發生；或我們的基因系統對我們的思想及情緒反應——更別說會對未來的可能性有任何基因上的計畫！我不知道那些因素如何能在實驗室裡被測量或操縱。當然，科學能容許賽斯的概念在科學架構**之外**有它們自己的實相，因而擺脫它們。

不論你承認與否，基因能為未來的偶發事件做準備的這個概念，與非常有力的進化理論相衝突。那些理論說，進化性的、基因性的改變，只透過天擇及突變而發生（雖然任意或隨機的突變一般被認作是大自然的錯誤）。在這兒有許多未被解決的挑戰，我甚至能見到賽斯在本節裡的資料會被科學摒棄為舊的、不被承認的拉瑪克理論的另一個版本（拉瑪克〔一七四四～一八二九年〕是法國的博物學家，他宣稱一個有機體的結構及作用之某些修改，可以因應環境的因素而發展出來，而這些「後天的特性」可被遺傳。拉瑪克的研究曾遭廣泛的誤解，但是它仍有價值，而近來曾被用於一些了不起的學術研究裡，以顯示就科學的說法，進化如何能透過天擇及突變之外的方法發生）。

第九一一節 一九八〇年四月二十八日 星期一 晚上八點五十五分

晚安。

（「賽斯晚安。」）

口授。基因系統是個內在的、生物上的及「宇宙性的」語言。

以你們的說法，那語言道出血肉——而在人類所有的種族裡，它平等的道出血肉。並沒有較差或較好的種族。且說，夢也提供你們另一種宇宙性的語言，一個多少統一了所有人的語言，而不論其物質環境或國籍或聯盟。

不同種族的分類，只不過使你們組織起「大同」中的「小異」——你們曾為種種不同的目的而用到的「小異」。那些目的常常令你們過分誇張團體之間的不同，而縮減了人在生物上的統一。

（停頓良久。）個人性最重要的面向是那些主觀的特性，它們一方面將一個人與另一個人區分開；而在另一方面，每個都像閃閃發光的心理鑲嵌拼圖，給那人類由之而出的較大模式分別的、精美的個人版本。以這種方式，每個人的安全感、完整感及燦爛，都升自那宇宙性的基因語言，並且也升自夢內在主觀的宇宙性語言。在兩者之間有了不起的聯繫，而兩者是一同被說出的。

讓我們變得更實際，來看看這些問題如何融入你們的實相。當你們試著回想你們曾試著放到一邊或否認的一些感受及白日夢，這些要求有的在你們自己那方面的一種了不起的誠實。那麼，為什麼有些人生下來就得體驗顯然為基因缺陷的狀況，縱使就族類而言，這種變異容或有整體的價值？因為，再次的，我必須強調，事實上，自然本身並不做這種判斷，不論你們科學或宗教的信念為何。

科學似乎認為，只有當個人對族類的存活有用的時候他才重要——而我並不那樣說。我在說的是，每個個人的存在對族類的價值完成都是重要的；而更有進者，我在聲明個人與族類的價值完成是攜手並進的。

（在九點十三分停頓良久。）我也在聲明，族類本身是覺察那些導致它自己及其成員的價值完成的情況的。基本上，每個族類只會以合作的方式，在生物上將自己的存在與其他族類一同考慮——那是說，在族類之間並沒有基本的競爭。當你認爲有的時候，你就是誤讀了自然。不論人的有意識信念爲何，在一個生物層面上，他的基因結構是與所有其他族類密切相關的。

在人類裡，發展的可能性眞的是無窮盡的。沒有電腦能計算可能的特性的組合。那麼，極爲重要的是，族類維持彈性，而不變得鎖入任何一種模式裡，不論那模式多有利（熱切地）——而我在說的是肉體或心智模式。在已成立的人類本質的架構內，必須有各種各類的餘裕——生物性的啓動之餘裕，以令那些變異能經常保持活躍。那些基因變異可能是缺陷的或古怪的，它們可能顯得是殘障；它們也可能顯得是一種或另一種較好的特性，但它們是從基因標準分出的變異，必須被生物性的聲明出來。

就它們本身而言，不論那些基因變異顯得是較好或缺陷性的情況，不同的適應性、主觀或物質焦點的改變、以及對也許曾被忽略的其他能力的加強，都因爲它們而成爲必要。然而，縱使我們承認所有這些，再次的，爲什麼有些個人選擇會被體驗爲缺陷狀況的情況？關於這點，我們必須檢視一些常被遺忘的人類感受。

現在，我曾常常說，受苦本身並不「對靈魂有好處」。它並非一項美德，然而，無疑的，許多個人彷佛在尋求受苦。受苦不能被視爲扭曲的情感或信念的畸形物，而被排除於人類經驗之外。

（停頓良久。）受苦是人爲了種種不同的理由而追求的一種人類情況。受苦有種種不同的層次，而每個人對於受苦是什麼都有他自己的定義。許多人的確將某種痛苦與興奮畫上等號。運動員、賽車選手、登山者——全都多少在尋求痛苦，而覺得某些種痛苦的強度本身是舒服的。你可以說他們喜歡危險的活著。

（九點二十九分。）有些派別曾相信靈性的了悟是身體的痛苦之結果，而他們自己施加的痛，變成他們自己的一種愉悅。人們常說動物和人都躲避痛苦而追求愉快——因而，任何對痛苦的追求，除了在某些情況下，都被視爲是不自然的行爲。

（停頓。）對痛苦的追求是不自然的，它是一個古怪的行爲模式。許多小孩作白日夢，不只夢到做國王或皇后，或被給予偉大的榮譽，他們也作身爲悲劇人物的白日夢。他們作殘酷的死亡的白日夢，他們雀躍於惡毒的後母的故事。事實上，他們盡其所能的想像涉及人類經驗的每種情況。到某個程度，成人也做同樣的事，他們被涉及了悲劇、悲傷和偉大的戲劇性掙扎的電影或電視所吸引。這是因爲，你們活著是你們對人類經驗之偉大好奇心的結果。你們活著，因爲你們想要參與人類戲劇。

雖然我承認許多人將不會同意我（微笑），但我從經驗得知，大多數個人並不選擇一次又一次的「快樂人生」，永遠安住在健全的身體裡，被自然或遺傳賦予似乎大多數人都認爲是他們所渴望的一切禮物。

每個人追求價值完成，而那是指他們以這樣一種方式選擇種種人生，使他們所有的能力及才能可以盡可能的發展，並且以這樣一種方式使他們的世界也被豐富了。有些人會故意選擇「缺陷的」身體，以便更強烈的貫注於其他領域。他們想要一種不同的焦點。（停頓良久。）他們想以某種模式過濾他們的特性。這樣的選擇要求一種強化，那種強化是加諸個人方面以及雙親方面的，因此，某一群人會以一種極爲特徵性的方式與世界產生聯繫。在幾乎所有這種例子裡（停頓），這種人也會從事於否則可能不會被考慮的主觀議題或問題，他們會問就他們自己而言必須提出的問題，不只爲他們自己，也爲整個的社會。

（九點四十八分，珍在出神狀態裡停下來，給她自己倒一點酒。）

那些問題有助於帶出關於一般人類本質的心理上的成熟及洞見。許多這種情況也用來使人的同情心得以繼續存在。我在同情心與憐憫之間做了一個區分，因爲一個活潑的同情心導向建設，導向能力的利用，甚至社會的議論，而憐憫則可以是令人麻木的。

你們對肉體標準的過分仰賴，以及你們有關適者生存的扭曲觀念，當然有助於誇張任何基因缺陷的存在。再次的，許多宗教教條認爲這種情況是神明懲罰的結果。人類的存活依賴你們主觀的活動，遠勝於依賴你們身體的活動——因爲就是你們的主觀行爲要爲你們的身體行爲負責。當然，科學以另一種看法來看它，彷彿你們身體的活動是一個機器人機械的、形式化的行爲的結果——一個被偶然形成的意外宇宙之盲目因素所奇蹟似地設定的機器人。那機器人被設定要不惜犧牲任何人或任何事而活下去，它自己並沒有眞正的意識。它的思維只是精神性的海市蜃樓，所以如果它的一個零件有缺陷，那麼，顯然它的問題就大了。但人並非機器人，而每個所謂的基因缺陷，在基因實相的整個畫面上，也有一個內部的角色要扮演。測不準原理也必須運作在基因上，否則，做爲一個族類，你們就會被鎖在過度的專門化裡了（註一）。

（停頓。）有種種的意識狀態，一個在一個裡面，然而，每個當然都相連，所以，基因系統其實是意識的系統。基因系統與轉世的意識系統交織在一起，這些又進而與你們認知的意識纏在一起。當下即威力之點。既然你們有了現在的基因構造，你們有意識的意圖及目的便成了板機，而啓動你們所需的不論什麼基因性或轉世性的因素。

作夢的狀態提供了在這些意識系統之間連接的環結。

口授結束。你有沒有問題？

（十點五分，「我想有些你今晚的資料，關於貫注及身體的狀態，聽起來像珍自己的情形——她的僵硬及行走的問題。」賽斯瞪著我好一會兒。）

你是要我評論或那只是一個聲明？

（「兩者都是。」）

在魯柏的情形並沒特殊的基因關聯。當然，也可能發生那同類的過程。

在魯柏的情形涉及了行爲的模式——爲了「強化」的目的而被揀選。魯柏的母親，以及到一個很大程度，父親，也有一些相似的行為問題。在魯柏的情形，我們仍在與機能打交道——受損的機能——而非基因性的結果。告訴魯柏，目的並不能使手段合理化（帶著幽默），在他個人的情形也不例外。要緊的仍是去愛，去保護，去珍惜，並且去表現你有的身體。

那句話也適用於有基因性殘障的人。此節結束，並祝晚安。

（「謝謝你。」）

（十點十二分。珍說：「將近結尾時有些我沒完全傳來的東西，那是有關目的使手段合理化的資料。賽斯不要人將那個運用在基因性的殘障上……這節很好吧？」

我說：「非常好。」）

註一：賽斯在兩年前，一九七八年二月二十七日，為《群體事件》傳述了第八二三節，見那節的註一。在那兒我寫道，做為一個物理的原理，量子力學的測不準原理，「替同時量度原子與基本粒子的運動及位置之可能準確性設下確定的限制」，以及「在觀察者（及其儀器）與被測量的物體或性質之間有相互作用」。

在這本書裡，賽斯用測不準原理做為一個比喻（而且是個極佳的比喻），意指就如基本粒子的位置及運動無法精確的同時被測量，所以，我們的基因特性及其運動也不是永遠可以被明確決定的。在本書裡他已說過（第九〇九節）：人類「在基因的精確性與基因的自由之間，有驚人的互動。」還有

（在第九一〇節）：「你們的基因結構對你們有的每個思想，對你們的情緒狀態，及你們的心理氣候反應。」選擇與可能性也適用於此，由此我們得以避免基因的僵化。

第九一二節 一九八〇年四月三十日 星期三 晚上九點四分

（昨天珍打完了《珍的神》第十五章，那章實際上包含了她在一九七八年七月寫的一首長詩〈心靈宣言〉，而我將第一段引用在《群體事件》的前言裡。）

（帶著微笑：）現在，晚安。

（「賽斯晚安。」）

口授。

（「好的。」）

再次的，基因系統是比一般所假定的還開放得多的系統。基因系統不只包含及傳達資訊，它也對來自物質及文化世界的資訊反應。

那麼，我想解釋，基因系統以一種方式，也對在任何既定文明裡最重要的那些信念及事件反應。事件能啟動基因的活動，不只透過，比如說，化學的反應，並且也透過在整個世界裡的安全或缺乏安全之個人及集體的信念。

也有我將稱之爲基因性的夢的東西，那是直接被基因的啓動所激發的。這些有助於形成及指導意識，當它在出生前存在於任何既定個人裡的時候。

胎兒會作夢。當其肉體的生長在子宮裡發生時，其意識的成形也被基因性的夢所伸展。這些特殊的胎兒取向的夢是最難描述的，因爲它們眞的涉及了個人意識的輪廓線之形成。這種夢提供了主觀的理解，而思維由之發展。以那種說法，在腦子本身完全成形之前，完整的思想就是可能的。就是思維的過程有助於將腦子帶入活動，而非其反面（全都相當熱切的）。

現在，這種思維是像形成它們自己的磁鐵的電流模式。（停頓良久。）在胎兒裡已出現了形成觀念的能力，而胎兒的確形成觀念。那觀念成形之精確取向，以及思維模式之精確取向，等待著出生後來自父母及環境的某些具體的觸發，但觀念成形及思維的過程則已建立了。這個建立發生在基因性的夢裡（再次的，全都很熱切）。

嬰兒早在他們能說話之前就會思想了。思維必須先於語言而來，語言是思維的侍女。

（在九點二十二分停頓良久。）等我們一會兒……運用語言的能力，是透過精確的取向而基因性地生成的，並且再次的，基因性地以父母的母語實質啓動。兒童們早在實際說出這種語言之前，就已在心智上學會了。但再次的，在基因性啓動的夢裡，嬰兒練習語言；可是，在這種嬰兒聽見父母說話之前，他們是以心電感應溝通的，甚至在嬰兒裡，基因性的夢也涉及了語言的密碼化及詮釋。那些夢本身引發帶來自己的實現所必需的實質上的構成。

終你一生，一種或另一種的基因性的夢仍在持續，不論你是否有意識的覺察到。它們在你們所謂的「人的進化」裡扮演重要的角色。它們是先前提過的讓人去因覓食而遷徙，領他去肥沃之地的那些夢的源頭。那些夢也與在物質世界裡的生存有極密切的關係，而不論何時，當那生存彷彿受到威脅時，這種夢就會盡可能的升到意識層面。

基因性的夢是預警饑荒或戰爭的夢。不過，這種夢在你們自己的時代也常可以被觸發，當意識心確信人類的存活受到威脅時——而在這種例子裡，那些夢於是眞的代表了人的恐懼。那麼，過度憂慮能令基因系統混淆，並且是以種種不同的方式。每一種族類的存在都依賴信任，這的確是一種生物性的樂觀，在其中每個族類感覺到能自由而安全的發展其成員的潛能，在存在的自然架構之內。每個族類進入存在時，不只對自己的有效性感覺到一種天然的內在信賴，並且還被自己應付環境的能力的蓬勃生氣所實際推動。每個族類知道在生命的結構裡，它是獨特的適於其位。所有族類的年輕分子，都展示出一種無法抑制的放恣。那放恣是與生俱來的。

（帶著強調，同時當我坐在沙發上寫下賽斯的資料時，比利依著我的左肘蜷睡著：）動物們知道自己的生命清楚的說明了生命的意義，牠們感覺到牠們與所有其他生命形態的關係。牠們知道在星球的存在架構裡，牠們的存在是極重要的。除此之外，牠們與在牠們內的生命精神（spirit of life）如此充分及完全的認同，以致去質疑其意義會變得不可想像。不可想像並非因爲這種生物不能思考，而是因爲生命的意義對牠們而言是如此的不證自明。

（停頓良久。）不論何時，當人相信生命是無意義的，不論何時，當他感覺價值完成是不可能的，或的確不存在的，那麼，他顚覆了他的基因傳承。他將自己與生命的意義分開了。他覺得內心空空如也。世代以來，人將信、望、愛附在已建立的宗教信仰上；反之，這些是基因的屬性，受靈魂在肉身內不可分的統一所啓發及促進。（停頓。）動物也與你們一樣的熟悉信、望、愛，而常常在其自己的存在架構裡示範它到一個更好的程度。任何提倡生命是無意義的哲學，都具有生物上的危險性，它提倡了直接阻礙基因活動的絕望感。這種哲學在創造上是極端不利的，因爲它們挫折了創造力本身由其中浮出的快活心情、精神活力及遊戲感。

這種哲學在理性的基礎上也是要命的，因爲它們必然會拋棄人對於他主要關心的主觀事物的偉大好奇心。如果生命沒有意義，那麼，任何別的事眞的都不會造成任何差異了。而理性的好奇心本身，結果也在蔓藤上枯萎了。

（九點四十九分。）因此，社會上的理性概念對哪個基因系統被觸發，而哪個則否，也有很大的影響。

讓你的手休息一下。

（看到珍在出神狀態裡停一下，為她自己加了一點葡萄酒，我覺得很好笑。在九點五十一分繼續。）

那麼，你們有攜帶著眞的無可勝數的資訊的基因系統。現在：透過你們的科技、透過你們的物質經驗，你們也被一個具外在性質的龐大無比的通訊與訊息陣式所環繞。你們有你們的電話、收音機、電視及你們的地球衛星——所有處理及傳達資訊的網路。那些內在的生理系統和外在的那些可能看似相當的分開，可是，它們是密切相連的。你們從你們的文化、從你們的藝術、科學及經濟圈收到的資訊，都被轉譯、解碼，而變成細胞的資訊。舉例來說，按照在任何既定時候的文化氛圍，當在那氛圍裡相對的安全或不安全，透過私人的經驗被詮釋時，某些基因性疾病可能被啓動或不啓動。

以一種或另一種方式，活生生的基因系統在你們的文化實相上有一個影響，而其反面亦然。所有這些又被在任何歷史時期世世代代的目的和意圖以及轉世的影響，進一步的複雜化了。

價值完成永遠暗示了對卓越的追求——不是完美，而是卓越。在任何既定領域——情感上、身體上、理性上、直覺上、科學上——的卓越是反映在其他領域的，而其存在本身就有做為一個成就的楷模的作用。那麼，這種卓越並不需要被結構到生命的任何一面裡，雖然它可能出現在任何一面裡。而不論它在何處出現，它都可說是一個靈性上及生物上的指令的回音。以你們的說法，有不同歷史時期的人類曾顯示出他能做什麼——以及在某些特定的方向什麼是可能的，當基因性與轉世性的板機被觸動，並且完全打開，以致某些特徵以其最清楚、最壯觀的方式出現，以做為一個個別的示範以及給整個人類的示範。

再次的，這種時候與轉世的意圖密切相關，而這意圖不但指引基因的啓動，在文化中也契入所需求的更進一步的刺激。在繪畫與雕刻界偉大的大師時代就是一個明顯的例子（幽默及較大聲的）——所以，你看到了吧，我正在談到一個你偏愛的問題（註一），而我們在下一節會繼續這討論。

除此之外，你有沒有任何問題？

（十點九分。我現在的確有個問題要問賽斯：「有天珍和我談到，有人主張宇宙是來自意外、既沒有意義、也沒有死後的生命或靈異能力；他們自稱是懷疑論者，在他們所謂的物質實相裡，彷彿有一個非常僵化的焦點。那種態度是很尋常的，有些人以提倡像那樣子的負面信念為其職志。而珍和我很好奇，他們死後卻發現自己還活著時，不知做何反應——當他們在死後開始了解，他們可能已花上整個生涯去維護的信念系統是錯誤的時候，會做何反應呢？那些人到底是否覺察他們先前的信念呢？他們是否在乎他們以前的想法？他們是否嚇著了？他們是否有後悔或困窘的感覺？或別的什麼感覺？或者是否有這麼多種種不同的可能反應，以致你無法簡單的回答這問題。舉例而言，當這些人死後，開始略微了解到轉世的運作時（註二），這種人又如何反應？」）

我先說一句：這是個非常個人性的事情，所以，很難有個整體性的答覆。

這也牽涉到轉世的模式。有些人在活過信仰一種或另一種宗教的人生，全然的沈浸在其中後，隨之像是給自己電擊治療似的，他們活在不相信任何東西，或至少擺脫任何信仰的人生裡——當然，他們只會發現什麼都不信是最局限性的信念。在這種例子裡，那個了悟就是當頭棒喝。

那些過分依賴宗教信仰，用它們做為枴杖的人，隨之在後來的人生裡，他們可能對新發現的「自由」過度反應；他們把那些柺杖丟開，而以認爲生命無意義的方式過活。他們隨之在死後了悟到，存在的充滿價值其實並不依賴任何宗教體系。它一直在那兒，只是他們沒有見到罷了。

這當中的變化是無窮的。整體而言，在轉世實相的龐大計畫裡，對生命意義的信念終究是定則，而其他的旅程眞的只是偏離的變奏。不過，就這種人生的插曲而言，這當然會涉及他們在死後了悟的「一刻」——沮喪、驚駭或不論什麼。

如果你提醒我，我會不時再談談那個題目。

（熱忱的：）此節結束。

（「謝謝你，賽斯。」）

並祝你倆晚安。

（「也祝你晚安。」）

（十點二十分，我告訴珍這節棒極了。）

註一：賽斯講的是我不時會問珍，卻很少與別人討論的一個問題，只因他們似乎不感興趣：林布蘭之流的人（all of Rembrandts）到底怎麼了？爲什麼在今日所有世界上的畫家裡竟沒有一個人能比得上他，用那偉大的天賦去喚起對人類狀況深深的同情？以我的看法，現在並沒有這樣的一個人。進一步而言，爲什麼沒有一個魯本斯、維拉奎斯或維米爾現在在作畫？當然，我的選擇是相當個人而武斷的——然而，**我們爲什麼**沒有一個林布蘭對我們現在的實相做出貢獻？只有那四個畫家，其生命跨越了只不過九十八年的時間（從一五七七～一六七五年），以有力的方式探索人類的洞見。將「大師」與我們族類的轉世意圖與驅力相連，如賽斯在這節裡提到的，打開了了解我問題的新領域，並且的確是一個非常大而令人感興趣的領域。

我們許多卓越的「現代」畫家們，不可避免的在一個不同的世界氛圍裡工作。我們族類的藝術根本已不同了——一個我既讚賞又哀悼的事實。不過，我的確感覺在一般性的時間過程裡，我們不是失去了某些藝術的品質，就是不再強調它了。

註二：我一直在替以下珍這篇無名詩找一個像此處的位置。她在一九七九年十一月七日，接近在傳述本書第二章第八八六節之前的一個月寫了這首詩。我建議讀者同時也再看看那節的開場白。

如果肉身之後沒有生命
那麼是誰揮金如土
形成了宇宙？
因爲光是「意外」無法
那麼多產，或捏造一個秩序，在其中
如創世紀般的

大規模的偶發事故
如此不可避免的發生，
每個漫無目的的元素
乖巧的各正其位
而每個意識準時出現
身體各部隨之俐落的組合好——
只爲了被浪費
崩解，融化於虛無
同時「意外」又輾磨出更新的運數。
如果肉身之後沒有生命
那麼宇宙
未免太不會盤算，
因爲自然將一個分子
如此巧妙的串起另一個
以致每顆種子能長成樹，

而包含一整個森林的屬性，
而生命的繁殖
隱含於四面八方。

第九一三節 一九八〇年五月五日 星期一 晚上九點二十分

（今天午餐後，一個老朋友大衛．優德來看我們，他做了心臟血管繞道手術之後曾在佛羅里達養病。大衛帶來了令我們吃驚的消息，隨之引起了一些矛盾的情緒：幾週前他從史蒂芬太太（並非真名）的一個親戚那兒聽說她自殺了。

現在，在此有好幾個牽涉到大衛、史蒂芬夫婦與我們的「房屋的聯繫」。我們實際上是在史蒂芬夫婦搬出艾爾默拉幾個月之後，從掮客那兒買到坡屋的。我從未見過那對夫婦。珍只在一九七三年碰到過史蒂芬太太一次，那時大衛在他租的公寓裡辦一個非正式的宴會，珍隨興替那位女士算了一次命。珍和我認為我們與大衛住在城裡的同一棟公寓中，而珍遇到——只那麼一次——一個兩年後賣我們房子的人，是非常有趣的事。更有進者，史蒂芬太太是珍在這種公開場合為人算命的最後一個人。

現在，大衛告訴我們，史蒂芬太太的親戚告訴他說，她住在坡屋時曾患過幾次嚴重的沮喪。在大衛離開後，我們開始臆測珍或我有沒有在搬到這地方之前或之後，接收到這種心靈上的低潮。珍在替史蒂芬太太算命時，顯然並沒收到那種訊息，而那使我們猜測那些沮喪狀態是在何時開始的。

我對這種「負面的心理」多常運作感到好奇——當一個人只因自己的困擾，而被吸引到一個曾發生過很強的負面事件的地方。無疑的，發生正面事件的地方顯然也是如此。今天黃昏珍說她不認為她曾調準到史蒂芬太太的沮喪。「如果我認為我有過，」她說，「我會搬出去。」我們必得這麼做。我也沒有曾受影響的感覺。然而，我們仍覺得非常奇怪——甚至不真實——想到一個與我們所愛的這個地方關係如此密切的人自殺了。）

（耳語：）晚安。

（「賽斯晚安。」）

口授。你們已建立的知識領域，並沒容許細胞有任何主觀的實相。

可是，細胞對它們自己的形狀，以及在它們切身環境裡任何其他的形狀，擁有內在的知識——此外，在所有細胞之間，也有在生物層面運作的通訊系統。

到某個重要的程度，細胞擁有好奇心、朝向行動的驅策力、自己的平衡感，以及一種同時是組織或器官的一部分而又是一獨立個體的感受。細胞的身分在生物上是與它對自己形狀的這非常精確的知識密切相連的。那麼，細胞知道自己的形態。

在像你們自己這種非常複雜的細胞結構裡（停頓），加上你們獨特的精神屬性，你們有了一種對形狀及形態重要的天生感受。繪畫的能力，是這種對形狀的感受、這種對形態的好奇的一個自然產物。在相當無意識的層面上，你擁有一個生物上的自我形象，那是與你在鏡中所見的自己相當不同的。可以說，那是由內而外的一個對身體的知識，由細胞的形狀與組織所組成，而以其極限在運作。再次的，簡單的細胞對其環境有一種好奇心。而在你們進步得多的細胞層面，你們自己的好奇心是無止境的，它主要被感受爲一個有關形狀的好奇心：去觸摸、去探索、去感覺邊緣及平滑之處的欲望。

對空間本身尤其有一種著迷，在其中，可以說，沒有東西可觸摸，沒有形狀可感知。那麼，你們生就了探索形態，尤其是形狀的一種傾向。

（九點十九分。）記著，細胞是有意識的，所以，當我說這些傾向與生物性相交纏時，它們其實也是精神的屬性。再次的，最簡單形式的繪畫是那些傾向的一個延伸，而以一種方式達到了兩個目的。尤其是就兒童而言，這傾向容許他們表現首先在腦海裡看見的形態與形狀。當他們畫圓圈或方形時，他們正試著複製那些內在形狀，把那些形象向外轉移到環境裡去——一個極重要的創造行爲。因爲它給了兒童將一個內在感知到的個人性事件，轉譯成對所有人都明顯的，爲人共享的物質實相的經驗。

那麼，當兒童們畫東西時，他們是成功的將外在世界的形狀變成他們個人的精神經驗——可以說，透過實質的畫出那形態而在腦海裡占有它們。（停頓良久。）畫圖或繪畫的藝術，永遠多少都涉及了那兩個過程。對內在能量與外在能量的精明了解是必要的，而偉大的藝術則需要將這兩個因素放大與強化。

人類考量他所有其他的需要及目的，而選擇在其中能展示且發展這種才能到最高點的最佳情況。比如說，在米開朗基羅（一四七五～一五六四年）時代發生的繪畫與雕刻之特殊的、璀璨的及強化的綻放，無法——在你們的可能性裡——發生在科技的誕生之後。而無疑的，也不能發生在你們自己的時代，當影像透過電視及電影在你們眼前閃動，當影像在你們的雜誌與廣告裡恣意展現。你們隨時隨地被各種照片環繞；但在那些時代，除了自然物體所提供的那些形象之外，其他的形象是非常稀少的。

人們的肉眼只能看到展現在他們眼前的東西——沒有印有阿爾卑斯山或遙遠地方的畫面的明信片。視覺資料僅包含眼睛可見的東西——而那的確是一種不同的世界。在其中，一個畫出的物體具有相當價值的世界。畫像只爲神父及貴族們所擁有。你也必須記得，大師們的藝術大半不爲歐洲的窮苦農民所知，更別說整個的世界了。藝術是爲了那些能夠享受它——能夠買得起它——的人，並沒有可以被廣爲流傳的印刷品（註一）。所以，藝術、政治與宗教全都是連在一起的。窮苦的人們在他們自己簡樸的教堂裡看到較差的宗教畫，那是由名氣遠不及爲教宗作畫的藝術家的那些當地畫家所畫的。

可是，在那特定的時代，主要的議題是一個共享的信仰系統。這個信仰系統除了其他的東西之外，還包含了既非此地又非彼方——既非全然世俗，又非全然神聖——的暗涵的（implied）形象，關於上帝、天使、惡魔及整群聖經角色的一個神話。那是人在想像中的形象，要被具體的畫出來。那些形象像是一個全然藝術性的語言，藝術家自動的用它們評論那世界、那時代、上帝、人及朝廷。

（九點四十分。）那些神話性的形象及其信仰系統，到一個很大的程度，是被所有的人——農人及富人——共享的。那麼，它們是在情感上高度充電的。不論一個畫家將聖人或使徒畫作英雄人物、畫作化爲肉身的概念或畫作自然的人，他都評論了在自然與神聖之間的關係。

以一種說法，那些代表了上帝、使徒、聖者等等的風格化了的人物，有點像一種形式化了的抽象形體。畫家將他所有的情感、所有的信仰、所有的希望及不滿都畫了進去。舉例來說，別讓任何一個人將天父畫得像一個凡人那樣！祂必須以英雄式的深度及廣度出現，而基督則可以顯出神聖性及人性。重要的是，畫家試圖畫出的形象，首先是個精神及情感性的形象，而那些畫不僅是要表現自己，而且也要表現神與人相互關係之偉大戲劇以及兩者之間的張力。那些畫本身似乎使天堂的群像活了起來。如果沒人曾見過基督，那麼至少還看得到他的畫像。

這是與你們現在所有的全然不同的一種藝術，它是將透過某個信仰系統所感知的內在實相客觀化的企圖。不論那畫家同意某個議題與否，那信仰系統是像個看不見的架構般在那兒的。那統合信仰系統的強烈焦點，那在感受到的主觀世界及具體世界之間的張力，以及找到有關別的主題的形象之不易，將藝術帶入那偉大的綻放。

後來，當人堅持某種更多的客觀性時，他決定人的形象應該看起來像人——帶著弱點與力量的人類。英雄模式開始消失。藝術家決定堅持畫出自然世界如他們以自然的眼睛所看到的樣子，而將內在影像的龐大領域拋在一旁。有些達文西的素描已然顯出那種傾向。而他之所以迷人，是因爲以其無可否認的藝術性向，他也開始顯示那些會導致現代科學的誕生的趨勢。

（九點五十七分。）舉例來說，他的筆記本處理對自然本身的各面所做的微細觀察。他將非常原創的、強烈的想像力量與相當精密的計算組合在一起，那是一種精確性，能導致對花卉、樹木及水的動態等自然現象的詳細描繪。

現在，那種性質的繪畫，以一種全然不同的方式在你們的時代裡盛行，與其創始多少有點分離了——舉例來說，在非常複雜的工程圖裡。好比說，在某些科學裡所必須的，精確的素描與數學的統一，而所有現在是你們世界一部分的發明都需要素描。在你們的世界裡，科技是你們的藝術，你們是透過科技的利用，去追求了解你們與宇宙的關係。

（暫停。）一直到最近，科學都在提供你們一個統一的信念系統，而那只是現在才開始崩解——如果你原諒我這麼說的話（微笑）。你們的太空旅行只不過是個具體企圖而已，也是去探測其他人在其他時代曾試著以其他方法去探索的那同樣的「未知」。科技曾是這麼多人能直接或透過複製品看到世界的偉大繪畫這事實的原因——而現在熟悉大師作品的人，要比在他們生時多得多了。

不過，人類利用那些情況，所以，大師的畫可被用爲典範及推動力，不僅關乎所涉及的非凡藝術品，並且還能在人心中重新喚起將那些繪畫帶入存在的那些情感。

（十點五分。）請等我們一會兒……當人以英雄的方式看他自己時，他永遠做得最好。雖然羅馬天主教會給過他一個有力的、一致的信仰系統（停頓），但為了許多理由，那些信念轉變了，以致人和上帝之間的區分變得太大。（停頓。）「人是罪人」取代了「人是上帝之子」的觀念。結果，如你尤其會在藝術裡看到的，人從英雄的角色變成了自然的角色。（停頓。）曾被導向神性的好奇心，變得被導向自然了。於是，人的質疑感使他開始畫更自然的畫像與形象，他也開始畫風景。這是一個不可避免的過程。可是，當這過程發生時，人開始在想像的世界與自然的世界之間做了很大的分野，直到最後，他變得確信物質世界是真的，而想像世界則否。所以，他的畫變得越來越寫實了。

於是，藝術變得與眼前直接的現象結合起來了。因此，以某種方式而言，藝術無法呈現給人比它以前曾有的更多的資訊。想像性的詮釋像是矯飾，於是，藝術大半成了——現在，以那種說法——科技的侍女：工程圖、數學圖表等等。你們所謂的抽象藝術試圖逆轉那過程，但縱使抽象畫家也不相信其中有任何英雄幅度的世界，並且那種畫風也大半是短暫的。

我的確想提及，人在繪畫裡對透視的應用是一個轉捩點（十五世紀早期），在於它預示了藝術由其想像色彩轉開，而朝向一種更明確的實質畫法——那是說，在那之後，到一個很大的程度，想像的作用不被允許去「扭曲」實質的參考架構。

所有這些涉及了人類整體以及某些個人，當他們的目的與族類的目的會合時，在時間的某些點觸發了天生的能力。

（在一點十九分停頓良久。）口授結束，你有問題嗎？

（「今天早先我們在談關於史蒂芬太太自殺的事，她以前住在這房子裡——」）

我知道你們的討論。魯柏一直沒收到那女人過去的沮喪。如我（在一九七五年）提及的，以一種方式，你們被這房子吸引，因爲它的當代性以及這街坊——但也因爲它把你們放在一個不同的地位，一個不同的社會範疇裡，而那就是史蒂芬太太以一種不同方式運作於其中的範疇。

如你憶起的，那房子是非常正式而無懈可擊的乾淨。史蒂芬太太試圖過著重視門面的外在生活，縱然她一直關心內在的問題；而是在你們這方面才顯出了兩者之間的一個創造性張力。那是說，你們顯然可以將那氣氛加以利用，而那是她做不到的。

（停頓。）以一種說法，那房子本身渴望著一種彈性，渴望更向自然力開放，而那女人就是爲了那理由而被它吸引。在那方面來說，你們並沒對任何負面影響反應，卻以一種方式透過你們的創造力協調了彼此衝突的因素。

此節結束。關於你（昨夜）的夢，魯柏說得不錯。而如果你記得的話，我是一直鼓勵你倆多做這種（夢的追憶）活動的。

（「是的，賽斯。非常謝謝你，晚安。」）

（十點二十八分。）

註一：賽斯說「沒有可以被廣爲流傳的印刷品……」時，我立刻感到奇怪，他談到的應該是米開朗基羅的時代吧。可是，我閱讀的結果指出，賽斯說印刷品不能被那些時代的「窮苦農民」得到，可能是對的。

舉例來說，木刻及木版畫曾爲了種種不同的目的，而被古代的中國人及埃及人利用。許多在歐洲製造的早期印刷品，描寫宗教的主題。歐洲最早記載的木刻畫出現在一四二三年，表現一個宗教性人物；一本印有木刻插圖的書是在一四六〇年製造的；第一本包含木刻畫的羅馬書是在一四六七年做的。在十五世紀晚期的聖經附有木刻插圖。已知最早印在紙上的雕刻是在一四五〇年左右；圖畫性的雕刻及蝕刻顯然是一五〇〇年代早期在德國發展的。達文西以他自己的黃銅雕刻法做實驗。但所有這些努力都才剛開始：在那些日子裡不可能有印刷資料廣爲流傳。

第九一四節　一九八〇年五月七日　星期三　晚上九點二分

（明天珍就五十一歲了。）

「今天的心情很糟。」在我們坐著等上課時她說。實際上，她今天被激怒了兩次。第一次是因為她今天中午收到一堆令人不悅的信件：其一是一個精神病人寫來的一封二十張信紙的信，他想要回這些年來他寄給珍的所有字條、東西、稿件及詩集；其二是一位女士的信，通知我們說她正在寫一本由賽斯口授的書；其三是一個男士寫來的一封長信，他為了我們無法同意的理由宣稱我們是他的對等人物；還有其他許許多多的信。在這些例子裡，彷彿我們永遠不可能與有關的個人做有效的溝通，雖然我們很誠懇的試圖了解為什麼他們想要與我們聯絡。

還有，當珍在等我到客廳來上課時，她又進一步的受到了刺激，「我氣壞了。」她說的是她無意中轉到電視上的一個「心靈園遊會」節目。我看了那節目的最後幾分鐘：在一個大的露天場所，一位靈媒顯然在替一個位於像土星或天王星上的「偉大會議」發言，給地球人傳遞一篇響亮的一般性訊息。當那靈媒講完時，在場的幾百人全都在鼓掌。「如果我事先知道我們會因為賽斯資料而碰上什麼事的話，我是絕不會去做的。」珍說。她的意思是她不會變得與「怪力亂神」的靈異界攪在一起，而不是說她會放棄做賽斯資料。我不得不發笑，說我們並沒故意攪和，是其他人把我們拖進去的。我問她，一個人如何能為像賽斯這樣的人物說話，卻又能保持抽離而不被在周遭進行的怪力亂神所擾？我說，就現況而言，我認為我們已經做得不錯了〔註一〕。

「也許我不如集中精神在我們今天收到的那些很棒的信上，」珍說，「像那女演員來的信，以及那些生日卡及花……」）

現在，口授。

（我點頭。）

人們有一個生物上天生固有的知識，說生命是有意義的。他們與所有其他生物分享那在生物上銘刻了的信任。就你們族類這方面而言，對生命意義的信念是必要的。那信念在基因系統的適切作用上是不可或缺的，它是個人健康以及任何一個「族類」整體活力的一個先決條件。你們最偉大的成就正是那些文明所造就的，那時的人對於生命大體而言的意義，以及個人在生命架構裡的意義有最大的信心。

（停頓。）我希望你們正在朝一個更偉大的心理整合的時代前進。當理智被教導以遠較不受限的方式去用其能力時，直覺與推理能力能以平順得多的方式一起運作，而有關生命有意義的情感與直覺上的知識，能找到更清晰的精確性與表達。

不論科學怎麼說，只要它將某些價值排除在其參考架構之外，它就是在暗示那些價值因此是沒有基礎的。所以，心智的推理特質，就被導離任何可能爲這種價值帶來可被接受的科學證據的探索。事實是，人遵循著那些科學所忽略的價值而活著（安靜的強調並且重複）。

爲了那個理由，科學——在其第一個偉大的探險時代之後——就產生它自己與生俱來的毛病了。因此，它必須擴展它對實相的定義，否則它就會變成對自己的一個錫罐諷刺畫，一個過時的科技之墮落侍女，而放棄了它早期宣稱的對眞理或實相本質的調查。那麼，它可能變成生命的附屬物，就像比如說，現在天主教會的樣子，失去了對世界主宰性的掌握，失去了做爲對實相的唯一官方裁決者的龍頭地位。

整體而言，在人的發展裡以及在族類的發展裡有些重要的過程。反對價值完成的努力及方法，自己會逐漸淘汰，因爲到最後它們會失去作用。

（在九點二十分緩慢的：）科技並沒有錯。人有利用工具的天生傾向，而科技只不過是那能力的一個延伸罷了。（停頓。）當人依照價值完成的「指令」利用工具時，那些工具是有效的。可是，你們的科技，如它現在的樣子，必然到某個重要程度——卻非全然的——建立在否認價值完成的概念的一個科學性哲學上。所以，結果你們的科技有不能再運作的危險。結果你們有了全國性與世界性的重要事件，如三哩島插曲及其他較不出名的近似核子的意外事件。

許多核能電廠的控制板設計得好像意識根本沒參與其中，好像電廠是要被其他機器而非人來控制的——具有不方便搆到或根本搆不到的控制鈕，好像畫出設計圖的人完全忘了人類在心智上或身體上是像什麼樣子似的。

現在，整體的目的應該是能量的利用——一個人道的計畫，想要把光明和溫暖帶給上百萬的家。但在它背後的哲學，否定了給予人生存理由的主觀價值之有效性，因此那意圖被破壞了。因爲那些價值被遺忘，生命受到了威脅。

在你們的國家裡有些草根性組織——做各種追求的宗派——正在成長。那是一小團人在一起，再次的，尋找理智上的理由去支持他們了解「生命是有意義的」這與生俱來的情感性知識。這些團體代表（停頓良久）新旅程的開始，對族類而言，那就如尋找新大陸的海上航程一樣重要。

種子被風吹揚，因而繁殖其類。許多人臆測早期人類何以從一洲旅行到另一洲，人們說是因為「求生的掙扎」，人真的被迫去擴展他的實質界限。

（九點三十八分。）請等我們一會兒……可是，人類真正的移動一直是心理性的，或如果你喜歡的話，是心靈性的，涉及了概念的探索。而再次的，以那種說法，人類的存活基本上是依賴它對其存在的有意義之信念。（強調的：）不過，這些新的宗派或團體，因而隨著基因性的智慧之路，打開了臆測與信念的新領域。而如果它們目前的某些信念以理智的理由來看是很可笑的話——因為這種團體是跟隨著價值完成的指令，所以不論多微弱——那些信念終究是意味深長的。就你們習慣運用的理智而言，很容易只看到這種團體滑稽的行為，那樣看來，它可以顯得非常可笑。

可是，一個科學家為了增進生活的便利，而肯威脅到這星球上生命的存活本身，那才真的是表現出可笑的行為（帶著諷刺）。

大多數有關進化的概念的問題，在於它們全都是偏向一方的——當然，全都偏向人類這邊，而犧牲了其他的族類；對於進步的思考也全都跟隨著非常狹窄的連續性路線。這種概念與你們認為自己是什麼，以及你們所認為的人類特性，以及你們怎麼看那些多少離開了那些標準的人大有關係。

稍微休息一下。

（九點四十八分到十點四分。）

現在：人需要感受到他是在進步中。但是科技的進步本身，相形之下只代表了一個粗淺的層面，除非它受到情感性了解的成長所支持。在這樣的進步之中，人不但感受到他與自己合一，也與其餘自然世界合一。

有些人在理智上極爲熟練，他們的推理能力是無庸置疑的；然而，就你們的評估而言，你卻多半看不見他們相當缺乏，比如說，情感或靈性的發展。當然，這種人並不被認爲是智障。我會一直談到在直覺與推理能力之間的平衡，而我希望引領你們朝向那些能力的結合。因爲它們能攜手帶來在你們世界裡必然會顯得像是全新的一種能力，結合了兩者的最佳因子，但卻是以這樣一個方式，使得兩者都被不可計量的加強了。

我也想強調，就你們已成立的知識界而言，你們目前的信念局限了你們理智完全而自由的運作，因爲科學置放了如此多的禁忌，限制了理智自由探詢的領域。不過，我並不是提倡依靠情感高於依靠理智，或其反面。

事實仍是，當你們評估你們的同類時，你們在理智成就上比在情感成就上強調得多得多。你們有些人甚至可能質問什麼是情感的成就，但情感在靈性上及生物上都是極爲重要的。有些人在任何假設的「情感成就測驗」上都會得到高分，但按照你們社會的標準，在某些情形下卻非常可能被貼上智障的標籤。人類至少已開始朝向情感成就的旅程，就如他開始理智能力的發展一樣，而最終兩者必得攜手而行。

一個聰明的數學家或科學家，甚至藝術家，或在任何學界被接受的天才，可能是一個情感的無能者，但卻沒人會把他認作是智障。現在，我說的並不是具創造性的人或任何其他人那方面的古怪行徑，卻是對情感價值的缺乏了解。

且說，就人類而言，所有的變奏都是必要的。就像是在一個例子裡人類的一員──為他自己，但也為了全體──決定在一個特定區域專門化，可說是孤立某些能力，而以最大的固執及聰明展現它們，同時幾乎完全忽略某些其他的區域。可是在你們的社會裡，推理心的能力被認為是與直覺能力相反的，所以，你們對於一個人是怎麼樣或應該怎麼樣的概念，大半忽略了情感成就及情感了解。

其他人也許是成熟的，聰明地覺察他們自己及其他人的感受，直覺地知道如何處理關係。做為成人，他們甚至是最好的父母──然而，如果他們不符合某些人造的理智標準，他們可能會被視為智障。他們實際上是與先前提及的人一樣，只不過是在另一端的同等地位。

就好像人類的某些成員，為了他們自己的理由，並且再次的，也為了整體，這次則專精於情感能力的利用。但那些人通常被認為是智障。

關於那特定的議題我將來還有更多要說的，因為我現在只是在談某些例子而已。

（十點二十八分。）現在：（停頓良久）人類是一種（停頓良久）專精於想像力的利用的族類，而若沒有想像力，就不必有語言了。人從他特定的觀點，想像那些不在他眼前的影像及事件。想像力的實際利用是你們族類最突出的特色之一，而想像力是你們在實相的內在世界與你們經驗的外在世界之間的聯繫。它連接了你們的情感與你們的理智。所有的族類都是彼此相連的，所以，如我先前說的，當你們思考時，你們不只爲自己思考，你們也專精於爲自然的其餘部分著想，那是在物質上護持著你們的。

那麼，我想要討論理性及想像力，以及統一了兩者的那些微妙的變奏。透過如此做，我希望給你們一個你們自己次元的較眞實畫面，並且繼續討論有關基因所啓發的天賦及彷彿的缺陷。

此節結束，口授結束，此章結束，並祝晚安。

（「謝謝你，賽斯晚安。」）

（十點三十六分。）

珍說：「但我不希望賽斯書結果變成在批評每件事。」

我答道：「既然我們三個人討論在這世界上發生的事，而又不贊同其中大部分，那麼看起來就好像我們是在批評了。」

「我知道。但我要這些書是令人安心的……」

一個結尾的註，在一九八二年賽斯完成了他給整本書的課之後寫的：

當我們在一九七七及一九七九年分別出版了賽斯《「未知的」實相》兩卷後，珍和我決定要讓他的書短些。我們再也不想要分成兩卷了——然而，這次我們又來了！

當我開始把賽斯給本書的口授組織起來，並且加上珍和我的註，再加上由其他相關的課裡的摘錄時，情勢很快就變得很明顯，這整個作品已變得太長而必須分成兩卷。一開始，首先我為讀者感到抱歉，因為這本書將被中斷，但卻又為我自己感到高興，因為除了呈現賽斯書的口授之外，我還有空間去發展那些賽斯、珍和我自己的其他個人性及世俗性的主題，我認為它們給這本書增加了更多意義的幅度。）

註一：珍今天特別的情緒及我自己的評論，不該被誤會成我們不了解人們爲什麼會參加心靈園遊會。我認爲每個在那電視上演出的集會裡的人，都在尋找關於人的起源及本質的訊息——縱使在我們看來，去假設太陽系的一個很遠的行星上有個偉大的會議是太頭腦簡單了。對我們而言，那觀念是我們每個人在我們之內都有個「偉大會議」的一個外在化的扭曲。但此地有許多分歧的看法，而顯然，研究賽斯資料很難說是探索實相的唯一方法。人類是太變化多端而無法滿足於任何一種思想系統，甚或無法滿足於任何彼此相關的思想體系。

卷二

賽斯ESP班語錄

（羅註：當我們在一九七五年三月從艾爾默拉城裡的公寓搬到城邊的坡屋時，珍就正式結束了她的ESP班。這些語錄是從她在坡屋裡透過賽斯給來訪的以前學生們的課裡摘出的。）

「……你是自然的一部分，那就是你的救贖——不論你如何嘗試離開那架構，你仍存在於其內。所以，你在其他層面與地球溝通，縱使你拒絕覺察那個溝通；你幫助地球存活，不論你有時會如何的否認那個遺產。」

——一九七七年二月十一日

「你們吸進的每一口氣息都是有品質的氣息。所有你們需要做的，只是了悟到，你們的每一口氣息終究會到達宇宙的邊緣，而支撐住你們的世界。」

——一九七八年十二月十二日

「現在，創造能力不只幫助你寫書、畫畫、彈琴及作曲。你能活下去大半要靠創造能力。你的細胞是創造性的。你活著是因爲你想創造。你做的每一件事都是創造性的。你創造性的自己、你自發性的、創造性的自己——那個透過你的衝動而談話的自己——使你活著。」

——一九七九年九月二十九日

珍的詩

（附羅的評論）

（在寫這些詩的四年半裡珍都沒給我看過，她並非故意不讓我看。一方面，那些詩像是隨手寫下來的東西，在她的日誌裡半完成並且沒給人看，直到我開始為本書卷二的前言找些新鮮資料時，我才發現到。另一方面，它們包含了深而私密的洞見，從她自由的、好奇的兒時渴望，以及直覺的知曉，到她目前身體受損的狀況——我們所謂她的類風濕的「症狀」——而一直到她死前最後的作品，我發現每一首詩都是一個啟示，激起了源源不絕的憂傷與質疑。當我寫這篇東西時，我忍不住哀悼之情；我告訴自己，若我在珍寫的時候看到這些詩，也許每一次都會更了解她一點，在那些年裡也許能幫助她比我曾做到的更多。在同時，對我而言，那些詩如此新鮮而且一致，好像她才剛寫完一樣。而當我重讀時，我再一次的了解，我的太太仍在教我，有關她的勇氣，以及有關我們每個人分別而又共同在分分秒秒創造的宇宙之不可說的、無窮無盡的神秘。

我給每一首詩短評，然而，拼字及標點永遠是珍自己的。第三首是她唯一正式標了題的詩。

這是一首關於她對她所居住的世界那神奇的兒時反應的詩，看似簡單卻極為感人，珍從那觀點預示了四分之一世紀後，她在賽斯資料裡表現的天生知識。當她實際上在寫那首詩時，她身體上的症狀已經有大概九年了；為了她自己創造性與挑戰性的理由，她允許那些症狀深深的根植於她內，而認為她是從那範疇汲取了這首詩的靈感：）

主啊，讓我記起從前的感受
當我以肌膚輕觸
每個新鮮的早晨
而跳躍在
展於黎明與午間之
濃密的思維森林裡，
當午餐魔術般地放在我面前。
主啊，讓我記起從前的感受
當我是如此新鮮
以致我想我是早晨的一部分。
我不想入睡
因爲害怕世界會消失

但新的日子來了又來。
舊的日子逐一溜走，
卻永遠被補充。

主啊，讓我記起從前的感受
當我以鼻摩擦早晨的空氣
想著我可以搖動一片遠處的樹葉
正如我擺動自己的耳朵及足趾。
我想我引起雨落下
正如我眼中落下的淚
濡濕我的面頰，
而我的思想轉變成雲
環繞在我頭頂。

——一九七四年九月

（我並沒想到四年前珍就在臆想離開物質實相。若我知道，我會覺得困惑——至少在一開始是如此。那時她四十七歲，我則大她十歲。在一九八〇年四月我發現這詩時，珍在那時寫說，她藉由觸及我的手臂而從我這兒汲取力量，她觸及了我的心：）

（當與羅·太陽開車時的靈感）

一天
我正走過世界，
幾乎決定不再停留，
當我看見你站在那兒，
在時間裡先我十年
在空間裡卻如此靠近
所以我伸手
觸及你的手臂

——一九七六年四月二十六日

（譯註：珍此詩以太陽爲羅的姓，表示視羅爲她的太陽——能源。）

（「我太太有這麼多精神上與肉體上的挑戰，她還能寫一首對大地謙遜致謝的詩，真了不起！」

那是我發現這首詩時的第一個念頭。那時，珍以一種深深的、直覺的及心靈的天真愛著物質生命——而她仍然如此。我不知她怎能比在這兒更清楚、簡單而美麗的表達那塵世之愛。然而，對我而言，這首詩也包含了許多其他層面的意義：）

給大地的信

我已淋漓盡致了
你的血的甜蜜傳承，
就像其他的生靈
我，也生自
你的力量與慈善
受賜享旨你的本質
讓我謙卑地致謝吧
因爲你的愛之孳生
從不知偏私

——一九七六年

(這首她一年前所寫的詩裡，珍不僅在談她的工作轉成不可避免的文學的、物質的形式，並且也重申她的信念，及她個人化的意識在她肉體死亡後還會活著。然而，正如在這個系列裡的第一首詩中，在約四年半後她仍在想著她的死亡。我現在明白，既然她選擇了她一輩子的挑戰，那麼，這種想法在珍為她自己創造的實相裡將繼續扮演一個主要角色：)

我一直在將我的人生轉成文字，
有一天它會完全住在
寫下的名詞及母音裡，
乾淨的段落
蒸餾自神秘的生命歲月。
甚至在死亡之前
我計畫我心思的安息之所
彷佛在思想的成品裡
升起了第二度生命
没有眼、手或血肉

卻超越了
大腦的小範疇，
自給自足，終於眞的活了
像個心靈的氣球
通過未被探索的天空
終於走上了安全之路
當抓著氣球的手
放它走了。

——一九七九年四月十七日

羅序

當我一旦發現《夢、進化與價值完成》將會長到必須分兩卷出版時，我開始想我該如何綜合珍、賽斯和我貢獻給卷一的所有資料。我有一個滑稽的想法，就是如果我眞的照我想做的樣子去做，這序就會與卷一一樣長！然後，我覺悟到，根本不需要給卷二一篇長而詳盡的序，之後我就鬆了一口氣。

眞正需要的是，讀者在深入卷二前先好好的讀讀卷一，沒有別的更好方法去了解那第一本書的複雜主題了。不過，藉由在此提出賽斯—珍、我自己以及我們在Prentice-Hall的編輯譚・摩斯曼的三段小資料，我可以有助於啓始這個過程。然後，我會補充我自己一些後來的評論。

在珍和我完成了卷二之後，譚寫了一封信給出版社的主管。當珍和我努力的準備這本書的出版事宜時，譚及出版社的其他人曾非常耐心地等了好幾年；在那段時間裡沒有一個人曾對我們施壓，要我們趕快完成那工作。我們對那份自由深爲感激。譚在信中熱心的推薦這本書的出版。我認爲他非常俐落地交代了我製作這本書的方式的目的。

「這本書値得我們等這麼久！它事實上是三本書合在一起，其中兩本是賽斯迷一直在等待的，而第三本則是個未預期的紅利。

「由賽斯口授的稿子——『賽斯書』的核心——本來就夠好，但羅又加了一個詳細的、令人傷感的報告，描述擁有這麼多心靈與創造資源的珍**爲何**陷入身體上如此深的痛苦（讀者來信頻頻詢問這個問題）。只說羅關於這點做了一個完整而謹慎的報告就夠了，而結果——雖然不一定是很輕鬆的讀物——回答了賽斯讀者一直在問的不易回答的問題。

「賽斯資料也不只包括了書的口授，還有關於珍的病情很多中肯的私人資料，以及其他平行的課。所以，歸根結底，珍．羅伯茲書迷將被給予賽斯系列中最好的書之一，本書提出且答覆了賽斯整個作品的意義的切要問題。

「我對這本書的熱情，只被珍的受苦及羅茫然尋找出路的必要記錄所沖淡——所以，這書不只帶有一絲悲劇的氣息，但卻應該不致令珍的讀者卻步。他們知道那些『事實』，而現在渴望知道那**故事**。事實上，如果可能的話，我希望這本書能盡速出版。」

最後，譚．摩斯曼寫道，我在本書裡的某些關於珍的個人挑戰的描寫是「令人傷感的」。當然，譚說得對，它們**是**令人傷感的。它們擊中我們對疾病及殘廢，甚至對死亡的恐懼，使得我們有意識的面對那些可能性；而在同時，它們又完美的反映了我們同樣深的內在需要及渴望。在本書裡，我盡可能清晰的報告珍與她身體症狀的奮鬥。我也要求每個讀者最佳的洞見及最深的了解，縱使那些特質並不容易被喚起，但在我看來，要了解賽斯資料是怎麼回事，它們是必不可少的。

我很久以前就發現，珍了不起的創造能力是如此的與她個人的挑戰密切相連，以致它們是不可分的。我倆都從來沒興趣只弄出一系列的「神通書」，而沒有那些在我們一輩子裡累積起來的所有人性的、切身的細節，那豐富了分分秒秒、日日月月，且創造了我們渾然整體的一生。我也相信，以一般的說法，在世上每個活的存有，都在從事這樣一種充實的過程，而爲獨特的個別目的裁剪它。顯然，以更大的說法，珍和我相信地球——的確，宇宙本身——是活的。

我的確覺得，那充實的一部分涉及了一個全球性的（並且可能是宇宙性的）治癒行動，而且每個生命形式都有所貢獻——至少在地球上，我們自己造出來的這重要力量，在一個無窮盡的重生的偉大合成裡支持著我們。然而，我還沒讀到過任何有關這個的東西，至少沒看到有用這種說法來寫的。我們人類應該研究全球治癒這整個題目，因而，我們能用所獲的知識把我們導入思想與感受的新領域。

以她自己創造性的方式，珍做的就是這個：她身體的症狀是她個人及我的奮鬥，以及我們共同的不完整知識的路標。以她的成功與失敗，珍爲許多人帶路，縱使她和我還在試著學到更多。然而，即使有我的幫助，我太太所走的旅程仍是極端寂寞的。由這全球性的治癒過程躍出的形形色色意識，必然眞的是沒完沒了的——永遠具創造性、永遠向前看。

第8章

當你是你所是的自己。想像力和理性的世界，以及暗涵的宇宙

第九一五節 一九八〇年五月十二日 星期一 晚上九點十分

（如珍最近在日誌裡寫的，她身體上的症狀已「完全緩和了」。看到她能更輕鬆的走路真是令人歡喜，雖然一次只是走幾步，而且她得靠張桌子或順手的東西來支撐。）

現在：口授。新的一章（八）。請等我們一會兒……

〈當你是你所是的自己。想像力和理性的世界，以及暗涵的宇宙〉。

（停頓。）你所在的時間決定了你所在的地點。（停頓良久。）空間在許多方面比你所認爲的要更「具時間性」。當然，我說的不是通常的時間觀念或連續性的片刻，卻是在說你們的空間在其中發生的某種活動的次元。

（九點十五分。）只要我們試著以一種新方式來解釋你們世界的起源，就會帶來在這種討論裡通常不會出現的許多題目。你們所知的世界是從一個內在的、更廣的次元領域浮現成確實性的。那

麼，它是被一個彷彿隱形的架構所支持。

在超越某些層次之後，要以粒子的說法來說幾乎是無意義的，但我暫且要用「隱形的粒子」的說法，因爲你們會比較熟悉。那麼，隱形的粒子形成了你們世界的基礎。可是，我談到的隱形粒子，有將它們自己轉形成質量或褪掉質量的能力（註一）。而我所談的隱形粒子不只擁有意識——並且每一個都是在其內包含了造成無窮盡的完形之潛能。每個這種隱形粒子在其內包含了（停頓）去開始一個意識無窮盡的可能變化之潛能。到那個程度，這種心理粒子在那個階段是未專門化的，同時在它們本身內包含了一種天生的能力，去向不論什麼變得合適的方向專門化。

（九點二十六分。）它們可以是，並且它們的確是，在同一個時間無所不在的。它們有時帶著質量運作，而有時則否。現在，你們是由這種隱形粒子組成的，而你們肉眼所見的每樣其他東西也是如此。到那個程度——到那個程度——你們自己意識的一部分是同時無所不在的。它們並沒失散或以某種普通的方式擴散，卻是極有反應的，並且就與你熟悉的意識同樣的高度警覺。

你們覺察的自己只代表了一個「位置」，在其中那些隱形粒子剛好交會，獲得質量，而累積起形狀。科學家只能感知一個電子如他們看到的樣子，他們無法眞正的追蹤電子。他們無法在同時確定其位置及速度，而到某個程度，這同樣也適用於你們的意識。正當你們想一個念頭時，你們自己思想的速度就把那些念頭帶離開你了——而你永遠不能眞的檢視念頭，卻只能檢視關於念頭的念頭（帶著安靜的幽默）。

因爲你存在，你在同一個時候無所不在。我相當明白你們幾乎無法追隨那心理動作的事實。如我們待會兒會看到的，你們的想像力會領你們對這觀念有一些認識，甚至有一些情感上的理解。雖然在一開始你們的推理能力可能會躊躇，但那只是因爲你們曾訓練理智以一種局限的方式反應。有我所謂的「感知的間隔」(intervals of perception)。(停頓。) 你們通常會意識到神經上的重要性事件，而那神經上的時機，是一個幾乎無限的順序系列的結果。(停頓。) 那些順序是活動在其中發生的區域。每個意識在每個區域內都調準到適當的順序，每個區域都是建立在其他的區域上。舉例來說，那些隱形粒子是你們的身體形成於其上的骨架——它們移動得比光速還快，然而，你們卻不會暈眩。你們並不覺察這種移動，你們是對準了一個不同的行動順序。

那麼，有不同的世界在不同的間隔以不同的頻率在運作。那些世界在其他的時間是有意識的，雖然你們在神經上只配備好去感知你們的間隔結構。當我說到時間時，我不只是指如你們所謂的其他世紀，但在你們所知並且神經上接受的片刻與片刻之間，還有其他種的片刻。如果你喜歡的話，可以說是時間的其他版本，以及其他種類的成就，那並不依賴你們通常對「經過時間而成長」的概念(註二)。

這些有的可能在第一次閱讀時看似相當難懂，但我知道你們全都比你們所了解的要聰明得多——直覺得多。我也知道你們已厭倦了人家講給你們聽的簡單故事，彷彿你們是兒童似的。而你們的心與腦都渴望有配得上它們的挑戰；你們想盡可能的伸展自己，因爲你們每個都生而具有朝向價值完成的衝動。

只因為，尤其在你們的時代裡，你們已訓練自己去限制自己意識的本質，所以這種概念才看似奇怪。你們至今一直相信必須訓練你們偉大的想像力及智力，將它們及其活動限制在物質世界裡，因為人家告訴你它是存在的。可是，在兒時當你還沒這樣束縛你的想像力之前，你們每個都有你們自己的夢——喚醒你去覺察你自己本體的其他部分的夢。現在，有許多經驗對你開放——如果你夠自由去容許它們的話——那會使你瞥見在其中也有一個實相的那些其他間隔。

在這本書稍後我會講一些這種練習。不過，如果你的信念拉住你而不讓你前進，那麼，所有這種方法都是無用的。所以，我所有的書的主要著力點，都是要增加你們自己思考與臆測的區域。

你可以休息一下。

（九點五十二分到五十九分。）

現在：口授結束。

在像今晚的資料裡，一如在一般的課中，你們結果總是得到了的確以某種重要方式是來自時間之外的資訊。

這要求魯柏以一種高度加速的方式，將想像力與理性鎔在一起，並且在一般而言顯然是無意識的層面——將他推入我的領域的層面。我在其他間隔也有我自己的意識——以你們的說法，那是涵括你們間隔的間隔。

現在，魯柏正歷經一些深奧的治療性改變。可能性在每一點與你們的時間相交，而那些可能性是被心理指揮的。所以，再次以你們的說法，他是在一個絕佳的交會點，而他痊癒的機會是非常大的。告訴他我這樣說。而你倆都有責任，因為你倆的人生以它們的方式匯合在一起。

（**誠懇的：**）此節結束，並祝晚安。

（「**謝謝你，賽斯。**」）

註一：在《「在未知的」實相》卷二附錄十九的註六，我寫道：「通常我們認為質量指的是一個物體的體積或重量。古典物理學說，在一個物體裡，物質的分量是按照它與慣性的關係來測量的，而慣性又是物質動者恆動，或靜者恆靜的傾向。一個物體的質量是由將其重量除以由重力引起的加速度而得到的。」

那個註是有關觀念的一個方便的參考資料，因為在其中我也簡短的討論了次原子「粒子」；原子的組成物；分子；假定比光速還快的粒子；賽斯的意識單位；他之肯定意識在出體狀態能旅行得比光速還快；珍的科學字彙；愛因斯坦的狹義相對論。此外，我還談到了好幾個那些題目的其他資料，也包括一些賽斯的說法。

註二：珍二十五歲時——賽斯課開始之前九年——在她的一首詩〈比人更多〉裡表達了片刻點這觀念。我仍認為以下這幾行詩非常具啓發性：

在時鐘的滴答與滴答之間
長長的世紀過去
從我們宇宙背後的宇宙裡。

在珍兩天之後所給的《「未知的」實相》卷一第六八二節裡，賽斯說：「有一些系統，在其中，從你們的觀點看來的一瞬可以持久到一個宇宙的一生。我並不是指一瞬只是被拉長了，或只是時間被弄慢下來，而是指在一瞬裡所有可能的經驗都在那個架構裡變得眞實了。」

第九一六節　一九八〇年五月十四日　星期三　晚上九點二十分

（昨晚當我開始打第九一五節時，我問珍賽斯為什麼沒有稱他的「隱形粒子」為CU's，如他在本書前面以及其他書裡所做的。這問題令珍不安，尤其是當我補充說，我怕賽斯是在一個新名詞下重複資料。為了讓珍覺得好些，我猜測說賽斯必然有他這樣做的好理由，而當然，在一系列書中的每一本必然會有某部分的重複：那重複不只替新資料提供了一個基礎，並且也使得每本書本身都是完整的。我說，畢竟我也試著用這些註來達成同樣的目的〔註一〕。

然後，當我們在等著上課時，珍從賽斯那兒收到資料，在其中賽斯將星期一晚上他用「隱形粒子」的理由解釋得很清楚——而既然今晚他將解釋，那我們在此就不用多說了。當然，我倆都鬆了一口氣，並且當然，賽斯根本就不在意。）

現在：晚安。

（「賽斯晚安。」）

口授。當約瑟讀上一節時，他奇怪我談到的隱形粒子是否與我以前說過的意識單位（CU's）一樣。他是該問這問題的，而我的每個讀者也一樣。一方面，雖然我知道明確術語的重要性，但我不要你們身爲讀者變得如此依賴術語，以致遇到一個以前讀過的就立刻將之歸類。另一方面，每次我重新介紹這種資訊時，我是從，可以說，另一個方向來做的。所以，你們身爲讀者，也要從不同的角度去理解。那樣的話，你們就會從種種不同的觀點，變得與某些知識熟悉起來。

當你念那些段落時，那問題本身——「這些究竟是否是先前提到過的意識單位呢？」——就應引動了你的理智及你的直覺以另一種方式一起作用，縱使是只有些微的。當然，換言之，我希望在本書的這章及這部分專門談這種主題，來激發你們的想像力及你們的智力。

再說一次，記住，顯現出來的宇宙來自一個主觀實相，那是暗涵在你們世界本身的本質裡的。那麼，我希望你們從一個全然不同的事件的尺度來想那些意識單位。

現在，盡你可能的想像**一切萬有**的存在，一個如此壯觀地複雜的意識，以致它的所謂心理畫分眞的是無窮盡的。時間的所有表象及對時間的所有經驗必然是心理上的。舉例來說，電子的「速度」會反映電子心理上的動態。

（九點三十二分。停頓多次：）**一切萬有**，身爲所有實相及經驗的源頭，在心理上是如此複雜，具有如此多次元的創造性，以致它經常令自己驚奇。它就是暗涵在你們世界的每一處裡的隱形宇宙，只透過歷史性的時間對你們的知覺變成具體。所以，**一切萬有**分散它自己，它一方面是「一個龐大的」主觀存有，一個心理結構——而在另一方面，它也分散它自己到現象世界裡。就神聖所有的意義而言，它是神聖的，然而，它甚至分散了那神聖性，以致以你們的說法（停頓良久），每個意識單位在其本身內包含了那些神聖的屬性。**一切萬有**並沒有形象，但卻在所有的形象之內（不論那些形象是否顯現）。你們的思維是你們字句的隱形夥伴，而**一切萬有**廣大的未言明的主觀性，以同樣的方式是在所有言明的或顯現的現象背後。

（九點四十四分。）就彼而言，基本上任何既定的物種都不可能絕種，它可能消失一段時間，在歷史性事件裡有一會兒不顯現了。當然，任何既定物種的基因模式，主要是住在那物種的基因庫存裡——但那基因庫存並非獨立存在，卻是與每個其他物種的基因結構無形的連接在一起（全都非常熱切的）。

在物種之間，有沒被認出的無數關係。所有物種的世代都在互動。顯然，基因何時出場的暗示，並非由一個假設在這行星上單獨存在的物種所觸發，而是對作用於所有物種之間的基因順序反應。

再次的，基因系統並非如人們假設的那樣封閉。再次的，那是因爲組成物質——形成物質——的基本意識單位本身就被賦予了一種主觀的敏銳。這也解釋了我先前的聲明，我說以通常被了解的說法，環境及其生物一同「演化」。（停頓良久。）你們在覺性尺度(scale of awareness)上的位置，使你們傾向於將意識分類，以致只有你們自己熟悉的那些才彷彿適合那定義——所以，再次的，在此我提醒你們，以最深的說法，意識是無所不在的，因爲**一切萬有**分散它自己遍及物質實相。那個實相所有部分都有它們自己存在的權利，以及內在的目的。當然，所有的人及種族也是如此。

（九點五十五分。）你們的想像力幫助你將那暗涵的內在宇宙的成分帶入實現。顯然，你們的想像力並不爲時間所限制，因此，你可以想像過去與未來的事件。你們的想像力一直有助於你們形成你們的文明、藝術與科學，而當想像力與你們的推理過程聯合時，它們可以帶給你們有關宇宙及你們在其中的位置的知識，而那是你們以任何其他方式都無法得到的。

口授結束。

（在九點五十九分停頓。）附帶一句：恭喜你，一如往常，《群體事件》的註棒極了（我笑了）。享受餘下的夜晚吧，正如我眞的希望你剛才享受了這一段一樣（幽默的）。

（「我享受了，非常愉快。那今晚剩下的時間你要做什麼呢？」）

我要藉潛入一些新觀念來恢復我的精神，因爲，當然，對我而言也有新的觀念，而我也一直從許多不同的位置潛入它們。

祝你們晚安。

（「謝謝你，賽斯，也祝你晚安。」）

（十點二十一分，在星期一晚上的課將結束時，賽斯曾給我們一個有關他自己實相本質的洞見。現在我告訴珍他今晚給了我們另一個暗示。他的聲明特別令人感興趣，因為賽斯指出在他非物質的實相裡，「不管是在哪兒」，他仍在發展，就像我們「在這地球上」一樣。我補充說，我很希望他有天能評論一下他將去探索的那些「新觀念」。）

註一：珍所有的書以及我爲她的賽斯書所寫的註，顯然包含了重複性的資料，或建立在某些基本觀念之變奏上的資料，但那是無可避免並且必要的。個人及群體的，並且在人類知覺系統使之可能的程度上，人類創造了建立在非常有限的對內在與外在資料的重複創造與詮釋之上的一個世界。若無我們特殊的溝通上的重複，我們幾乎無法倖存，而任何其他的物種也是如此。

我常常想，在賽斯書裡的重複，與我們人類選擇每天去承受的重複暗示之槍林彈雨——大多爲負面的——比較起來，其實不算什麼。我經常在正面與負面之間尋求平衡。不過，珍和我眞的認爲，一般而言，並且爲了許多理由，我們人類很久以前就開始創造一大堆的負面想法與行動——到了這個程度以致那些特質遍布在我們世界文化的每一面。就我所知，我們人類是唯一耽溺於這種行爲裡的動物。舉例來說，我無法想像動物們會如此做——牠們沒有這種**必要**！

我很確定，以廣義得多的說法，即使負面性也是創造性的，並且常常是以在我們俗世的實相裡無法理解的方式。但我的確相信，珍的作品在許多我們創造的那些挑戰裡，提供了更透徹及更有價值的洞見。那麼，再說一次，在從最小到最大的世界尺度上——並且它們全都密切地「相互連鎖」——意識尋求認識自己並且令自己驚奇。

第九一七節 一九八〇年五月二十一日 星期三 晚上八點四十九分

（今天中午珍接到了另一封令她生氣的信。令我覺得有趣的是，今晚賽斯討論了那封信，以及珍在上星期一從賽斯那兒接收到的兩個思緒：「光是理性最後會變得非理性；光是想像也會逐漸變得較無想像力。」）

晚安。

（「賽斯晚安。」）

口授（非常幽默的）。現在：要記住我一直在說的這些意識單位並不是中立、數學性或機械性的。

意識單位是你能想像出的最小的意識「包裹」，而不管任何相反的想法，基本上意識與尺寸無關。如果有關的話，那麼就會需要一個像世界那麼大的球體，來涵括單單一個細胞的意識。

所以，你的肉體生命是一個了不起的自發秩序的結果——由意識單位自發地形成的身體秩序。你對世界的體驗大半由你的想像力及推理能力決定，這些能力並不像通常的進化信念所以為的隨著時間發展。從一開始，想像力與理性就屬於人類了，但自從你們所認為的歷史以來，人類都曾以不同的方式去利用這些特質。在那個方面有很大的餘地，因此，那兩者可以以許許多多替換的方式組合，而每個特定的組合給了你們它自己獨特的實相畫面，並且也決定了你在世界裡的經驗。

（停頓。）歷史上來說，你們有許多的文明，每個都有它自己的活動領域，它自己的科學、宗教、政治及藝術——所有這些都代表了用想像與理性去形成一個架構的種種不同方式，而透過那架構，你們體驗到一個多少一致的實相。

（九點二分。）那麼，人有時候曾強調想像的力量，而讓想像了不起的戲劇性之光照亮他周遭的具體事件，所以，那些事件大半透過那光的色調被看到。在那些情況裡，外在事件變成吸引想像力的戲劇性力量的磁石。對內在事件的強調超過了外在事件，於是，世界的東西不只因為它們本身是什麼，並且也因為它們在一個內在的意義世界裡的地位而變得重要起來。當然，在這種例子裡很有可能在那個方向走得如此遠，以致自然的事件在其象徵性內涵的重量下幾乎像是消失了。

近年來的潮流則適得其反，因此，想像的能力被認為極為可疑，同時，外在的事件則被認為是實相的唯一面貌。結果，你們有的是一種「非眞即假」的世界，在其中好像生命最深的問題可以用某種複選測驗來相當正確而恰當地回答似的。於是，人的想像力彷彿與錯誤連在一起，除非其產品可以被利用來利益唯物性的存在。那樣說的話，想像力的被容忍，變成只因它有時提供了新的科技性發明。

在想像的力量及推理能力的力量可被利用的許多方式之中，我只舉了兩個相反的例子。可是，還有無窮盡的變化——主觀上及基因上每個都是可能的，並且，當然，還有許多你們做爲一個族類還未曾發展的變化。

魯柏今天收到從一個顯然會被視爲精神分裂症的男人來的信。魯柏覺得很難過——不只由於那個人的情況，並且也由於其哲學上的暗示。他想，天啊！爲什麼有人會形成這樣的一種實相呢？

（我倆——但尤其是珍——都震驚於來信者獨特而原創的遣詞用句，那反映了他所選擇的實相。太詭異了。）

且讓我們來看看「精神異常」的問題。強調個人的完整性是非常重要的，而非通常給予任何一組徵候的概括定義。不過，在許多這種情況裡，這種個人是以與其歷史時代不一致的方式，去組合想像力與推理能力的。（帶著一些諷刺：）去宣稱一個儲積核子武器以便維持和平的人是瘋子，雖然多少是個誇張的聲明，但並非全然不對。在你們的社會裡，這種活動卻以一種完全令我不解的方式，不知怎的被標示爲人道主義！

這種計畫並不被認爲瘋狂——雖然在那個字的最深意義裡它們的確是的。這種行爲有許多理由，但對於你們所認爲的推理能力——而非其相對的你們所認爲的想像能力——的過分強調，至少要負部分的責任。

（九點二十三分。）在寫信給魯柏的那個人的例子裡，混合了某些特質，在其中，內在事件——想像的事件——就社會所接受的色調而言，對具體事件投射了太強的光。再次的，在此我說的並不是所有精神異常的案例。不過，我的確想強調，你們做爲一個族類所珍視的心理標準，意謂著在想像與理智的利用上也必須要容許很大的餘地，否則的話，你們可能變得被鎖在一個僵固的意識姿態裡，在其中想像與理智兩者都無法再向前進了。非常重要的是，你們要了解在你們心理行爲之內有了不起的心理上的多樣性——而那些心理經驗的種種變化是必要的，它們給你重要的心理回饋，而以整體而言極有益的方式來鍛鍊你們能力的伸展範圍。

那個來信的人想要大半住在他自己的世界裡。他沒傷害任何人，大部分時候他都養活他自己。從大部分觀點來看，他對實相的觀點是偏差的，但他給世界增加了一個若非如此就不會有的味道。而透過他的古怪，到某個程度，他讓別人看到他們對實相的僵化看法的確處處都有破綻。

我也並不是要將他或他那類人理想化，卻只是指出你可以以其他的方式去用你的想像與理智。事實上，這些方式不但在基因上具有可能性，並且在基因上很有出現的可能——一個我隨後在本書會討論到的題目。當然，想像力與暗涵的宇宙打交道，即那些沒有具體實現的廣大實相領域，同時，理性則通常是與在它面前的「世界的證據」打交道。那聲明一般而言是對的，但當然，明確的說，任何想像的行爲都涉及了推理，而任何理性的行爲都涉及了想像。

口授結束。

（九點三十五分。現在，珍為我倆傳來了一些資料，然後在九點五十七分結束此節。）

第九一八節 一九八〇年六月二日 星期一 晚上九點十五分

（在過去的十二天裡，珍和我各自在努力於《珍的神》及《群體事件》，所以我們沒上課。「今晚我想有節短課，」她說，「但並不是為《夢》這本書的。我大略知道賽斯想討論些什麼……」然而，當賽斯傳過來時，他的資料顯然聽起來像是書的口授。）

晚安。

（「賽斯晚安。」）

現在：在試圖解釋你們世界的起源時，在我這方面有時涉及了幾乎無法克服的困難。

你們認爲你們的宇宙有某些次元，而你們多少想要找到一個解釋，那是建立在「那些次元使得起源成爲可能」這個說法上的。可是，那起源卻必然是從那些比你們宇宙的確實性次元還大的次元裡浮出的。在你們宇宙內的實相，無法支持包含這種主要事件的更大的脈絡。所以，我必須到某程度遵循你們用來界定事件的傳統說法。

當我在那樣做時，我也在試著引介給你們——至少直覺性的——一個更大的架構，在其中事件跨著你所知的實相。無論如何，我們要以非常可能看似有矛盾發生的議題來開始，因爲你們對於一個事件的定義是如此簡單，以致它們忽略了較大的分支——在一個整體而言結構與行動的更大統一裡，那分支會協調任何彷彿的矛盾。在此，你們的想像力會有很高的價值，因爲它們常能知覺到對理智而言不明顯的統一——你們已將理智訓練成只去處理此時此地的證據。

（在九點二十八分停頓良久。）「意識」有相關性、節奏與合音的「位相」(phases)，而你們宇宙的分子「音樂」發自其無窮盡的抑揚。你們在那些節奏裡的地位是非常重要的。（停頓良久。）你們存在於一種原始的間隔——不過，如果你能的話，將「間隔」那個字想作沒有連續性時間的涵義。有點像是無限數目的樂隊在同時演奏（停頓良久），而每個發出的音符也在所有可能位置與每個其他可能的音符一起奏出，並且與整個被演奏的樂曲的所有可能版本一同奏出。

在奏出的音符之間會有間隔，而那些沒有音符奏出的間隔也會是一個龐大的、未言明的節奏的一部分，而整個奏出作品的發展是依賴其上的。當然，那沒有音符奏出的間隔也會是「事件」，是行動的提示，也是反應的板機。

你們言明的宇宙從那種間隔浮出，從一個其眞實本質仍不爲你們的定義所攫獲的「主要事件」浮出——所以，在我們書裡的有些地方，我可能會說一件你們已知的事件同時是眞實而又不眞實，或它既是迷思又是事實。而在如此做時，我希望引導你們對一種遠遠大過你們通常的眞僞判斷的事件有些心靈上的理解。那麼，也許你會讓你的想像力作用於你們世界的一般事件上，而至少瞥見一部分照亮那些事件的更大智慧，所以，想像力會引導你直覺的對事件的源頭以及你們世界的源頭有一個感受。我曾提到過的意識單位就是那種「事件」，而它們的確如我所說的那樣表現。換言之，意識單位也是存有，而如果你喜歡的話，也可說它是**一切萬有**的片段體——力量與莊嚴的神聖片段，包含了如你所認爲的所有的意識的力量，以你們的說法，它是個沒有實質的濃縮物。

除了你們自己的宇宙之外，還有許多其他的宇宙，每個都跟隨它自己的間隔及它自己的音樂。你們對歷史性時間的概念阻擋了我的解釋。以那種說法（停頓），你們世界的實相向回伸展得遠比你想像的要久遠得多，而以那種說法——你需要這個界定——你們的祖先曾探訪其他的星球，正如你們的星球曾被其他星球的人探訪過一樣。有些這種接觸在時空內交會，但有些則否。有無窮盡的生命版本。那麼，有其他像你們自己的族類，而在你們的實相無法涵括的存在之廣大光譜裡，曾有銀河系的文明在條件適當的時候形成了。

（九點五十四分。）時間架構並不如你所想的那樣存在。存在的間隔顯然不一樣。以不可能解釋的方式，有我只能稱之爲內在通道的東西遍布宇宙。你知道一個聯想能突然在你腦海裡將你與一個過去事件如此清晰的連起來，以致它幾乎像是在現在發生的一樣——而的確，一個夠強的記憶就像一個鬼影性事件。所以，有些過程有像聯想一樣的作用，可以在宇宙本有的時間結構的路徑之外提供其他的通路，而這些通路只不過是你們不知覺的事件之更大本質的一部分。

（停頓。）有時候你們族類曾旅行過那些通道，而許多你們的迷思代表了對那些事件鬼影似的記憶。再次的，所有的存在都有一個節奏。所以，以你們的說法，你們族類回到它的本家行星以更新其根，換新血，回到自然，而在晨昏的甜蜜古老遺產裡再尋找安慰。

這行星曾經歷過許多的變化，它曾出現又消失許多次。它明明滅滅——但因爲你們注意力的間隔，所以每個「明」的時期當然彷彿長達好幾百萬年，然而，在其他層面上，地球是像一個螢火蟲般的明明滅滅。

我並無意藉這樣一個描寫來貶低物質生命的重要性，因爲**一切萬有**賦予它自己轉變成的實相的每個部分一個獨特的存在，那是在任何地方都不重複的；而每個意識的火花都被賦予了一個神聖的傳承，那是永不會熄滅的——一個在宇宙的所有其他角落都很明顯的火花。

此節結束。

這節也部分是對魯柏心中一些問題的反應。我祝你倆晚安——除非你有問題。

（「沒有。」）

那麼，給你們我最衷心的祝福。

（「謝謝你，賽斯晚安。」）

（十點十分，「他偷偷塞進來的。」當我笑她時她說，因為她剛才說這節不會是書的口授。我也告訴她這是她最好的課之一。她回想到在她二十幾歲時——約在她開始賽斯資料的十五年前——她寫過一系列關於我們人類從太空回到地球的詩。「而賽斯在此說事情真的是那樣發生的

——至少在某些可能的實相裡，」她說，「是一個老的科幻小說的想法。」（註一）

註一：我告訴珍，以賽斯自己的方式，賽斯已將數學概念併入他的資料裡了：我想他的可能實相、他的間隔的觀念，與一條線有無限數目的點的觀念之間有所關聯——而有些對無限的數學定義，被認爲比其他的定義要更基本，或屬於一個更大的秩序。實際上，在林林總總的數學派別裡，從歐幾里德（在約紀元前三百年活躍於希臘的數學家）的工作到現代的資訊理論，我找到與賽斯概念的許多關係。我的確認爲，談我們宇宙的「起源」，賽斯資料可以被稱爲一個「理想點」，與我們的數學系統相合；而他對**一切萬有**的觀念，以數學來說是沒有「限制」的。

我問珍她是否認爲歐氏幾何的定理天生就適合描寫心智的**內在**深度，或那些定理是否代表對我們視覺經驗之有意識的及後天的詮釋。她並沒有想到那點。當我問她她從哪兒獲得了她直覺性的數學知識時，她不禁笑了出來。

「在高中我代數被當掉兩次後才通過，而我想幾何也是一樣。」她說，「大半我都不懂——老師們教得太快了。當我眞的了解了什麼時，我就非常興奮。有時候我得到了正確的答案，但卻是由錯誤的方式得到的，所以，老師就把它打個錯號——而那總會令我大怒。當我在便利商店打工時，我甚至算不出幾兩糖果的價錢，我不知道我到底給了人家多少磅免費奉送的糖果。」

第9章

主要事件及實相的覆蓋

第九一九節 一九八〇年六月九日 星期一 晚上九點十五分

（自從賽斯在第八章的最後一節裡提到「主要事件」的觀念後，珍就非常感興趣。昨天從賽斯那兒收到許多談「主要」的洞見，而做了筆記。她在今天晚飯後將她的某些訊息打了字，而我將這些放在註一裡，只為顯示出有時候賽斯資料的主體與她的「平常」意識有多接近。）

現在：口授。新的一章（九）：〈主要事件及實相的覆蓋（Reality Overlays）〉。

請等我們一會兒……主要事件是那些（停頓良久）其主要活動發生在內在次元裡的事件。（停頓良久。）這種事件是太多次元而無法清楚的出現在你們的實相裡，所以，你只看見或體驗到部分。它們是源頭事件，它們的主要衝力是在你們可以稱爲夢的更大實相或內在實相的未知領域裡。你用的術語並不會造成任何不同。可是，這種事件的原始行動是未顯現的——非實質的。然後，那些事件「隨之」在時間及空間裡顯示它們自己，並帶著不凡的結果。

主要事件以它的光照射在歷史時間的「事實」上，而影響那些事件。主要事件也許結果被神話、宗教或藝術轉譯，或其影響也許實際上用來給予一整個文明一個架構，（很幽默的：）在圓括弧、方括號或不論你用的什麼裡（如我以後會解釋的，如在基督教的例子裡實際發生的）。

現在，如我曾描寫的，你們所知的宇宙的起源當然就是個主要事件。最初的行動並沒發生在時間或空間內，卻形成了時間與空間。

以你們的說法，其他的宇宙，連同所有它們自己的時間與空間結構，是同時被創造的，並且是同時存在的。向外看進空間，因而向後看入時間的效應，是一種出現在你們自己時空畫面裡的固有習俗。那麼，你必須記住，當你以起源的想法來想時，「起源」那個字的本身是依賴著時間習慣以及一個對開始及結束的信念。那麼，開始與結束本身就是對你們的知覺彷彿是事實的效應。以一種方式，它們只不過代表你們自己注意力的開始與結束、界限、範圍及限度。

（在九點三十一分停頓。）我說，以你們的說法，所有的宇宙都是同時被創造的。你明白嗎？句子結構的本身天生包含了時間，所以，你一定會以為我在說一個幾乎無法形容的過去。並且我用的是時間的說法，但因為你們自己是如此習於那種分類，所以此地我們顯然會撞上我們第一個彷彿的矛盾（見上節）——當我說，在事件的較高秩序裡，所有的宇宙，包括你們自己的，其起始的創造現在正在發生，而所有它們的過去與未來都與之俱來，而所有它們的時間尺度一直在向外蜿蜒，而所有它們的太空、銀河系及星雲的出現，以及所有它們彷彿的改變，全都在你們觀念中的這一刻立即而原始的被造出來。

你們的宇宙不可能是它自己的源頭。如果你試著只從你們客觀經驗的觀點來研究你們宇宙的話，其內在的神秘——那其實是意識而非物質的神秘——無法被解釋，而必然會一直是不可理解的。你必須注意那經驗的源頭，你必須不注意空間，卻注意空間的源頭；不注意時間，卻注意時間的源頭——而最要緊的是，你必須注意體驗時間與空間的那種意識。所以，你必須注意透過那些歷史行動以彰顯它們自己，而其起源卻在別處的事件。所有這些其實都沒超過你們的能力，只要你試著擴大你的架構就行了。

（在一個熱切的傳述裡停了很久。）當然，進化的整個概念，要求嚴格依附於連續性的時間觀念，及那時間所帶來的改變，而這種觀念最多只能爲你們族類或任何其他族類的存在提供最表面的解釋。

再次的，在這本書裡，我希望伸展你們的想像力與理智二者之所及，去使你們感受到那大於你們通常的眞或僞、事實或幻想之分類的事件。做爲一個族類，你們存在的特性是來自想像力的獨特運用，勝過來自任何身體的屬性。你們與那未顯現的宇宙之連接，一直有助於指導你們的想像力，使你們覺察在物質存在裡可能的可能性之豐富礦脈。所以，你隨之可用你的理智去決定做爲一個族類你想去追隨哪條替代的路。

（九點四十六分。）就那方面來說，在別的族類裡，天生的知識眞的更爲清晰、燦爛且直接的轉譯成行動。我並不是在說什麼愚笨的本能，反之，卻是在說一種直覺的了解，一種高度智力，與你們自己的不同卻驚人的複雜，那是其他族類天生配備有的。

可是，人以一種獨特的方式——一個由於其他族類之遠較可靠的行爲才使之可能的方式——與可能性及創造力打交道。

以一種方式，人也配備有在一個非物質層面創始行動的能力，那然後變得具體了，而繼續繞進繞出兩個實相，將夢之事件與歷史性事件以這樣一種方式交織在一起，使得原先非實質的起源常常被忘記了。人相當自發的覆蓋了眞正的實相。他常常將夢之事件當成實質來反應，而將實質事件當成夢來反應。這適用於個人以及群體，但人常常不覺察那相互作用。

就你們喜歡的進化觀念而言，概念是比基因更重要的，因爲再次的，我們在處理的不只是事件的表層，也不只是存在的某些物質機制。基因本身是有意識的，雖然是以與你們不同的方式。你們的文化——你們的文明——顯然影響了你們族類的福祉，而那些文化是由你們的概念形成的，並且是透過你們想像力與理智的運用鑄成的。

以你們的說法，當人們在你們的聖戰裡被殺時，某些血統因爲你們對基督教的信仰而被消滅。你們的信仰決定誰應該去打而誰不應該去，誰該活而誰應該死，誰該受教育而誰不該，誰應該被社會孤立而誰不該——全都是直接觸及有史以來某些家族之倖存的事，因而影響到人類整體。

我在此並非特別在責備基督教，因爲遠在它出現之前，你們關於善與惡的概念及信念，在所有人類的事情上都比基因差異、物競天擇或環境影響的任何簡單問題要重要得多。至少在人的例子裡，對誰應該活或死的選擇往往是絕非自然的。如果你想要了解人類的特性，那麼，你無法避免對人類意識的研究。

(十點五分。)口授結束。(好玩地大聲說：)你是一個了不起的記錄大師，我祝你倆晚安。

(賽斯瞪著我，所以我問：「你覺得我前兩晚的夢怎麼樣？」)

以後我再說你的夢，它們是了不起的製作。我祝你倆晚安。

(「好的，謝謝你，賽斯晚安。」)

(十點十分。)

註一：關於她昨天的活動，珍寫道：

「一九八〇年六月八日星期日：當我在忙著過日子、淋浴、做頭髮、看報、做運動等等時，我一直從賽斯那兒得到……他書下一章的資料，我想那章的名字是〈主要事件及一層層覆蓋物〉。一個文明可能覆蓋在另一個上，所以，在存在的一個範圍裡的一個『眞正的』文明，可能在另一個裡看來像是迷思；那種事只代表了一種覆蓋。

「我不太清楚的瞥見了亞特蘭提斯的資料，不夠清楚到可以記下來，還有關於基督教的資料，兩者都代表了某種覆蓋，並且是主要事件的例子。

「我得到關於主要事件的一個定義，但忘記了一些……是說主要事件是壯觀的事件，其主要衝力是在時間之外，但其在時間內的行動是宏大的——與它們實際的歷史性聯繫相比不成比例。這樣一個事件在歷史裡的實質部分，與其效應相比實際上是非常小的……還有，主要事件的某些事以不同的方式觸及了想像與理性的世界。

「而且，雖然賽斯談到有些事是幾乎不可能解釋的，他卻喜歡那個挑戰，並且感到一種成就感而非挫敗感……」

「主要事件實際上是在可能性裡的其他皺紋，」當我們在談這註時珍說，「它們解釋了基督教爲什麼有幾乎兩千年這麼長遠的影響，而其原始經驗在時空裡卻是這麼小——爲什麼甚至現在我們仍賦予那些沙漠國度這麼多的重要性……」

第九二〇節　一九八〇年十月六日　星期一　晚上九點十四分

（這是四個月以來珍的第一次定期課。此節不是書的口授，後來我會說明為什麼我會將它放在本書裡。現在我只想說，自從珍在六月九日上了上一節〔第九一九節〕後，珍已傳過來十五節一系列的私人或刪掉的課——其中十三節是談賽斯所謂「實相的神奇之道」。

這些註主要是關於我們自己生活裡個人及事業上的事情，我以粗略的時間順序來組織大半的資料。有些是我從珍一九八〇年的日誌裡取得，有些從我自己的筆記及檔案，而有些則從私人的課裡取得。

在她一九八〇年的日誌裡，從六月中到七月二十日，有五週之久珍沒在她的日誌裡寫任何東西，但那兩個月我們在事業上是很忙碌的。六月，我開始實驗畫我夢中的影像，這本身就給了我一連串的挑戰。七月二日及十八日我分別寄出了《群體事件》及《珍的神》完成了的稿件。可是，在那期間我極難過的注意到珍的身體症狀——她在「走路」及做其他日常工作上的困難——顯然變得嚴重多了。

到那時，我太太幾乎總是有點不太舒服，而有時候則根本是在疼痛中。她必須坐在一個高脚椅上洗盤子。她仍靠在打字桌上一步一步向前推著走路——但她越來越少這麼做，也許一天只有一兩次。反之，她變得習於坐在有輪子的辦公椅裡，用脚推動自己而在屋裡移動。她極少離開房子；她很難從她的寫作房下那兩個台階到車庫去開車。珍很不容易進淋浴間，她也很長時間坐在桌旁做事。她打字、寫字或拿畫筆時，手指都不太聽使喚。

珍不願意一天躺下一兩次以得到一些緩解，雖然通常我能說服她去這樣做。一如往常，為了許多複雜的理由，她拒絕去遵循一般的醫學途徑——而我覺得我自己在那方面的成見也阻止了我去幫助她像我應該做的那麼多。反之，珍堅持試著用她的能力去幫助自己。看見我太太在這種痛苦裡，我感到很悲傷，但除了幫她盡量弄舒服一點之外，我終究也不能做什麼。除了其他的事之外，我給她買了一個充水的坐墊，那給了她一些舒解，但她需要比那多得多的幫助。

於是，珍在六月和七月當中越來越差的情況，使她準備好接受我說賽斯可以幫助她的建議。她將《夢》第九章的第一節放在一旁，而開始賽斯談實相的神奇之道的課。如賽斯在八月六日給了他談那題目的第一節時所說的：「當魯柏完成了他《珍的神》那本書時，他發現自己手頭有該被利用的所有那些時間。身體上來說，他也覺察到他的局限：看來彷彿除了工作外他沒什麼可做的。所以，他採取了合理的途徑——而那途徑說要解決一個問題你就去擔憂它好了。」

在六月初的那些日子裡，當珍開始顯出身體上的進步時，我很高興，而她也一樣。在八月與九月裡，賽斯遵循每週上課兩次的時間表，循序漸進的給了一些非常令人興奮的觀念。那十三節是如此的緊密相連，以致我很難加以摘錄〔註一〕。賽斯神奇之道的資料，代表了他幫助我們也幫助別人的最佳努力之一。珍的困難顯然激發了那些資料，但它們的創造性也超越了我們自己的需要。而當我發現她將再繼續這系列時，我立刻開玩笑的問她：「親愛的，妳到底在玩什麼把戲？」但我可以看見她蠻高興的，而她在思考這件事，那本新書的名字自然是《實相的神奇之道：賽斯書》〔The Magical Approach to Reality：A Seth Book〕。」

同時，在八月初珍又回到她寫了一年的詩集，而在八月十五日她快樂的宣布想到了她一直在找的整個書名：《如果我們再活一次：或，公衆的魔術與私人的愛》。她的編輯譚·摩斯曼，熱心的同意她的書名。兩天之後，珍開始寫她計畫為那本書寫的三篇論文的第一篇：〈詩及生命的神奇之道〉。她對主題的選擇是十分自然的：因為她在兩天前已給了在那系列裡的第三節。

除了使珍能在身體上幫助自己之外，賽斯的神奇之道對她還有其他的益處。這些有的表現在她的詩中，不論那詩是否包括在書裡。舉例來說，在八月二十五日她為賽斯的新主題傳述了第六節的當天，珍寫了以下的無題詩。我慫恿她給一個題目，並且將之包括在《如果我們再活一次》裡。在易使人誤解的簡單下，她的詩帶著深奧的意義；我在別處從未看過那意義被表達得更好。如果她想在幾行裡綜合她一生至此的工作結果，這詩的確是最好的：

並非我的頭腦比以前
知道得更少，卻是
它的推理終於演繹出
其源頭的神奇，而
在它的邏輯之下
感受到那推動
它自己思維的
更深的自發秩序

見註二，在其中我用珍的詩做為焦點，來提供一些觀點。的確，當我在為第九章作註時，我看出我為這本書寫後記是多必要的事——去創造一個架構，以從我們的私人及事業生活裡展示所有的資料。當然，我尚無法知道這樣一個計畫該包括哪些東西。珍說了幾次她會幫我的忙，而她正在構想一本談神奇之道的賽斯書。

在九月初，譚寄還給我們《群體事件》編輯好的稿子，讓我們校訂，珍和我在上面花了一個月的時間，接受一些建議，但也否決了一些其他的。九月十三日我們從蘇・華京斯那兒收到《與賽斯對談》的卷一，蘇現在正在寫卷二的最後兩章。十月初，我將《群體事件》寄還給出版社，那書已準備好付梓了。珍在那十月的第一週裡還在忙著她的詩和論文，同時，她的身體仍繼續以一種差強人意的方式進步。尤其是她的走路頗有進展，而我有時候也能載她去美麗的鄉野兜兜風。

在這第九二〇節的開頭，我寫說這節不是書的口授。當然，結果它卻是的，因為賽斯在其中又從一個角度去闡明他價值完成的觀念。這節課是由我們昨天下午與一位來自外州的意外訪客的接觸所引起的。不過，賽斯幾乎沒提及所涉及的那個人，反倒以較概括的說法論及精神病這題目。我在今晚的資料與第九一七節之間看到許多相關性；在那兒除了其他的事之外，賽斯也討論推理、富想像的心智及精神分裂症。那節至少一部分是由珍收到的那封令人不安的信所觸發的。

我承認為了一些我自己神秘的理由，我讓我將稱為比爾・貝克的年輕人迷住了。昨天下午他敲我們後廊的門時，他穿得很講究，說話也很得體，而當他告訴我關於在他腦海裡聽見聲音，並且問珍是否和賽斯也有同樣的情形時，我並沒太在意我感受到的懷疑。我把他介紹給我太太之後，就回到我自己的寫作間去。如果我專心聽他們來自客廳的低語，我可以了解他們在說什麼，但我很少那樣做。珍後來說，當她發現比爾是個精神失常的人時，她差點要叫我。比爾告訴她他曾因精神問題入院數次，而表演他能流利的說出他無法破解的一種「無意義」語言的能力。我們的訪客曾從基督那兒收到幾頁資訊，他形容他如何將賽斯資料與他對年輕女孩的性幻想連在一起，並且詳述當他試圖具體實現某些賽斯的概念時，他所遭到的強烈峻拒。此外，還有其他更多的東西。珍捉到了他好幾個矛盾的說法。

比爾在知道珍不再上ESP課後，不久就走了。這插曲再度提醒我們，許多訪客是在尋求某種幫助，而當珍在一九六三年底開始通靈時，我們完全沒想到會弄成這樣。有時候我們不太確定是否人們只是反叛體制內的學科所提供的幫助（尤其是當那些「幫助」是部分或完全無效時），或是比多數人更覺察有些人——像珍——在人格中有其他的「心靈層面」，可以向之要求訊息。然而，我告訴珍，瞧瞧我們近來從精神科醫師、數學家及從事種種不同職業的一般人們那裡收到的精采信件。

並且，我說既然比爾理解到他有些概念是他創造出來的「核心信念」，因而可以改變，所以，他也從閱讀賽斯資料中受益。他問珍：「倘若沒有賽斯資料，我會變成什麼樣子？」

當我們坐著等上課時，珍說賽斯會討論一般的精神分裂症——所以，顯然訪客的出現導致一個我們本來不會問的題目的資訊。珍身為賽斯的傳述從很快到有許多停頓，變化不定。）

晚安。

（「賽斯晚安。」）

我要用你們昨天的訪客來導出一個話題。

首先，「精神分裂症」這名詞基本上沒多少價值，許多不該被貼上那標籤的人卻被貼上了。有所謂精神分裂症的典型案例——以及所謂邊緣性的案例——但在任何案例裡，那標籤都是極爲誤導，並且具有負面暗示的。

在許多例子裡，你們是在與形形色色的，有時相當多元化的人格之行爲模式打交道——不過，卻不是像你們所謂正常人裡那樣被同化的或平順運作的模式。那些模式被以一種誇張的方式看到，因此，在有些案例裡，至少你能瞥見，在一般較洗鍊或「修飾過的」社會人格之下，在心理上微不可見的精神、情緒及心靈的過程。

暫時或長期被診斷爲精神分裂的人，缺乏某種心理的粉飾。這與其說是一種心理修飾的基本缺乏，不如說是採取了某種（停頓）心理上的僞裝。

且說，以一種方式，這種人是在與他們自己以及與世界玩一個相當認真的躲迷藏遊戲，他們相信這句格言：「分化而征服。」爲了我將會討論的理由，就好像是他們拒絕把自己好好的整合起來，拒絕去形成一個還算統一的自己。在這背後的概念是：「如果你找不到我，那麼，我就不必爲我的行爲負責了——那些行爲必然多少會背叛我。」

「自己」在運作上變得分散或分化了，所以，如果一部分被攻擊，其他部分可以起而防衛。這種人用人格的種種不同成分爲間諜或士兵，分散其力量（停頓），而在那些情況下被迫建立起複雜的通訊系統，以維持那些自己的各部分彼此接觸。在緊急時期，他們在自己的一部分與另一部分之間，建立起甚至更大的孤立，當然，那更強調了通訊系統，使得它必須經常的被利用。

那溝通本身常常是一種心理上或象徵上的密碼，就像眞的會用在軍事情報上的那種。如果那些訊息被清楚的解碼及了解了，那麼，當然遊戲也就結束了。因爲了解那訊息的人就是那整合的自己，一開始也是那感受到需要這種僞裝的「自己軍隊」(self-troops)。

（在九點三十六分較慢的：）這樣一個人的確覺得被圍困。這種人往往是非常有創造力的，儲備了豐沛的精力，卻被困於極度矛盾的信念中，不論是有關善與惡或強與弱的信念。他們通常是極端的理想主義，但爲了種種不同的理由，他們不覺得理想自己的能力能被實現。

在這兒我是一概而論的，但每個個別的案例應以其自己的方式被審視。不過，一般而言，這種人對自己有一個誇張的版本（停頓），如此的理想化（停頓良久），以致其存在本身就威脅到實際的行動。他們害怕做錯，怕出賣了這感受到的內在心理上的優越性。通常這樣一個理想化的內在自己，來自對極度扭曲的信念——再次的，關乎善與惡——的接受。結果你有了可以算是兩個主要內在敵人的東西，優越的自己及低賤的自己。被認爲善的特質被吸向優越的自己，好像它是個磁鐵似的；而看似壞的特質則以同樣的方式被吸向低賤的自己。這兩個相當孤立的心理之兩極，差不多有同樣的力量。所有其他模糊的或沒被任一方清楚了解的心理證據，則在它們自己的心理旗幟下聚集在一起。不過，心理上來說，這是一種環型而非線型的安排。

（在九點四十四分停頓良久。）這種人害怕他們自己的精力。一方面那精力被指派成優越自己的所有物——在那個情形，那精力必得被用爲了不起的冒險或英雄式的行爲。在另一方面，那人覺得無法以一個正常方式去利用精力，因爲在平常的世界裡，沒有一件事能符合優越自己的誇張理想。於是，那人變得害怕令他自己與世界對抗或專心去做普通的事，因爲，他覺得在這種比較之下他只會貶低自己。

他需要別人給他並不應得的那麼多的讚美與注意力，既然他顯得從他自己那兒得到很少。以一種方式，他到一個程度會拒絕爲自己的行動負責——因此將它們帶離其他人必須在其內運作的判斷框架。於是，他能避免使他的「才能與優越能力」受到考驗，那是他覺得他必然通不過的。他有點了解到優越的自己及低賤的自己兩者都是心理上的製品。他的能力並不是眞的那麼偉大，他的失敗也並不是眞的那麼災情慘重。可是，對人格的這些極爲矛盾的成分之信念，使他總是在一種騷亂中，所以，他感覺無能以任何一種一致的方式去做事。

可是，「精神分裂」這個字涵蓋了形形色色的經驗——有些這種人相當滿足於他們的情況，找到他們自己的一席之地，而能養活他們自己，或者找到人來養活他。其他人則住在經常害怕他們自己狀況的一種氣氛裡，而在同時他們覺得很興奮，就像士兵在戰鬥裡可能是的樣子。有些人在社會裡可以相當正常的運作，而在任何案例裡的情形都是很不相同的，包括了從只是不能適應社會的人，一直到有嚴重心理困境的人。

（十點三分。）就大多數人而言（停頓良久），在衝動與意識心碰面之前，有一種在心理上鋪好的路可供衝動旅行，然後意識心再決定是否要追隨或實行那衝動。（停頓良久。）可是，在我們正討論的那種案例裡，沒有一條鋪好的路；反之，卻有片多巖石的野地，充滿了隨時都可能爆炸的地雷。

（十點八分，停頓良久。）請等我們一會兒……記住，我們是在與一個分散了的力量打交道，人格的種種不同成分被派出去執行不同的任務——而以一種方式，它們被困於優越的自己與低賤的自己之間。於是，沒有清楚的行動路線可被追隨，縱使有的話也必然是被僞裝了的。你沒有與意識直接交會的朝向行動的清楚衝動，而有一陣陣來自另一源頭或其他一些源頭的衝動，浮現爲去行動的命令。那衝動可能顯現爲告訴一個人去做這或做那的聲音，或是透過書寫的「自動」命令，或被稱爲幻覺的知覺。以這種方式，那個人不需要爲此種行爲負責，因爲它們看來不像是由他自己來的。所以，在那個情況裡，到那個程度，失敗的可怕可能性就暫時的紓解了。

對人格而言永遠有一個整體的秩序，縱使它是在背景裡。所以，在任何既定的案例裡，所有不同的「自己」或那人覺得與之有接觸的其他源頭，會一起指向藏在底下的整體或統一。所以，外顯的精神現象，以孤立的方式顯出人格的那些沒以通常平順的方式被同化的成分。

在無數的例子之中，「分裂性的挿曲」發生在本來正常的人格裡，在爲了學習的目的及成長的期間，人格分出它的部分，並且幫助它們擴大它們的架構。

人格的確能以種種不同的方式把自己組合在一起。在內在與外在知覺的利用上，以及它們被混在一起以形成在既定時候可被接受的一個實相畫面的方式上，都有很大的餘裕。

（在十點二十四分停頓良久。）肉體的感知給了你必要的一種回饋，但它也是建立在學習過程上，所以，從很小的時候你就學習以可接受的方式將世界的一片片拼在一起。以一種方式，在某些情況下，有些精神分裂症的情形，能讓你對內在心理的機動性(mobility)有較正確的一瞥。當你歷經童年時，這種機動性會聚焦而且受到引導。在那特定的方面，分裂症代表了一種學習障礙。

（「我能問一個問題嗎？」）

可以。

（「我聽見比爾·貝克說一種非常流利的——呃，外國——語言，他說他無法破解的一種語言。」）

那語言是我（如我認為的）先前提過的密碼式訊息的一個絕佳例子。你明白嗎？那語言本該維持其秘密性，卻變成了被誇張的優越自己之極有力的知識的象徵，同時，卻又使那知識無法被實行。去翻譯那資訊意謂著對具體溝通的一個更認眞的承諾，那是這位年輕人不願意做的。

（停頓。）這種通訊能以幾種方式指出那更大的心理機動性，那對兒童來說多少是自然的。關於這樣的通訊，我將還有更多要說的。當你是孩子時，你不以跟成人一樣的方式得爲你的行爲負責；而分裂症常常在青春期或青少年時開始，當人們覺得他們年輕的才華被預期產生果實時。舉例來說，如果他們曾被認爲天資優異，他們現在就該透過成人的成就顯示教育的成果。不過，如果他們幾乎認定自己也是危險或邪惡的，那麼，他們會變得害怕用他們的能力，而眞的變得更怕自己——再次的——於是他們試圖藉分化自己來征服自己。他們覺得被排除於價值完成之外。以一種方式，他們開始在世界裡表現出不透明的樣子，顯示出一張分裂的臉孔。

（**十點二十五分。**）此節結束。我將繼續這主題，將之與價值完成更緊密的連在一起，並且強調在物質世界裡積極行動的重要性，因而理想能被表達而非被懼怕，因而能有一些信心讓衝動和其發動之間的門開著。

註一：賽斯在這第一節裡並沒有誇奬我們。他也給了我們珍如何替他傳遞某些課的一個線索。可是，首先，他的神奇之道的資料立刻提醒了我，早在五月十二日珍就從他那兒收到了兩個想法，那天她爲第八章上了第九一五節。我強調這些點，是因爲我認爲它們很重要：「單單是理性最後會變成了非理性；單單是想像最後也會逐漸變得較無想像力。」九天後賽斯終於給了與珍的洞見有關的一些資料；見第九一七節九點二十三分之後。

現在，摘錄一九八〇年八月六日星期三晚上的私人課（並且偶爾有些改述）：

「自然人的確是神奇的人，而到某個程度，你倆最近都有那種活動之心電感應的例子……架構二是一個頗爲迷人卻主要是假設的架構，因爲你倆都不眞的能以你們的方式，將之用在一個可被知覺的用處上。這並不是說架構二沒在運作，不過，你們卻沒有你們想要的那種回饋。

「當你倆都專注的涉足於你們剛完成的方案時（《群體事件》及《珍的神》），相對來說，你們讓你們大半的內在經驗溜走了。不過，自那時以後，你們都曾震驚於，當你們感知並且執行你們甚至並不覺察你們擁有的資訊時，彷彿是如此神奇的輕易。

「有些你沒讀過的魯柏的筆記，對這種活動有進一步的重要洞見。主要的要點是，接受一種不同的整體取向之重要性——一個的確是人性之基本部分的取向。這涉及了你所知的自己與時間的一個全然不同的關係。

「涉及了時間的重要誤解，大半要爲魯柏的許多困難負責，而對你也一樣，雖然程度比較小。所有這些涉及了以一種更自然，而因此神奇的方式與實相產生關聯。在你們的經驗裡，以及在任何生物的經驗裡，顯然有一種自然的物質時間，它涉及了季節的節奏——日夜及潮汐等等。以那種物質時間來看，是沒有基本的文化時間的……那是你們轉移到自然的節奏上的。

「對那些貫注於局部、點點滴滴、生產線及準時赴約等等的文明而言，這種文化時間，整體而言運作良好。

「在文化上，魯柏覺得每一刻都必須獻給工作。你多少也有同樣的感覺。自然時間與你們假設的極爲不同，遠較豐富，而它向內、向外、向後及向前轉到它自己身上。

「當你作夢時，你是自然及神奇的自己，你利用在被所謂理性心智所經驗的時間範疇之外的資訊。創造能力以同樣的方式運作，出現在連續性時間之內，但主要工作卻完全在時間之外做成……當你倆都在努力於你們的方案時，你們的文化時間以一種你們覺得可以接受的方式被用掉。當那方案完成了，尤其是魯柏，卻仍有一個文化上的信念，認爲時間應被如此利用以及創造性必須被指引，並且訓練去落入適當的生產線的時間卡位。

「在此我要給你許多資料，因爲很重要的是，你要了解和實相產生關聯的不同方式，以及那些方式如何創造了所經驗的事件。

「你倆都沒眞的準備好去劇烈的改變你們的取向，但你們正接近那門檻。如魯柏的筆記也提到的，『神奇之道』意指你們實際上改變你們處理問題、達成目標及滿足財富的方法。你轉換到自然人的方法，那麼，神奇之道的確是你私人經驗的一部分。它們並不是玄秘的方法，但你必須確信它們是人該用以處理他的問題及面對挑戰的自然方法。

「我用『方法』這個字，因爲你了解它，但實際上我們在談的是一種面對生命的方式，一個神奇或自然的途徑，那是動物在宇宙裡的天然本能行爲的人類版本。那途徑眞的是與你們曾被教以的後天方法直接衝突。

「顯然看起來，獲得明確答覆的最好辦法就是去問明確的問題，而理性心智首先想到的就是一張問題清單。就彼而言，魯柏在這樣一節課前的反應是自然的，並且到一個程度是神奇的。因爲他知道不論他被教了什麼，在他意識的一個層面上，他必須到某程度忘了那些問題，以及隨之而來的心情，爲的是在意識的另一個層面創造出那種適當的氣氛——一個容許答覆到來的氣氛，縱使它們也許是以與理性心智預期的不同方式出現。

「在你們兩個人共同的許可下——並且我希望，在你們共同的熱忱下——我們有好幾節將討論實相的，並且特別是你們私人生活的神奇之道，爲的是創造那種氣氛，在其中答案可以被體驗到。」

註二：一開始這些摘錄有的在內容上可能彼此看似相當的不同，但我心裡想著珍的詩，直覺的選擇了包括在這兒的每一個摘錄。我已有好幾年想展示頭兩項了，而讀者必然能猜出它們與那詩及賽斯談實相的神奇之道是如何發生關聯的。接下來的三項摘錄則是由「神奇」系列後來的課裡摘出，或直接與之有關的。

A、摘自珍一九七五年的日誌，她記不得她寫的月份，只記得她是以高速寫下的：

「如我們所知道的生命就是興奮，具高度組織性——在所有層面：微觀、宏觀及心靈之中，都是興奮。生命是在平衡與不平衡、組織與『混沌』之間的關係的結果。生命是永遠在流變狀態的興奮，形成心靈的與物質的結。生命具爆炸性卻又充滿了秩序；它變得如此充滿了它自己，以致它以一朵花綻放的同樣方式爆炸。這同樣的原理也出現在一場風暴、一場洪水、一件謀殺案、一首詩的創作或一個夢的形成裡，也出現在個人與國家的誕生與死亡裡。我們本能的知道災禍模仿我們身體內細胞的生與死——我們本能的知道所有的生命在死亡後仍存在，知道死亡是生命爆入新的形式，因此我們才對意外及火著迷。心靈本身在平常的意識層面躍過我們的信念，而將我們看作是所有生命的一部分，興奮地形成所有種種的繁複。然後這繁複把它們自己注滿到快要滿溢出來，爆炸，逃出那架構，只爲形成另一個。情緒本身，當我們容許它們時，能對此有所感受，而抓住那種興奮感能讓我們瞥見我們自己心靈的存在的甚至更大的自由。這心靈的存在流入我們每個個人之內，然後跳離了那短暫生命的形式而進入另一個形式，個體的興奮從一生跳到另一生。」

B、摘自珍一九七六年的日誌，當她四十七歲時，在三月六日寫下這些筆記：

「我自己的概念必然也被我在時間裡的位置多少染了色，而中年彷彿是做這種研究的最佳時刻。因爲理論上來說，時間向前延伸就像向後延伸得一樣長；那是說，我參與其中的時間就與記得的時間一樣長。

「在兒時我們沒多少過去的時間可供回憶，我們彷彿來自黑暗，靠信心拿我們父母的記憶當作在我們出生前就有時間的證明。當我們慢慢變老，我們有過去的時光可以玩——一般而言，我們知道我們從哪兒來——而似曾伸展於我們的來源背後的黑暗，看來彷彿是我們的目的地。顯然，從老年的觀點來檢視一下心智與實相將是無價的。」

還有：「今天我感覺到那種加速，它告訴我，我的意圖正向外旅行到未知裡或到宇宙裡，去帶來對我的問題、甚至我並不有意識覺察的問題的答覆。而我從經驗得知，足夠的能量被發動了以做到這個。雖然結果會在時間之內爲我所知，但我知道，以某種未知的方式我是從時間之外得到它們的。」

C、摘自談神奇之道的第二節，珍在一九八〇年八月十一日星期一晚上的課：

「魯柏的心情與你自己的心情（心靈感應式的）相通，就像你也與你的老的（兒時）環境有某種相通，所以，在這些例子裡，在其他的層面上你們有資訊的自由流動。

「現在，當你在理智上了解了那個，那麼，理智能將此視爲當然，即它自己的資訊並非你擁有的所有資訊。理智能了悟到它自己的知識只代表了冰山一角。當你將那了悟應用到你的生活時，你會開始更進一步的了解，以實際的說法，你的確是由比你覺察到的一團更大的知識所支持，也由形成你存在的神奇而自發的行動泉源所支持。然後理性能了悟它並不需要單槍匹馬去做事：並不是每件事都必得用理論解釋出來或被了解的。」

D、摘自談神奇之道的第三節，一九八〇年八月十三日星期三晚上。賽斯做了某些評論引得我寫了這個註：

「當然，賽斯不只口述他的資料，並且必須在這樣做時還在心裡記著整節課，所以，他說出的每句話與前言後語比較之下都相當合理。仔細想想，這在賽斯與珍都是一個相當的偉蹟，這怎麼可能呢？賽斯並沒有劇本可用，在課間他也無法看看我自己的筆記去查對一下他已說了什麼。

「我相信在此必然涉及了一個了不起的記憶，一個在更深層面上與我們所認爲的時間之縮短並存的記憶。賽斯—珍的能力提醒了我最近寫的東西，談到心靈的某些部分如何必然非常狡猾且小心地事先建構了夢，所以，當夢被重演時，它們給其他部分或需要它們的心靈那部分剛好是對的訊息。當我寫道夢也是即興的產品時，我在這兒並沒自相矛盾。」

E、摘自我給談神奇之道的私人系列裡的第十三節，也是最後一節的開場白。珍在一九八〇年十月一日星期三晚上的課——只不過五天之前：

（我很好奇賽斯為何用九月底的其他兩節私人課來談不同的主題。今晚當我問珍關於此事時，一開始她頗為就事論事的說她不知道。然後：「哦，我並沒告訴你每件事，但我已知道有一陣子了。賽斯給的是我所謂的填空課，我在腦海裡將它們那樣命名了，它們包括了漂浮資料——他能在任何時候給的東西。它們並非書的課，也不是真正的私人課。它們在一段時間裡維持課的進行——通常藉討論過去的資料——將之與現在的相連，並不一定加入新的東西，也並非特地談一個主題。我想最初關於基督的課就是以那種方式開始的。」

「所以，在這麼多年之後我才發現了。」我說，「還有什麼妳沒告訴我的，為什麼是這麼大的秘密？」

「你從沒問過我。」珍的答覆聽來耳熟。後來我才發現，關於賽斯談瓊斯鎮的資料她也給了我同樣的答覆。

「我想填空課是發生於書的課之間的，為了是要換個步調——當資料並不必得切合一個更集中的整體的書的焦點。」珍補充說，為了記錄之故，她同意將她剛剛告訴我的寫一篇短的報告。）

我們的談話很快的提醒了我，我在兩週前寫的，還沒放在這本書裡的一些小記：

「我想，當然，以一般的說法，賽斯資料的廣大潛力命中注定無法完全發揮，不論在我們共同的實相裡珍和我做什麼，事實就是如此。她可以窮其餘生每天上課二十四小時，而仍不會耗盡賽斯潛在的資訊庫藏。有許多事指明他的資料是多頻道的，就像是珍覺得他已準備好在任何場合討論一些主題中的任何一個一樣。我稱那種感覺、那種覺察，是賽斯可能實相理論的意義之一個不明顯的暗示——因爲就像可能的人格，他能獲得的未說出的頻道，不論它們是否在我們的物質實相裡實現，都顯然是眞的。

「我能想見，光是在日復一日的基礎上，當賽斯處理珍和我生活裡的事件時，他的資料就幾乎無窮盡的在擴展——而這還沒包括他對他自己實相及他可能搆到的其他實相，種種不同層面上的事件之反應及彼此的互動呢！在本書第八章，當我問賽斯在晚上剩下的時光（以我們的說法）他將做什麼，他回答：『我要藉潛入一些新觀念來恢復我的精神，因爲，當然，對我而言也有新的觀念，而我也一直從許多不同的位置潛入它們。』想想只這一個聲明，一個人能問他多少問題！這種煽動性的說法，留下了一個未滿足的好奇心的大洞。實際上，不論主題爲何，賽斯大半的資訊都是如此。但顯然的，如果賽斯眞的將我們俗世生活的每個片刻都耗在個人資料上，那麼，所有其他的就全成了『可能的』了。」

第九二一節　一九八〇年十月八日　星期三　晚上九點五分

（今天珍的手臂與腿都不時的痠痛，但她感覺到那些談神奇之道的課，已在她身上造成有益的改變。她對她在《如果我們再活一次》裡的話與論文的進度「甚感欣慰」。飯後珍說賽斯可能會談轉世、精神分裂症及附魔，將這些題目連在一起。我立刻就能看到它們有時候能如何產生關聯，然而，我卻無法即興的說出那聯繫。以下是三點：

一、賽斯談精神分裂症的資料是他週一晚上的討論的延伸，那就是這節為什麼在這兒的緣故。

二、珍提及轉世是來自我在晚餐時隨意的猜測，因為我們聽說本地的一男一女如何開始了一種激進的新共同生活方式，而令我們這地區的許多人驚愕不已。我曾臆測，是否被喚起的轉世的聯繫也在這一對男女的行動裡有所影響。通常在對人們行為的「現代的」社會分析裡，這種因素根本不會被考慮進去——然而，有時候它們可能真的扮演了一個非常重要的角色。可是，我顯然無意假設轉世的關係能夠或應當用來合理化此生的行為，因為在任何的人類情況裡，都涉及了許多其他心理因素。

三、珍提及附魔是因為今天我念起她在我們訂閱的一本學術性刊物裡的一篇文章。那篇文章包括了我們已經熟悉的大眾知識。簡言之，大半羅馬天主教會裡的當權者，都體認到幾乎所有那些假定被邪惡力量「附身」的人，實際上都是需要治療的精神病患；然而，教會卻必須承認魔鬼及許多惡魔分別的實相，因為它們的存在已在福音裡被確定了。當教宗保祿六世也在一九七二年當著數千人宣布魔鬼是個明確真實的存在時，這個矛盾就被加強了。）

（低語：）晚安。

（低語：「賽斯晚安。」）

現在：我們繼續上我們的心理學（帶著溫和的幽默）。

（停頓。）再次的，在自己種種不同的分散部分之間的溝通，在這種情形裡常出現爲自動書寫、說話、聽見聲音，或透過那人相信爲來自別人的心電感應訊息。

那假設的心電感應訊息，能被歸之於同代人——敵人、神明、魔鬼或不論什麼。外星人則是一個新增加的項目。在大多數案例裡，我們看到的是自己的強大部分的表現，那多少是被故意孤立起來的。心理上來說，那些表現可能出現或消失。它們代表一種下達命令的連環——不過，這連環通常都不會維持太長久。

尤其是當聲音或通訊下達了要人遵守的命令時，它們代表了有力卻被壓抑的意象及欲望，強到夠在它們四周形成它們自己的化身。有些能圓熟的表現出一個正常的人格，這相形之下看起來頗爲眞實。不過，那很少發生。通常，你看到的是，比如說，半個人格或甚至於還不到呢——衝動及欲望的片段表現，那只以片段的方式被戲劇化的表現出來，變成被一個人聽見的聲音或感知爲有東西在場。

在許多情形裡，那主要的化身反而具有一種儀式性，利用在那文化的藝術、宗教或科學裡已存在的心理模式，結果你就有了基督、外星人、形形色色的聖人、精靈或其他捏造的人格，而其特徵與能力已衆所周知。

（九點十九分。）換言之，你們有種種精神分裂症的典型。而在任何既定時候，在任何個案裡，所選擇的特定典型——因爲典型會改變——會十分清楚的指出那個人基本的問題及難局。本來這種文化的典型就存在於社會裡，因爲以一種或另一種方式，它們將一個人尚未了解的他心理實相的某些部分，以誇張的方式表現出來。這適用於「好的」精神分裂典型以及「壞的」典型——那是說，適用於神明也適用於惡魔。

在這種例子裡，這種（停頓）與神明或惡魔、聖保羅或希特勒的「通訊」，代表了對人格的一部分之戲劇化及誇張的擬人化，那個部分在當時是在下達命令的連環的頂端。

（在九點二十五分停頓良久。）首先，實相主要是個精神現象，在其中，感官的知覺以被組織起來並放在一起的方式，實質地完美「模仿」一個非實質的經驗。這很難表達，因爲透過肉身的贊助而運用的一種心理覺察，自動地使得某些資料的變形成爲必要。

（在九點二十九分停了一分鐘。）魔鬼與惡魔並沒有客觀的存在，再次的，它們永遠代表了人類自己心理實相的某些部分，那是到某個程度他還沒有同化的部分——但反而卻是以一種精神分裂式的表現從他自己向外投射。所以看起來他似乎不必爲他認爲墮落或殘酷的行爲負責，他藉由想像其他力量的存在——冥府的魔鬼或惡魔——而使他自己孤立於那個責任之外。

（九點三十五分。）在個人的基礎上，精神分裂症完成了那些文化的模式。比如說，在優越的自己或理想化的自己和低賤的自己之間的對比也許會變化，它們可能非常明顯或有點模糊。在許多這種例子裡，也至少會有一陣強烈卻攪在一起的、也許是混亂的創造活動，在其中，那個人試圖認知這些不同的因素，就像人類本身曾多次嘗試創造性的、而有時混亂的創造他自己的宗教（帶著溫和的諷刺）。

在此，你可以有從陳腐的胡說，一直到最精采的創造產品之間的任何東西。但在精神分裂症的架構裡，那產品將爲期短暫，而以濃縮的方式在通常日復一日的生活架構之外被體驗。

基督的形象常常被用到，因爲它是如此完美地代表了做爲全知的神子之誇大的自己，以及正因爲其高高在上的地位而被釘死的殉道者之組合。

基督這個人物，代表了個人覺得無法做到的內我之誇張的及理想化的版本。他感覺他是被自己的能力釘死。在其他的場合，他可能收到從魔鬼或惡魔來的訊息，它們則代表了這個人對他肉身的自己之感受，那與理想化的形象對比之下，看似如此邪惡，並且矛盾。再次的，在此可能有種種不同的行爲。

不過，這種人以他們自己的方式拒絕接受實相的標準化版本。縱使他們是如此的對自己感到不確定，以致他們的心理模式的確遵循著那些文化、宗教、科學或不論什麼的模式，他們卻試圖以自己個人的方式去用那些模式。他們實際上是在將他們自己的人格組合在一起的過程裡，且是遠在大多數人安頓於一個或另一個官方的版本之後——因而，他們的行爲讓人瞥見在人類人格形形色色的成分之間不斷變化的妥協。

反之，大半宣稱在精神分裂症的情況裡發生的心電感應或千里眼的例子，是個人試圖證明給他自己看，全能或力量之理想化的特質的確是唾手可得的——當然，這是爲了補償在較普通的作爲裡基本的無力感。不過，在某些情況裡，有明確而十分眞實的心電感應或千里眼的例子，栩栩如生的出體經驗，及其他超越公認的實相領域的遨遊。

（在九點五十四分停頓。）不過，這些常常是複雜的，因爲，個人的信念模式本來就具有如此一種誇張的混合，所以，這種插曲常常伴隨著從宗教或神話來的幽靈人物。那些人可能覺得被迫有這種經驗，只因爲，再次的，爲了先前給過的理由，他們不想面對行動的責任。

以你們對時間的說法，人一直在將他自己人格未同化的心理成分向外投射，但在早得多的時候，他用各種各類不同的形象、化身、男女神祇、魔鬼或惡魔、好的與壞的幽靈來這樣做。在羅馬神祇未完全形式化以前，有數不清的好壞神明，在它們中有各種的等級，那多少「民主地」代表了未知卻被感受到的人類靈魂之燦爛喧嘩的特性，並且也曾代表他自己實相的那些感受到卻未知的浮光掠影，那是人以一種或另一種方式決心要去探索的。

人人都了解所有這些「力量」在人類事件裡都有角色要演。有些代表了自然力，那很可能有時有益，而有時無益——例如像風暴之神在乾旱時期可能非常受歡迎，同時，如果他過分滿足了他的百姓，他的力量就可能頗爲人所懼怕。在「好的神與壞的神」之間並沒有兩極化的深淵。耶和華及基督教的上帝版本，在所謂善的力量與所謂惡的力量之間，帶來了一個直接的衝突。藉由大半切掉了所有居間的神祇，因而破壞了發生在它們之間的微妙心理互動，而將人對他自己內在的心理實相之看法兩極化了。

在異教的時代並沒有精神分裂症，因爲那時的信念系統並不支持那種詮釋。這並不意謂著你們現在會稱爲精神分裂症的某些行爲不會發生，而是指一般而言，這種行爲符合實相的心理畫面。那是因爲與精神分裂症相連的許多行爲模式，是「被扭曲及被貶低的」行爲模式的殘留物。那些模式是人類傳承的一部分，並且呼應一度曾有精確社會意義，且有確定目的的那些活動與能力。

（十點十四分。）這些包括人與自然力量認同的能力，將他自己心理實相的一部分由自己向外投射，然後以一種重賦活力的轉型——一個隨之的確能改變物質實相的轉型——再去看它們的能力。

下一個自然的步驟應該是去重新同化自己的那些部分，承認它們古老的起源及能力，回到它們，因此，它們會形成一個新的外貌或自己的一個新版本。就彷彿是人無法了解自己的潛能，除非他將它們向外投射成一個神格(godhead)。在那兒，他可以以一種孤立的純粹形式看它們，認出它們是什麼，然後再接受它們——那些潛能——爲自己心理實相的一部分（全都非常熱切）。可是，做爲一個族類，你們沒走那最後一步。你們對魔鬼的概念代表了同類的過程，只不過它代表了你們對邪惡或黑暗，或你們害怕的能力的概念；它們也代表了你們自己潛能的成分。我並不是在說邪惡的可能性，但人必須了解，他是要爲他的行爲負責的，不管那些行爲被稱爲善的或邪惡的。

你們造成你們自己的實相，人類的「邪惡」存在，是由於他誤解了他自己的理想，由於那看似存在於理想和其實現之間的鴻溝。換言之，邪惡的行爲是無知及誤解的結果。並沒有一種力量叫作邪惡。

此節結束。

（「非常好。」）

告訴魯柏放鬆，並且鼓勵及信賴他的身體，當他正經歷這麼多改變時。因爲那些改變都是有益的。（停頓，當賽斯帶著一些幽默瞪著我時。）祝你們晚安。

（「賽斯晚安。」）

（十點二十六分，我告訴珍這節又很精采，她說：「我真的希望他會接下去講那些資料。」我也這麼希望，因為看起來賽斯離將討論帶到轉世的主題上尚有一大段距離。我非常希望他會如此做。）

第九二二節 一九八〇年十月十三日 星期一 晚上九點十四分

（上週譚．摩斯曼打電話給珍，告訴她他已開始準備《如果我們再活一次》的出版合同了。今晨我寫信給譚，問他Prentice-Hall對珍和我賣給他們的十五本書有何長程計畫。在九月二十二日的私人課裡——賽斯談人生的神奇之道的系列之一——他告訴我們我們的作品是「被保護的」。我一直對那個聲明感到好奇，而今天我跟珍提到與我給譚的信相關的這一點。

今天下午在我們午睡之後，珍相當不高興，因為我們睡過頭了；她後悔那失去的時間，因此我們必須比平常晚吃晚餐。不過，今晚賽斯在討論與他價值完成的觀念極有關聯的珍的能力之一面時，他非常美妙的利用我對保護的問題的興趣。因為那關係，這節與本書非常切合，縱使它並非本書的口授。）

現在——

（「賽斯晚安。」）

——你們是被保護的，你們的作品也是被保護的。

（停頓。）多年前魯柏有一個經驗，那時他在客廳的中央瞥見一個奇怪的形相。他感覺那個形相是由能量組成的，並且顯然是有要來幫助他或聽他指揮的傾向。

他也了悟到，至少到某個程度，這能量是他自己善良意圖及他想幫助別人的願望所累積的結果。他稱這爲「**協助者**」（Helper，註一），而他從未再清楚的看到過那形相。那形相代表了（停頓良久）個人化的、累積的正面能量，那在當時是對他有利的，提供他保護，但那也自動地對他的人生及人生計畫產生有利的作用。

可是，如你所知，保護的概念本身就暗示了威脅——所以，如果你相信威脅，你最好要有保護。魯柏沒有必要再看見那形相——只要感覺那有力的能量之實相，並且了解它是替他做事的就夠了。以一種方式，那形相也代表了天眞及有力的內我、自發的自己或自然的神奇自己——這些都是同義詞。

魯柏知道可以把**協助者**派到別人那兒去，去幫他們，就那方面來說，那形相代表了自然的正面欲望及思維模式的偉大力量。（對我：）你有那同類的「形相」。這些形相代表了你們目前這個人從中躍出的更大的源頭自我（Source-Selves）。我告訴過你，關於你自己的生命以及其他人的生命，你擁有遠較你理性上覺察得多的知識。一方面來說，當你具體的誕生出來，當你長大時，你根據那知識行事。再次的，如你在近來的一個電視節目上看到的，當松鼠埋藏乾果時，牠根據那種知識行事，而那松鼠之更大的知識也包括了其族類的知識。

（九點三十分。）**協助者**代表了擁有這種知識的那個部分。實際的說，了解這種知識及保護眞的存在，以及你所有的問題並不需要只藉由有意識的推理來解決，是非常重要的——並且，說眞的，很少有問題能光以那種方式來解決。

你們的工作是被保護的，不只因爲它是你們的方案之一，並且也因爲以一種說法，它變成了它自己那種的存有——做得很好的一個，從你自己最佳的靈感蒸餾出來，且存在於一個相當濃縮的形式裡。因此，它也充滿了能量，並且也變成一個能量的收集器。

（停頓良久，在一個慢得多的傳述裡的許多停頓之一。）我並不想變得捲入於名詞的混淆裡，按照我們上一節的私人課，心智的力量遠遠大過那些一般被指派給單單的理性思維的力量。舉例來說，理性的推理用過火了，那實際上能限制智能的實際利用，因而使得心智的一些領域變遲鈍了。再次的，以一種說法，**協助者**代表了心智作用眞正的能力，那種在直覺與智力活動兩者背後的即刻理解。那麼，你是在與廣闊的理智——知曉者(knower)——打交道。

（九點四十分。）那知曉者即刻覺察你所有的需要，並且是宇宙個人性地傾向於你的方向的那部分，因爲其能量形成了你自己這個人，所以那保護永遠護持著你的存在。它意謂著你活在「一個恩寵的狀態裡」。你可以不覺察那個狀態，你可以否認它或拒絕它，但不管怎麼樣你是在其內的。它形成你個別存在的質地本身。價值完成意謂著每個人、每個存有，不論其性質爲何，都自動自發的尋求適合他自己的完成以及別人的完成的那些情況。

以最基本的說法，沒有一個人的完成能犧牲別人的完成而被達成。完成不是以那種方式發生的。你們的生命本身追求完成的最佳指引，我們的工作也尋找它自己完成的最佳指引。

當你了解這個時，那麼，你就能以一種安詳的超然態度接受彷彿的挫敗或彷彿的矛盾，體認到這種因素只以你當前的理智知識——一個必須局限於當前事件的知識——的觀點來看才顯得是它們是的樣子；而在你所謂其他層面的較大畫面裡，這種彷彿的矛盾或彷彿的不幸情況，或不論什麼，會被看爲是於你有利的。你明白嗎？在那理智層面你並沒有所有的事實。所以，如果你將你所有的判斷全都只建立在那個層面，那麼，你會是相當短視的。

不過，我們是在與經驗的心理學打交道，所以，你自己按照你自己的反應改變那情況。如果你覺得被某種情況威脅，並且缺乏保護，那麼，你會採取否則你可能不會採取的某些步驟。所以，按照你是否體認到你的確是受到保護的，你的行爲會有很大的不同。

如果你累積了威脅感，那麼，在你的層面你也對那些威脅感反應。保護是存在的，但在這種情形下，你不讓自己接受其完全的利益。

休息一下。

（九點五十分，當賽斯建議休息時我感到驚奇——那在這些日子的課裡已很罕見了。然而，珍說因為她沒有香菸了，所以叫停。

珍拿了香菸以後回到我對面的咖啡桌邊，而我形容最近學到關於克羅馬尼翁人（Cro-Magnon）的事給她聽。他們在約三萬五千年前住在歐洲，和現代人一樣都屬於人類（Homo sapiens）。他們在工具製造、繪畫及宗教上——事實上，在他們整個的文化上——展現了一種精美才藝。然後，我們又談到紀元前三千年在巴勒斯坦的早期人類。

珍對我們的談話——主要是我的——感到興趣。但最後她透露，對她而言，當賽斯說話時最好是不要中斷：「我喜歡他一氣呵成。」我回答說，我的問題應沒有帶著要賽斯回答的暗示。

然而，我說的話的確給課的資料帶來一個改變，在十點九分繼續：）

關於你們簡短的討論之一。

（停頓良久。）發明工具或製品的點子存在於腦海裡，當它們爲環境所需時就會被啓動。比如說，在地球上各不同地區林林總總的部落會突然開始用新工具，並不因爲彼此可能有實質的溝通，或文化上的交流，而是因爲在他們自己環境裡分別的狀況觸發了那精神性的過程，那過程啓動了爲手頭上的一個工作所需的工具的特定心象。於是那原先非物質的資訊，或由內在的視覺影像本身，或透過作夢狀態，被轉化成實際的知識。

夢一直被用爲這樣的一種連接物。對於你的生命，你知道的遠比你以爲的要多——對於你的人生及社會，你知道的遠比你理智上覺察的要多。早期人是在那樣的地位，而他的發明——他的工具及他的作品等等——乃由心智的內在且永在的領域進入存在，被他對他一般而言在宇宙內的地位，及他與他自己環境的關係那無意識卻頗爲眞實的評估所觸發。

（在十點十八分停頓良久。）以一種說法——原諒我再次用我偏愛的詞兒——但以一種說法，文化並不是以通常假定的那種直接方式進化的。當然，文化會改變，但人類立刻開始形成文化，就好比海狸立刻開始築壩一樣。牠們並不透過嘗試錯誤來學習築壩（幽默的），舉例來說，牠們並沒有好幾世紀都在建造有缺失的壩，牠們是天生的或被創造的築壩者。

人自動開始形成文化，他並沒像你們以為的那樣以最初步的文化來開始。他並沒經過嘗試錯誤來思考清晰的思想，反之，他一開始就相當清楚的思考，但他的確透過嘗試錯誤而學習把思想轉譯成具體行動的最好方式。最先的文化就與你們自已的一樣豐富。以你們的說法，閱讀與寫作是很大的優點，但在過去，心智也真的被用以記錄資訊，並且以一種你們現在不用的才藝傳遞資訊。

曾經一度，記憶是如此完美，以致人真的是活歷史，並且在他們的腦海裡帶著他們的家譜以及他們族人的背景及知識，然後，那些再被傳給他們的子孫。的確，在這種過程上，閱讀與寫作有某些優勢；但那種古老方式擁有的知識，也真的以一種遠較個人的、有意義的方式變成了一個人及一個社會的一部分。當然，那是一種不同的知曉，在其最佳狀態，它並不導致對記得的資料死記式的演出，卻是導致透過音樂、詩歌及舞蹈的一個戲劇性的演出。換言之，其演出是伴隨著創造性的身體上的表現。實際的說，一個人的心智真的無法包容現在在你們世界裡可得的所有資訊——但那資訊大半不是處理宇宙及人在其內的地位的基本知識。那是一種次要的資訊——有趣卻非賦予生命的資訊。

（在十點三十四分停頓良久。）人並不需要藉嘗試錯誤，去學習哪種植物吃了有好處，以及哪些藥草對治病有用。在他內的知曉者知道那個，而他自發的據之行事。當然那知曉者是一直都在的，但你們建立在沒有這種內在知識存在的說法上的那部分文化，以及把理性思考當作答案的唯一提供者的那些笨想法，常常限制了你們自己對內在能力的應用。

如果一切都順利進行的話，你們將會有一種「新的」明覺意識，一種理智，它明白它自己光明的源頭並非它自己，而是來自給它的思維提供燃料的自發力量。

此節結束。

（「棒極了。」）

祝你們晚安。告訴魯柏要多換換他的墊子

（「好的，賽斯晚安。」）

（十點四十分，珍一離開出神狀態就笑著說：「你還真的從那次休息得到了一點東西呢……」

我告訴她，那資料的涵義非常令人著迷。我說，很有意思的一點就是，在她能接上一個彷彿無限能量的賽斯資料之能力裡，她與早期人及他在自己內攜帶所有個人的、文化的及歷史的資訊之能力頗有雷同之處。就如早期人靠自己運作，而沒有我們所有的寫作或任何其他現代的通訊便利；珍透過賽斯的運作也是一樣。我在猜測，在珍與古代人之間存在著哪些轉世的聯繫呢？賽斯從未討論過這題目，而我們也沒請他加以評論。賽斯做口傳歷史的潛能看來是沒有限制的。

賽斯並沒回到他上週三晚在第九二一節裡開始討論的轉世、精神分裂症及附魔的資料。）

註一：見《意識的探險》第六章，在那兒珍形容她如何在一九七一年十一月份變得覺察到**協助者**。她派**協助者**到許多要求種種協助的人那兒去，現在她仍在如此做。不少人曾寫過當珍為他們這樣做時，在他們生活中發生的有益事件，但她並沒有保留正式的記錄。我們常常在猜，至少對有些需要幫助的人而言，光是知道珍派出一個像**協助者**這樣的使者來關心他們，就有心理上的益處，這幫助他們靠自己發動正面的行動。

第九二八節 一九八〇年十一月十二日 星期三 晚上九點十九分

（自從珍在一個月以前上了第九二二節之後，她又給過五次非寫書的定期課，其中三節的一小部分包括了給她自己的賽斯資料。

在十月三十日，蘇·華京斯打電話告訴我們她已經寫完了《與賽斯對話》卷二，而Prentice-Hall明年底將出版那本書。

至於珍，今天在她的身體裡發生了這麼多具體的改變，到晚餐時她已如此「失卻常態」，以致她不知道她是否能上課。今天早上她提及賽斯可能會恢復寫此書，而因為那個感覺，她花了一些時間重讀書的記錄。晚餐後，應她的要求，我給了她冰酒，並且開始寫這些註，一邊等等看會發生什麼。

事實上，我太太已變得相當的困居家中了。她花時間在上課、寫她的詩集及繪畫上。已有很長一段時間是由我來負責外界的事了。我將在註一裡寫出她上週一晚上的課之私人或刪除的部分，來綜論珍的生活以及我自己生活的主要挑戰。近來我們有時覺得相當的氣餒，然而，賽斯卻有不同的說法。我們的奮鬥、我們的挑戰，並且對我們來說最難做到的，就是盡可能的了解賽斯的資料。

珍啜了一些酒後，她在九點十六分說：「至少我覺得他在身邊了。」在傳述中她停頓了許多次。）

現在——

（「晚安。」）

——那麼，主要事件涉及了那些其主要推動力存在於時間之外的「工作」或行動，然而，其效應則在時間之內被感受到。

這種效應可能突然出現在時間的範疇內，而非，比如說，緩慢的露出於那架構內。當然，以你們的說法，就是那種在時間之外的活動解釋了你們宇宙的起源。那麼，有不出現在時間結構內的活動次元，以及遵循與你們所認知的發展法則不同而十分自然地發生的發展。並不只是高度加速的時間版本能發生在確實性的其他層面（停頓良久），而是有些次元，在其中，那些版本並不會阻礙事件自然的「流」入表達。

再次的，你們最接近的近似，會是在夢境裡對時間的經驗——或那些在你的夢裡或在其他的意識狀態裡複雜的問題突然替你解開，因而那些答案完滿的出現在你面前的例子。

那麼，是有與你所了解的時間毫不相關的「期間」(durations)：操縱時間卻與之分開的心理動作。任何一個完整宇宙的突然出現，就暗示了一個組織之不可想像的、了不起的發展——那宇宙並非只是出現自空無，卻是一個內在的高度集中的努力之「完整的具體版本」，一個靈感的具體顯現隨之突然進入物質的確實性。

(九點三十二分。)那種活動、那種工作，存在於你們所熟悉的所有結構、組織及經驗背後。

(在九點三十四分停了一分鐘。)請等我們一會兒……意念的世界處處滲透進物質實相，但意念，縱使在未被表達時，也擁有自己的組織、呼應，及自己的活動和發展的圈子。那麼，主要事件從所有意念於其中發源的意念實相浮出，而透過天然的呼應統合那些意念。每個你所知的具體顯現都有它永遠偃臥其中的非具體的對等者，它由之而來，並且也會朝之歸去。

(九點四十分。)比如說，你們的歷史時間只是居住在地球上的一個時間族類，此外，還有許多其他的呢。時間本身出自意念，而意念本身則是無時間性的(停頓良久)。所以，以那種說法，並沒有時間開始的一點，雖然從你們自己的觀點，這樣一個說法變得必要了。

(在九點四十四分停頓良久。)人幾乎不可能看到是他透過他自己的聯想與焦點形成「歷史範疇」這個概念。所謂理性思維的專門化用法，常常令他窄化了可能放大他觀點的對別類經驗的神經性認知。在夢裡，就那方面而言有較大的餘裕，意識變得較熟悉它自己內在的活動，並且甚至較熟悉它在通常清醒的偏見之外所做的那種工作及行爲。如聖經上所說的創世的故事，是一個主要事件的象徵性代表——當然，一個變成了它自己的事件的傳說，在其四周形成了整個的藝術與文化、宗教與學術。這同樣也適用於基督教本身，因爲所有與公認的基督相連之彷彿的歷史事件，並沒發生在物質實相裡，它們發生在另一個確實性的層面，而被嵌入你們的時間架構裡——觸及這兒的一個角色，及那兒的一個確實爲人所知的歷史事件，且與當時的事件混合在一起，直到兩條活動路線是如此的交纏，以致你不解開這個就無法解開那個（全都非常熱切的）。

因爲對在你們的事實世界裡並沒發生的事件的信念，才使得歷史以某種明確的形式發生。因此，那些內在事件之主要的、輝煌的推動力，向外潑濺到人類風景上，推動了人們及文明。

（在九點五十五分停頓良久。）在一開始，基督的故事根本不像它現在那麼簡明俐落，因爲最後建立起來的公認的基督形象是安頓在一個神—人的無盡版本上的一個。這些神—人版本，長久以來是與人類心靈密不可分的：公認的基督是心靈的組合物，在他心理角色之內攜帶著新舊神祇的回音——一個才剛開始在時間裡被充實起來的形象，雖然那形象是在時間之外開始的（再次的，全部非常熱切）。

這種主要事件引起具體事件，但它們最初並非從具體事件浮出來的。

（十點二分。）保羅（塔色斯的掃羅——譯註：保羅之別名）有他的靈視。現在，那靈視（在其中保羅不僅看到了基督之光，並且也聽到了他的聲音）發生在事實世界裡。它發生了——但保羅並沒看見過一個有神聖傳承，且被他的父親派到世上過著公認基督的生活而被釘死在十字架上的人，也沒與他溝通過。保羅有了一個與他自己心靈的需要、願望及要求呼應的靈視，而他的心靈則是與他那時代的世界相連的。他的靈視依循著他曾聽到過關於基督故事的模式，那故事已開始在他心內釋出一個極大的渴望，而隨之在那靈視裡被表達了。

許多世紀以來，基督教有做為一個令人讚歎的具創造性的組織性架構的作用，表達了靈魂實相的廣大繁複。基督教也以它自己的方式，甚至想辦法將人類較不美好的屬性，聚集在比過去較不受非難的目標上。那特定性質的主要事件，帶來了對歷史事件的一個全新的詮釋：它們的強度、力量及看似強迫的性質，正因為其源頭不是具體的，而是汲自心靈最深的源頭才得以存在。

所有那些都是書的資料。

(十點十三分，賽斯在表達了一兩個安慰珍的想法之後，在十點十五分道晚安。珍說：「嘿，我差點兒就沒上這一課。」她的傳述很慢，但卻比平常要熱烈，而她驚喜交加的說：「怎麼樣啊！我真該死，我今天看了一下子書，但我並沒期待在下週之前會得到任何東西，我並不知道我會得到任何關於基督的資料。我敢打賭，那就是賽斯為什麼沒說這是書的口授，直到課結束時……」

我笑了起來：「我立刻就認為那是書的口授，但我沒問。」珍在課之前並沒像當她知道將要繼續寫書時常常有的那樣，感覺到任何的緊張，她現在覺得好多了。)

註一：此地是我給星期一晚上第九二七節私人部分的筆記：

（珍上個月的大部分時間都很不舒服，她的手臂、腿、膝蓋與背仍相當難受——尤其是當她在晚上試著睡覺時。我在早上不再叫她起床，因為那似乎是她最寧靜的休息時間。

我們領悟到所有那些身體上的改變都是正面的事情。舉例來說，我在課前告訴珍，她的手臂的確是更直了。今天下午，如她所說的，「斷斷續續幾乎有一小時之久」，當她在桌邊工作時，她的視力進步得相當多。近來她不再靠著她的打字桌走路，縱使她仍佝僂得厲害，然而，她從她的桌子走到沙發的脚步則穩定得多，並且比較平衡了。當我建議今晚的課要談她時，她回答：「賽斯會說他本來要說的東西。」）

當賽斯在十點十三分繼續上課時，他說：「現在，魯柏的身體正試著改正它自己。當他躺下時，他的身體正試著伸直起來。神經模式正被重新啟動，循環模式被加強，而現在，在一個集中而頗為強化的身體騷動裡，肌肉在它們自己的運動裡伸縮。你們習慣於認為任何身體的騷動都是破壞性的，而因為在你們的文化裡，你們的背景在這種情況裡沒給你們多少經驗，所以你們會以最糟的看法來看這種騷動。

「不過，魯柏在事後的確感覺到某種緩解。他走到沙發的脚步是比較穩了，他的背開始彎得較自然了。非常重要的是，他得了解並且信任這種情形。在那些情況下，他有時的確覺得孤立並且害怕，而你只要跟他講話或給他按摩就能幫上忙了。他能藉由記住我所說的，藉由在這種時候溫和的運動，並且藉由記住的確在支持他的身體內的奇蹟式過程，來幫助他自己。

「他也正靠自己發現一些精采的想法。

「此節結束，並祝晚安。」

（珍在十點二十分結束此節之後笑著說：「天啊，我該更常進入出神狀態，我不覺察我是怎麼坐著或什麼的。這是我今天最舒服的時候……」）

第九三一節　一九八一年七月十五日　星期三　晚上八點三十七分

（即使在我寫這個時，我也很難相信，自從珍在一九八〇年十一月十二日上了給這本書的最後一節第九二八節之後，已經有八個月過去了。時間過得這麼快，並且如此被種種人的、工作上的及世俗的事件所塡滿，以致時間的移動幾乎難以令人察覺。在這期間珍給了兩次固定的非寫書課，再加上四十八節的私人課，所以我們非常忙！自那私人的課裡，賽斯把二十五節全部或部分的資料給了珍的「有罪的自己」。珍在今年三月十一日的課裡傳述那個題目的序，我會在註裡予以引述。以下講「有罪的自己」的二十四節課，從四月十四日到七月十三日以集中的一大團傳了過來。我也計畫摘錄幾節在註裡，並且摘錄幾則珍一九八〇及一九八一年的個人日誌。換言之，這個為第九三一節的開場白將會是很長的。

在第九二八節之後，即使賽斯有明顯的幫忙意圖，並且在珍也想得到並接受那幫助的明顯意願下，珍仍然困居家中。縱使珍不能走路，她卻繼續從工作椅走到客廳沙發，她現在在那兒上大半的課。當十二月來到時，因為她難以在浴室裡移動，她不再走進淋浴間了，所以，我開始幫她擦澡。她的身體情況顯然與她的創作情況密切相關，縱使簡單的寫字動作，對她而言也變得越來越難了〔註一〕。

在十二月四日我將《珍的神》校訂稿寄回給出版商。那個月下旬珍第一次允許我把她的座椅推到客人面前——一群週五晚上的朋友，很像我們過去在城裡公寓每週末有的那種自由及充滿活力的聚會。我們所有的朋友都已知道珍的身體症狀有好一陣子了，但珍以她的天真與決心——以及她對世俗實相的神秘觀點〔註二〕——大部分時間拒絕把她自己如她所說的「展示出來」：她覺得她應該為她自己及別人提供一些較好的東西，縱使她已為自己及別人在過去的十七年裡，提供了所有那些極具創造性的作品。

既然珍無法自己離開家，更別說去買聖誕禮物，她請一個好友買了她想給我的聖誕禮物。不過，我的太太自己包那禮物，她警告我躲開寫作室直到她包好為止〔我將眼光移開，而把我自己的禮物放到壁櫥裡藏起來，一直藏到聖誕夜〕。然後，在十二月下旬，《群體事件》的最後一校稿子來了。《群體事件》對珍而言，曾是一本特別難製作的書；她在給那本書的課時經驗到許多長的耽擱。在校對時，珍打開了她對自己及她的工作之反應的新洞見，她將那些衝突總結在她在我們結婚二十六週年紀念日所寫的筆記裡〔註三〕。我看到在她為本書所上的課裡有同樣的耽擱現象發生——對我而言，那是指珍同樣的心靈及心理的力量仍在運作。在我們非常安靜的慶祝年終假期的期間，我們校完了《群體事件》，而在一月初我將書寄回給譚。

當《珍的神》最後一校在一月中寄到時，珍覺得好多了。一月二十日我們的新總統宣誓就職，並且五十二位美國人質在被禁四百四十四日之後同時釋放了，我們在這段時間裡校對那本書。我們發現，在許多方面，我們的國家意識的運作，既極具創造性又非常令人有挫敗感。我認為我們的總統及副總統的簡單宣誓極為動人，我感動得說不出話來，坐在珍身旁一邊看電視上的典禮，一邊吃午餐。同時，那些人質在伊朗已「幾乎自由了」，他們的座機正滑進伊朗德黑蘭機場的跑道而準備起飛。當我們的國歌唱起時，我雙眼濕潤，好像被催眠似的坐著，為我們的國家、為我們落敗的總統、為他的繼任者及人質祈禱。人質的座機升上了天空。

珍說：「天啊，我希望一切都順利。」

「嗯，」我在找恰當的字眼，「我們所見的是這個國家在當下所能提供的最好東西。總是這樣的——你知道，我們的國家意識的集體表現——呃，以不論什麼方式，與伊朗，也與地球上的每個其他國家合作……」

就像是為這些大事件製造微小而極端個人的對等物，珍和我完成了《珍的神》的校對；她繼續努力給《如果我們再活一次》寫隨筆，與一些新詩；我畫畫、回覆許多信件，並且幫她繼續我們的私人課。而我認為我們的那些舉動，與正在進行的全國性戲劇相比，雖然如此渺小，實際上卻是我們對那些偉大戲劇的貢獻。縱使是我的太太到一月二十六日已有十週不曾用打字桌來行走這個事實，也扮演了一個角色。我感受到那個聯繫，但卻無法將它表達得很好。在那同一天，我們將《珍的神》最後一次校稿寄還給出版社了。

珍又再常常夢到走路、跑步、跳舞及正常的活動。對我而言，那些夢不只是來自她自己心靈的鼓舞信息，並且也是來自我在這節註二裡談到的，她自己的另一個版本，在那個實相裡〔以及在一些其他的實相裡〕，她真的擁有她所有的活動能力。在這個實相裡，她身體大半的時間感到很不舒服。在二月初，她寫了一篇談賽斯的小品文，把賽斯當作是一個「主要事件」〔註四〕，那篇文章是她從一本老筆記裡的資料得到靈感的；珍將它加以引伸，努力將我們自己生活中的事件契入我們的國家意識。我告訴她，如果賽斯真的是一個主要事件，那麼，她的創造性作品的暗示是很了不起的：她所能提供的東西的確有價值，而能對人有重要的幫助……

她二月十一日在筆記裡寫道：「我計畫很快就開始打我詩集的最後校稿，那些詩本身並不需要最後的校訂，只是那些隨筆需要。」

在她對於賽斯是誰或是什麼——縱使他是個主要事件——的不斷質疑當中，並且在她對害怕導別人入歧途的關切當中，珍四天後在筆記裡補充說：「我能想像到對賽斯最壞的解釋是，他是我否則無法表達的我之一部分——那是一個心理學上的說法。既然他的資料是如此精采，又怎會有什麼壞處呢？是否因為我**會是**在假裝我比我是的要好——比別人要好？或導致別人去相信死後的生命，因為那資料**是**如此令人信服？」

我問她，她是否考慮暫時放棄上課，休息一下，讓她創造性的自己給她對這種問題的答案。她說不〔註五〕，因為她已開始了一串私人課，並不想停下來。兩天後，在二月十七日，賽斯說了一些透露玄機的話：

「現在：一般而言，魯柏喜歡我們的課，並且以一種天然的熱情來看待。

「再次的，一般而言，不論是否涉及了書的口授，這都適用。不過，在書的口授裡，當她變得太嚴苛，而擔心關於幫助解決這世界的問題的責任——有關他或我在那方面的能力——並且當他考慮到任何一個題目可能引起任何一群人可能的及種種的抗議時，麻煩就來了。所以，如果那討論的範圍變得太敏感，我們就讓口授暫停一會兒。有時我會先將那特定的資料嵌入你們的私人課，所以他會對它變得適應些〔註六〕。」

繪畫對珍而言真正是純粹的樂趣。她並非沒有失敗過，但自從我們在一九五四年相遇以來，她的作品有了長足的進步，並且是以我事先未曾預料到的方式。的確，我現在認為我的太太以她的方式，比我以我的方式，是個更好的畫家，這並不意謂著我是在任何方面貶低了自己的能力。珍比較**自由**，她以油彩、壓克力及水彩作畫。當她畫畫時，她體認到她以其他方式得不到的一種從時間、關切及責任中的釋放——而那種快樂的確加強了賽斯一直在強調的生活品質。她的畫是她未受阻礙的創造性轉譯賽斯資料成為色彩，而非文字。由於她有視覺上的毛病，珍的透視與我不同，然而，卻以她「本能的」設計及色彩，選擇達成了她自己的那種深度。她的畫，包含了一種令我嫉妒的迷人的、天真的及神秘的自由。我認為想評估她的寫作及心靈能力，就必須對她的畫做深入的研究。對我而言，珍身體上可動性的逐漸減少，造成了她繪畫可動性的強烈補償性成長。我也以為她的畫反映出她在夢裡自由的身體活動。所有那些都絕非偶然，我曾見她幾乎自動的轉向唯有繪畫能給她的慰藉。

三月初的那些日子，對珍而言，是個思緒繁忙的時光。在六日的清晨，她有一個涉及她自己的非常生動且快樂的轉世夢，並且還有一個她回到她此生的過去的夢。她在第二天寫道：「我極少有轉世的夢，但我在兩點左右醒來，記得這個以及另一個夢。」第一個夢給了她關於她在十六世紀以修女的身分住在法國現在為諾曼第的地方那一生的資料；第二個夢是有關她對她外祖父約瑟・柏多的死的強烈反應。

珍多生以來與宗教的關聯及挑戰，在她身為修女的夢、兩晚後的「夢魘經驗」（註七），以及她在三月十一日的私人課裡的主題中都非常明顯。在那節裡，賽斯用她的夢魘做為基礎，討論她做為修女的一生，提到了她的外祖父，並且開始了我在這第九三一節開始的註記裡提到的「有罪的自己」的資料。他談有罪的自己之資料，開啟了珍（及我自己）尋求對她徵候之了解的一個非常重要的發展，而我在註八裡對那節做了摘要（不久我就領悟到，我可以用註來寫出談有罪的自己之另幾節課的一部分〕。

在四月十二日，哥倫比亞太空梭被射入了環繞地球的軌道，而我認為珍是以她擁有的唯一戴具——她自己的心智——去探索內在空間，以與那明顯的對外在空間的探索互補。在這段時間裡，我們常常重讀賽斯談有罪的自己的資料，那資料感動我們至深。結果是在四月十四日，哥倫比亞號著陸的那天，賽斯開始了一長串的課，談珍自己的有罪的自己，以及其一般而言的特性。第二天晚上，珍讓賽斯傳過來一些極端重要的資料〔註九〕。

當賽斯進行那系列時，他從幾個觀點深入了珍的有罪的自己：在她早年與天主教會的密切關係裡，那有罪的自己的誕生及長大；她非常頑固的核心信念的發展；她在十來歲時離開教會後的矛盾心情；在婚後她開始體驗到的衝突，包括在一方面她有罪的自己以及她認為她棄置了的宗教，而在另一方面，科學、繪畫、寫作、以及她發現她自然的神秘能力，透過賽斯資料所採取的非傳統方向；她對導人入歧途與日俱增的恐懼；以及她——及每個個人——非常真實的對達成價值完成的需要。

賽斯也討論到多年以來珍受到她母親瑪麗不斷的心理虐待，以及那年輕女孩因而對被棄的深深恐懼。珍一直沒除去那個恐懼，而需要經常的保證說她是個有價值的人。當她從三歲起與一個離了婚，並且臥病在床的母親相處時，她很少得到那種保證。

在珍的早年，她自然深愛她母親，並且試圖以一個孩子所能做到的每種方式去討好她——然而，她卻因瑪麗對待她的方式而感到羞恥，而在成長期間，一直將此事當成一個秘密；在我們結婚幾年後，我才開始了解她在那方面感受的深度。賽斯告訴我們，珍的有罪的自己甚至因為瑪麗對她的虐待而感覺有罪，那有罪的自己假設它一定是很壞，而活該受到那麼多年的心理攻擊！

當下一晚，四月二十三日，賽斯告訴我們，珍有罪的自己認為她的身體症狀「為了此人自己的好處」是必要的；那個自己對於其政策已變得自我毀滅這件事沒有概念；遵循著天主教及非天主教的基督教義，那有罪的自己相信受苦對靈魂是好的；而肉身自己之受到恩寵的概念，對那有罪的自己而言是褻瀆的。對這些我們都難以相信。

然而，賽斯告訴我們，不管怎麼說，一旦珍有罪的自己被觸及，它就可以開始改變。我們已觸及它到某個程度，並且也不只一次，但所涉及的情緒上的不安，令珍在這段時候覺得更糟。照賽斯所說，珍有罪的自己已不再與教會認同。那個自己本身已變得受驚了，在它本身內因它早年的訓練及珍偉大的創造力而感覺到衝突，它將創造力認為是錯的：創造性的自己是有罪的。因此珍在睡眠中會有恐慌的發作。

從四月到五月，當我變得對有罪的自己運作的機制更了解時，我很難控制自己對它的憤怒及難過的感覺。當然，很顯然的，我的感受反映了我自己的有罪的自己之作用，或反映了一些相似的心理特質——因為我如何能在幾乎二十六年裡如此深深涉入我太太的挑戰，而沒有我自己人格的深層部分去與之互補呢？賽斯告訴我，我憤怒的方式正是不反應，而縱使在我翻騰的情緒當中，我也必須同意賽斯的說法。珍在早年已拒絕傾聽她的那個自己。賽斯在四月二十八日說：「我的意思並不是要指責有罪的自己，卻是要去了解它，它的需要與動機。並且告訴它，它是在童年被售以一些不好的觀念——被嚇呆了，被中傷了……。魯柏的整個症候群並不遵循任何既定的模式，它們是施加壓力的結果，最後被無望感以及被一些相對的孤立感所加強。」而我是如此被他對珍的無望感的說法所震懾，以致我再一次回去看四月十五日的私人課。見註九，在其中我摘錄了賽斯談她追求價值完成的資料——若沒有賽斯課的心靈突破，「魯柏會感覺無法繼續他存在的那特定方式」。

到現在，讀者們必然很清楚的看出來，賽斯談有罪的自己的資料，很可以被當作是他實相的神奇之道的資料之另一面。我實在是太覺察到一個令人不舒服的二分法。我想，的確，不論這多令人生氣，至少對珍和我而言，那神奇的自己似乎與日常的實相離得那麼遠，同時，那有罪的自己卻是這麼近！想要去搆到神奇的自己，可以被認作是某個理論上可以達到的目標——但那有罪的自己卻就在那兒，在個人生活最親密的範圍裡運作。到底多少人有這種情況？我知道賽斯只會說，那神奇的自己就與任何其他的自己一樣真，也一樣近。對個人而言，每個人的挑戰是知道並且相信這件事，而去清除掉圍繞著神奇的自己的雜草，使它能無礙的綻放……

在五月末我們從出版社收到第一本《群體事件》，我們對這本書終於出版感到既高興又困惑，尤其是想到珍在三年前給了那本書的第一節，我們覺得從那時候到現在已經過好幾輩子了。

珍整個的症狀惡化了，而我感受到在她的情況和《群體事件》的到來之間有所關聯。到六月二日為止，她已有六個半月沒走路了，就在那一天發生了一個危機：在浴室裡，在她這麼多年的身體疾病當中，她第一次無法把自己弄回到在水槽邊有輪子的辦公椅裡。因此我抱了她——而那個舉動對我倆特有的頑固自主性都是一個深重的打擊。我不知所措，珍也一樣。就像是想為我自己對變壞的情況的不安贖罪，當我第二天在打那晚的課時，我嵌入了我對我太太的愛的聲明。我後來才知道，那簡單的補充大大的影響了她，就如當我寫它時對我的影響一樣〔註十〕。

幾天內，當我在珍坐著時量了一些尺寸之後，我們的建商朋友弗洛伊德・華特曼，幫我鋸短了一張老式的直背椅，而替它裝上小輪子。這張椅子比新式的椅子要窄，而它很適合在浴室及坡居的一些其他地點活動，因此珍就可以很容易的從辦公椅、沙發或床把自己弄到它上面去；她可以自己坐在它上面在屋裡活動，或由我推她。只有一個小小的問題：她無法忍受坐在沒墊子的木椅上超過幾分鐘。所以，當第二天她起得晚時，我自己加裝了一個墊子上去，然後她覺得那椅子非常好用。

在接下去的日子裡，珍好幾次試圖站起來，以便她可試試靠著打字桌並且推著它走路，但每次她都無法做到。她的脚開始發腫。她開始寫有關「巨石陣」(Stonehenge)，那矗立在英國南部偉大的巨石柱群的詩。她很少打字，因為她的手臂很瘦，但她的確畫了一些畫。我們在六月十五日的晚上上了一課，而以下是我在其開場白中的主要段落：

「晚餐後我與珍討論我心中想問賽斯的問題，那是有關自從我們開始這一系列的課程之後，她的有罪的自己可能學到了些什麼。我說，很重要的是告訴她有罪的自己，說它的行為對珍非常具破壞性，所以它必須放鬆控制。我想要知道那個自己對珍對她身體的存活已無能為力的事實抱著什麼態度——沒有我的幫助珍已不再能照顧她自己，而這明顯的暗示了如果她的情況繼續惡化到死亡那一點的話，她那有罪的自己也會死。我想知道對於這樣一個矛盾的情況，珍有罪的自己怎麼想。不論它怎麼推理或反應，那個自己必然會關切到自己的存活——但是以什麼方式，並且建立在什麼知識及理由上呢？當然，我們現在有一些答案，但我想要更多。」

在那節課的本身裡，賽斯只不過才開始回答我的問題就沒再談下去了。反之，他相當詳細的談到珍如何能寫一篇〈意圖的心靈聲明〉，因此，她有罪的自己會確切的知道她想從生命裡得到什麼。她第二天開始寫這篇聲明。那同一天，當我們收到第一本《珍的神》時，我恭喜她，我告訴珍《珍的神》是她最好的一本書，而我希望它能賣得好。然而，我悲傷的注意到那書的出現導致她症狀的另一次加重——就如當我們二十五天前收到第一本《群體事件》時一樣。我們很快就會發現，她有罪的自己已將這兩書的出版、我昨晚的問題、以及賽斯自己的建議併在一起，而形成了一個對它情緒上的刺激。

六月十五日的課是賽斯談珍有罪的自己的第二十節。然而，彷彿那還不夠似的，在六月十七日那個刺激被觸發了：珍突然直接從她自己有罪的自己開始寫下資料，看起來似乎是那個自己終於被拱出來為它自己辯護。有五天之久，她在一段段興奮的張力中寫作，當它透過三十六張手寫的稿子提出論點及辯護，珍也開始寫幾首詩來陪襯她的散文，並且有了幾個相關的夢。

如果說賽斯開始給他對珍有罪的自己所持的信念之版本時，我們曾大為驚駭的話，那麼，當那自己開始替它自己說話時，我們就更是如此了。而再次的，我必須小心我自己不安與憤怒的表現；那些情緒是如此的與我對我太太的愛混在一起，以致我對這整個情況甚至發展出一種變態的黑色幽默。然後，當珍有罪的自己正在表白時，賽斯又傳過來談同樣主題的另一節！但她就是必須要由她自己去得到那從她自己的那部分來的最後而直接的訊息。除了那一節之外，當她如此做，她甚至令賽斯在一旁涼快。但賽斯本身很高興珍的突破〔註十一〕。

得意伴著震驚而來。我們恭喜我們自己，在這兒攤開了多少年來隱藏在珍的症狀下作用的所有那些信念與動機：這兒是**眞正的**理由——現在我們可以連根拔除她身體上的困擾！珍有罪的自己的表白，無疑是補足了賽斯的資料，而我們認為這是他談神奇之道的資料的另一面。

當她的資料之流終於結束時，珍累壞了，她眼睛紅紅的而且神色困惑，她說：「哇！我從不知道——我從未夢到——我裡面有那麼多東西……」

我們說，她能把它全挖出來是多幸運的事。我們又說，那些需要這種幫助的其他人，也許無法做到同樣的事又是多悲慘啊……顯然珍從她有罪的自己而來的資料，是太長並且太複雜而無法放在這兒。但我強調那有罪的自己主要的關懷之一，是它真實而反諷性的困惑，對於為什麼人這麼久以來——也許甚至在他開始記錄他的歷史之前——一直在創造並且仰賴像有罪的自己那種存有！我告訴珍，那關懷無疑是創造性的；她有罪的自己真的在質疑為何她把它維持在這樣狹隘的範圍內。

再次的，除了去信賴我們會盡我們所能的去做之外，我們對於如何用珍的資料沒有任何的指導原則。獲得結果可能會要花一些時間。我問她：「如果妳要寫那本談神奇之道的書的話，妳會用上所有這些談有罪的自己的東西嗎？」珍不知道，她倒知道她一直在考慮給一本談神奇之道的書寫個大綱。同時，在六月二十二日我突然想到一個辦法，就是在這兒摘出一兩頁她有罪的自己的資料，然後在我要給這本書寫的介紹裡，連同其他的摘錄再重複一次。

珍以這種方式為她有罪的自己寫道：

「我憎惡加諸於我的不公平的命名，因為如果我曾相信罪的現象，而想要——顯然太僵化地——逃避它的話，其實我的意圖及興趣一直不是逃避罪，而是追求永恆的真理，與宇宙性目標的聯盟，或至少在精神上與自己、全我及宇宙心的合一。那些目標點燃了你的創造力，並且曾（而且仍然）驅策你去探索存在所有可能的種類，尋求表達在每個存在——你們的以及我的——之內及之後的那些神聖的神秘。

「我們的探索所涉及的並非由別人傳下來的第二手證據，卻是我們的意識及存在與廣大的未知因素直接的個人接觸——自己（人性的並且脆弱的）與『神祇』及『永恆』之心理領域的會合，那是**我們的**天性感覺被吸引……並且獨獨能感知的心智的巨大領域。

「首先，我相信靈魂死後猶存，縱使我在心中相信罪惡及魔鬼的存在，我也啟發那『創造性的自己』盡可能自由的走出去。在心中我感覺到該隱沈重而殘酷的印記〔譯註：創世紀裡，亞當的長子該隱殺害其弟亞伯〕，感受到人類不公平地揹著被罪及古老邪惡所染的幾乎不可抹消的負擔——那悲劇性的缺陷。所以，我推理：如果我有缺陷，我必然自動地扭曲甚至那些看來最清晰的靈魂的經驗。既然我分享了那有罪的傾向，那麼，當我最信任我自己時，我必然不知不覺地陷入錯誤。然而，縱使有那些感受，我還是（我們還是）堅定不移地向前進。」

然而，毫無疑問的，就像是它們有它們自己的集體生命，珍的症狀在《群體事件》及《珍的神》出版後每況愈下。舉例來說，她的脚變得越來越腫了，甚至在她的椅子與沙發之間走那幾步都非常的困難。好幾次她拒絕了我——及其他人——提供她就醫的協助。在這些筆記裡我沒寫更多有關醫生及醫界的理由是，因為我根本沒東西好寫。珍，以那種她能表現的頑固的極致，在那方面根本就不肯合作。當她打她自己那有罪的自己的資料時，我們研究著它。一而再的，我們詳細查看我們認為與她的症狀有關的所有那些因素：選擇、恐懼被棄以及自我保護的需要、悔罪以及她的天分之可爭議的本質。七月到來，在四日的晚上——沒錯，我們在那假日「工作」，因為珍覺得想要有一節，並且因為「時間」對我們而言已變得如此珍貴——賽斯傳來一些非常有趣的新資料，以回答我們的問題〔註十二〕。

自從在一九八〇年六月九日第九一九節，珍為此書的這一章給的第一節以來，到七月八日我們已累積了六十一節完全私人的課〔在那十三個月裡，我們也舉行了十節正規的非寫書課及另一節寫書課〕。當珍在八日開始研究那大量的私人資料時，她突然把它擱在一邊，而自發的給賽斯的神奇之道寫了一個完整的大綱。自從在十一個月前她給了那題目的第一節之後，她就有許多次這種衝動，而我一直希望她會試著寫下去，而且才在四天前，賽斯還說過他衷心的贊成這個方案。

珍給此書這一章的最後一節是第九二八節；她是在八個月以前傳過來那一節的。自那時以後，我為第九三一節準備了所有這些註記，為的是要整理出我們個人的、職業上的及世俗的生活情況——然而，當我向回看時，我不知道我是否適當的把每件事都通盤考慮到：除了那些我選擇的外，我本可以選擇其他的課，寫其他的註記，珍和我也可以問其他的問題，而我可能得到其他的結論。

舉例來說，最近我重讀賽斯在第九一五節裡的這段話：

「現在，魯柏正歷經一些深奧的治療性改變。可能性在每一點與你們的時間相交，而那些可能性是被心理指揮的。所以，以你們的說法，他是在一個絕佳的交會點，而他痊癒的機會是非常大的。告訴他我這樣說。而你倆都有責任，因為你倆的人生以它們的方式匯合在一起。」

那麼，我為何沒有將這篇導言的資料圍繞著**那一**節來寫，反而跟隨著我後來的方向呢？為什麼從那時起珍的身體狀況退步了那麼多？而為什麼我們未能阻止那個滑落？在回顧時，幫助她的可能性彷彿是無限的，而至少其中有些顯然比我們已選擇的要好。

珍不同意我的懷疑，而一如往常，她總讓我按照我認為最好的方式把這書組合起來。她天真的接受我的勞力，如這些註出來的樣子。而我很確定，那信任永遠反映賽斯自己對實相的更大觀點，如我剛才摘自第九一五節的話。我們的挑戰一直反映出我們同時的所有可能實相，而透過它們，珍和我自己最大的畫面被呈現了出來。在這個可能的實相裡，我們用我們能自那偉大的整體收到的東西來努力。我們一直努力學習去問更好的問題。

現在，我們已經趕上時間了，讓我們開始第九三一節。一如往常，我們在一九八一年七月十五日，星期三，晚上八點三十七分等著上課。

剛在課開始前，珍提醒我說，她最想要賽斯評論她今早的那個轉世的夢。在四個月裡，這是她第二次有這樣的經驗——對她而言這是非常不尋常的——而這甚至引得她以一種新的方式去反思她有罪的自己。在早餐後她將她所能記得的寫了一個非常粗略的報告〔註十三〕。她認為那經驗是由昨晚的電視影片所觸發的。我只看到那節目的尾巴。但珍告訴我它涉及了一個人從現在的人生旅行到過去的一生裡去，她覺得那故事的一些觀念十分有意思。

不過，結果珍的轉世冒險也許達成了兩個作用，它不僅給了她關於她有罪的自己一些洞見，並且現在她從賽斯那兒收到訊息，說道他關於這夢的評論可能會變成是給本書的口授。近來在不同的時候她曾瀏覽本書的課，所以也許我不該如此驚奇。她問我是否介意今天來做這本書，而我說當然不會，她和賽斯有絕對的自由去談任何事情。珍回答說，如果賽斯真的討論她的經驗，就會與「時間覆蓋」有關。她回到寫書上並不緊張，她說書的口授並不表示她會放棄私人資料，或放棄她預期談神奇之道的書。）

（緩慢的，帶著許多長久的停頓：）

現在。

晚安。

（「賽斯晚安。」）

時間覆蓋是主要事件的版本，因爲它們以這樣一種方式發生，以致一個整體事件的一「面」可能出現在一個時間，而一面則出現在另一個時間，其餘依此類推。

那麼，時間覆蓋是某些事件的時間版本。這些時間覆蓋永遠存在。（停頓。）不過，它們可能藉由在你現在所做的一些聯想而啓動起來，因而將一些或從未來或從過去的點點滴滴帶入你現在的時間。那麼，所謂現在的時間是被在心靈深層的心理上的覺悟所增厚了，那覺悟是：所有的事件都是相互關聯的，而任何既定的個人之轉世經驗，都提供了一個豐富的經驗源頭，每個人至少無意識的從其中汲取。這種通常無意識的知識，對人類本身有極大的益處；所以，至少在某些層面，人類的知識不至於被禁錮在任何既定的一代裡，卻周流於整體更大的轉世畫面裡。當然，在此相當涉及了可能性，而對特定的事件而言，落入一個時間順序要比落入另一個容易些。

不過，我不想讓你們覺得你們注定了要經驗某些事件，因爲事實並非如此。可是，在你其他的轉世存在裡，會有你自己人生事件的「分支」可能做爲時間覆蓋出現，可是在某些點，這種事件比在其他點和你更接近。在其中，在任何既定時候的精神聯想，可能令你聯繫上一些未來或過去一生相似性質的其他事件（註十四）。若說那些相似的事件是一個更大事件的時間版本，這個說法是更眞實的。一般而言，你只經驗任何既定行爲的一個時間版本。無疑的，我們比較容易明白，一個生日、結婚紀念日或特定的象徵或物件，如何可能被用爲聯想的連接物，而在你內心激起其他時候在相似的情況下發生的某些主題或行動的記憶。

（八點五十四分。）實際上，就人類而言，那種心理行爲代表了社會組織的主幹，而正就是那通常隱而不顯卻確定的對轉世關係之過去或未來的記憶，鞏固了社會組織，從小部落到大政府都是如此。

當然，到某個程度，你們曾經，或將會彼此相關。以那種說法，所有時間裡的事件都會彼此相關。在你生命的每一刻，你都與一個未來或過去事件擦肩而過。

在你們所知的文化裡，這種資料一直不爲你們所知。你們主要的信念系統，導致你們覺得你們現在的人生是單一的，不被任何對存在的先前經驗之知識所支持，並且注定毫無未來的被切斷或死去。反之，你永遠攜帶著無數可得的未來的內在知識（強調的），你的情感生活在某些層面被那些無意識的覺悟豐富了。那是說，那些過去或未來愛你的人，是由特別的聯繫與你相連，那增益了你的情感傳承與支持。

如許多人曾假設的，尤其是在小說裡，愛的關係的確是超越生死的，並且把你們放在一個特殊的交流裡。縱使你們覺察到轉世的存在，你們現在的心理行爲也不會受到威脅，卻仍能維持其突出性——因爲只有在某些時空的交會點，實際的行爲才會發生。不過，對轉世學說多少一般性的接受，會自動的改變你們的社會系統，增益經驗的豐富性，而尤其是嵌入了對未來的一個新鮮感受。因此，你不會覺得你的生命是條死巷。

先前我提過好幾次，我們必須達到一個點，在那兒你們能夠看清似乎矛盾的資料，而這就是那種場合之一。（停頓良久。）時間覆蓋呈現給你一個畫面，在其中你有自由意志——然而，你選擇的每個事件會有它自己的時間版本。那些時間版本可能一個與另一個完全不同。而雖然你無疑的啓動了你自己的時間版本，但就通常的了解而言，並沒有一個眞正的時間或空間，在其中那個版本可說是實際地開始了（再次強調的說）。

（九點十四分。）當然，這樣一個時間版本暗示了在時間中發生的一件事，然而，那事件可能只留下一個鬼影似的痕跡。可以這麼說，因爲它幾乎沒有具體顯現，同時在另一生那時間版本也許是相當的突出——雖然在你自己的經驗裡，它只代表了一個平凡下午的一個相當瑣碎的事件。

不過，事件的內核正是被那種活動維持住的。你們在各方面都由過去與未來提供了一個可能事件無盡的來源，而由之組合你們生活及社會的事件。再次的，讓我提醒你們，所有的時間都同時存在。

昨晚，在夢境裡的一個經驗中，魯柏藉由親眼看到兩個其他人生的一部分，而收到新的證據——只是環境的片段，但卻如此深切的充滿了可貴的私人所有物以及摯愛的人，如此切身而鮮活

——以致他很震撼的覺悟到，存在的整個次元可以以這種細節與深度如此完整的繼續，而且與他現在的人生同時存在。

就好像他可以從任何一個這種存在走入另一個，就如你可以從一個房間走到另一個一樣。而在心靈的其他層面他明白那點——而當然，在心靈的其他層面，那些心理的門是開著的。

（九點二十五分。帶著許多停頓，但全都很熱切：）不過，對於「轉世的學說」，魯柏有特別的困難。因爲如通常被描寫的，人們似乎怪罪轉世是目前不幸的來源，或他們否則無法理解的個人行爲的藉口，而轉世曾受到如此的污蔑。不過，透過你所了解的時間架構，轉世的實相被用來啓動活動以統合人類，強化知識的架構，傳遞資料，而也許最主要的是，在世世代代的男男女女之間強化了涉及愛、兄弟之情及合作的關係，若非如此，那些人彼此會是相當疏離的。

舉例來說，透過這種關係，穴居人與二十二世紀的人有所交流，雖然在嚴格的時間說法裡，人類似乎與其「先前」或「隨後」的對等者毫無關聯。

透過這種行爲，維持住人類整體的價值完成之目的與意圖的焦點，然後那些必要的條件再被植入所需要的不論什麼時間或空間裡。再次的，在所有這種冒險裡，自由意志仍然在作用。

現在，雖然看起來你們的世界一直在包括越來越多的資訊，但你們特定的那種科學卻是相當狹窄的一種，因爲它只接受某些特殊的臆測區域爲有效的。而在它界限之外的區域變成了禁忌，以致未知的領域不再是物質的宇宙或太空的神秘，卻是內在的宇宙以及心智的神秘，因爲這些被體驗或被懷疑爲存在於那些官方的區域之外。到那個範圍，科學對「未知」的恐懼遠多過它對宗教的恐懼。

宗教被它自己對善與惡的詮釋所牽累，但它並不否認意識的其他版本之存在，或不同種的心理活動及生命。（停頓良久。）當然，轉世暗示了個人存在的延伸超過了一個時段，獨立於一個身體形式之外，以及智慧透過非肉體架構的轉譯或傳送，而暗示了心理行爲、記憶及欲望是有目的的行動，而毋須任何實體的身體機制——那是在目前發展階段的科學根本無法接受的說法，並且它也無法找到證據，因爲科學方法會自動排除了這種證據所要求的那種經驗。

那麼，人們會變得對任何一種暗示了轉世生命的個人性經驗變得十分害怕，因爲他們面對了科學的禁忌，或是被某些宗教或狂熱派的扭曲解釋所驚嚇。因此，你們保護你們自己，擋住那本身就會讓你經驗到你自己轉世存在的許多十分自然的湧現，而且在受到壓力的時候，你們常常否定掉那你本來可以收到的心理安慰。

我並不一定是指其他存在的全面畫面必然會來到你的腦海裡，但當在其他世裡那些爲你所愛的人，多少感受到你的需要而回應時，你多少總會收到一個支持或情緒的改變。

那麼，事件的整個本質以一種與你們所假設的不同方式存在，卻只有小小的部分切入你們認知的實相裡——然而，在底下全都與一個廣大的心理活動相連。你可以將事件比爲實質的心理環境那較不尋常的景色底下的心理共鳴。

那就是書的口授。

（九點五十七分，在給了珍幾行個人資料後，賽斯在十點一分道晚安。）

註一：在一九八〇年十二月二日的晚上，珍打了這個資料：「今天下午完成了《珍的神》的校訂工作。覺得這很重要……當我做完時，我領悟到，爲了那甚至看來坐著不動的工作，也需要多少身體的活動與精力。因爲我曾很不舒服，坐著、轉移我的重心、身體痠痛及視力模糊等等……但以某個新的方式，我彷彿了解，多少看似腦力的工作其實是依賴著身體的活力、彈性等等。然後相當強烈的——情緒上我領悟到，我一直認爲我的責任是要在身體上箝制自己，削減活動，以便……有做爲一個作者的活動力；那是說，坐下來削減掉衝動、分神，以便確定我會『做我的事』，目不斜視的追求我的目標；那新書的合約立刻將我導到那種行爲上。而我眞的明白這種行爲到達極致時，結果會窒息了我的寫作，打敗了它**彷彿**想要保護的目的。但我眞的害怕衝動及身體活動會令工作分心……現在，我明白，天啊！即使是對打字而言，衝動也是大有好處的；想像不吃力的打字及看東西，只是想我在想的東西，而不是試著把我的手指放在正確的鍵上。我覺得好像我在這兒悟到了什麼……稍微感覺鬆弛。當然，如果事實是如此的話，這整個過程可以很快的被轉向活動力。今晚我並不是在寫關於這種行爲背後的理由——許多想法——但的確想寫下一些什麼來……」

註二：在珍開始眞的顯出身體的症狀之後，有時候我對基本上她是個神秘家這個事實的覺察，變得埋在許多其他較「實際」的事情之下了。也許在這本書裡我應該更加強調她的天性。在那些時間裡，我從未將她那基本的特性視爲理所當然，反之，我卻是如此輕易的接受了它，以致並未有意識的強調。她並沒把那個名詞用在她自己身上，然而我認爲珍的神秘天性雖然與大多數人如此格格不入，但實際上卻提供了要了解她的身體狀況、她的**選擇**的唯一眞實架構。

對較傳統的人而言，珍的方式可能有時彷彿不可理解——但在她看來，那只顯示出我們對她觀點的缺乏理解。做爲一個神秘家，她可能有我們大多數人所沒有的探索人類狀況的某些途徑之動機。她對基本的實相之看法是她的看法，而甚至我有時候也必須仍得暗中摸索才能了解她所選擇的角色。去實際的**實行**她的方式，如她所做的，則是我辦不到的。她犧牲身體活動以便有更大的創造活動，是我無法做的一個「交易」。珍曾告訴我：「我告訴自己，如果我讓自己做那個，那麼我將做這個來補償。」一個人可以說那種等式很難說是一種神秘的觀點，然而，我知道在她的例子卻是如此。我本來就不相信在生命裡那種交易是必須的，但對珍而言，什麼是眞實的，與對我而言以及對大多數其他人而言可以相當的不同。她的確有她的理由。

珍的天性甚至讓我不只一次的臆測，她也許實際上是從對她非實質的存有或全我而言遠爲本鄉的一個實相，來探訪我們的可能實相。我並不是指做爲一個實質的生物，她曾神奇的轉換過現世的實相，但她是密切的與在那另一個實相裡的她自己的版本相連。當我跟她提到這點時，她點頭不語。珍的「任務」（一個她不會用的辭彙），會是給我們關於我們的族類在我們的歷史範疇裡曾做了什麼——不論是更好或更壞——的更深的洞見，並且點出了我們**能**做什麼——打開了我們眼前未預期的景象，鼓勵我們去探索比我們一向要遠較活躍的那些領域。

（當然，以上所說全都只是故事的一部分——因爲照賽斯所說，珍的其他版本存在於許多可能的實相裡。對我們每一個人而言也是如此。）

註三：我們在一九五四年十二月二十七日結的婚——而我們的確沒想到在整整二十六年後，珍會寫以下這篇東西。下面是她一九八〇年筆記的節錄，而方括號內的字是我加的。

「昨天在校對《群體事件》時，我感覺到那本書眞的令我不安，有一種聚焦的效果。我眼睛的毛病在賽斯開始口授那本書〔一九七七年〕的同一個春天開始：我正在寫關於威廉·詹姆士的書，而那些人則因爲賽斯資料而在紐約市Prentice-Hall的辦公室外舉牌抗議。先前我沒留意到這個事實，就是《群體事件》代表賽斯和我對官方意見的直接攻擊——或在我看起來似乎如此，而之前我們可以說只是藉推理去那樣做的。

「我接受那本書裡的每件事，但我想我覺得如果我要如實去說的話——而我已下決心如此做——那麼，我也需要更加防備這個世界，而開始削減活動。我的想法是，我的眼睛在肌肉壓力到達某一點後變壞了。〔防備的〕念頭也是在讀了一位朋友在聖誕節送我們一本談威廉·詹姆士的書之後才又回來的。詹姆士的態度與我的常很相似——他決心勇敢的去探索意識，不顧一切的向前——在同時卻又被安全所吸引、不喜歡爭論及想要平靜等等。我想我也是那樣。每當我對那資料，對它呈現給世界的智慧特別擔心的時候，賽斯對書的口授就會停上好一段時間。

「事實上，賽斯在書裡給了我們架構一與二的東西來幫助我。以《珍的神》那本書，我的確好幾次抓住了那兒的新靈感以及談追隨衝動的資料，而有一些非常好的症狀改善。〔羅的強調：〕但從一開始，對於直接說出其中的許多概念——那在同時是我熱切、甚至熱情地相信的——我就遠比羅要來得緊張及焦慮……我害怕如果你太過分……說出眞相……體制就會剷掉你的講台……或人們會不再買那些書……有點像……咬那餵你的手。你只能講這麼多。然而，我一直知道這些概念是與官方的相衝突的。只不過〔我們先前的〕『攻擊』較不直接。

「近來我在努力於安全的想法，告訴自己並相信**我是**安全且受到護持的，而且我**眞的**信賴我自然的自發動作。**現在**，當我寫這篇時，一些老的笨東西情緒化的來到我腦海裡——我的母親說我毀掉那些我愛的人或諸如此類的廢話。但好像我一直感覺，不受干擾的話，自發性的我會拿走給予人們慰藉的毛毯，而我對此覺得難過，縱使同時我也知道那些哲學毯子是長了蟲的，必須丟掉。並且我也的確明白，我在提供一些遠較好的東西……」

在我看過她的筆記後，我告訴珍：「親愛的，但妳做得好極了。」我很高興去鼓勵她，因爲我相信我所說的。我又說，如果她有困惑的話是十分可以理解的：她不只在提供我們世界藉以了解實相的新方式，並且在她對她所做的不確定裡，她感覺她必須完全靠自己來對世界**證明**她的想法，那是很少人以這種全面性的方式必須做的。

在同時，她必須保護她自己，因爲我倆都陷入那令人不安的想法，就是每回珍太接近任何一種基本眞理時，她自動的威脅到許多人們在我們的實相裡建立的根深柢固的僵化信念系統。顯然，珍認爲她的同代人常常排斥她——而有時候我也如此認爲。我帶著相當大的諷刺說，意識再一次的探索它自己……

在珍傳述《群體事件》的課時，有一次中斷了九個半月，而在本書第九章裡的中斷，則有八個月之久。

註四：珍在六週前寫了我在註三裡引用的資料，而在她給新筆記本寫的這自發的隨筆裡，她試圖再超越那個想法，不只藉由追溯她自己的過去，並且也藉由將賽斯最近的一些概念放進去。以下是摘錄：

「二月六日星期五收到一本激勵人的書，在讀了我一九七三年筆記的一部分後：

「賽斯做爲一個『主要事件』，就如蒙娜麗莎，比一件正常物件或組成它的材料要『更眞實』，同樣的，所有好的或偉大的藝術都比其自己具體的顯現要更大。將藝術想作是心靈構建的一個自然現象，知覺與意識的一個混種，它改變、擴充、以及伸展人生的經驗，並且把它們放入一種不同的觀點下，藉由嵌入新的原創資料，提供創造行動及問題的新解答的新機會。

「將這種創造力**主要地**局限在解決人生的問題上，或主要將之導入那個方向，將限制並且桎梏了它，因爲它被放在一個不正確的焦點上。

「我們必須超越那個——回頭來強調創造性的崇高面。否則的話，我們只能有一個較好的解決問題之架構……我曾排斥別人或我自己將所有那種亂七八糟的東西投射到賽斯書上——假設賽斯必須證實他自己爲一個問題的解答者——或實用主義比藝術重要。較大的觀點是，藝術的本身就比人生要大，雖然它是自人生中躍出；而賽斯及我的書只藉做它們自己就超越了那個。它們自動的將人們放在一個不同的、更廣大的心理空間及另一個參考架構裡，在其中，相當多的問題消失了，或根本不適用……

「要做到那點，我必須放棄以責任做爲主要焦點的老感覺，因爲它們會對賽斯書的架構造成壓力。尤其是當我要求在每一本書裡回答所有的問題等等。

「再次的，就如處理主要事件一樣，我們完全是在處理一個不同的行動架構，在那兒蒙娜麗莎比組成它的物質屬性要『更眞實』，這並不是要否定其素材的有效性。但主要從對或錯的架構去討論賽斯及他的概念，就如只從顏料及畫框的物質屬性之有效性去考量蒙娜麗莎是同樣的事：非常非常的具限制性……我並不需要符合任何標準。我不需要用『使那資料有用』或透過我的行爲證明它有用，因爲它以創造力超越了對錯的參考層面的方式證明它自己。否則的話，我就是在跟自己作對。」

註五：就彼而言，我曾常常告訴我太太，如果她決定完全——永遠——放棄上課我也沒問題。在這種時候我總是想任何能對她有幫助的事。我曾不只一次的問她，是否她只爲了我才繼續上課。**珍**對我最重要——不是那些課或任何其他她可能做的事。她的**存在**才是我想要與之共度餘生的。再次的，我想起在本書卷一第五章裡賽斯的聲明，見一九八〇年二月六日第八九九節：「但你們的生命以及每個生命的目的是在其存在裡（熱切的）。那個存在也許包括了某些行動，但那行動本身只因它們是從你生命的精髓躍出才有重要性，你的生命只藉由存在就一定會完成其目的。」

註六：賽斯繼續在一九八〇年二月十七日的那節中說：「有任何這種困難的唯一其他時候也涉及了責任，那是當他集中於他上這些課的責任時——那是說，當他集中焦點在需要、功用或用處上，而和所涉及的其他主題分開的時候。於是這種感受有一陣子可能凌駕於他自然的傾向，他自然的快樂與興奮之上，否則他是會用那種心情看待我們的課的。

（熱切的：）「首先，他不會只爲了你的緣故或主要爲了你的緣故，上了這麼一長段時間的課（不只十七年）：這些課一定會逐漸減少。不過，你的確有一個很大的角色要扮演，而我會更清楚的談到這點，以及你有時可能誤解你自己的一些態度。不過，除非他想要上課，否則沒有任何事會令他上了這麼久。」

賽斯二月十七日的評論也反映了珍自己的想法，如她才在十一天以前描寫過的，見註四的摘錄。

註七：當珍有這種非常啓示性的經驗時，她常常叫醒我，而每回我都試著安慰她。請注意她如何從她早期宗教訓練的力量，以及宗教對未知力量的恐懼的另一個角度來表達——以及甚至現在在她對知識的追求裡，她如何仍需處理的那些因素。她在筆記裡寫道：

「一九八一年三月八日，星期日早上。

「我有一部分根本不想去面對這個資料。但昨晚我有一個最奇怪而相當嚇人的經驗——且因爲沒有多少眞實的事件可爲憑藉，而更加奇怪了。在我們上床後，很快的我就發現我是在一個夢魘式的經驗當中，一個在情緒上非常生動的經驗，卻沒有眞正的故事情節。我只知道涉及了以下的事：一個兒時的童話，以及一個像是我在兒時的玩具，名叫蘇西的令人喜歡擁抱的貓娃娃，而且是我最愛的。無論如何，主要的是那故事……而我想不起來了；我沒有想出那關聯，我只知道我哭著醒來，我的身體很痠痛。我坐在床邊，從我那時的感受寫出以下的關聯。

「它們是這些：整個的世界及其組織都是藉某些故事，像是羅馬天主教會的那些，而維繫在一起的；想要透過那些故事去看或審視它們裡面的眞理，是危險得不得了的事。而有種種的禁忌來令我們不要那樣做，因爲……在另一邊有一個不可理解的、可怕的、混亂的、惡意的次元，超過我們想像的力量；而去質疑那些故事就不只威脅到個人的存活，並且也威脅到如我們所知的實相的結構。所以，『逐出教會』是種懲罰或咒語……那意味著不只是放逐，並且是將那人完全孤立開那些信仰系統，使他們與那些可怕的實相之間沒有屏障……沒有一個可以在其中組織意義的架構。這才是詛咒眞正的意思。那麼，去尋求眞理是最危險的善意行爲……報應必須要又快又準。

「我記不得與引起這些感受的夢魘相關的事件，但同時我是受到……一種心理力量的攻擊，它要我了解這樣一個路線的危險性。當我再回去睡覺時，這整件事就會再發生一次。有一度我想好像有一個童話故事的名字以斗大的字出現在空中，意思也是在由這些故事提供的已知秩序之外，有狂暴的力量在和人類的存在作對（令我想起了『潘朵拉的盒子』的老想法）。

「我將所有這些與三件事拉上關係：前天晚上我在電視上看到的一部電影，在其中那英雄終於看穿他的人民的神明；羅有一天在後院找到而帶回來的一個碎布娃娃（它也許是被一隻狗啣來的，它的右臂沒了）——但它讓我想起我的老蘇西；以及昨天我讀的關於一本有關死亡的書的一部分評論。

「那本書是建立在大自然與人類作對的想法上，而宗教則是人類在那不安全的範疇內運作的企圖。我的感觸甚至更深，我覺得宗教、科學或不論什麼，並不是試圖想發現眞理——卻正是不想去這麼做，反而是用一些令人滿意的故事來取代眞理。而我假定，如果一個人堅持得夠久的話，他會找到故事裡的漏洞，而破壞了整個的架構。那些故事的意思，是要讓每個人避免以這樣一種可怕的方式去接觸實相……故事裡的角色以他們自己的方式替人們做到了這點，而如果你繼續〔探索〕……你威脅到使得生命可以忍受的精緻的組織架構……」

註八：賽斯在一九八一年三月十一日星期三晚上的私人課：

「在這兒我並不想詳談一個文化的歷史，但歷史上你們的組織大半是建立在你們的宗教觀念上，而那些觀念的確是極端僵化的。舉例來說，在中世紀基督教思想的壓迫性是廣爲人知的。藝術表現的本身被認爲極爲可疑，如果它逸出了被接受的箴言之外，而當然尤其是如果它引領別人去採取反對那些箴言的行爲的話。到某個程度，同類的政策仍反映在你們目前的社會裡，雖然科學或國家本身也許取代了教會，成爲權威之聲。

「在這種想法背後就是基督教義的要點，或至少是要點之一：地球人是一種有罪的生物，他愛犯罪。就那方面而言，他的自然表達必須要被密切的注意，必須要被導向官方的形式。而在那界限之外則是，尤其是在過去，非常令人不舒服的異教領域。

「在中古時代被逐出教會並非小事一樁，卻是一件相當於『斷絕』的事。它觸及靈魂與身體兩者，以及由這兩者維繫在一起的所有政治、宗教及經濟狀況。

「許多人依靠教會維生，而以轉世的說法，今日活著的千百萬人那時是熟悉這種情況的。修女院及修道院是長期的社會與宗教機構，有一些是極端的嚴酷，而其他的則只是在名義上以宗教爲取向。但在創造性思維、異端及逐出教會——或更糟的，死亡之間的衝突有一個很長的歷史——所有那些因素都多少包含在魯柏的夢魘資料的結構裡。

「對孩提時的魯柏而言，教會是相當眞實的；透過經常到（家裡）來的神父們，透過與教會小學的直接接觸，以及透過教會提供給這（無父的）家庭的支持。魯柏非常早期的詩觸怒了波神父，波神父燒了魯柏有關羅馬淪亡的書，所以魯柏對這種議題有一個不只是假設性的感受。當然，他的許多恐懼早在課開始之前，並且早在他領悟到在傳統的宗教信仰與完全不信任何神性之間還有可行之道以前就有了。

「魯柏變得害怕，如果他太過分，他就會發現他已把自己彈入了一個領域，在那兒問題與答案兩者都是無意義的。去那樣做是一件事，但他覺得把別人一起帶去就是不可原諒的了——而在那些恐懼的架構裡，當他的作品變得更爲人所知時，他變得甚至更謹愼了。

「當然，恐懼的整個結構是建立在對有罪的自己及自己的表達之有罪本質的信念上。

「在那個範疇之外，那些恐懼根本完全沒有道理。大致說來，世代以來教會透過恐懼的運用來統治，遠多於透過愛的運用來統治。就正是在藝術表達的範圍裡，靈感才能最快的跳過當時被運用的教條式架構。教會頗能了解任何種類的靈感性資料的政治本質。即使做為一個小孩，魯柏很明白這種宗教結構會發揮了它們的用處，而他的詩則提供了一個管道，當他成熟時他可以藉以表達他自己的看法。

「他在十六世紀的法國的確創辦了一個小小的修女會，而好些年來他都一直愛著他（五天以前在夢裡遇到的那個男人——一個神父。那愛情沒有實現，但他們雙方的愛卻都非常熱情而持久。

「即使在那時，魯柏對教會的教義就有相當的意見，而那修女會實際施行的規章後來被認為在其中含有異端邪說的種子。當魯柏成了一個老女人時，他被迫離開了他創辦的修女會。他帶著幾個也被放逐的修女離開，最後餓死了。那是一個當非傳統的思想模式及非傳統的表達可能有致命後果的時代。

「諾曼地以及亞貝拉這兩個名字來到腦海中。這夢來提醒魯柏那些聯繫，但也是來提醒他，甚至他那時的生活也是被一個持久的愛情關係所豐富的。這兩人經常通信，也常見面，而以他們的方式，共謀去改變一些很可怕卻又被保持為適當的教會政策的許多做法。

「那夢代表他的外祖父象徵性的允許他回到這一生的過去，到一個嚴重受驚嚇的時候——他外祖父之死——那發生在魯柏十九歲時，那時他開始以科學信念來取代宗教信仰，猜測他外祖父的意識是否隨之落回到一種虛無的存在狀態，落入混亂，如科學顯然彷彿在暗示的。在夢裡他的外祖父倖存了，他的外祖父穿著一套太大的西裝，那意謂著他外祖父還有成長的空間。魯柏有一個在腦海裡聽見說話聲的小小經驗（昨天）——一個安慰的聲音，那是他所能記得的，從與法國那生相連的其他人那裡收到的十分合法的幫助，那是因那法國夢而來的。

「他仍需要你的肯定，並且當他感覺挫敗時應該讓你知道……」

從珍個人的過去，我可以加上很多資料來補充以上所摘錄的課；也許我倆在後來的書裡能探索那些有意思的聯繫。現在，我只指出一點：那神父，在珍住家的後院燒她的書，以最明確的方式教給那成長中的女孩，她必須保護她天然的能力，以及她探詢的心，以不受她最強烈認同的那個機構——羅馬天主教會——的干預。

註九：賽斯在一九八一年四月十五日星期三晚上的私人課：

「身爲年輕人，魯柏在教會裡找到極大的安慰，因爲如果教會在教友裡創造了一個有罪的自己的形象，它當然也提供了一個穩定的處理系統——一連串的儀式，給了個人一些希望的感受，如在大部分的基督教架構裡，覺得那有罪的自己可以藉由固守某些部分的基督教教條而得到救贖。

「當魯柏離開了教會，有罪的自己的觀念仍在那兒，但先前用以釋放其壓力的方法則不再有效的在場了。他的觀念被轉到科學款式的有缺陷的自己。科學沒有儀式，因此他處理這種罪惡感的唯一方法，涉及了標準的心理分析諮商——它本身加深了那難局，因爲諮商本身就建立在內我是一個野蠻的衝動庫藏的概念上。

「魯柏的創造天性早就開始感知到，至少人類的存在包含了更深的其他實相。這裡面有些是難以分開的。離開教會，比如說，意謂著仍攜帶著一些老的信念，但卻沒有了先前提供過一些保護的OK繃。

「實際上，從兒時他就開始以一種自然的方式尋求一些可以對實相提出解釋，並至少與他最好的詩的自然觀點有些相似處的更大架構。我以前曾說過，許多具創造力的、極有天賦的人多少都英年早逝，因爲他們偉大的創造天賦找不到可以在裡面生長的清晰空間，他們變得被當代的文化信念扼殺了。

「就彼而言，魯柏的創造力一直爲它自己的成長及價值完成而奮鬥。他心靈的認知或啓蒙代表了一個了不起的突破，意思是要給他額外的心靈空間，保護『自然的自己』能力的持續擴展。有罪的自己的觀念，對每個持有它的人而言，是一個個人性的觀念；但當然，它也向外投射到整個的族類裡，直到整個的世界彷彿都被染色了。

「魯柏的創造力突破出來，以提供我們的課，並且釋放那先前幾乎被壓抑卻未全部被壓抑的心靈能力。

「他的詩在某方面有刺激的作用。也許帶著一些誇大，但你也許可以說那突破是一個救命的東西，因爲如果沒有某些這種擴展，魯柏會覺得無法繼續他特定的那種存在。不可能以語言說出一個人或另一個人在人生中尋找什麼，或哪些特質最能提升他的成長或發展，甚至同類的兩株植物有時也要求完全不同的照顧。那麼，這些課打開了對魯柏的存在那很自然的特定一種價值完成之門。到某個程度，那可憐的、不快樂的有罪的自己，一個由信念與感受形成的心理結構，也在尋求自己的救贖，因爲甚至它也已超過了那如此界定它的架構。

「我已說過，在幾乎每個嚴重的不滿或罹病的例子裡，其背後的理由並不一定會在被埋葬的恨意或攻擊性——雖然這些也許存在——的發現或表達裡找到，卻是在尋求爲了某個理由被否定的價值完成的表達裡找到。

「魯柏在心靈上與創造上都突破了——那是說，這些課幾乎立即提供給他新的創造靈感及表現，以及心理上所需的擴展，而可幫助他滿足做爲一個作家及做爲一個成熟的人的前途。不過，他仍有對有罪的自己的信念，並且在他內帶著許多深深的恐懼，感到自我表達本身及自發性是極爲危險的。

「就彼而言，魯柏有可謂是創造性的一個兩難之局。

「說那難局是不幸的是一回事，但說那難局之存在是因爲在當時它給了他可謂一個新生命的突破也是眞的……」

自從十七年前珍在一九六三年十二月開始這些課以來，我第一次當賽斯在傳述一句話時覺得背脊發涼——因爲當時他說若沒有某些如這些課的這種擴展，「魯柏會覺得無法繼續他特定的那種存在」。我認爲他一定是指珍可能會選擇去死。在課後我沒有跟她提到這個，而第二天當她閱讀打好的課時，她彷彿也沒有這種反應。我們談到了好幾個早夭的天才，的確，我們常常在猜測，如果這種人選擇繼續活下去的話，他們會有什麼更進一步的貢獻。以一般的說法，很容易說那些早夭是個浪費

——但我現在說，這並不是從所涉及的人的觀點來看的。很大的動機、意圖及目的之變化必然在運作，但每個人已做完了他在這可能的實相裡所能做的——然後離開了。珍同意說賽斯傳來了極佳的資料，我告訴她我看不出來它還能怎麼更好。

那一節也好幾次觸發了我自己的聯想過程。我幾乎立刻回想起賽斯在前一晚（八月十四日）所說的一段話，他討論我通常對宗教的態度，而特別談到我自己的有罪的自己：

「你比較不受那個觀念在其傳統的宗教涵義裡的影響並非巧合——你在你的尼賓那一生裡大半解決了那個，並且由於你自己爲你現在涉入的一生已做好準備。」

（七年半前，賽斯提到我自己住在一世紀的羅馬的一個版本：「所以，約瑟『是』尼賓，一位學者，不喜冒險，執迷於複寫古老的眞理，並且害怕創造性是錯誤的；具權威性並且苛刻。他害怕性接觸，而他教育有錢的羅馬孩子。」在《「未知的」實相》卷二，見一九七四年十一月二十五日的第七二一節，你可以說我仍執迷於眞理——舉例來說，當我將賽斯資料記錄下來——只不過現在我稱它們爲無時間性，而非古老或新近的了。）

然後，顯然由於我對珍的關懷，我回想起她給本書第七章的一節，我查閱之後發現那是一九八〇年四月二十八日的第九一一節——那是指，令人難以相信的，賽斯在幾乎十五個月前給了那節。他主要在討論一個人在出生前對於基因性缺陷的選擇，但對我而言，他部分的資料很容易令人想起珍的情況：

「雖然我承認許多人將不會同意我，但我從經驗得知，大多數個人並不選擇一次又一次的『快樂人生』，永遠安住在健全的身體裡，被自然或遺傳賦予似乎大多數人都認爲是他們所渴望的一切禮物。

「每個人都追求價值完成，而那是指他們以這樣一種方式選擇種種人生，使得他們所有的能力及才華可被盡可能的發展，並且以這樣一種方式使得他們的世界也被豐富了。有些人會故意選擇『缺陷的』身體，以便更強烈的貫注於其他的領域。他們想要一種不同的焦點……這樣的選擇要求一種強化，那種強化是加諸個人方面以及雙親方面的……」

而至少對我而言，在我們目前共同的情況背後的轉世次元，則被一個第三個聯想加強了。那聯想是來自一九七九年八月二十二日未出版的第八七四節——珍在一週前完成了《群體事件》後的第一節。當我發現賽斯以下這句話時，我感覺明顯的一驚，因爲我已完全忘了它：「舉例來說，珍在胎兒約三個月大時進入了它，而接受這個爲一次新人生。你等得比較久。」我不記得珍曾提到過那一點資料；她確實從未請賽斯詳細描述過，我也沒有（附帶一句，那是少數幾次賽斯稱她爲珍而非魯柏）。

我將那些聯想當作是指，不論她在目前這一生演化中的焦點爲何，珍對我對她情況的反應，應該如她對她自己的反應一樣的覺察——並且縱使我在前世解決了宗教的問題，這世我仍選擇與她共享一個可能實相，在其中她身體的症狀——如此的與宗教的主題密不可分——可能發生（但在同時，我提醒自己，她偉大的創造力無論如何找到了表達的方式）。假使如賽斯在四月十五日說的，像珍的那種衝突常常是來自有天賦的個人對價值完成之無回報的追求——甚至結局是早夭——那麼，那個前提至少在意識上可被了解。我已懷疑了好一陣子，是否某些像這樣的事也在珍的例子裡運作。並非她病態的拒絕恢復健康，縱使以所有賽斯和我試著給她的幫助——並且甚至還**要求**過——但在這個具體生命裡，她存在的最深部分**有其他的目標**，而她非肉體的自己及她身體的症狀一同向之邁進。我正開始覺得，若沒有這種想法就很難理解我太太的長期挑戰。

我想，否則的話，當她面對著那些正在發生的不論什麼劇烈的負面事件時，那個染病的人太常會被人遺以那個大大的問號：「爲什麼？」並且那些與受苦者一同受苦的人，在**他們的**一生裡也會命定的得不到令人滿意的答案。在對實相的傳統看法所提供的狹隘參考架構之內尋找答案，可說是像透過一面不透明的窗窺視進人格的深度……

註十：賽斯在一九八一年六月二日的私人課：

「你們對彼此的愛，夠大到可以承受你們任一方任何的攻擊性或憎恨的自然表達。如先前提及的，因爲魯柏的背景，他常常害怕被棄。在他看來，彷彿他並沒有提供大多數男人所期待於女人的東西，所以，如果他想要一個好的終身伴侶，他必須小心翼翼。他覺得在一份男女關係裡，他自己許多的特質會被認爲是不利的。」

當珍替賽斯說完了那段時，我很想打斷那節，以便對她對自己的差勁評價提出最強烈的抗議，但我沒有。反之，後來我將我粗略的聲明附於那節之後，除了表達我對珍的愛之外，那聲明也透露了其他翻騰的情緒：

（我應該在這兒花一點時間來說明賽斯以前曾提及過珍的這種心態，而她也曾提到過。我從來沒有任何這種感覺，因為從我們關係剛剛開始，我就一直很確定珍是理想的伴侶——一個我認為最幸運的成就，一個我從未夢想我能做到的事。當我回顧時，我們的相遇與相守彷彿是世界上最自然與最不可避免的事；我怎能使這一切再更好呢？我一直非常為珍的能力與成就感到驕傲，並且很高興參與其中。令我覺得心煩意亂、幾乎心碎的事是，當歲月逝去時，見到她在這樣一種越來越糟的身體狀況裡，尤其令人驚愕的是，這資料解釋說這並非唯一的一條路。無怪乎我跟她說，我們為我們的成就付出了太高的代價。當然，我想見到她能像別人一樣的行動，並且也有她自己的成就。至今事情並沒有那樣解決，無可避免的，這對我的感受、她的感受，以及我們的關係有一個深遠的影響。我一直將我們的關係視為是天長地久的。它現在也仍然是。）

註十一：我們在六月十八日的晚上上了那課，那天是珍記錄她有罪的自己之資料的第二天。

「有罪的自己所關心的主要議題在《群體事件》及《珍的神》裡最清楚的聚焦了。」賽斯告訴我們，「因為它們比其他的書更代表了一個直接的對抗，『攻擊』罪與惡的整個觀念之合法性本身，更戲劇化的強調人的基本衝動之善意……（魯柏的）有罪的自己之解釋，代表了在那方面一個迷人的心理文件，並且也顯示自己的活動性以及想學習及改變的意願——一旦那意圖被表明了立場。

「叫魯柏在心裡請那有罪的自己談談它對女性的信念如何與對罪的觀念連在一起，以及那些態度是否正在改變，這也許有些用處。」

註十二：先前在這節的開場白裡，我提到珍和她母親瑪麗之間的不良關係。

「我現在想將有罪的自己的資料放入一個較大的背景裡。」賽斯說，「理想的說，嬰兒與父母『緊密相連』，尤其是與母親，但也與父親，而且嬰兒與社會的一般想法也緊密相連。這提示了安全感，在其中那孩子隨之感覺夠自由及好奇去探索其世界以及實相的本質。

「你們是社會性的動物。爲了那個理由你們害怕被棄，因爲你們本來就是要個別地發展，同時也與別人互動，那個互動給了你已確立的文明的特殊特質。

「現在，大半的時間魯柏的家庭是個單親家庭，而他在那個關係裡並不覺得安全——且說那是個事先選擇的情況。在這種密切關係的本質裡有很大的餘地……，對某些人來說，聯繫是如此安全，以致提供了一個整體的、相當永久的內在及外在架構。魯柏與他母親的關係頗不令人滿意，那個關係沒能給他那種重要的安全感，而他感受到被棄的威脅。他與宗教的文化上的信念則有非常強的聯繫，以彌補那最初的缺憾。有罪的自己的資料，代表了成爲他原先的信念結構裡很強的因素的那些概念。那『痲煩的』資料一直維持在蟄伏狀態，直到他的好奇心及能力使他積極的挑戰那些概念，同時他也在一種情況裡，在那兒可能會引起被棄的自然恐懼。在某些點，新資訊的吸收與原始的信念結構在性質上是如此的不同，以致爲了要吸收新資訊，這人格有一度處於兩個信念系統之間。

「這種情況發生的那一點當然是在內部的，而它也許和資料的品質有關，也許無關，卻與其性質有關。每個社會——或就彼而言，每個知識體系——有它自己固有的禁忌，而這些大多暗示了被社區所遺棄。不過，不管父母在任何時候生了氣，與父母的堅定關係暗示了孩子不會被棄。

「猶記魯柏的母親用這樣的句子：『我從此和妳脫離母女關係。』以及：『妳從此被剝奪繼承權了。』『我不再認妳做我的女兒了。』這種情況增加了魯柏的不安全感，然而也加強了獨立感，因爲他不必覺得他依賴於瑪麗，那是若非如此他可能會覺得的。不過，舊的密切關係有一天必須被面對，因爲它們根本無法維持新的、更大的了解架構。那麼，所謂的有罪自己的概念，代表了好幾層的活動——被你們社會裡千百萬的人，以及被魯柏人格的某些層面所共享的信念結構之一些麻煩面。他現在正試著消化一個較大的架構，去變得與一個更高的知識脈絡結合起來。

「一旦那些老信念被了解了，它們就不再會自認可恥、令人感到羞辱或遭人怪罪了……

「現在他想做一個談神奇之道的方案的想法是非常好的，因爲它建議了一個新的集中或焦點。」

註十三：珍先前轉世類型的夢經驗，見註九摘自一九八一年三月十一日的私人課。以下是她今天爲她的日誌匆忙打下的字：

「一九八一年七月十五日，星期三。昨晚，或不如說今晨，我有一個奇之又奇的夢，在發生時非常生動，我覺得相當重要，而現在我卻幾乎記不得了。事情是涉及了我們昨晚看的談轉世的一個精采電視影片。在夢裡我想我在考慮給那影片寫一本書，一個續集——但我也正在看我自己的一個，也許兩個，轉世人生，想著對轉世的信念如何在現在打開了對未來的感受：我在學在此生未死時如何去拜訪那些人生，那是仍舊在發生中的，而且我想是我很嚮往的。還有一條路及其他來自我過去的景色，我也想畫下來；一個深具意義的綠瓶子；我很愛的人們，而也很可能涉及羅。有許多我已完全忘懷了的，關於在特定的人生裡愛過你的人們永遠在某方面給你支持；我們被賽斯在他最近書的口授裡提到的時間一層層的覆蓋所感染了；節奏性的時間覆蓋發生在各個一生中各個不同的週年紀念或深具意義的事件重疊起來的時候，把它們暫時的帶得更近些（像流星），那時彼此之間的交換和進出就特別容易。

「我身體上的毛病部分來自對未知的恐懼，一旦我領悟我在那個方向有天賦之後——而我們在這兒交的某些朋友代表了具轉世來源的愛的關係，那提供了現在的支持，如果我接受它的話。

「對轉世及永生的信念對生命增加了支持，因此生命不顯得是條死巷。現在我可以放鬆，承認並且覺悟到我對有罪自己的文件的確有某種恐懼（而非去假裝我沒有）。因爲它們被帶到光裡，所以我眞的能處理它們，並且看見它們是如何緣起的。談社會是如何在一個轉世的基礎上運作的資料——不論社會知道與否——以及『聯想』如何是有許多生的厚度，可以這麼說，這些只是我記得和那經驗相連的想法，同時我已忘記那些事件本身，以及那些極端多采，並且充滿了情感的景象。」

在課後我告訴珍，她的資料帶來了數不清的問題——只從我們在物質實相的這一方，在生者與「死者」之間形形色色的聯絡，一定與地球人類聯絡的數目相等。舉例來說，在我讀她的資料時，我會奇怪新近死亡的人與其他生的愛人相會時，會不會「稀釋」了他對今生他留在身後的伴兒的愛？多諷刺啊！當那仍活著的一位爲那已走的愛人悲傷，同時那新近死了的人卻喜悅的變得覺察與其他存在及其他愛人的關聯……

當然，一個人也能以種種不同的方式把這整件事倒轉過來：那新近死去的人，仍帶著他非實質的情感，而與被留在身後的人感覺到同等的悲傷；他們彼此的傷痛能形成一個更強的聯繫——也許至少暫時的——比其中任一人在其他生生世中與其他人創造出的感情更強。或那仍「活著」的一個可以從死去的伙伴、親人或朋友轉開，以便在心靈上與身體上自由地去尋求新的冒險。不管是哪方死亡，在父母與子女之間形形色色的關係必然很廣大。珍說，也許我們可以從賽斯那兒得到一些答覆。

註十四：在這章裡見第九二〇節註二的C，我寫出了賽斯對談及了珍和我的一個通訊的例子之評論，連同他對那現象稍短而較一般性的討論。

第九三二節　一九八一年八月四日　星期二　晚上八點五十分

（賽斯在珍三週前為本書傳述了第九三一節之後，在五節私人課之中只用了一節來討論有罪的自己的一般性資料。近來在某些方面珍感覺好多了。

我們在七月的最後一天收到《如果我們再活一次》的校稿，與珍其他的書比起來，這本她校起來輕鬆多了。

今天下午我們有很長的討論，關於我們想有創造的私密性之自然願望，與我們的作品流入世間的事實之間常有衝突。我倆對於那些讀我們書的人都有一種很強的責任感。這兒也涉及了珍有罪的自己，以及「它」對廣播、電視訪問、演講、唱片錄音帶等要求珍面對大衆時的態度。許多年之前她就不理會媒體的關注。我在珍開始轉述賽斯資料之後相當一段時間才領悟到，雖然她天性外向而友善，其實她是個和我一樣喜歡私密的人。）

口授。

關於你們的討論在我們下一節裡我將有話可說。

現在：再次的，主要事件是對你們的實相系統影響最深遠的那些，縱使原始的行動並非實質的，卻是發生在內在的次元裡。大半的事件出現在時間裡及時間外，它們的行動分布在一個內在與外在的表達範圍之間。通常你們只覺察到事件的外在核心，而那內在的過程則不為你們所知。

不過，那些內在過程也給了關於你們做為一個族類「在過去」用過的一些天生能力的許多線索。那麼，那些內在過程有時眞的會浮出。以下是個例子。

上週末的早晨，魯柏發現他自己突然生動的想到一些已婚的朋友。他們住在城外，距這兒不到半小時的車程。魯柏發現他自己希望那些朋友住得近些，而且他突然充滿了想看見他們的欲望。他想像那對朋友在這屋裡，而令他自己驚異的想著，他也許待會兒眞的可以打電話邀他們晚上過來，縱使他和約瑟兩人都已決定那週末不要有客人。

更有進者，魯柏不喜歡這麼倉促邀人的想法。然後他覺察到那些特定的念頭是侵入性的，與他緊接在前的想法完全無關；才在一會兒之前他還在祝賀自己，正因爲那一整天他都根本沒做任何涉及了客人或其他這種活動的計畫。很快的，他忘了這整件事。可是，約在十五分鐘之後，他發現那同樣的想法又回來了，這次更加的堅持。

（在九點五分停頓良久。）那些想法持續了大約五分鐘，魯柏注意到它們，而又再次的忘了它們。不過，這次他決定不打電話給他的朋友，而繼續做他自己的事。在差不多半小時後，那同樣想法又回來了，魯柏發現他自己對此感到驚異，而告訴了約瑟這整件事，並且再度的將之排除在他的腦海之外。

到這時候，時間已略晚一些了。魯柏與約瑟吃午餐，而郵件到了，其中有一封信是前一天（星期五）早上由那如此縈繞在魯柏腦海裡的那對朋友寫的。他們提到要出門遊玩（在星期六），而特別問到他們是否在同一天下午可以來訪。從那封信寫的樣子看來，彷彿那對朋友——就稱他們爲彼得與波麗吧——那天（星期六）早上已動身了，而在傍晚的回程中會到艾爾默拉來。當然，沒有時間回那封信。

彼得與波麗看來應已上路，無法用電話聯絡了，雖然他們寫電話服務的號碼，並且也寫說他們在離家前會打電話——然而，你們並沒接到這種電話。

當然，要把魯柏的念頭與感受歸諸巧合也未嘗不可，可是，他記得當時他感覺的生動性。看起來好像彼得與波麗的確會來，幾乎好像魯柏事實上曾打電話邀請他們一樣。那天晚上他們眞的來了。

事實上有些事阻擾了那對朋友，使他們沒在想離開的時候離開。然而，他們稍晚從他們的家打電話來說他們正要出門旅遊，而在途中會來造訪。

到那時，魯柏對那通電話及那造訪都早有心理準備了。現在，那造訪及魯柏先前的感覺與念頭是同一事件的一部分，只不過他主觀的經驗給了他所有事件藉之發生的內在過程的線索。所涉及的不只是這個問題：他是直接從他朋友的腦海裡，或由那信件本身感知到他的資訊的？當然，在那時那信已被寄出，並且已在到魯柏手中的路上了。

所發生的是一種感知的內在主幹——一個在背後支持的程式，可以這麼說，一個帶有它自己精確的心理調頻器的內在感知機制，那多少是在你們意圖的範圍內運作的。這有一點像遙感，或像在一個注意力的心理範圍內運作的一個內部的（停頓）雷達設備，當關係到你的某些事件來到你與之連接的可能性之較近範圍內時，你多少覺察到它們的存在。

以某一種方式，你在那個層面「踏入那事件」。你接受或排除它爲一個可能性。你做某種調整，或許改變特定的細節，但你踏入並且變成那內在過程的一部分——在事件變成一個確定的實質確實性之前，影響它的形狀、大小或性質。

（九點二十七分。）許多世紀以來，那都是人處理他的生活或部落或村莊的事件的主要方式。你們現代的通訊方法，事實上是模仿你們內在的通訊方法。魯柏的念頭幾乎融入到了一個程度，以致相當難以察覺；它們是幾乎無害到一個程度，以致後來被接受爲巧合了。不過，魯柏的念頭的確有一個額外的強度、活力及奇怪的堅持——他曾學到那是指明不尋常的心理活動之特質。要點是，在大半這種例子裡，對一個快要來的事件的主觀認識，是如此輕易而且透明的流入你的注意，而與當天的事件如此平順的契合，以致沒被注意到。你不知不覺的協力鑄成事件的性質與形狀，而忽視了當那過程可能顯示它們自己的那些場合。

當這發生時，你可能會問：是否可能你眞的在事先感知一個行動？後來有些人可能比其他人更頑固的想要「證明」有些事件明明是被預知性地感知到的（熱切的），然而要點是所有的事情都是在事先被感知的，而你的確踏入了一個事件，變成其一部分，排斥或接受你「收到」的某個版本，或用力去做影響到事件的性質本身的某些改變。

即使是意識心對於事件的結構，也包括了比你知道你擁有的多得多的資訊。所有組織的實質感知工具，都攜帶著它們自己那種內在的通訊系統，而在事件採取它們在時空裡看似最終的明確的具體發生之前，容許事件在一個世界性的基礎上操作。

個人地及全球地，以一種方式來說，價值完成是所有事件的目的。（停頓良久。）再次的，價值完成是驅動自然之輪的動力，可以這麼說。因爲你們世界的起源的確是由「夢的世界」浮出的，所以，所有事件的眞正的根都藏在這種主觀活動之內；而個人的挑戰與問題的答案，是你永遠唾手可及，且準備好出現在具體的確實性裡的。

在下一章裡，我希望讓你看到在你自己生活裡價值完成的重要性，並且給你一些線索，這些線索會容許你較好的利用你自己的這種發展之主觀及客觀的機會。

此章結束，口授結束，此節結束，並祝你倆晚安。

（「謝謝你，賽斯晚安。」）

（九點四十八分。）

第10章

快樂原理。集體夢與價值完成

第九三三節　一九八一年八月七日　星期五　晚上八點二十二分

（由於適當的偵測設備並沒裝好，所以二十八個月以前當三哩島二號機的反應器過熱，而其核心充滿鈾的燃料棒幾乎鎔毀時，政府官員無法知道有多少輻射被釋放到賓州的鄉間。聯邦與州政府曾宣布他們已展開長期的人口研究，來測量這輻射的影響。不過自從一九二五年以來，科學家一直在穩定的減少他們對人類真正的「安全」劑量之估計，而許多人現在相信，即使是低程度輻射也沒有一個完全無害的劑量。任何這種劑量都會增加地球的自然背景輻射，而背景輻射則會因為緯度及其他因素而在我們國內及全世界都有所不同。

珍和我想，三哩島意外的心理影響，至少與物理的影響一樣重要——而總有一天它們在全世界都會重要得多。照我的想法，與三哩島相連的意識具有一個未知的質與量〔註一〕。

六週前，在伊朗的首都，統治的伊斯蘭共和黨有一百五十多名官員被炸彈炸死，那爆炸摧毀了他們的總部。最初，革命的狂熱派怪罪「大撒旦」——美國，他們也控告正在與伊朗打仗的伊拉克，但可確定的是十多個伊朗的地下革命團體之一與此有關。這大屠殺使得伊朗政府立刻升高了要消滅反對什葉派統治的人的宣傳。在爆炸發生之前，已有不只七十個異議分子被處決了；而自那之後又有許多人被捕。

然後，昨天我讀到一長篇關於在伊朗巴哈伊(Bahai)信仰的教衆，正被政府及什葉派嚴重迫害的報導。當我開始閱讀時，我奇怪為什麼伊朗人以這樣不可愛的方式去騷擾一整群其他的伊朗人——真的想要滅之而後快？什葉派對巴哈伊的憎恨，是建立在世紀以來一種原始的宗教狂熱上。縱使巴哈伊教派也只崇拜一神以及可蘭經，但他們和平而進步的方式太自由、太異端了；他們被稱為不愛國，並且是世俗的。看來好像每天都有一些巴哈伊教徒被攻擊，被剝奪財產，被施以私刑、或被處決。

在所有這些裡——爆炸、迫害及殺戮——我想到大而鬆的意識團在憤怒的反叛中打轉，而每個意識，個人的與集體的，彼此合作或敵對，在它們選擇的全國性結構的架構內，每一個都想認識它自己新的創造面〔註二〕。

然後，剛在課開始前我提出問題，那是關於珍有罪的自己對近幾週來我們想幫助她的努力之反應。我們還沒看到我們想要的那種身體反應，而我想知道我們是否促使她有罪的自己去升高其保持她「在控制下」的企圖。我解釋說，我想賽斯及我們自己為了珍所做的努力每次都被消除了，因為我們驚動了她有罪自己的恐懼——使它按照非常局限性的取向，更努力的去保護珍。

珍今晚的想法是只上一節書的口授：「我不要更多私人的東西，那只會令我覺得更蠢。」她說。我提醒她，當我提到她有罪的自己時，我只是指我們為了方便之故將之擬人化的某些概念團罷了。）

首先，口授。

下一章（十）的題目是：〈快樂原理。集體夢與價值完成〉。

如我常常提到的，在形成所有的事件裡你都多少參與了一手，因而在某個層面，你是參與了影響世界的那些全球性事件的建構，不論它們是所謂自然的或文化的事件。

先前我也說過夢在人類的早期背景裡的重要性，以及它們對你們做爲一個族類的重要性。在此我想強調夢的社會面，並且指出，夢也顯示給你們那物質事件的實際形成所涉及的某些過程：所以，在意識的其他層面，在事件具體的發生很久之前，你確實進入一個事件，而這早先的活動大部分發生在夢境裡。

然而（記住我對於似乎是的矛盾所說的話），你的夢也是一種社會事件，而作夢的狀態幾乎可被想作是一個內在的公共論壇，在其中每個人都可以發言，並且每個意見不論多不受歡迎都會被納入考慮。如果你想稱任何一個夢事件爲一個私人事件，那麼，我必須告訴你，那個私人事件實際上是，你個人對一個更大的多面及多層的夢事件之貢獻。所以，其中一個層面也許與你所屬的一個團體——比如說你的家庭、你的政治或宗教組織——的利益有關，進而「向外」延伸到全國性政府及世界性事件的領域。（停頓。）正如一般而言，你私人的有意識生活是住在某一種的社區環境裡，所以，你的夢發生在同樣的範疇裡；所以當你替你自己作夢時，到某程度，你也替你的家庭、替你的社區及爲全世界作夢。

在一個時候，集體作夢是被理所當然的當成一個自然的人類特徵——舉例來說，在一個部落裡，當逢荒旱而在找尋新的地點時，每位部落成員都會作夢，在其中那問題被加以考慮，而每位夢者處理最適合他能力及個人意向那方面的問題。夢者會在種種方向出體旅行，去看乾旱的程度，並確定在任何必要的遷徙裡，部落所能採取的最佳方向。

（在八點四十三分停頓。）然後他們的夢在早晨、或在特別的聚會裡爲大家所分享，那時每個夢者會解說彷彿相關的夢。以同樣的方式，其他的夢者則會與其他村莊或部落——也許在一百多哩外——的夢者彼此核對。有些這種夢是極端的直接，而其他的則按照夢者的風格以象徵的形式出現。但無論如何，那夢是被理解爲除了具有私人意義外，還有一個公共的意義。

在今日這仍同樣的適用，雖然常常夢的本身被遺忘了。舉例來說，爲了看新聞或找忠告你會看晨間電視新聞，那提供你一種製造出來的夢，那到某程度技術性的達到了同樣的目的。早期人類不會派攝影師及新聞人員到地球最遠的角落，反之，他派出他自己的一面去蒐集新聞，並且將之形成夢的戲劇。常常，這資料的大部分並不需要變得有意識；人類「無意識的」對它反應，將它直接變成行動。現在，這種夢只被做爲後援系統，一旦它們被需要的時候就升到表面來；它們的目的是要增長人類以及個人的價值完成。

心理學家常常談到人的需求，反之，在此我想談談人的快樂（pleasure）。因爲價值完成一個明顯的特性，就是快樂的效應。人或自然並非那麼想去滿足需求，卻是去活力洋溢的、放任的追求快樂——而透過追隨快樂，每個有機體也找到並且滿足需求。不過，在人生的體驗裡，所涉及的遠超過起碼需求的滿足，因爲生命處處都具有一個嚮往品質的欲望——一個承認快樂本身之肯定特質的品質。

以你們的說法，在工作與遊戲兩者裡，在興奮和沈靜中，在用體力及休息裡，都有很大的快樂（停頓良久）。然而，「快樂」這字眼本身已常被抹黑了，而爲有德的人所皺眉。

（在九點停頓良久。）所以，作夢的主要目的之一，就是增進人的快樂，那是指增進生活的品質本身。夢是綜合了精神活動與遊戲、心靈與情感的豐富創造性戲劇。當你在夢裡開始去玩那些被考慮要具體實現的事件之種種版本，當你在夢裡在一個個人層面上「看」你的家庭、部落、組織、社區及國家將實現的可能事件時，夢也將你捲入最具生產力的企業裡。

（在九點六分停頓良久。）口授結束。

（如賽斯在今晚的開場白裡暗示的，他的確有一些資料要給我們——縱使我太太已表明了她的不感興趣——而那資料包含了一些令人驚訝的東西。見註三。）

註一：最近我問珍，賽斯是否能給我們一些談與核能相關的意識的資訊——一個我常常在臆測的迷人問題——而她答應我說他很快就會討論這件事。我想他的資料一定會包含深入一般的「意識及能量」的整個主題，以及在像三哩島意外的事件裡，意識的角色之許多原創性的洞見。我提醒珍，不久前賽斯曾說，做爲具肉體的生物，我們人類無法忍受直接面對**一切萬有**那基本的、廣大的、不可想像的令人敬畏與具創造性的意識。既然我們也無法忍受面對核能之了不起的天然力量，因此我常常奇怪，這個情形是否可以是**一切萬有**必然的實相之一個世俗的、不完美的或受時間支配的比喻。

一個註：自從珍轉述了我試著回想起來的這段話已經六年過去了。它是摘自一九七五年五月十四日的第七四七節，而我發現我曾在《「未知的」實相》卷二第七四二節的註五裡引用了那節的一部分。基本上我的記憶是相當正確的——然而，在重讀賽斯的資料時對我卻像是個啓示。我告訴珍，我不認爲有任何其他人曾說得那麼好。透過賽斯，她表達了她神秘知識的核心：

「**一切萬有**一邊走一邊創造它的實相。每個世界都有它自己的推動力，然而，所有的終究是相連的。一個神的創造力眞實的幅度，對任何一個不論多具重要性的意識而言，都會是不可忍受的。所以，那個光華是無限的次元化的（一直都極熱切的），隨著一個宇宙性呼吸的每個『片刻』，世界向外盤旋而出，而諸多世界的分離乃爲必要，並且個人與群體的理解永遠以這樣一種速度增長，以致**一切萬有**在每個微秒增殖它自己，建立過去與未來，以及其他你們並不知道的時間尺度。每個在它自己都是一個實相，帶著它自己的潛能，並且沒有一個個別的意識曾失落過，不論它多微小。」

註二：珍和我有時候一起、有時候分開聽學生做的她ESP班的錄音帶。我還沒把我有關意識的作用之思考爲第九三三節整理出來，就聽到了賽斯傳過來以下兩段；它們立刻提醒了我我剛在寫的東西。

第一個引用的是賽斯在一九七〇年十一月三日給班上同學的資料：

「暴力將永遠被創造性的利用。即使你嘗試要破壞你也無法做到。可是，超出那個之外，在同時，你所施的暴力其實就是施在你自己身上。你是**一切萬有**的一部分——是你知道並且經驗的所有的自然、你所知的世界、並且甚至是你知道你不喜歡的世界的一部分。如果你撕掉了蒼蠅的翅膀，你自己就少了一些。如果你故意或帶著惡意踩死一集螞蟻，那麼，就你惡意的程度，你渾然不知的踩在你自己身上。暴力將永遠被創造性的利用，但如果你並不了解這點——在你目前的發展速度你並不了解——那麼，任何暴力都是一個對你自己的暴力。這適用於你們每一個，因爲當你們想到暴力時，你們想的是惡意或攻擊。不管所有的人做什麼，他都無法眞正做出任何的破壞——但當他相信破壞時，那麼，到那個程度，他貶低了他的本然，而必須在使用創造力上頭更下工夫。」

我們的錄音帶大半是有日期的——但我下面所引的這節卻沒有。我估計賽斯大約在一九七四年間給了一群來參加一節課的訪客這個資訊：

「所有的行動都是創造性並且一再發生的——這是我唯一能讓你們了解這些概念的方式。所有的能量都是個人化的。當你看著原子及星星時，你就是在看同時性的行動。當你想到過去與未來時，就正在同時看入過去，並且看入未來。由大腦的風景你正在試著看心智的風景。

「你並不感知在自己內在的意識。你也不感知在一顆星星裡的意識——然而，星星是另外一種意識在你們實相裡的物質具體化，並且也是你對它所感知到的一切。」

註三：（賽斯在九點七分：）「你先前的評論（關於珍有罪的自己）是中肯的。再一次，記住有罪的自己的稱呼是一個指認某些態度的方法，而那些態度的確在改變。

「可是，就我們這書的例子而言，魯柏自己是在擔心你的態度。當然，他整個的關切，到某程度阻塞了他的創造過程，那又進一步的令他緊張。此地的主要議題又是那責任感。所以他寫作或不論什麼，是因爲他愛去做，而不是因爲他應該或必須去做，那涉及了我的書，也涉及了他的書。

「他變得過分認眞，過分強調那整個畫面，如你有時也會的樣子，以致那件事（珍的症狀）看起來好像沒有希望：在你眼前的證據等等。

「那種投射延續那種情況，你們的確得到你們貫注其上的東西。我試著打碎你們貫注的團塊，而在種種不同時候也的確成功過，因此，創造性的改變在所有的區域顯出，包括魯柏的情況。

「可是，到如今，舊的習慣又回來了，而縱使有你們所有共同的好意圖，將事情帶到一個危機點的想法仍然遠較它可能顯得的更不利些。這並不表示這樣一個方法有時候不會成功。它的確是指，全盤而言它是個困難的方法，而在那方面，以最大的誠實與清晰，我只能告訴你們我先前曾說過的：不論在某些場合這可能看來多沒根據，基本上說，當你在你腦海裡削滅它，在你腦海裡擺脫其重要性，說像這樣子的話：『畢竟事情還沒那麼糟呢。』或以其他方式將你的注意力轉開，情況都會變得較輕。

「當然，要點是不要負面地投射到將來去，因爲那樣的話，你是在自找苦吃。既然身體狀況在目前已很明顯，至少你能領悟雖然這些令你面對了某種證據，但那證據的確會改變——而且能改變，並且正在改變，一旦你了解那證據雖然在場，卻非不可避免的是唯一可得的證據。

「在每個階段身體都被健康與活力所充滿，那些法則並不會改變。魯柏是安全並且被保護的。那些肯定現在在此是極爲重要的。

「此節結束，說教結束。（快活的：）並祝晚安。」

（「謝謝你，賽斯。」）

（在九點二十五分結束。賽斯所提到的「危機點」，是繞著珍和我一直想幫助她的持續努力打轉；見這節的開場白。我沒領會到，珍在擔心我會以為她該放棄在這本書上的工作，而去集中在我們的私人資料上，但我很快的就讓她明白我並沒那個意思。）

第九三四節　一九八一年八月十日　星期一　晚上八點二十七分

晚安。

（「晚安。」）

以口授開始。

人在夢境探索物質世界，遠在他以肉體探索世界之前。這種夢向他保證其他的土地存在於他自己的土地之外，而促使他向前進入那些人類一直情有獨鍾的具體探險。

一個人作夢時，可能突然在一個陌生的領域裡，從一個不同的觀點看著天空，並完全看不見一條熟悉的河流，並且在通常一個該有平原的地方看到一座山。以一種方式，這就與你發現自己在某個遙遠的行星上，是個同樣令人吃驚的經驗（就彼而言，你們的確是以同樣的方式探索太空，而至少在某些場合，你們自己的「來自外太空的訪客」是從其他的實相次元來的夢旅者）。

（停頓良久。）以這樣的一種方式，人學到在地球上海洋的位置——或至少得到保證，這種大片水域的確存在，連同有關它們位置的線索，以及頭頂上的星辰之配置。

以同樣的方式，夢對航海也是一個幫助。所以，夢能讓水手們在陸地能被具體看到之前就知道陸地近了——沒有一種人類活動沒有得到夢及集體夢的貢獻。

當然，在人類政治裡，夢有極大的幫助，所以，透過夢，比如說，部落領導者的意圖會被其他人知道。在部落裡的一些人專精於這種夢，而再次的，夢的內容是由夢者的個人意圖、目的及興趣所引導的。那麼，以某種方式，夢有助於加強這種個人的傾向，同時仍將它們導向公共的價值完成。對藥草及植物生命最有興趣的人，也會發現晚上的夢反映出白天的專注；所以，在那晚上的夢之旅裡，也許那夢者會在另一個非本鄉的地點檢視奇怪的藥草，或他也許被給予關於那些藥草最好的治療用法的知識。人們是天生的模仿者，就如某些動物及鳥類也一樣。所以，當部落成員談他們的夢時，他不只是講出來，卻以了不起的活力表演出來，小心的模仿他們在夢裡可能曾遇到的不論什麼動物、人或地上的東西。

（八點四十七分。）戲劇的起源正是以那種方式開始的。部落的領袖通常只在長期的「夢調查」之後才被選上，在那夢的調查裡，新領袖的名字一次又一次的，比如說，出現在人們的夢裡。他們預期從他們的夢裡收到忠告，這種資訊於是被說出，且被分享，並且與所有在重要決定被做出之前適用的具體考慮，一同被研究及檢驗（全部熱切的）。

再次的，你們的確仍繼續這種活動，（雖然）你們已將你們的意識心從那些方向轉開。這種活動大半並不變得有意識，因爲你不要它那樣。不過，在某些範圍，隨著身體旅行的增加，某種夢已變得更高度的切中要點了。在你們社會裡的家庭常常是分散的，父母與孩子住得相當開，住在本國的其他地區或根本在不同的國家裡，所以，可以這麼說，那些將你與這種親人連在一起的夢就上升到顯著的地位。人們常常留意到他們除了在夢裡，二十年都沒再探訪過的家鄉的改變。在夢中，他們使自己熟悉已發生的改變，探訪所愛的街道與房屋，或看看老同學。

很少人會嘗試實際的去查核這種資訊。換言之，有一整個相當不爲人知的全球性夢網路——具有令人歎爲觀止的組織，資訊的交換在那兒發生，而給了你形成被認可的具體事件的基礎。

舉例來說，如果小家庭留意他們自己家庭的夢，他們可以發現未被懷疑到的關聯，並且感受到他們一直在心理上參與的主觀及客觀戲劇的互動。舉例來說，注意你從報紙裡尋找哪種資訊，你是看頭版而忽略運動版，或是剛好相反？你看不看談名流隱私的專欄？訃聞？你是否尋找可怖的犯罪故事，或尋找更進一步有關政治權術的故事？那答案會讓你看到你最常尋找的那種資料。當你作夢時，你多少會專攻同類的資訊，你會按照你自己的意圖與目的，來組織你心智的內容，以及你可得的資訊。

（九點五分。）所以，一個人的夢雖然是他自己的，仍會契入一個既定家庭的夢的一個重要位置。因爲他自己的興趣，一個人也許大半從夢中尋找問題或困難的警告，因而做家庭的夢之守衛——比如說，替每個別人作惡夢。那個人在醒時狀態做爲一個家庭的一員，也會扮演一個多少相似的角色。在這種例子裡的問題是，一開始這樣一個人的過度憂慮及恐慌的理由——爲什麼對這種可能的災禍或罪案或不論什麼，有這樣強烈的興趣？——而答案是在於對此人關於存在的本質本身之感受與信念的一個檢查。

不過，就團體夢而言，就這件事來說，仍然有一些人永遠會做守衛者，同時其他人甚至在夢境也扮演著治療者、老師、探險者或不論什麼角色。沒有一樣技藝不是首先被一個個別的夢者構思出來，隨後將之轉移到社會的活動上的。

那麼，在夢境之中，家庭、社區與國家的需要及願望是廣爲人知的。夢境是世界知識的一個豐富來源，因而也爲其科技的自然發展負責。這是極爲重要的一點，因爲「在外面的科技世界」曾一度是夢的世界。那使得工業世界變得可能的發現及發明，一直潛伏在人類心智裡，代表了可能性的一個內在的閃亮風景，而人透過夢的利用將之帶入實現——那曾一度爲潛在的，對物質之直覺的及有意識的操縱。

價值完成會永遠提供內在的方向，經常提醒人這種科技能被利用的最好方式。現在，在人心裡最先想到的是擁有這種知識的需要，因此，它也變成一個重要的夢的題目或主題。那麼，在夢境裡，人們到某個程度尋找他那代的問題的解答。

口授結束。

（九點二十三分，見註一賽斯在九點三十五分道晚安之前，給我們的個人資料的幾段摘錄。）

註一：賽斯告訴我們：

「神奇之道的整個概念本身就會護持你。

「它應讓你記起，以一種方式爲你的存在本身負責的『眞正的不費力』。當你變得在任何方面太過關切或擔心時，記住是你在思考那些思維，但思考的過程卻是完全不費力的。光是那個體會，就能進一步提醒你，意識心並不必有所有它需要的資訊，它只需要相信那獲得資訊的方法是可得的——縱使那些方法是超出了它自己的活動範圍之外。」

第九三五節 一九八一年八月十三日 星期四 晚上八點三十四分

（昨晚我們並沒上定期課。今晚在我們吃了小羊肉及義大利麵的晚餐後，我倆都有點昏昏欲睡——然而，珍也覺得有點煩躁。最後她決定要上課，「啊，我感覺他在身邊。」她在八點三十三分帶著一些驚奇的說。然後：）

晚安。

（「晚安。」）

口授。現在：夢發生在如此多層的實相上，以致相當不可能去描寫它們真正的範圍，尤其是那範圍尚包括了在意識上不爲你所知的層面。（停頓良久。）舉例來說，在種種不同的人們或國家之間的重要溝通裡，夢也有後援系統的作用——而，尤其是當這種團體之間的具體通訊被切斷時，夢提供了資訊之流持續地從這族類的一部分流到另一部分。

有不同重要性的夢——換言之，就彼而言，夢眞的跨越過世紀，潛在的蜷伏在染色體本身之內；而沒有任何一層意識在夢境裡是沒有某種參與的。舉例來說，即使是電子也作夢。夢觸及微觀與宏觀的事件或實相，而並不只是一個人類的特性，擅自的出現在你自己的範圍或你自己的族類之內。反之，夢是主觀經驗的一個範圍，那是普及於宇宙每一處的。

如我曾提過許多次的，動物、植物、昆蟲，乃至所有的生命形式都會作夢。所有分子構造展示那某種的內省性活動，就好像某個巨型電腦之內，在運作不只密切關聯到它自己的程式設定及與之相連的可能性，並且也對形成它自己物質構造的電子，及各種可見與不可見的粒子之活動有一個深深的心理覺察。

（在八點五十分停頓良久。）那麼，你們一定會有許多較大的夢構造(formations)，那只能被稱爲集體夢(group dreams)——你們自己的夢在其中發生，並參與其中的主觀事件。你們期待物質世界所有的素質，不論多不同，都彼此契合而形成某種的永久性及秩序。那麼，這同類的「彼此契合」也包括了主觀的生活——或比如說，你私下的夢也是一個更大的夢實相裡的片段，應該不會令你驚奇。私人夢對那個實相之運作的重要性，就如電子對你們物質實相一樣的重要（停頓良久），爲智慧及樂趣的累積提供了內在的途徑。

於是，有某種夢，在其中形形色色的物種彼此溝通，並且在其中環境及其居民的能量相配合。這些包括了一種平面的心理伸展，一種夢轉譯成另一種——資訊由一個系統轉移到另一個，在其中象徵符號本身變得活了起來。

我只能希望在你們心內激起一些感受，那會讓你們憶起你們自己在那些夢活動的隱密層面的實際行爲，但它們於所有族類在環境中的發展裡，一直是非常有關係的，將其中一個族類的意圖與目的，活生生的保留在另一個族類裡。且說，我曾告訴你們，實際上並沒有基因的知識從地球上消失，它並沒有消失不見，而是以潛在形式保留在一種後援系統裡。因此，就可能性而言，每個物種在自己的基因模式之內，都帶著彼此基因順序的藍圖及專門化。

那些基因順序如此平順的追隨價值完成的追求，以致任何時候當條件適合時，它們都可以被重新啓動——因爲即使動物也不只光是關懷倖存而已，植物亦然，卻還關懷我只能稱爲（**停頓良久**）情感品質的東西。那些品質追求對那些意識的條件一個完全的欣賞及創造性的延伸，那些「意識的條件」既標示每個族類爲它自己，也將它與所有其他族類聯合在一起。

（**在九點十分停頓良久。然後，全都熱切的：**）以一種方式，你們自己的夢以電子的樣子運作或出現在其他的實相裡，那是說它們改變它們的形相、它們主觀的力量或方向，而變成宇宙運作的力學的一部分。這同樣也適用於你們自己的思維。在你們想了思維之後，它們並沒被「浪費」（**帶著幽默**），或就這樣被丟棄，它們也不消滅，卻繼續在宇宙裡發揮其他非你目前所覺察的那些作用。

（**緩慢的：**）這全都涉及了一個豐富的、繁多的創造力。快樂原理也許可以被比爲最像是對美的潛在欣賞，那美是明顯的無處不在，如果你尋找它的話。那是每種生命形態爲自己存在的神奇而狂喜，在其中愛的價值超過了它們本身，而且在其中每個族類或生命形態又「領悟到」：自己的成就無限地增益了所有其他形態的存在。

口授結束。我們眞的至少設法暗示了一些幾乎存在於任何理性理解的邊緣——最邊邊的邊緣——的資料。我衷心的祝福，並祝晚安。

（「謝謝你。」）

（九點三十二分，「哇！」珍一出來馬上就說，「那真有點兒怪異，因為當我開始時我並不覺得那麼投入。但我變得真的很投入，非常接近某種重要知識，而在同時我也能說出來。你知道嗎？就像你幾乎在說那不可說的！相當狂野。或你將你自己盡可能的伸展……當我在替賽斯說話時，我試著拉下來的是一種不同類的知曉，感覺真是棒透了。」

而我告訴她，她的確給了極佳的一節，而我希望這種重要的資料會是常識。）

第11章

神奇之道，以及「保存」與自發性發展之間的關係

第九三六節 一九八一年十一月十七日 星期二 晚上八點三十五分

（三個月之前，遠在八月十三日，依著賽斯在七月八日給《神奇之道》的大綱，珍開始寫第一章的初稿。同一天晚上她給本書的第十章上了最後的第九三五節。自那時起，她只上過兩次短短的私人課，在十一月九日及十二日。所有那些日子裡，她的身體狀況起伏很大。賽斯在兩節裡都再度提供保證，在第一節裡他說：「魯柏仍在處理從他有罪的自己衍生出的資料。」在第二節裡他強調，雖然珍仍害怕自發性的身體鬆弛，「魯柏是安全、被支持，並且被保護的——當然，那是他在此時正想理解的訊息。」

我從未見到珍在開始一個新方案時猶豫了這麼多日，如她對《神奇之道》那樣。通常她都會躍入她最近的創造靈感裡，而這次她沒如此做，對我而言這是她長期的、一般的身體和情緒狀態的一個清楚徵兆。在她結束第十章之後，我繼續安慰她（如賽斯也在做的），因為我為她深深的感到挫

敗及關切。她不會肯定任何我能提供的其他東西。當日子過去時，她不只一次的否認她很沮喪。歷年來觀察我的太太，我早就開始覺得，我是在觀察一個以不可置信的能力及決心，追隨一條她選擇的道路的人。而縱使現在，若我說珍的途徑是相當符合她基本的天真及神秘的本性，也並不矛盾——因為她對她天性的接受，才使她可能以她自己獨特的方式去探索它。當她真的在悲歎她受到損傷的狀態時，她也從不對一個假定不公平並且不關心的自然，問那厭倦的老問題：「為什麼是我？」她只不過試著與她的挑戰奮鬥。

那麼，從八月十九日到二十六日，珍在寫《神奇之道》的第二章〔註一〕。三天後，當她在寫第三章時，我們收到《如果我們再活一次》前言的校稿。它們很容易校對，而後珍打電話回去，同意了一些修改。

不久後，蘇．華京斯從她在紐約州北邊的家打電話告訴我們，她剛由Prentice-Hall收到她第一本印好的《與賽斯對談》卷二，我和珍都祝賀她寫出了兩本好書。縱然我們並不能說是不偏心，但我們知道，在她對珍的ESP班裡發生的事的長篇報告裡，蘇替她自己，也為我們寫出了優異的作品。透過她的觀點，提供了我們三個——連賽斯在內四個——曾經並且仍在試著提供的新次元及洞見。蘇簽名送我們的《對談》在十月初寄到了，看見它使珍很振奮。然而，我太太繼續為《神奇之道》傷腦筋〔她這樣形容〕，一再問她自己，她是否真的想寫那本書。珍的直覺總是肯定她的確想，但是對她而言，那書總是進行得很艱難：《神奇之道》仍然沒有像她想要的那樣子流出。

然後，在十月二十三日，珍創造性的爭戰引發她「照顧」(attending)的資料——在其中她從賽斯那兒收到說她在人生中唯一的責任是對她自己，「照顧當下」。賽斯告訴她，她沒有義務去救世界。珍鬆了一口氣，寫了一首短詩去呼應賽斯的訊息，然後進一步寫道：「我了悟到像許多人一樣，我已變得害怕信心本身了。」我將這點資料放在本書卷一的前面。她的洞見幫助了我們兩個。可是，她已超過十週沒上過一節定期課或私人課了，所以，十月二十七日她在日誌裡記下她持續的每日創造性的掙扎：「而再次的，我在課及寫作上都落後了很多，今天凌晨我從子夜『工作』到三點——而什麼都沒做出來。我懷疑整個計畫〔神奇之道〕到底應不應該做，那神奇跑哪兒去了？我的靈感到哪兒去了？我的念頭是，我應該把它們寫下來，因為它們是整個畫面的一部分，我覺得好些了……」

跟著她最近信心的自我更新，珍開始注意到一些身體上的進步。在十月三十一日晚上，當四個曾是ESP班成員的年輕人從紐約市來看我們時，這些進步以一種非常不尋常的方式開始顯現出來〔註二〕。他們一直在艾爾默拉地區找其他以前的學生，看是否誰有珍在替賽斯說話或以蘇馬利唱歌的老錄音帶；他們在蒐尋裡有一些斬獲，但那晚我們並沒放任何的那些帶子。

珍和我認為在二十九天內各種的事件——《對話》卷二的到來，珍寫出她的「照顧」資料及詩，她先前學生的來訪，以及甚至她與《神奇之道》的爭戰——曾助她至少在三個分開的場合恢復她身體的安適及健康感。她寫了更多的筆記、更多的詩。我們繼續試著鼓勵她的新動作，如在註二裡描寫的那種，但它們開始減退。

在這些註記的開始我寫說，在珍結束了本書的第十章之後已有三個月過去，而她才在十一月九日上了她的下一課——一節私人課，在那節短課裡，賽斯想把他的保證加在珍的及我的保證上面〔註三〕。同時，十二日晚上在賽斯建議珍恢復一週兩次的課之後，珍替賽斯講了另一節私人課，那節也很短〔註四〕。

五天之後——在一九八一年十一月十七日星期二，晚上八點三十五分——她給本書的第十一章上了第一節，第九三六節。以下是那節課本身的開場白：）

（珍似乎考慮把我們週一—週三課的常規，換到週二—週四去。

珍向後靠著沙發，把她的脚放在咖啡桌上，而我坐在她對面，把我的筆記本放在膝蓋上。在八點二十分之後不久，珍開始「覺得賽斯在附近」。我馬上知道這節會是她較慢的一節，我只指出她在出神狀態裡一些長的停頓。）

現在——

（「晚安。」）

——晚安，口授。開始下一章（十一），題目是：〈神奇之道，以及「保存」與自發性發展之間的關係〉——請等我們一會兒。

（停頓。）以一種方式，夢容許了一個學習過程的稀奇混合，卻在同時又有引介令人驚奇的發展的作用。那是指夢促進了知識的保存(conservation)，它們在技能的發展上是個輔助。藉由將資訊與你經驗的其他結構穿梭交織，夢保存可得的資訊。

在同時，夢有其令人驚愕的特質，促進了未被預期的發展之嵌入，而在那種情形，夢顯得是在處理保存原則的破壞。以這種方式，夢也反映了你較外在的行為，保存了你已知道的東西，而卻又引介了新的模式、新的自發性秩序，那有時會顯得是與保守的議題相反。舉例來說，當你夢到過去的情形時，夢加強了過去，而藉著把過去以一種不熟悉的方式展示給你看，將之染上現在與未來的色彩，他們也似乎顛覆了過去的完整性。

（八點四十九分。）許多人也許希望我會增加許多方法來幫助你們學習夢及其本質。以這樣一種方式，世代以來夢也暗示了大自然的自發性秩序，而容許你以一種更真實的方式去看人類。就彼而言，你們的生命是依賴所涉及的奇怪關係：如果保存原則及那未預期的，不是以它們現在這副樣子存在的話，你們一天也活不下去。你們在人生裡有這麼多必須學習且記得的，而也有這麼多你必須自動遺忘的——否則的話，行動本身會是相當無意義的。

在一天裡你做的行為遠比你回想到的多得多，你並不知道有多少次你舉起手臂、說一句話或想一個想法。以你們所擁有的那種意識而言，對保存原則的過分仰賴，可能削減了生命的過程。

（九點一分。）不過，在私人生活裡，並且在所謂的演化說法裡，生命必須要有令人驚奇的事件、未預見的行為、剎那的洞見或行為的入侵。那些並不能只從任何知識的累積或簡單的能量保存而來，卻似乎暗示了全然不同的新發展。

夢常常被用為一個架構，在其中突然的及偉大的洞見出現，那隨後使一個人能以先前未預見的方式來看這世界。這世界的活動永遠包括令人驚奇的事件之嵌入，這在大自然的所有層面，從微觀到宏觀，都是事實。如我以前曾說過的，所有的系統都是開放的。進化論及特創說兩者的學說，強烈暗示並且加強對時間的順序性質之信念，以及對一個以如此這般的方式開始，且持續到如此這般的結束的一個宇宙之信念——然而，是有出現在眞正的大自然活動裡的平行事件，並且在所有的經驗裡都有平行的進出點，這些容許了非官方的新能量之嵌入，及令人驚奇的事件之引介。

（在九點十三分停頓良久。）再次的，這非常難解釋。夢能影響——並且眞的影響——文明的上升及隕落。不過，你們習於以一種特定的方式去讀自然，並且在表層去經驗事件。你們是自然地配備好去欣賞一個豐富得多的混合，而如我常說的，你們本身就擁有一個去探索你們存在的主觀性分支的需要。

當「時代不同」，你們就會厭倦了老方式。連你們的夢都開始向新的途徑伸展。在大自然的自然保存行為，與大自然想創新的必要之間的關係更有彈性了。在私人與群體經驗裡，在物質與精神行為裡，在，比如說，星辰與人類的事件裡，越來越多的非凡事件開始發生。

那麼，人們想將信念的老結構拋在一邊，他們常常不自覺的渴望童年早期所記得的知識，那時彷佛他們曾經驗到一種經驗的次元，在其中那未預期的被視為理所當然，那時「神奇的事件」相當自然的發生。他們開始以一種不同的方式去看他們人生的結構，試圖從大自然，並且從他們自己的本性，喚起一些優雅的不費力、一些幾乎被遺忘了的自由。他們開始轉向對他們自己人生的一個更自然並且更神奇的探究方式。在這種時候，在大自然裡以及在社會本身裡的保存因素，看起來似乎不像它們以前那麼強了。先前被掩飾或忽略的令人驚奇的事件，似乎出現得越來越多，而處處都有一種新的快速及加速感，逐漸的改變了人們對他們自己生活的事件以及對別人的行爲之期待。你們現在就在這樣一種時代裡。

舊的、被尊崇的解釋突然顯得萎頓了，而不可預知的非凡事件似乎較爲可能了。那種在夢裡做的工作到某程度改變了，它們變得更積極、更具侵入性。可預見的行爲——縱使是大自然的現象——也較難被視爲理所當然了。在這種時候，人類開始越來越感受到保存的表象所寄於其上的行爲之更大次元。

（九點四十三分。）這種情況下，人的主觀經驗有相當的改變。人對他自己的感覺也改變了，但漸漸的，他對不可預知性的信任增加了，他比較願意隨順它了。人類開始他自己的那種心靈的遷徙，人開始感受在他自己內更進一步的尚待研究的領域及行動的可能性。他開始渴望探索精神的陸地，並且將他自己的一部分派出去做特使。

口授結束。

（九點五十分。）現在：魯柏就是那種特使。在人生的所有區域裡有許多特使，而這不只涉及了你們自己族類這方面的一種興奮，並且也涉及了其他族類那方面同樣一種的好奇及興奮。再次的，這極難解釋——它存在於所有族類與環境之間的聯繫本身也受到影響。平行的通訊伸展並擴展，以包容可能性的隨後發展，因為意識永遠在不只一個範疇裡認識它自己。而當保存與學習的屬性在它們最茂盛的春天時，大自然可能以看起來最不可能的方式體驗它自己。

此節結束。

（「關於珍這些日子裡在吃的那些維他命，你有沒有什麼要說的？」我們今天稍早曾談到這個問題。）

今晚不談——但不久我就會給你那方面的資料，以及關於魯柏的資料，當他自己的一些新洞見會容許我去做比我現在所能做的更進一步的說明時。此節結束，並祝晚安。

（「謝謝你，晚安。」）

（十點一分。珍模糊的記得，賽斯在說了今晚口授已完之後，令人困惑地繼續寫書的事。我告訴她，我想賽斯透過談到我們人類的特使，而自己觸發了他的額外資料。我很高興珍是這樣的一個特使，我不記得他曾以這樣一個說法形容過珍，這是對她「這一回合」在具體人生裡選擇的神秘——通靈角色的另一個洞見。）

註一：如果我立刻看到她在八月二十六日跟著她為《神奇之道》第二章一起寫的未命名的長詩時，那我對珍一直有的關懷必然會轉成徹底的恐懼。她並沒將那首詩完成，也沒有拿來給我看。並非她想要把它藏起來，但我倆無法告訴對方每件事——當她寫那首詩時，我剛好不在場，而她把它夾在她的一九八一年日誌裡，不久之後我就「意外的」發現了它。即使當我眞的發現那詩時，我變得悲傷，繼而害怕，然而在我讀它時又變得更有希望，我立刻知道必須把它放在這裡。因爲當珍寫她的詩時她正非常低潮。也許是她詩意的表現藝術使我如此強烈地與她的情緒認同，但我突然感到甚至我也從未眞正的了解她的挑戰之無數層的深度。在這詩裡，我看見她重新表達了對被棄的古老恐懼，還有她缺乏活動性的難局——而我的恐懼是由我認爲是她也許會選擇永遠離開這物質實相的一些訊號所引發的（在她上這第九三六節的七個月之前，我也有相似的感覺：在第九章第九三一節的註九裡，見我摘自一九八一年四月十五日私人課的評論）。

如果珍寫了定稿，那她也許會削短她的詩；反之，我認爲讀者應該看看在某一天裡她如何自發而詩意的與她的挑戰搏鬥。不過，爲了要節省篇幅，在每一節我將它特有的短句「兜在一起」，而用斜線將它們分開：

在我之內有些什麼／潮汐起伏／好像我讓自己／
有一會兒／被沖走／到海裡／同時留下／
一些細長的殼／在岸上／乾癟皺縮，／
依稀活著。／（卻）有著兇猛的／嘴與眼／

半活著。／但啊，那一半／是熱情的／
並充滿了／生命的渴望。
那另一半／冷靜的，／與波浪合流／
越過世界與岩石／如霧消散，／
超越阻礙／無牽無掛。／而我的心／
在脆弱的殼裡／呼喚，／「回來吧／
親愛的對等者。／我已精疲力竭，／快死了，／
一個半空的／殼，紙樣薄／我所有的／
生命活活的／並且燃燒／只在我頭裡／但幾乎／
一無騷動。／你怎能離去／留我在這樣一個狀態／
脆弱／並且暴露？」／

有時根本／沒有回音，好像／
我的聲音本身／變成了霧／或失落在／
浪潮聲裡／直到彷彿／我眞的／
被拋棄，／分離自／某個被遺忘的自己／

它已走往別處／没有我，／所以在我們之間／
那鴻溝／是如此遙遠／以致來去的／
訊息／隔了如許久／才搆到我／
而只有我自己／未來的／後代／
才能在這兒／攫獲其意義／

然後我聽見——／今天早上／如我以爲我聽見的——／
一些回應／它說，／「你認爲誰／派我／
到這樣一個旅程／若非你自己？／它說，／
『別替我／擔心。我没問題／但趕快——／
走，當那潮水／漲滿，利用／
其波動／我將加上／
所有我／能借予的。／讓你自己被帶到
肉體／在其甜蜜的膽怯裡／會害怕
去跟隨的地方。』／因此我就那樣做了。」
我幾乎不記得／卻認得那聲音／並覺得／

某個遙遠的浪潮／轉回頭，／
某個神秘的自己／攜帶著／超越已知的／
百萬訊息／以及異國的珍寶回到／
我在等待的地方。

而一個急促的動作撼動了／我枯乾的手腕／
微細卻猛烈，／我一驚（冷顫）／
它曾經／這麼久都沒動過。／那容著我心
的細長殼子／彷彿被一陣突然的風／
掀起了一邊／而神經與肌肉／
之蜷曲／乾枯的觸鬚／自己鬆了開來。／
我的顏色改變，／我白色羊皮紙般的／皮膚變成珊瑚色，／
細小的皺紋消失了。／我的身形開始
再度充實／當我感受到一個／奇怪的自己回來……／
現在更快速的／撫慰著心靈／那巨浪／
來自未知的／精神大海。

一點一滴／我的力量升起。／我的肌肉舒卷開來／
它曾被緊緊的摺縛，／等待未來之用／
而現在我坐起／將脆弱的手指／
梳過我曬乾的頭髮。／我說，「我們太過火了／
我的朋友。／從今起我們將／攜手同行／
盡我所能的遠／走路或游泳——或我將／
與你一同精神旅行。／但我不會再獨自／
留在家裡，／而將用具轉低／一半，等著。」
「其實你也不必。」／那聲音現在較清楚／
直到它／由我自己的嘴／發出（充滿活力，大聲）／
不再在遠處。／我們在一起／閒談了半夜／
同時我將／疏離之網／自我的手指及腳趾／
甩開。／我的殼變軟如一張網／
然後崩散／而歎息著被早晨的／風／
帶走。／圍繞著我們四周／
海灘收攏／黑暗中／突然躍起的／

珍貴影像，與連合心的浪潮／的浪潮／
一同進來。
我的對等者說，／「那些寶藏／標了／
你的名／而每天／會到來一會兒，／
從最神秘的／地方來的／不可思議的驚奇。／
但我也變聰明了——／發現**你**在這兒／
等我，多好啊。／沒有一個旅程值得／
擾亂我們的和諧，／自己的統一。／
而對於未分割的／自己／所有的旅程／都是可能的。」
「現在我只想／完整的站起來／走過／
海灘。」我說。／而手挽手／我們這樣做了，／
笑著我們二而一，一而二的微笑。

我珍視珍給她詩的結尾，因爲在裡面她至少重新肯定她自我治癒的可能性。然而，縱使當我的恐懼減低，我的希望也受到影響，因爲她沒有明白提到將一個更了悟的有罪自己整合到她的心靈裡。我想，珍的身體、症狀**現在**與她同在，而我們在往恢復的路上尚必須處理它們。當我們在我讀了她的詩之後談天時，我被絆住了：懸在爲我太太感到的絕望與她會選擇繼續活下去的希望之間。

註二：我們的四位訪客很久以前就已變成我們的摯友。我確信他們的適時到來對珍最近的進步大有貢獻。他們對我倆提供了熱誠、信心與強化，並且在我們內重新喚起一種對彷彿更無邪的舊時代的懷舊感。

我稍微的改寫了珍於一九八一年十一月二日在日誌裡寫的話。這些事件再次的顯示她身體之不可置信的強韌、創造性，及不停的去糾正她自己並且繼續下去的企圖——當身體被容許向信心反應時：

「在我的身體狀況裡發生了一些真正有益，並且奇怪的發展。」珍寫道，「那發生在上星期六晚上，十月三十一日，當那些孩子從紐約市來訪時——我幾乎兩年未見的學生們。在他們來訪期間，我注意到放在咖啡桌上的我的右腿會突然很快而未預期的掉落到地板上，然後他們走了。當客人走了後，我跟羅談談天，然後打起瞌睡來——而後再次的，我的腿忽然落下來，而整個身體不聽使喚的轉向左側。這發生了好幾次。然後在打盹兒時我突然發現我的身體向前移，半站起來，帶著強大的能量以及多少是自然的動作——全都自動的。

「效應在星期日繼續著。有一次我的右臂突然向左移動，以突然的能量將我拿著的一包香菸甩到地上。然後，星期日深夜我看電視，每次打盹兒幾分鐘——我醒過來，發現自己半身溜下了沙發，溜到地板上，我嚇著了，試著坐上我的椅子。我叫羅，他在另一個房間；他扶我回座。然後有一個很長的夢，夢中我的身體在清理它自己。」

註三：賽斯在十一月九日星期一晚上，幾乎用了整節課來處理我們個人的挑戰。在晚餐後珍曾宣稱她想試著上一節課——她不知道它會是私人的、寫書的或談別的資料的課。她剛才重新念完幾節書的課。她對自從八月以來上她第一節課的想法既緊張又不耐，以下是摘錄：

「魯柏仍在處理隨著他有罪的自己的資料分支出來的資料，」賽斯說，「而這資料通常跟隨著自從那時在他寫過的詩及筆記裡相當明顯的發展方向。

「他知道我指的是什麼，有一小部分仍未打字，而應該要打，因爲光是打那個資料就會造成一個推動力。那整個有罪自己的資料該被複習。他的確變得害怕信心本身了。

「他目前正在面對那種感覺，發現其理由，並且試圖重新捕獲一些那年輕無邪的自己本身的信心感。那信心存在，甚至在教會教義強加於其上之前就已存在。他正在試著發現他自己天然的信心。當然，那嘗試把他帶入與不論什麼仍阻礙著他的疑惑之衝突裡。

「再次的，身體的確擁有這樣一種自然的信心，而它與玄秘的方法等等都毫無關係——但再次的，它在處理一種不證自明的生物知識。有一種更情緒化的亢奮與那些議題相連，所以，舉例來說，有那暫時性的恐慌感。這些該被討論，我將有更進一步的相關資料加在魯柏情況的整個範疇上，但我今晚的課只想給他一種即刻的方向感。

「我知道如何加快心靈的推動力，在適當的方向給它溫和的輕推，去挿入一個保證的暗示，而這就是我上這課的意圖。有罪的自己的資料，在此時被用作一個小小的心靈源頭：那是說，他仍對之反應，而那同樣的資料也許會由不同的觀點出現。

（在九點十四分對我說：）「關於你自己的反應我也有話可說，並且我建議——但只是建議——再次的，你們通常一週兩次的課還是要上，做爲一個支持治療性的努力的架構。

「我的確短短的給了他一個訊息（在一九八一年十月二十三日）：照顧當下的事，因爲它在那兒是有一個理由的。在每個人的生命裡，以及在你自己的生命裡，在你存在的每一點，你問題的解答或達成那些解答的方法，在你的日子裡就永遠如任何既定問題一樣的明顯——或不如說，一樣的在場。我的意思相當簡單：那些答案已經存在於你的生活裡了，只是也許你還沒把它們整理好，或以必要的方式組織它們。在魯柏的例子裡，那些解答就在你們通常所關心的所有那些區域裡——讀者來信、這些課及通靈能力。當你以適當的神奇心態照顧到在當下的東西，那麼，改變了的組織就能發生了。

「相信一個『供應你的神』，不論祂的名爲何，的確是身心健康的一個心理上的必要條件。魯柏並不想面對這種議題（停頓良久），他感覺它們打開了所有有組織的宗教濫情的心理流沙。有罪自己的資料是在發揮作用，打開了欲望及意圖的必要門戶。當魯柏打好了那些隨後的小詩時，那條路就他看起來會好像清楚得多。那無邪的自己正在被發現。

「魯柏正在處理涉及自己與其源頭之關係的相當深奧的資料——這資料在你們目前的情況裡正在被處理。那些解答不但會自動的引導他到一個實際的解答上，並且會導向他一直在尋找（強調的），而同時卻又在害怕的發展區域。」

（當賽斯離開我們之後，珍泛起笑容。她很高興她上了這課。「在中斷以後，我仍會害怕。」她知道賽斯要她打字的是什麼資料。我應提一下我們的失望，因為一週前她經驗的那些奇怪的新而快的身體動作（見註二），很快就逐漸消失了。）

註四：賽斯在十一月十二日星期四晚上給珍和我的資料中的這些洞見，顯示出他如何繼續試著幫助我們去幫助她：

「現在，令魯柏擔心的正是不費力，也就是說自發的放鬆，在於它並非是在任何一點明確決定的東西，卻彷彿是自己發生的。

「魯柏的身體正容許它自己放鬆，尤其是在沙發上當他的背有所支撐時。緊張減輕了，而常常這緊張的突然減輕也嚇著了他。在身體那方面，這是一個相當短暫性的極佳治療。不過，在控制被持續的用在身體上之後，那放鬆分解了許多強大的控制因素。這些都是極大的好處。藉由這種方法，僵硬被抽離了身體。他是安全、被支持及被保護的——當然，那正是此時他試想讓自己明白的訊息。藉由提醒他那個支持與保護，你能幫助他。身體知道它在做什麼（強調的）。

「今晚稍早他試圖解釋給你聽的那些想法，是絕佳的。他討論的那些想法，在心理上使他重新振作，尤其是加上了你的幫助。有罪自己的資料用它自己的方式是『設定時間的』，所以，雖然已有好些資料被寫下來，效果卻是一段一段的——那是說，它們是躍入甚至更大洞見的線索，那在任何一個既定時候也許並不明顯。很重要的是，當他眞的覺得恐慌時，要告訴你。可是，那感受本身並不持久。

再次的，放鬆是創造性過程的一部分。

「我希望完成我們這本書，不管你們的出版計畫或什麼的，而在目前的情況下，那對我們的朋友會有益處，當他看見在那區域有一些每日的成就。（停頓良久。）不過，我要魯柏看見治癒是在發生、他能信任自己的心與身、並且自己的所有部分都在被處理，不論任何既定時候這是否顯明。在這種地方我們的資料並非虛構小說。不幸的是，在你們的社會裡，你需要每個你能得到的好的暗示去平衡恐懼及負面的制約。

「魯柏並不需要每年按時出一本書。創造性的資料會流出來，由於魯柏他自己特有的本性，它會流出來。去表達那個本性是安全的，甚至去探索那本性也是安全的，並且容許他自己在存在的源頭裡得到一些安慰也是安全的。

「當然，可以給任何人這同樣勸告的適當變奏，而也同樣的中肯。」

第九三七節　一九八一年十一月十九日　星期四　晚上八點三十分

（珍昨天心情不太好，她的確告訴我，她有點驚奇的領悟到，賽斯也許比她想的要更接近完成他的這本書。我以為賽斯離完成這本書還早得很呢。

珍給本書上的卷一第五章第九〇〇節是在差不多二十個月以前，在那節的註一裡我描寫了一個栩栩如生的夢——賽斯在那節告訴我，我在那個夢裡看到了我自己的存在多面的光，以及這宇宙多面的光。參與那事件的是我們的朋友，弗羅．華特曼，他是一個極慷慨且熱心的人，多年以來他幫助過我們許多次，他即那個將我們的雙車車庫的一半改造成珍的寫作室的營造商。珍和我都各自與他分享了幾個通靈經驗。

和華特曼、他的一個兒子及另一個幫手有關的喜劇性連續劇，開始於今天中午。「嘿！羅，是隻浣熊吔！」驚奇的弗羅從屋頂上往下叫我，他手電筒的光照亮了那動物臉上的黑色面具，並使得牠的眼睛發亮。當牠蹲在火爐煙囪的底部時，顯然那浣熊選擇了那個地方做為將臨的冬日的安全溫暖的庇護所。那三個男人試了幾個方法去勸誘那半野半馴的生物退出煙囪，但都無效。最後弗羅打開了爐子的節氣閘一點點，而在火爐裡點燃一張報紙：那煙馬上令我們非常生氣的房客迅速的爬上煙囪，穿過屋頂，而進入長在前廊一角的鐵杉樹裡去了。然後，弗羅的兩個幫手站衛兵，令那浣熊留在樹上，弗羅則抬了一塊非常重的平石頭走上樓梯，壓在煙囪頂上；他將一片鐵絲網固定其上，為防止動物和鳥進入的永久封口。

我將坐在椅子裡的珍推到前廊，在從地板到天花板的大玻璃後盡量接近那棵鐵杉；我們在三呎之外向上看那吵叫的動物。我們曾好幾次見到浣熊們在那樹上玩，而住在農場上的弗羅也常常看見牠們。這是一隻成年的浣熊，有混合著黑棕色與灰色毛的厚皮，那顏色恰好與那樹幹的顏色相配。在那陰暗的一天，我們無法看見那黑臉上的眼睛，也分不清牠是公的還是母的。弗羅告訴我們：「浣熊跑不快，如果大狗白天在空地上追到牠們，就會攻擊牠們，但那隻浣熊如果被逼入死角，甚至能殺死一隻大狗。」他補充說如果今晚我們聽見屋頂「碰」的一聲，那就是有隻動物已想辦法移開煙囪上的石蓋了。

珍今晚為賽斯的傳述一點兒也不快，但仍比上週二晚上那節的步調要快許多。而我們並沒有從我背後的火爐或屋頂聽到任何聲音。）

現在：口授。

那同樣不可預知及可預知的活動的奇特混合，也在基因的模式裡運作，在其中基因的系統大半被建立以保留特定的特徵。然而，卻也能表現出一種行為，那在基因上彷彿是不忠實的、扭曲的或引介一些改變，而那可能顯得是對基因完整性的一個戲劇化歪曲。

可是，如我會試著解釋的，那些怪異的基因事件，常常提供了彈性及加大的可能性，那對整個基因平衡來說是最爲必要的。夢行爲眞的能——並且常常也——影響基因的改變，且有改變細胞行爲的觸機作用。在你經驗的每個層面，並且在大自然似乎有的界限內的每個層面，在你生活中似乎是分開的精神與物質面之間，都有相互的取予。

有些每個人都參與了一部分的決定，是在你通常甚至並不知道它存在的活動範圍裡做的，你聽清楚那句話了嗎？

（我告訴賽斯：「是的。」我正在得到相當怪異的印象，即到某個程度，他今晚的資料會從我們與沆熊的經驗長出來，縱使他並沒提及那件事。）

一個國家的人民在任何既定的時刻，能決定去啓動或經驗一個特定事件，幾乎完全在實質的領域，或將其成分以這樣一種方式分離，以致其一半被實質的經驗，而另一半則在夢的實相裡被經驗。當然，能量的轉化經常在發生，所以，比如說，一個可能的物理風暴，反之可能出現爲一個經濟風暴。

（在八點四十六分停頓良久。）它可以顯示爲一大群人的一個情緒風暴。反之，它也可以顯示爲一串，比如說，嚇人的夢。這樣一個不利的身體狀況，比如說，一個疾病，在其存在的每一點，也許轉成「一個嚇人的夢」。然而，在所有這些例子裡，自我建全性的必要標準都被維持住了。當然，這同樣的改變也適用於幸運的事件，它們也許透過完全的具體表達被經驗，或透過一連串許也涉及了社會或經濟事件的具體顯現被經驗，或透過一個絕佳的氣候——極佳而幾乎完美的夏日般的或不論什麼的日子之突然到來——被經驗。那麼，可預知的及不可預知的，都被用來形成物質經驗的界限。

你對這種概念越開放，你經驗之流就會越大。

（九點。）如魯柏在他自己的書《珍的神》裡常提到的，你永遠不該接受一個與你自己經驗矛盾的理論爲事實。舉例來說，人的經驗包括所有各種科學無法解釋的行爲。那是正常並且好的。科學若說其方法對研究這個或那個範圍的經驗無用的話，我們不能責備它——但科學至少該被狠狠的敲一下，如果它自動的排斥這種行爲爲有效的、合理的或眞實的，或當它企圖將這種事件放在確實性的領域之外時。當科學試著假裝人的經驗是局限在科學所能解釋的那些事件時，我們可以很正當的譴責它。

當然，十分可能，你可預知的世界，並不因爲那些令人驚奇的、不可預知的、非官方的事件而無法存在，反而卻正因它們而得以存在。有一種更大的自發性秩序，而你們世界那彷彿不可預知的成分，爲這秩序提供了它們自己的線索。

（在九點十五分停了一分鐘。）請等我們一會兒……藉由注意到彷彿不可預知的事件，藉由改變你的焦點，你的確能開始感受這樣一個實相的較大模式。而那個實相在你自己的經驗裡留下了許多痕跡。對於它自己的確實性，以及那沒被給予官方承認的你在各種表達範圍裡的參與，它處處都提供了暗示與線索。

那麼，在人類經驗的模式之內，就有人類的更大能力的證據：當他記得，比如說，一個預知的夢、一次出體——當他感覺到來自不是具體來源的知識侵入或融入他的腦海時，他就在與他自己更深的了解打交道。這樣一個生物，不可能是在一個無意義的宇宙裡意外地製造出的基因工程的傀儡。

如果人對他自己主觀的行爲，對那些持續升起的與大自然的認同感，付出更多注意力的話，那麼，進化論與特創說兩者有一半的權威性指令就會自動的失效，因爲它們會顯得不合理。這並不是要畫出一整個新系列方法的大綱，來使你增加你的通靈能力，或記得你的夢，或演出出體動作，而毋寧是要完全改變你對人生的探索方式，使你不再擋住這種自然的自發活動。

（九點三十五分。）口授結束。

（在給了珍幾頁個人資料後，賽斯隨後在九點四十七分結束此節。）

第九三八節 一九八一年十一月二十四日 星期二 晚上九點七分

（我們在大約八點三十分坐著等上課。再一次的，當珍替賽斯說話時，她用了許多長長的停頓。我認為今晚她透過賽斯，美妙的討論了幾個她對物質實相本質的關鍵性洞見——而我認為這題目還沒有任何人曾講得這麼好過。）

現在——口授。

（停頓良久。）當然，如你了解的物質生活之整個畫面必須從你自己的觀點去體驗，但你應了解其複雜性，其秩序以及結構和設計之莊嚴華麗，也只是無限無量的實相所組合出的其中一個例子而已。而那些實相，每個都由它自己的本質和它自己意識的本質之癖好及特性所構成。

從某方面來說，「無意識」這個字是無意義的。當然，意識有無窮盡的版本，連同它們自己的世界，形成意義及目的的組織。這其中有些與你們自己的混合，而反之亦然。「內在結構」是意識的結構，而更深的問題終究只能藉由承認內在參考的存在來探討。

（九點十六分。）請等我們一會兒……時間的本質，關於宇宙的開始或結束的問題——這些無法藉由研究生命的外在狀況而被肯定的探討。因爲物質性的參考本身，只不過是內在心理活動的具體顯現而已。你們只在宇宙侵犯到你們的知覺時才覺察到它，但在那知覺之外還有些什麼，則一直不爲你所知。於是，在你看來，世界在過去的某個點開始——或必然早已開始——（在九點十八分停頓一分鐘），但那就像是假定一片蛋糕是整個蛋糕，在爐子裡烤好，並且也許在一個下午就吃完了。

實相的內在參考，涉及了全然不同的一種經驗，具有在每個可想像的點混雜及混合的組織模式。當你睡覺時，你就像調一架鋼琴一樣調你的意識，以便在醒時，你的意識可以清楚的感知那累積成物質經驗的適當音符及音質。你存在於其中的那些內在參考領域，當你的經驗加於其上時，正完全的改變它們自己；而你自己（停頓良久）的身分在你所了解的出生之前，是偃臥於那些參考之內的。

你是你自己的一個有意識的版本，與你所有的同代者一同創造當代的實相。當我用同代者時，我是指所有的物種。你以某種方式了解你的意識，但也十分可能以其他方式了解世界的意識。（在九點三十五分停頓。科學家並不知道在地球上存在著多少物種——只知道它們總共有數十億之多。）比如說，如果你由側面了解，結果你仍會有一個有秩序的宇宙，但在其中對身分的本質會有完全不同的了解，強調了一種有意識的毗連的主觀溝通，那形成了主觀性及心理的連續性之其他種類或模式。這些導致了「人格」或存有的構成，它們以跟隨與你們不同的路線，來覺知它們自己的身分，同時以它們的方式，它們也與你們一樣對你們宇宙的形成有所貢獻。

（非常緩慢的：）你們對物種數目的計算是極爲不可靠的。再次的，你們只承認那落入某種注意範圍的那些種生命爲活的。你們客觀化及分類。在自己與非自己的東西之間、在有機體及其環境之間所畫的界限，在你們這方是非常武斷的。所以，有完全逃過你們注意的心理模式，因爲它們不跟隨你們建立的傳統規定。這些心理模式組合了你分類的東西，所以，你們有隱藏的心理價值或心理生靈，它們以其他你不知道的方式，組合了環境之屬性以及自性之屬性。

它們看起來會像是大自然的精靈，如你們從你們的觀點多少必然會這樣詮釋它們的。它們顯然會是你們心理上的親戚，但卻有它們自己的時間尺度、語言及心理上的聯盟。這些的確與你們在物質生活的結構裡承認的那些種意識一同存在。可是，當你作夢時，你常常與這些意識的表親接觸。並不只是它們和你們溝通或你們和它們溝通，不如說是，在睡眠時，你們所學到的通俗屬性多少被放鬆及放棄了。可以說，你看見「轉角後的光」。你看見意識的一個族類，一種在任何正常的對進化的解釋裡必然無法解釋的族類。而這些暗示了存在在所有層面（熱切的）的溝通，保護著不只對你們自己人類必要的基因參考，並且也保護了存在於你們毗鄰，並與它們相連的其他組織形式之組合。你們常常誤解這種參考，和許多你們有關善靈與邪靈及怪獸的傳說，以及出現在民間傳說裡人所造出的種種奇怪生物。

（十點五分。）不過，當然，曾有一度，你們用不同的看法面對這種其他的構成，在它們的行爲與你們的行爲之間看見許多相似處——以某些具特徵的方式，至少感知到引起你的反應與認可的一些經驗。

那麼，曾有一度，以一種方式，你們對允許進入你們實相圈的種種意識要開放得多。就彼而言，曾有一度，你們沒有像你們現在這樣，做這麼細的畫分。反之，你將這種意識的表親包括在你們當中，接受一種同志關係——因爲至少到某程度，由一個焦點的改變，你可以看見人性的不同版本，以及一個人類化的能量與環境之鄰接的聯盟。十分簡單的，你們感覺以某種方式，在世界裡你們有其他的兄弟與姊妹；它們像你卻又不像你，它們以它們自己的方式，將宇宙的內容組合在一起。當然，這種物種根本無從出現在進化的規則之內，或被感知爲實相，除非你放鬆了你通常的感知與行爲的習慣。

（十點十八分。）無論如何，在你們之間的接觸常常發生——如我所說的，在夢境裡，在你通常焦點的改變裡，並且在你們的藝術裡，在那兒你們的定義比較不武斷。當你開始將你自己的物質實相帶入更精確、更清晰的焦點時，你停留在你們自己對人類意識的看法上，相當武斷而完全關掉了其他的因素，以便清晰的框起並且界定物質秩序的界限。現在，這種人格（停頓良久）在你看來彷彿非具體可見的，但你曾經可以把它們帶入你們的感知範圍裡。

（珍在十點二十五分停了非常久——事實上，停了這麼久，以致當她坐在沙發上兩眼閉著時，我以為她也許睡著了：）可是，你們將分類終止在你們終止的地方，寧願把人類看作是萬物之靈。這意謂著你們突兀的畫了一條線，那在現在看來好像是必然該畫線的地方。不過，你們在其他活動層面繼續那友誼，那些層面仍是開放的。而不論何時，當我們想要進行對作夢以及夢世界的任何討論時，那些層面必須被納入考慮（熱切的）。

（十點二十七分。）口授結束。現在請等我們一會兒。讓你的手指頭歇一歇……

（這節剩下的私人部分請見註一。）

註一：就如我認爲這課的正文是珍最好的課之一，我也認爲她爲她自己傳述的那些資料也是同樣的好。

（賽斯在十點二十八分：）「近來，你對魯柏有極大的幫助。至今在我們對他自己情況的討論裡，我們爲了很好的理由而沒有觸及某些資料，因爲他尚未準備好要面對。

「不過，當他的能力成長時，他當然感受到其他實相的輪廓、其他世界的蹤影。他多少感覺到那些意識的表親們——這些似眞又非眞的環境，這些可能經驗更進一步的延伸——而他決定他必須要非常小心的涉入——而顯然到某個程度，這種感覺削減了他的自發性。

「在人通常放在意識上的限制之下，這種謹慎是相當自然的。魯柏不管到哪裡都帶著他的保護與安全。那是一種自然的恩寵，是任何一種意識的特徵，其保護及有效性是永遠被擔保的。魯柏不論到哪裡都是安全的，不論他到哪裡，他的心理姿態都受到尊重。

「在我們的下一節我將以一個個人的方式對這個題目談得更多。不過，這一些聲明將幫助魯柏，並且幫助他擴大他與那些友善同事的內在交往圈，那些同事屬於其他的類別，但的確仍是友善的同事。

「此節結束，並祝晚安。」

（十點四十五分。）

對我而言，珍感受到那些「意識的表親」、那些「友善的同事」，以及她對她內在知曉的非常謹慎的反應，是她這些年來的信念及作品的一致性的清楚表徵。而如我在本書的註裡曾指出的，很顯然，縱使有賽斯和我自己的一再保證，她並不覺得安全，不論她到哪兒。

當我準備這篇註時，我發現了她在一九七七年三月十九日——四年又八個月之前——寫的兩首無題詩的草稿。就我而言，這兩首詩大大的增強了她態度的一致性。我認為我正好在此時發現它們，絕非巧合，稍後我會把那兩首詩錄下來。

我明白，那段時間眞的是珍在第九三六節註一裡的詩，與她這兩首詩之間的情感橋樑。所有的三首詩不僅與她的，也與我的信念及情緒全然一致。

可是，現在，我又更進一小步的了解到，如果這三首詩反映了珍對她能力的深深恐懼，它們也因她決心去努力發展那些天賦而聯合起來。她在下面第一首詩裡表達的「不偏不倚的方向」，與我在本書第九章第九三一節註六裡引用賽斯有關她的資料是直接相關的：「不過，除非他想要上課，否則沒有任何事會令他上了這麼久。」

再一次的，我將珍的詩每節裡的短句集在一起，以斜線分開。

詩之一

如果在我諸多的季節內／有憤怒的冬天之根／
一個未經性開發的原野
一個力量，比秋天瘋狂的熱情
更怪異／且更原始／（肆虐卻榮耀，橙黃與／
墨綠葉子破裂，／飄落四處）／
那麼，就讓它有吧。
而如秋天之狂暴／情緒自有道理／
在自然／更深的清楚神智裡／所以我必須有……
不偏不倚的方向——／
雖然我思維之葉群／看似分開／

它們各自騎在一個原始的力量上／無重量的被帶走——／
那麼讓我與它們一起／被如此護持吧／
雖然我騷亂的旅程帶著我，／像帶著它們一樣，／
越過激盪的樹頭。／因爲更高處／
天空將一切／安全的包容。

詩之二

(一)

如果我變古怪了——／腿瘋狂彎曲——／
手臂半彎——／不再站直走路／
一個身體上被放逐的人——／一個心智的怪魔——／
好吧，不必再道歉——向人／向我。
當你用頭／撞天／而天退讓——／
你受到撤退的誘惑；／多疑、迷惑／
像隻害怕的動物／受到善待：你咆哮

假裝去舔或咬／你自己——／太害怕到
甚至不敢搖尾。

(二)

所以現在是說／「沒問題」的時候了／
並撿起那／神奇的骨頭／去試／其奇怪的新／
滋養。／我曾繞著它逡巡／太久了／
轉著圈；嗅著；／而我從未／說謝謝。

(三)

有人神奇的／解開了我的狗鏈／而我是如此害怕／
我假裝它／仍在那兒甚至／比以前更緊。
「啊呀，」那神奇的聲音說，／「你自由了——／
你難道沒注意到嗎？／你爲何不跑開／像任何幸福的／
動物？」／而我說，「別說謊。／我不會聽你的。」
那是多年以前。／現在我在發抖、疲倦，／

單獨被綁在／黑風裡。／我繼續拉扯／
不在那兒／但卻是如此眞實／的鏈子。
眞實的剪刀／剪不斷／那種鏈子。／
所以我在製造／想像的剪刀／剪斷／
夢皮帶／或一千個銀色的／碎片——／
它們在我／既夢且眞的眼睛之前／融化。

第12章 生命雲

第九三九節　一九八二年一月二十五日　星期一　晚上九點四十八分

（在珍製作這本書的期間又有兩個月過去了，我們過了一個非常消沈的假期。現在，這新的一年已差不多過一個月了；天氣很冷，但冰凍的土地上卻沒有雪的蹤跡。我們的信件仍如往常般的繁重。那些「沒用到的時間空隙」，那些在本書最近的幾章之間長達數週的中斷，對我而言已變得非常令人憂心，因為它們逸出了珍自然的創造節奏之外。在那些中斷寫書的期間，她甚至沒上許多私人課；在第十與十一章之間她只上了兩節私人課，而在第十一與十二章之間只上了四節。那非常稀少的課本身，就是我們心身挑戰的一個明顯「症候」。

我將珍在開始第十二章之前所上的四節課中的第一節，當作是關鍵的一課。對我們而言，它的確是極佳的一課。我們覺得它乃是一個轉捩點——然而，弔詭的是，我們完全不確定我們能轉到正確的方向！珍在給了第十一章最後一節的一週後傳述了那課，而我將它放在註一裡。

在第二天，十二月二日，我們徹底的討論了那節，結果珍變得針對我在有些註記裡寫的東西而替她自己辯護。我已許久沒見她展示如此的活力了，而我很高興同意珍的一些好觀點，其他的我則不太同意。我叫她打下一篇結論，以放在我們的下一節裡。同時，我試著使她比較容易自己去打字。近來她很難把她的手提得夠高，去搆到放在她寫作室橡木桌上的打字機。我花了些時間做一個較矮而非常堅固的桌子，當她坐在辦公椅上時，那桌面剛好在她膝蓋上面一點；而在那較低的高度她打字會容易得多。因為她的手指活動得不怎麼好，常會打錯，但她很努力的去改正〔她的筆跡也不像以前那樣穩了〕。如她在十二月三日打下的：「羅剛做了一張新的木製打字桌，有適當的高度等等，而我現在正在試用。它很好用，想開始寫日誌，想開始寫作……也想再開始上課或無論如何這樣告訴我自己。」可是，她並沒有打我叫她打的結論，那天晚上她上了第十二章之前四節私人課中的第二節〔註二〕。

我們討論賽斯資料以及我們自己想法的這個計畫——包括每天給珍聽我們錄下來的建議——是來自十二月一日及三日的那些課。顯然，我們正試著鼓勵架構二的活動。「羅和賽斯給我們開始了一個新計畫，雖然我們幾乎還沒開始，但我真的感到一點輕鬆及平靜。」這是五日早上當珍坐在新矮桌旁時的一部分打字。「昨天我覺得這個地方在我周圍滴答作響。下午我回了一點信，但並沒真的開始寫那原為計畫一部分的筆記。我的打字仍然很糟，但我知道這會改進。在這些雜記裡，我不覺得有任何靈感之流，但我的確感覺到一個潛在的流在浮出。而且我真的覺得……穩定，比較滿足……當我寫到這兒時，我感覺有一個明確的表達阻礙，以及一些不太嚴重的恐慌，但認知到當我決定寫雜記時有一種壓抑的感覺這事實……立刻寫下來，我將告訴羅。」

那天下午發生了一件有正面意義的事。珍由Prentice-Hall收到她新出版的詩集：《如果我們再活一次：或公共的魔術與私人的愛》，珍甚至比她的散文詩《靈魂與有生滅的自己在時間中的對話》出版時要更高興。《如果我們再活一次》再度將她帶回她創造性作品的最早時光，那後來又將她引回變成一個有詩集出版的詩人少女時代的美夢。如我在賽斯書的各種註裡顯示的，透過她對藝術的初戀——詩，珍以一種令人驚愕的簡單清晰表達她的信念，而將她神秘的天真和知識以及她對物質生活之開明的接受結合在一起。

「我盡我所能的開始……讀賽斯課。」珍在十二月七日記錄下她和我實行我們為她所做的計畫之努力。我們放我們做的建議的錄音。「我真的覺得表達受阻；打字時我的屁股痛，我坐在一個明顯的關節疼痛中，那帶來了一些淚水，然而那是一種伸展的覺受。右臂也同樣如此。有這麼多我想寫的。」她在那天稍後寫道。因為雖然我們並不知道以何種方式，但我們的建議卻幫助她對準到在她的家鄉，撒拉托加溫泉市裡，她兒時的一些親愛的影像：她看見自己在一個位於撒拉托加湖岸正接著城外的遊樂場裡；她看見自己在她上的天主教國小對面的公園裡「非常年輕的在跳繩」；她見到現在全已去世的家人，並且與他們來往。那晚她有極生動的夢。

如珍所稱的她「早年的自發性撒拉托加影像」，她對她自己過去的重新創造，第二天仍繼續著。

我覺得她的視像特別犀利，因為在其中，她看見她自己有著身體動作上完整而無意識的自由，那是年輕人如此視為理所當然的。我奇怪是否她的一部分也許在看她的童年，以便提醒她那活動傳承，去幫助她現在重新發動它。「〔再度〕看見我自己跳繩……但那些地方本身〔今天〕對我而言彷彿比那些人更具意義。」她寫道，「那些地方相當的寬闊，有顏色，而我從它們向外看那些景色，所以進入它們到某個程度；一定包括了……當我差不多三歲的時候……有個模糊的概念，當我約五歲時，鄰屋的一個老人死了，我在他家的前廊玩耍，而有個人帶我去看屍體──我的第一次這種經驗……那麼，現在我要讀一節神奇之道的課。羅和我今晨讀了最近的課……」而那天晚上她有更多強烈的夢。

五個月之前，在本書第十一章第九三六節的開場白裡，我寫說在一九八一年的八月底，珍寫了《神奇之道》前三章的草稿，在接著的所有日子裡，她只寫了三章非常鬆散的草稿。在十二月九日，我認為她可能再也不會寫完那本書的想法，被她自己的筆記證實了〔註五〕。那晚珍傳過來在第十二章開始之前她上的四節私人課中的第三節。她聽覺和視覺的困難仍在繼續。賽斯再次提供了與我們每日的計畫相關的資料──但那並非我決定將那整節放在註六裡的理由。

當新年假期逐漸接近時，珍工作得越來越少了，儘管十二月十五日她上了她的第四節私人課；其最具啟發性的主題──繪畫與兒童心理──是與本書的主題分開的。我們只見了幾位朋友。不過，我比往常還更忙：處理家務、準備過聖誕節、在種種方面幫助我的太太、為本書寫註、並且試著累積一些作畫的時間。珍沒有再繼續寫《神奇之道》，也沒像她在十二月初談到的去找醫學協助。我們的自助計畫逐漸開始減少，就如以前的許多個一樣〔註七〕。最後，有一天珍無所事事的坐在她寫作間的打字桌前，為了想讓她開心起來，我嘗試了在幾乎六年半前使她開始寫賽斯《心靈的本質》的一個非常奏效的策略：這次，站在她背後，我用雙臂圍著她，而將一張空白的打字紙捲進她的打字機裡——但以下是她第二天寫下的東西：

「一個陰暗的早晨。我感到我自己的一種明顯的猶豫，以及其他感覺的參雜。由暖氣管出來的熱氣氣味與羅仍留連不散的油彩氣味混起來，令人略感舒服。突然，陽光從天空潑灑出來。當我打字時，我的身體發痠，手臂疼痛。看來彷彿羅在他的畫室裡是完全的靜默。我想到我特別想寫下來的一個經驗：昨天的視像。昨天早上我的感受與今天很像：情緒不怎麼好，身體痠痛，卻覺察到突破這魔咒而活動活動的需要。

「昨天午餐後，羅開玩笑的放了一張紙在我的打字機裡。他說：『只要打上第一張，就會開始寫一本新東西。』他回到他的畫室，而我閉上雙眼，試著看見我的〔心靈〕圖書館；一片空白。我又再試一次，突然看見一個女人坐在我對面的客廳桌子邊。」

那是珍那年在她日誌裡寫的最後一點東西，但她並沒註明日期。雖然她告訴我她蠻喜歡那個視像，她卻說得很少，也沒加以說明。我犯了個錯：我應該堅持她給我一個詳細的口述或書面報告，並且如果必要的話，寫我自己的註。我的確記得她描寫一個衣著襤褸的老婦人，她的唇在動，好像在跟珍說話似的，但卻沒有聲音。那視像極為短暫，但卻相當真實。請注意珍覺得她自己從她的寫作間被移到了客廳裡。不過，無論如何，我試著用直接積極的建議去幫她去除懷疑及憂慮的企圖失敗了，她並沒開始任何新的長程寫作計畫。

在假期後，珍為幾張聖誕節時朋友送我們的壓克力花卉畫著色。她寫了一些雜記，並且試了幾首詩。她的手寫字仍舊不穩，打字仍常出錯。可是，她也開始偶爾出現一個令人不安的新發展——她的聲音有些微的顫抖。我隨之覺悟到，每次我聽見那種顫動，她的說話就會有點慢了下來。我們認為這聲音的效應，是與她的視覺和聽覺困難相連的，那些也是時有起伏。珍既擔心又不擔心。而再次的，我在她身上看見她對她創造的實相——我常如此難以了解的那個實相（也不了解我自己為何參與其中！）——的那種天真的接受。並非她毫無怨言的歡迎這身體上的挑戰，而是她以一種心態將它的到來覆蓋起來，而繼續盡可能的活下去。當我們談話時，我試著盡量不讓她緊張，同時，我心裡在猜測，這聲音的改變是否是她從這世界撤退的進一步徵兆。在我們去年十二月一日的私人課之前，我向她承認我害怕她正逐漸減少她與這世界的溝通。

我倆都不知道這樣一種顫抖或減慢會如何影響這些課，舉例來說：珍已有好幾週沒為賽斯說話了，所以，我們還沒辦法知道！我由回想她十二月三日傳述私人課時極佳的聲音力量而得到安慰。對她而言，她的聲音是在實相與實相之間的一個有力而戲劇性的連接物，不論她在替她自己、替賽斯說話，或以她出神狀態的語言蘇馬利說話或唱歌時，都充滿了能量及情感〔註八〕。由一個體重在一百磅左右的人發出來的聲音，其穩定及力量，對我們而言一直是非常令人安心的。我們嘗試賽斯曾多次建議的：在討論她的聲音效應之後，我們給了珍溫和的暗示，說那些效應可以減低很多，然後將我們的注意力轉開。事實上，我希望我們幾乎孩子氣的信賴——我覺得那至少和她對聲音挑戰的接受所涉及的一些心理因素密切相關——會使得它們完全消失。

在假期過了兩週之後，珍才終於在她一九八二年的日誌上親手寫下第一次正式的筆記：

新的日誌（一九八二年一月十五日星期五）

在次頁她寫道：

我的所愛：	**我的優點：**
羅——	誠實
房子——	漂亮
景色——	許多才能
陽光——	寫作
大自然——	通靈
貓咪們——	詩

有些人——　好頭腦

寫作——　心好

許多其他的——

我迫不及待想做的事：

寫完賽斯書

這種名單永遠可以延伸。不過，我立刻想到將這些特質加在珍的特色上：

蘇馬利的有力歌者

一個很好的演出者

不知變通

不可置信的固執

基本上是天眞的

我想大多數人會同意珍以蘇馬利唱歌是非凡的具原創性，而且她是個極佳的自然的演出者。她畢生事業裡的戲劇性很容易被錯過或跳過，因為它是如此彌漫於所有她創造性的努力裡。她完全覺察到，那種特質在她在班上唱歌與講話時變得明顯得多，但她並不需要有意識的喚起它——那戲劇性就是在那兒。每次在它自己的形式裡，那戲劇性仍在我們的課及她的詩、寫作與繪畫之內。

不過，有些人會爭論，我名單上的後面三個特性到底是珍的資產或阻礙。我相信它們中任何一個按照情況可以是此或彼。我的態度是，所有那些被珍和我列出的特質，代表她創造性的部分如**她本來的樣子**——而我接受它們全部。

珍在十五日曾寫說，她想趕快結束賽斯的書。在接下去的十天裡，她沒有在日誌裡寫任何東西。她畫了更多畫。她聲音的顫抖不但沒加重，反而在某些場合減輕了，甚至在其他的場合消失了。她說話的緩慢則較持續，並沒變得更明顯。跟隨著我們自己的暗示，我們做得相當好，而沒縈繞在那些聲音的挑戰上；我們沒對賽斯發出信號請他討論此事。珍在一月二十五日星期一晚上的九點四十八分，的確有精力去堅定的開始口授第十二章的第九三九節：）

現在——晚安。

（晚安。）

口授。我們將開始新的一章（十二），題目是：〈生命雲〉。

（停頓。）約瑟在今天的討論裡用到這詞語，而對於你們的宇宙被「開始」播種的方式，那是一個極佳的形容（註九）。

不過，要了解，「夢雲」這個詞也一樣的好。〔然而〕對於**一切萬有**是如何將其自身包裹在其無數實相的構成物裡，它是一個令人深省的說法。此種生命雲「仍舊」存在——每個生命的種子，生活的種子，在其本身內包含了它自己保護性的外殼，它自己必要的滋養及環境的情況，它自己可能性的系統和分支。

那些可能性的分支像是遙遠的感受器，找尋出那些適合種子的最佳價值完成與發展的條件。以最簡單的說法，那些生命雲會派出它們的內涵，到（停頓）最適合它們自己需要的環境。在另一方面，生命雲能完全播種它們自己的世界。空間本身已然說出了一個「已開始的」創造，因爲不論空間顯得多空，它卻看起來像是一個廣闊的大教堂、帳棚或金字塔的形狀，目前也許內部是空的，具有如此遙遠的牆，以致它們沒被看到。

可能性也許在處處打轉，然而，在任何既定的剎那卻當然仍是看不見的。所以，在這突兀而奇怪的比喻裡（停頓），你也許會聽到一個微弱且短暫的呼呼聲，如風打轉的聲音，而認爲它不重要——然而，你聽到的卻是一整個世界的可能性飛馳過你站立的地方（熱切的）。

因此，你自己整個的生命結構以其在實相的包裹裡銳利而精確的定義，是一個活生生的生命雲，那在其他的實相裡可能被感知，也可能不被感知。那個雲在其內包含了永在更新的新創造性之源。當你作夢、睡眠或思想，你自動的增益了一個生命雲或夢雲的其他次元，那是由你自己主觀動作的行動本身浮出的。

（在十點十分停了一分鐘。）甚至無限都在每一刻、在每一處被表達，因爲無限本身並非與宇宙的本然分離的什麼東西。因爲宇宙是「無限」的創造性的一個部分。以那種看法，新的物類一直在出現，不論你自己的情況是否容許你感知到那個浮現。你們自己可能是那浮現的一部分。從你們的門檻或焦點，你們相對的會不覺察你們自己在一個新的時間門檻上的移動——因爲對在那門檻上的存在而言，你們會是已經到達了；然而，對你們而言，在你們目前的狀況，他們的存在至多只是理論性的，就好像他們是未來的自己。當然，從你們的觀點他們會是如此。

在其他的層面，你的夢不只與你同代人的夢混合且交織，並且也與，以你們的說法，在所有的時間與地點活著或死去之人的夢混合且交織。每個宇宙——比如你們知道的那個——被用爲存在的一個小殖民地，而在其自己本質的特性之內是無限的。

就彼而言，今晚的有些資料只會在夢境裡對你有意義，並且這本書的字眼可能會惹起你對那些意義的注意。再次的，所有這種生命雲的每個部分都追求價值完成，但可歎的是那名詞本身並不足以表達生命之多變、目的或意義的本質。

（十點二十八分。）可是，這個目的或意義並不與你自己的存在分開存在。你是生命之意義及目的的一部分——但那些目的「來自」你自己存在的源頭，是太偉大而無法在如你了解的個人性結構內表達或描寫。不過，有時當你在聆聽音樂或當你深深的被情感擾動，並且當你不在它與你之間保持一個很大的距離時，這種了解常常被體驗或感受到。

從「你所在之處」開始，以愛照顧你擁有的生活，將最能讓你領會到對你自己的意義的一種感受。

我說的這種照顧是什麼意思呢？「照顧當下」，照顧這桌出現在你面前的豐富的實相。照顧你是的這種人，並且照顧對你自己獨特性之懷著愛心的珍惜。以這樣一種方式照顧你的生命，將把你帶到與你自己存在的內在行動更清晰的溝通裡。

口授結束。

（十點三十九分。在給了珍幾行資料後，賽斯在十點五十八分結束此節。）

註一：八週後我只寫出我對在一九八一年十二月一日星期二晚上私人課的長註之綜論。這些註是來自我們在八點左右開始的一個未預期的討論，在珍告訴我她想上一節談她自己的課的幾分鐘之後。但當我回到客廳卻發現她靠在沙發上睡著了——手上還拿著一支點著的菸。當她驚醒時，一長段菸灰掉在她的懷裡：「當我一個人時，我再也**再也**不會那樣做了！」她悔恨的叫道。然而，當我走出去到她的寫作間去拿她的辦公椅，那是我在做筆錄時坐的，她又睡著了。我認為她在說了她想要一節個人課之後又睡了，是一個不好的現象。然而，我認為在這節裡賽斯談到了我們尚未能完全理解，更別說克服的核心信念。只有當珍容許他，賽斯才能替我們做得更多。但在我們奮鬥了這麼多年之後，我不再確定她能了。

我恐怕在我們的「討論」裡大半是我在說話。但再次的，我們試著以某種共同的身心觀點來看我們的生活。我們沒吵架，甚或辯論。我們從未吵過架，然而，我說了後來我希望我沒說的話。我假設這種遺憾是不可避免的，但如果我能告訴我太太，比如說，有關我認爲在中東如此活躍的意識風暴的話，那麼，顯然我也會很想討論我對於我們自己的挑戰的感受。我倆對她的情況都如一向的那麼關切。今天珍曾有恐慌的感受，而我試著幫她度過，這在我內也產生了恐慌——毫無疑問。有時候我無法相信我像今晚這樣說話，縱使我再次被驅策去相信，在最深的層面上珍的神秘方式正帶給她她要的東西(見第九章第九三一節的註九)。

我告訴她，我認爲在那些層面上她眞的並不想再上課了，而我們處處都可以見到那種線索。而如今，她的這麼一個強大的部分是如此反對她的心靈工作，如此害怕其暗示——被席捲及與她早期的宗教灌輸相反——以致她的恐懼將她置於身體上的一個僵局。我說，既然她變得越來越無助，以一般的說法，我們很難說是在解決我們的挑戰。「並且別告訴我妳目前的狀態意味著妳在變好，像賽斯說的，因爲妳並沒有。」我說。「妳多久沒走路了？——我想現在已一年又兩週了。甚至也沒能靠著妳的打字桌走。我知道妳也許在透過心靈的方法來應付某些一輩子的挑戰，所以問題變成，到底妳想搞到什麼地步？顯然，在這個可能性裡我將身體的存活放在第一位，但妳呢？甜心，我必須承認有時候我懷疑……」

珍聽著我繼續嘮叨：「我已經再度快到拒絕幫助妳上課的地步了，我知道我以前曾說過，但這次我不知道還能做什麼別的。如果我們在下幾節內看不到一些相當劇烈的改進的話，如果妳要上課，妳可能結果會對著牆講話，或對著錄音機講，如果妳能操作它的話。我無法阻止妳自己替賽斯講話，或對著另一個人講，但我能拒絕去鼓勵妳。

「我對疾病的想法，」我說，「是做爲一個種族我們在意識上對它了解得這麼少，以致就彼而言，我們仍眞的是在黑暗時代。我已有那種感覺很久了──覺得我們對人類究竟是什麼的了解，最多也不過爾爾。賽斯提供了我曾聽過的最了不起的洞見，而爲了那些，我是感激不盡的。我認爲在任何我們以爲我們做爲一個族類已學到的事情上堅持己見都是很危險的，因爲我無法想像在未來的千年裡我們還會攀附它多少。而同時，我們在黑暗裡摸索。現在，要叫任何一個人去將之解決，並且去對全世界證明它，並且在同時治癒自己，可能是要求太多了。學習了解我們的能力是個社會與文化的事情，而妳或任何人都需要幫助，許多幫助。只不過當試著學習一些事情時，妳又能從哪兒得到幫助呢？

「我並不是要威脅妳去住院。」我告訴珍好幾次，「去年夏天，當弗羅和我及其他人無法說服妳時，我就放棄了──」

珍說：「我不想那樣做。我寧願在家裡自己試一些東西，好比請一位眼耳鼻喉科醫生或一位骨科醫生來──但不要醫院。但我對你說的放棄上課感到非常震驚。」

「我並沒計畫今晚都說出來。」我說。

所以，就我所能記得的，這是珍第一次說出她在考慮醫學上的幫助，縱使只在某些條件下。就在最近，她開始有偶然的複視及聽覺上的問題。後者已削減了我們的溝通，因爲這些日子在跟她說話前我幾乎自動的都會躊躇，除非我們是面對面。

不過，珍主要的困惑是，縱使有賽斯及她有罪的自己的資料，她身體的症狀仍持續到這樣一個程度，雖然偶爾有減輕。她說，顯然我倆仍未有意識的肯定，在某些層面上我們的挑戰與恐懼是什麼。顯然，我與她一樣的深深捲入於她的症狀裡。我們談到在我們製作《群體事件》及本書時所涉及的許多耽擱。一週前，對於結束本書的第十一章她「感覺很好」，但近來卻沒怎麼動《神奇之道》，除了重讀她給那本書的開頭所寫的草稿之外。今晚，我承認我的恐懼，我甚至在猜測，以一種方式，她已開始了一個長程的戰役，若非完全的消除，也至少劇烈的減少她與世界的溝通。因爲以一種幾乎不可能是意外的方式，她的感官一個接著一個的被犧牲掉了，珍透露她也有相似的想法。

我解釋說，近來我一直在想，當一個人選擇生而具有非常強的才華，但隨後發現爲了不論什麼理由，他無法用它們，或必須付出很高的代價時，會發生什麼事。最初我認爲，在自然的架構內能發生這種衝突是件矛盾的事——隨之我了悟到，它們必然一直在發生，而因此，實際上根本**是**自然的。我以前一直認爲，沒有任何事能阻止一個人顯示一個偉大的能力。現在我告訴珍，我明白事情並不那麼簡單。用或不用一個特性有許多的分支，就像有許多人擁有這特性的諸般版本：從在一生裡完全埋沒，到只被擱置不理，就以其本來面目被利用，或在表達中被徹底的轉化。

（賽斯在九點四十五分開始：）「我對你們的討論有一些評論——長話短說。

「魯柏並不欠我什麼。如果他決定不上課，或不在所謂的心靈領域運作的話，這也並不表示他在任何方面是個失敗者。他並不欠我一種承諾感，可是，我會支持我給過的談他健康的資料，不論你是否難以了解，或不論你是否能讓你自己接受它。

「我的確承認，從你的立足點——或觀點——可能很難接受我所做的一些聲明，那看起來或許甚至與你在一個日常基礎上對魯柏的觀察，及他對他自己的經驗直接矛盾。

「對你倆而言，顯然他看起來並沒變得好些。反之，常常看起來其反面才是眞的。你們現在可能覺得在太難去做那必要的信心之一躍，藥在沒有更多的證據去支持它的情況下——縱然隨著明顯的多得多的困難，魯柏的確體驗到相當常有的釋放感。如果那些感覺沒有更進一步的效果，那麼，它們又有什麼好處呢？因此你倆必然會感到奇怪。

「我知道，那些釋放感是身體的治癒能量的指標。而我也十分了解，整體而言，你覺得這樣的一個聲明不可接受。

（在九點五十九分停了非常久。）「不過，我絕不會阻礙如你了解的魯柏之復原。我也不會覺得魯柏或你在任何方面辜負了我。魯柏的確需要回到一個更早的定位。那種美感、那種重新定位，能減輕他有時自己揹負起來的責任感。他需要一個朝向較簡單的議題——那些在其本身內帶著一個更簡單的孩子似的神奇——的定位。他需要從對人生較『沈重問題』的過分關懷轉開，去放掉要靠他去替他自己及你、及全世界解決那些問題的感覺。

（越來越慢：）「對你而言，那大半應是很明顯的。以一種方式，那些壓力並不僅是關於一個人及那個人與他自己的天性之關係。又因別人寫給你們的信，那些議題現在被魯柏對其他人的人生之了解而加重了。在同時，他並不直接與這種人打交道，所以，舉例來說，他無法像一個治療師那樣的追蹤到底。他的ＥＳＰ班數年來給了他一些直接的接觸，當他自己幫著去指導別人，並且能透過他們的成就或行為看到結果。

「他顯然期待自己比人家要求他的更多，而我相信幾個月以前我曾經給過許多這種資料。不過，我會記著你的問題，整理一下他的經驗，看看我能給你一些什麼資料。可以說，其他的評論只不過是方便的繃帶而已，但一路下來卻是極端的有益健康。當他感覺恐慌時，你摯愛的觸摸——一個輕柔迅速的按摩或擁抱——對神經系統就與任何別的東西一樣迅速的發生作用，並且比任何醫藥要快得多。動物們甚至早就覺察這種即刻的治療行為。

（在十點二十一分停了很久。）「我所做的關於自發的自己與生俱有的本質的聲明，如果被接受的話，可能極為有用。你們正試著重新界定個人身分的定義本身——這不是件容易的事。不光只是魯柏，世界上的人現在也多少正在這樣一種重新界定的過程裡，對那種功課是不可能指派一些時間因素的。

「在同時，以某種方式，魯柏體驗到那壓力。

「今晚，我不能再多說什麼了，但我的確會做我可能做的不論什麼更進一步的聯繫，而我會把我自己的助力及能量加給魯柏，在它們最有用的不論什麼層面上。

（十點二十八分，珍非常安靜的坐在沙發上，又停了很久。她的雙眼閉著。然後，她開始輕輕的打呼：當然，她是睡著了。在驚訝之餘，我猶豫要不要叫醒她。最後，當我開始把我的筆記本收起來時，她一驚而回到她的賽斯意識：）「那麼，我將結束這一節。今晚在幾個場合我已經在課裡徘徊，以看看有什麼其他的線索可能即刻爲我所注意到，而我如往常般祝你們晚安。」

（我在十點三十二分與賽斯道晚安。）

如我爲這節的開場白所做的，我也做一個總結。珍記得在睡覺，但卻不記得在那段時間裡可能發生的事。我們了解她如何能從出神狀態漂入睡眠——如果她累了，比如說，或深深的離體了——但雖然我問了她，她卻不懂她爲何在出神狀態裡醒過來，卻非在她通常的醒時意識狀態。她甚至還繼續替賽斯說話。當我收拾我的筆記本，並且餵貓時，她又打起瞌睡了。我幫她從沙發挪到她的椅子裡。

「但放棄上課眞是太糟了！」當我推她到浴室時她喊道。

「親愛的，別擔心。」我笑道。「我知道根本不會那樣。可能我完全弄錯了。我眞的預期妳馬上進行此書，以及其他的通靈玩意兒——雖然我不知道妳會不會再寫《神奇之道》。」

但我一想到當她繼續工作時，她會變得怎麼樣，我就很害怕。我們談到開始另一個閱讀及討論賽斯概念的每日計畫。眞的，並不是我們不同意賽斯，或覺得他的資料不可接受，卻是我們無法令它照我們想要的樣子對我們發揮作用——那是說，明顯的凌駕深而有力的內在目標。也可能有些事沒被說出來，因為珍可能無意間阻塞了它們。我告訴她，賽斯對我所認為的最主要衝突根本什麼都沒說：在她所謂有罪的自己與她自發性的自己之間的衝突。我甚至同意我們的挑戰可能很成功的在一個或更多的其他可能實相裡被處理了，而以那種說法，那是一個我們完全可以接受的學習方式。不過，這樣一個路線所留給我們的解答，可能比我們在這個實相裡想要的解答要差得多。而我真的相信，在這兒也必然有可能的解決之道。我們的信心何在？我們要學的還很多呢！

註二：在十二月一日的私人課之後（見註一），我跟珍建議我們開始一個閱讀並討論賽斯資料的每日計畫。順著那個想法，兩天後賽斯建議我們開始研究談生命的神奇之道及談有罪的自己的課。然後，他評論了一下這種做法之循環性的、有益的本質：

「……顯然，對你倆而言，這看起來像是你們開始了許多為治療而設計的計畫，卻只眼睜睜的看著它們消失。可是，就這種方案而言是有個節奏的，而『自己』在某些時候振奮起來，開始這種活動，然後顯然的捨棄了它們，是很自然的。

「它們以某種原動力開始，給你某一種的進步，而不管那進步可能多大或多小，必然有一個消化的時候——那是說，當在一段時間裡的刺激是一種間歇性的方式時，它是更有效的，當某些方法被試驗、應用等等——但就治癒過程的本質本身而言，也必然有放鬆、轉向及轉移的需要。

「不去管它的話，『自己』知道如何利用這種節奏。如果你信任基本的自然人的特性，一般而言，在世界裡你根本不需要像我們這種課——因爲這種知識會是那世界的一部分，並且包含在其文化架構裡，並且在人們的日常習慣裡。」

我想，多麼諷刺啊！賽斯說如果一般而言，我們人類在創造我們的實相時做得較好的話，他就會是不必要的。

在上一個註裡我也說過，珍「近來」沒寫多少《神奇之道》……賽斯今晚說：

「談神奇之道的那些課……可用爲有價值的跳板，來從你們自己的創造領域裡釋出靈感與了解的新觸機，因而產生治療性的發展。換言之，它們應是方案的一部分，不論魯柏在寫書方面想要怎樣去處理那些課。

「另外一點：不論任何彷彿的矛盾，任何特定的創造活動的有益面都遠勝過任何的不利。創造力的本質，不論是哪種特定的展現，都反映在一個整體的一般方式裡，而自動的增進了生活的品質。而這種益處是確定的，不論有什麼也變得很明顯的其他情況。我想在此說明，不論任何對你們而言彷彿是太明顯的副作用，在我及魯柏的上一本書（《群體事件》）的製作及發行裡，益處是遠勝於任何的不利。

「舉例來說，如果那本書沒被製作或發行的話，你們不知道會發生什麼事，所以那問題可能顯得懸而未決。以同樣的方式，我的下一本書或不如說我們正在做的這本書的出版，一定會帶給你們更大的益處，而非不利。當然，表達是比壓抑要好得多——但還不只如此，壓抑這回事不能藉加上更多的壓抑做爲一種治療的方式來解決。那是說，〔魯柏的症狀之〕問題會以不同的方式冒出來，不管其明顯的觸機爲何。

「如果一個困難的明顯觸機是一個創造性的成就的話，那麼，那困難本身也『負有』它自己自然的治療性解決之道。」

在課後我告訴珍，很清楚的，賽斯資料的訊息是，要放棄這些課的高度創造性的努力，對我們而言會是一個很大的錯誤，不論那些課是否會被出版。我說我很高興收回我在上課前所做的觀察——即在更深的層面上她不再想繼續上課了。我又說，再次的，我們可以試著尋找症狀本身的創造性範型，以找到她的以及我的挑戰的解答，因爲那就是那些解答將被發現的地方。

註三：在我爲本書寫的後記裡，我提到將會變成《如果我們再活一次》的東西——從一九七九年九月十三日的私人課導出的東西。在三個月之後我給第二章第八八六節寫開場白時，珍決定那本書將包含「自我們在一九五四年二月相遇之後這些年裡，她贈給我的一些詩」，賽斯也同意了。相當不謙虛的，我在下面提出珍在一九六五年十一月五日寫給我的一首情詩的第一段。這段是在第二節裡，那節的名字就叫作〈如果我們再活一次〉。珍常重寫她的詩，但在她十六年前寫的這段詩裡，她只改了兩個字，並且加了一個字。她那時三十六歲，我們已經結婚十一年：

前生（給羅）

在哪些前生
我們曾活過？
我的細胞記得
我的腦子無法追憶的事物。
你的輕觸
使得影像飛起
如葉片在風中颺升
從地下的
無聲層次裡。

當然，我喜歡那整首詩——但以一種不同的方式，我也一樣喜歡珍在約十五年後（一九八〇年八月二十五日）寫的講另一個主題的無題詩。她那時五十一歲。我將那首詩借來放在本書第九章第九二〇節的開場白裡，並慫恿她給它一個名字，而且把它放在《如果我們再活一次》裡。在第六節〈奇怪的自由〉裡，珍兩者都照做了。她也改了那詩的形式，但我認爲是她最好的創造性洞見之一的那些字倒沒改。

理性之源

並非我的心知道的
比以前少，
卻是其推理
終於演繹出
其源頭的神奇，
而在其邏輯之下
感覺到
那推動它心念的
更深的自發
秩序。

註四：不可避免的，珍的影像經驗提醒了我不只兩個月前寫的註，這註是談到珍透過懷舊而重創了遠去，是在本書第十一章第九三六節的註二裡。她的影像經驗使我找出一堆她設法從童年保留下來的破舊黑白照片。連同她年輕時的詩的殘句，那些照片是她對她童年所擁有的唯一具體遺留物。而再度研究之下，我了悟到它們眞的是多麼的有價值。我談到要請一位職業攝影師將它們複製並放大；我心想終有一天要把其中一些放在某本書裡。不過，那個想法得等一等：有好些年珍已不想拍照了——或讓她自己的照片被展示，不論它們是在什麼時候拍的。

註五：我一直在鼓勵珍寫《神奇之道》，但我對她有朝一日會完成那本書的希望，這幾週來一直在減退。當我在讀她的筆記時，我並沒給她任何負面的暗示。縱然在那段文字的結尾她表達了有條件的樂觀，但我眞的認爲那本書是死了。除了兩個小小的改正外，我將她寫的東西原封不動的呈現如下：

「一九八一年十二月九日。每回我想到開始《神奇之道》時，我感覺到這種勉強；我不確定是什麼在煩我，重寫記錄，將日常事件組合在文字裡，或什麼——但爲我自己，我想要更多的生活樂趣及神奇，以及較少的苦工。我曾計畫一本連環故事書，包括羅的一些夢及詮釋，指出這個或那個細節如何符合那畫面，現在卻覺得那兒有些壓力。今午我想到，在此時那種方式彷彿是太理性了；我要一個調子較輕鬆、較快及較豁達的書，如果要有任何特色的話，這書的技術本身就應是神奇的……強迫讀者做一些非時間架構的聯繫。關於第一部，我想到的可能性，包括原始的節略課，一個接著一個，也包括羅的註，卻完全沒有我自己的東西。接下去是第二部，其章節追隨一個直覺性的形狀，偏向更多的聯想和有罪自己的玩意兒，顯出心靈活動的一部分。可以以一個非常像我已組織好的第一章開始，然後每章只有一或二節，直到第二部。我不知道，只是一個想法……

「今天上午我讀了第一章，而那差不多就是所有我做的，並且想了一下這些點子……而這個下午到此爲止我也只做了這個。想要再看一遍那章。

「現在，在大略重讀第一章之後，這次它像是蠻不錯的！所以我將再讀其餘的，而看看我做何想法……

「現在，反之，我對有罪自己的症候群感到不耐，想將自己與神奇的自己結盟。」

最後：在考慮我對珍的筆記的詮釋後——即她不會完成她談賽斯的神奇之道的書——我開始想像有一天自己來組合這樣一本東西。

註六：賽斯在這極佳的一課裡，不但設計了他的資料來幫助珍和我，並且也幫助其他的人。就我的看法，他也回答了我太太在今天稍早寫的筆記（見以上註五）。不過，除了所有那些點外，我認爲很了不起的是，雖然珍有身體上的困擾，但她接近了她在本書第一、二章某些節裡，兩年前就獲得的傳述的抑揚頓挫及激發出的確定感。

（賽斯在八點四十九分開始：）「魯柏眞正開始了解到，神奇的探究方式的確是對人生經驗的自然探究方式。

「它是童年知識的成人版本，動物知識的人類版本，『無意識』理解的有意識版本。我告訴你，架構一與二實際上是聯合起來的，但它們看起來彷彿如此的不聯合，以致幾乎不可能用任何其他的說法來討論。可是，爲了要了解這一點，理解架構二那不可爭論的存在的簡單概念是非常重要的。

（在九點三分停頓良久。）「你們不必以一種過分緊張的方式，去擔心是否要立刻將新的人生原則放進實際的經驗裡。你不需要擔心，或因愚笨而貶低自己，如果愚笨顯出來的話（非常長的停頓，雙眼閉著）。看看我們在一起做的，長長的工作記錄，應該很明顯，我們的概念是導向某些方向——因爲我不只曾試圖剝去你們的官方概念，並且還訓練你們去接受一個實相的新版本：一個可以以許多方式描述的版本。在歷史的年鑑裡，這版本曾經被述及，但許多那種方式也居然毫無異議地，並且以最好的意圖給了一個錯誤的畫面：你結果有了神明與惡魔、累贅的方法、及風靡一時的教派，而常常使得理性降級了。當然，我希望我們的『範型』避免許多那樣的陷阱。

「在那些編年史裡有一個又一個的傳說，一個又一個的故事，一個又一個的歷史，形容來了又去了的文明，升起又隕落的國王，而那些故事永遠代表了心靈的文化，並且描寫當人類心靈探索其與俗世經驗相會時的諸般探索途徑。

「有些登山者被問到他們爲什麼登某一座山峰時回答：『因爲那山就在那兒等著被登。』——所以那自然的探究方式、那神奇的探究方式等著被用，因爲它存在，並且因爲它代表進入一個實相世界的開放門戶。那是一直存在的，一直是你們的文化及經驗的基礎。至少理論上說，神奇之道應該被用，因爲它們代表了人生最和諧的方法。它是一種生活方式，它自動的加強了你們所有的能力，並且加快了你們的理解。

「到某個程度，今晚這相當短的一節，應除去你們那方面的急迫感或自我批評感，那令你們質疑，你們何時或如何才能『學會去使』那神奇的探究方式以任何特定的方式發生效用——那是說，你爲什麼不能，比如說，以一種更快、更有效的方式幫助魯柏的情況，而學會去使那探究方式發揮效用。

（九點二十四分。）「你應該了解，那探究方式一般而言是在人生中最好用的一個，但它會改進所有的情況，縱使你在某些領域仍有問題，而且其利用必然會增進你們人生的整體品質。那個認知摒退了壓力，因此你能到某程度放鬆你的舊心態，容許那神奇之道在曾是爭論焦點的那些領域發生作用。

「神奇之道令你與你自己個人對宇宙的知識和諧一致。它令你與當你是個孩子時對你自己的神奇感受接觸，而在通常是超過你對自己的具體知識的層面上，它是爲你所熟悉的。那麼，最好是因爲你認識到它是什麼而去用那方式，而非特別去用它以便得到什麼你想要的東西，不論那東西多有益。（全都非常熱切的：）在我的層面，毫無疑問的，用那方式能自然而輕易的清除掉魯柏的困難。如果你用它是因爲你認知它在你自己內天生的正確性、它天生的『優越姿態』，那麼，它自動的把你放在更大的信任與信心裡。它打開了你的選擇，擴大了你理解的視野，因此，那些困難本身根本就不再那麼重要了——而再次的，以一個更自然的方式從你的經驗裡消失。

（九點三十七分。）「以一種方式，在我們關係的編年史裡，我給過你們的所有資料，都是想要領你們以某種方式到一個地方，在那兒至少可略微瞥見實相的眞實本質。你們現在就在那一點上。

「以一種方式而言，魯柏的身體狀況代表了一種瘀傷，而那是一個人在他朝著對人生經驗的更大理解之長程旅途中所承受到的創傷。以宗教的說法，你開始瞥見了一個許諾之地——一個心靈之

『地』，代表了不受阻的天性之實相（再次全都非常熱切的）。

「要問的『適當』問題不是：『我能進入那地方嗎？』那地方就在這兒，你現在在的地方，而它一直就在這兒。旅行到一個目的地的模式、信念、方式及方法，創造了那目的地本身。（一分鐘的停頓。）若無對你們目前存在模式的信任，你們是不可能運作的（停了一分鐘）。『因爲越過』那些發亮的信念包裹，那兒存在著覺受本身的廣大庫存，那個眞正『超越信念』而存在的『地方』。

「宇宙並不仰仗你們對它的相信才能存在。在它自己內，宇宙包含了它自己對它自己知識的理解、它自己對它自己的神奇認識、它自己的和諧定律與秩序、以及它自己的組織。它擁有甚至最小的可能性，並且維持其原狀。因此，在一個宇宙機制的急速移動裡，沒有任何最短暫的可能生命、生物或生靈曾失落過。

「不過，甚至要想感受到那種實相的存在，你也必須已經『打開了到架構二的門』，而開始用那神奇之道做爲你與經驗打交道的自然的本能方式。

（一笑：）「本節結束，並祝晚安。」

（十點五分，「賽斯晚安。」）

註八：在珍《意識的探險》第七章裡，她透徹的討論她如何開始在一九七一年十一月，以她的出神語言「蘇馬利」說話及唱歌。

珍在ESP班裡創始了蘇馬利，而當我們在四年後結束了那班，並且搬到坡屋時，就大半放棄它了。就與她替賽斯說話一樣，她在歌唱裡最大的力量與戲劇性是在班上產生的。在我們定期的、私人的及寫書的課裡，賽斯大部分以一種較安靜及有條不紊的能量對我說話；我永遠感覺到他的活力及幽默，但他從來不像在班上那麼大聲、快速或喧鬧。珍顯然對在那些聚會裡來自三十多人的能量融合敏感，而透過她，賽斯反應得非常老道。她唱歌時的情形也是一樣，她發聲的範圍可由最細膩的女聲顫音及微妙差異，一直變化到有力的、深沈得多的聲音。

我開始覺得，我以前應該鼓勵珍更常以蘇馬利說話及唱歌，不論當我們單獨在這坡屋裡時，或比如說在一個星期五晚上當我們有客人來訪時。我放棄那麼做，部分是因爲我不想再增加珍去表演的壓力，不論那資料有沒有被錄音，並且部分是因爲除了在稀有的場合，她並沒主動想唱——或上課——如她在我們城內的公寓裡常常自發地那樣做。

偶然一次珍會對她自己唱歌，當她坐在她寫作室的桌邊向東看透落地窗，看那向北向上延伸到樹林的小街。街對面是我們鄰居白色外牆的房子，我們很愛那些鄰居，而他們也愛我們。我們的朋友在他們的房子邊有一個大院子，裡面長滿了樹及開花的灌木——珍喜歡的一景，她描述並且畫了好幾次的景色。的確，在一九七九年六月有霧的清晨四點，她正向外看著那個景色，而有了靈感去稱她「眼神如孩子般清澈」的那部分爲「珍的神」。出於那洞見，她將幾週前她開始寫的書命名爲《珍的神：心靈宣言》。見《群體事件》第九章第八六〇節的開場白及註一。

當我不在家時，珍偶爾會錄下一支蘇馬利的歌；後來我可能會聽到她在重放，但我並不嘮叨她，叫她跟我分享。當她的症狀一邊加重時，她的歌就變得更柔和、更深沈了。雖然她很少將之譯成英文，但我知道它們的主題。如賽斯一樣，它們代表了她心靈的一個部分，提供安慰給另一個以我們的說法更有意識的部分；它們在以最細膩的個人細節，處理她對她創造出的實相之質疑——她想知道她爲何做她的選擇、爲何她決心繼續努力下去、她對我們鍾愛的地球及我們的宇宙之接受。有時她的歌唱從她在後面的寫作室傳過廚房，轉了個彎經過大廳到我的畫室；而有時我聽見在唱到一半時她的聲音破了。她被她的渴望淹沒了，她停止不唱了。

註九：當賽斯引述我提及了「生命雲」時，他是回溯到珍和我今天午餐時的討論，那是關於最近的新聞報告及報章的報導：有些著名的太空物理學家、數學家及天文學家宣告，他們相信一種「泛精子論」(a theory of panspermia)——即以一般時間的說法，地球上的生命是由太空「播種」的，而非藉由純機率在我們星球上一些原始泥漿或海升起的。那些人相信演化——即如達爾文提議的，生命一旦創始了，就一直增加其複雜性，而經由天擇及隨機突變，或DNA複製錯誤而「演進」成今日的我們，以及我們看見的生命及生靈。除了其他的徵兆外，這些反叛的科學家提出在太空裡有廣大的微生物之雲的證據，並在某些隕石裡鑑定出細菌和黴菌的極微細化石及數種氨基酸。他們宣稱縱使以四十六億年的年紀，地球在數學上仍不夠老到能讓生命有時間去演化（在約三十八億年前開始）成現今這複雜得不得了的形式。在演化理論裡之時間上的不足，是珍和我常常感到奇怪的一個問題。

泛精子論是說，生命是由彌漫在我們整個銀河系的一個活生生的組織來到地球，而在那兒**是**有一個創造者、智慧或上帝的。今午在和珍談話時，我更進一步的說，銀河**本身**是活的——不只是充滿了生命。珍和我討論到，**一切萬有**可能透過可能性的角色，在地球上播種生命的諸般方式，以及當環境與心靈的狀況恰當時，某些隨後的形式如何能在地球上生根，並且因而給予一個演化進程的面貌。我說**一切萬有**也許有很多次提供給活生生的地球那些同樣的初級形式，只不過爲了許多理由地球拒絕了它們，或沒能發展它們。但縱使這些最近的科學理論也是建立在一個過去、現在與未來的概念上；它們的支持者並不認爲基本上時間是同時的——即宇宙**現在**正在被創造。我們有一個有意思的討論，見本書第一章第八八二及八八三節。

第九四〇節　一九八二年二月三日　星期三　晚上八點五十二分

（我們沒上上兩節的定期課。珍嗓音的問題並不大，但當她回信及寫一些詩時，她的字跡不是很穩。今晚晚餐後她建議我準備好上課的筆記本，雖然當我在八點三十分與她在客廳裡會合時，她說她並沒覺得賽斯在附近。

請注意，今晚當賽斯用到「你們」這個字時，他不只是指珍和我，並且也是指一般的讀者。）

晚安。

我沒給過你們形形色色的方法或建議，告訴你們如何去解析或了解你們自己的夢，雖然我在這本及其他的書裡常常提及這種話題。

我沒給過你們有關出體旅行的複雜方法，然而，藉由改變你們的心態，所有我們的書都將幫助你們在你們內帶來會自動增強這種活動的改變。我們的書在你們的世界裡將擁有一席自然之地，否則的話，沒有方法會幫助你們。

我也不要你們以為你們問題的答案是在夢境裡預先包裝好的，而除了那些**（停頓良久）**擁有獨特才能或擁有玄秘世界某些神秘知識的人，一般人幾乎無法搆到它們。許多人遠在印刷術或閱讀開始以前，就學會相當熟練的去閱讀自然，去觀察季節，去探明「靈魂的季節」。所以，那些答案就與你們自己後門的台階一樣近，因為在你們存在的門檻上，你們自動的站在知識的中心。你們從未在事件的外緣。

不論你們的境況、你們在人生中的狀況、你們的專長或你們的性向，在你們自己的門檻上，你們是站在所有實相的中心——因為在你們的中心所有的存在交會。在每一處你們是所有存在的一部分，而它們是你們的一部分。宇宙的每個部分攜帶著所有其他部分的知識，而一個實相的每一點都是那個實相的中心。那麼，你在宇宙裡自成中心。

再次的，縱使是你們的夢及思緒，也走出去以助成新的世界。

（在九點十分停了很久後，慢得多的：）這種想法應該自然的在你們內激發遠較廣大、卻又遠較多的深入洞見——在這洞見的光照下，預先包裝的知識之模糊的浮誇言詞開始消失。當這情形發生時，於是，你們每個人內的說法者都能浮到日常意識的表面，而不會被認爲是饒舌之人、瘋子或愚人，也不會只因要引起你們的注意而必須扭曲他們的資訊。說法者是最先教你們具體語言的那些內在聲音，你們稱他們爲電子的聲音或神明的聲音都是同樣的正確，因爲每個都是**一切萬有**的一個代表，如同泉源一般溢流出知識與愛。

（在九點二十二分停頓良久，然後專注卻幽默的：）當你們站在你們肉體的門口，你向內看一個不可置信的燦爛心理冒險。在這種聲明裡我並沒用象徵，而隱於它們內有重要的親切線索。你觸及的每個湯匙，你重揷的每朵花，你說出的每個音節，你照顧的每個房間，都自動令你觸及宇宙的自然情感——因爲每個物件，不論多親切或通俗，都在變化與領略之中生機盎然。

（九點三十分。）所以，我並不要你們集中努力去記住感知其他實相的方法，卻是去了解這種洞見是處處唾手可得的。如果你們了解那點，那麼你們會相當自動的重新安排你們自己思緒的組織。你們會開始讀你們自己的思緒，就如你們現在讀一本書一樣容易。去讀你們自己的思緒，遠比學著去讀別人的思緒重要，因爲當你自己的感受爲你所知時，你輕易的看到所有其他的感受也都反映在你自己的裡面。當你把視線轉離這個世界時，你是在更密切的看著它。當你在讀像上一句那樣的句子時，你多少釋放了你自己的心智，打開了更大的組織。你們的人生是你們正在記起的一個夢。

你們正在同時記起它，並且創造它，看著它從你們自己的愛與知識的注意下長出，而就像你彷佛是站在其中心似的。所以，你也站在你所有夢的中心，那些夢隨之彷彿將自己向外旋轉出去。

那麼，再次的，你們的物質宇宙始自一個作夢的中心。

（停頓良久。）口授結束，祝晚安——當然，雖然你們也能期待一些親切的課，它們就快來了（誠懇的，且帶著幽默）。

（「晚安。」）

（九點四十五分，縱然珍有許多長長的停頓，我也覺得賽斯突然結束此節是我沒料到的。「他快要結束了。」她說，指這本書。「我總是會知道，或我認為我知道。對我來說，他開始有接近尾聲的感覺了。」）

第九四一節　一九八二年二月八日　星期一　晚上九點一分

（今天下午珍和我替她規畫出一個「信條」的大綱，我們希望她能遵循它而回到她如此喜愛的具生產力的努力上：寫作、作詩、畫畫、上課、回信（我們每週仍收到三十到五十封信）、烹飪及餵我們的貓比利及咪子等等。晚餐後我寫了那信條的一個版本，強調珍寫散文及處理信件的能力，關於那聲明是否對她會有任何有益的效果，我就不得而知了。

在這本書的最後一節裡，賽斯繼續對那包含一切的「你們」說話：）

口授。

你們住在一個你們相信你們必須奮鬥才能存活的世界裡——所以你們奮鬥。

你們相信大自然的自然風貌不知怎的對你們自己的存在懷有敵意，所以，被單獨的留在自然的手裡你們會迷失。在你們心理的架構本身之內你們曾那樣相信，所以，在你們的經驗裡所有這些事情大半被證實無誤。

沒什麼事情教你們你們是生物，我一直試著把你們引導到一個感知的新門檻，在那兒，演化的老迷思可以被看成是在一個信念的森林裡——一個本身真的是神奇地形成的森林——過時的、古老的或被棄的城堡。（**非常久的停頓。**）那森林是你們想像的世界，的確，你們心智的想像，但卻由一個內在世界升起的天生創造力給予了力量，這內在世界真實得多的代表了人與野獸的源頭。這世界曾大半被由科學與宗教帶來的偽裝所隱蔽，但在你們的時代裡，那風景開始對你們自己的欲望顯得如此黑暗且具威脅性，如此的禁忌且陌生，以致其結束彷彿更是不可避免且迅速的了。

在這本書裡，我希望我給了你們一個華麗得多且真實的畫面，它代表了你們生命、結構、存在與思想的來源。實相的內在世界、夢的世界，代表了一個存在的模型，在其中新的能量、活力及存在，處處都很明顯，準備好上前來形成新的轉化，能量及欲望的新組合。

那個內在的心理宇宙是一個心靈的完形，被價值完成、愛及欲望，被沒有限度的愛的價值推動、形成、維護或驅策（**熱切的**）。那宇宙並不會放棄它自己或它任何的生物，它是被一套不同的原則、一套不同的價值，以及被內在合作性的豐富所統轄的。

（在九點二十三分停了一分鐘。）在舊的信念變得較不顯著，而終於落入適當的敗壞之前，你們也許需要一些時間——附帶的說，那個敗壞的確有它自己那種的莊嚴、能量及美。但現在在你們存在的領域裡，所有的意識內在自然的傾向，都渴望有建設性的改變，更清晰的視野，去再度經驗它們肉體的靈性、身與心的優雅之與生俱有的感覺。它們想再度感受是它們天賦權利的那種不費力的活動。

（全都更熱切的：）我希望這本書多少讓你們每個人接觸到你們自己內在的心理活動、你們創造性的呼吸，所以，你們增添了元氣，並且在你們自己的心智與精神裡感受到新的希望、新的意圖，以及俗世及靈性力量的快活。你們住在自然恩寵的狀態，那是相當活潑且主動的，不論科學宣告意識擁有其自己的意圖與否。當然，大自然一向都是超自然的。

本章結束，本節結束，本書結束。

（九點三十三分。）回到你們自己的討論，它們對你們很有用，因為它們在你們那方有助於清楚的溝通。

（停頓良久。）那些談神奇之道的課，等到你們了解它們，並且付諸實行的程度，的確代表了有關你們世界的本質及結構之最「自然的眞理」。

我將以適合你們的願望、需要及目的的上課時間表繼續下去。此節結束。

（「謝謝你。」）

（九點三十七分。在珍脫離出神狀態後，她和我只是呆望著彼此。本書終於完成了！為了好幾個理由我們覺得悲傷。縱使在上週三晚的課結束時，珍就說過賽斯已近於結束此書，但他實際的完成本書仍舊令我們愕然。我恭喜她；我告訴她她又創造了另一本會幫助許多人的好書。

不過，我們所有的反應都遠比以前當珍靠自己或與賽斯一同完成一本書時要緩和得多。不論在過去的兩年四個月裡，我們為自己創造了什麼其他的挑戰，知道這本書在進行，在我們生活中一直是個令人安慰的基礎，而即使在那些製作的長時間延遲中那也是真的。我們很遺憾那支持已經沒了，並且我們知道，當本書的創造開始從我們切身的感知消退時，其他的挑戰將不可避免的向前移。基本上事情已歸結到，我們希望珍能日復一日的繼續下去，並且現在當賽斯和她完成了他們的書，我們的新信條會提供她支持。

見本書卷二後記的第一節，在兩年半之前我在那節的開場白裡寫道，珍為她的第三本「七號」的小說《超靈七號與時間的博物館》已寫好了約十七章。她把它放在一旁以便開始寫《珍的神》。雖然當她在與賽斯製作本書時，她好幾回考慮重拾七號第三集，但她從沒做到。不過，近來她談到要寫完它，我希望她會做到。

我無法對《神奇之道》說同樣的話——一年半前當賽斯開始談一堆有關那個題目的極佳的私人課之後，珍和我第一次討論的非常有希望的作品。我眼看著珍好幾次試著寫那本書；上個月在第九三九節的註五裡，我終於表達她不會完成那工作的想法；或以另一種說法，《神奇之道》還沒被她起死回生！但顯然的，珍有自由去從事任何的方案，而她選擇不去做完其中的一些。我認為如她計畫的《神奇之道》會是一本好書——但它結果被至少兩個主要因素推翻了；她太受到引起這神奇之道資料的主題〔她身體的症狀〕的抑制了，而且由於她選擇去模仿我把賽斯書組織起來的驪步，因此她覺得困擾。那個方式不容許她創造性的自由自發性的向前衝。如我在第九三九節的註五裡寫的，我可能終究會試著自己去組合這樣一本書。

縱使如此，兩天後當珍在打她二月十日的日誌之粗略的最後筆記時，她心裡還想著神奇之道：「手指仍有令人心煩的問題……希望能消除它，部分利用羅打給我的暗示性新信條。用右手打字，就我來看，縱使那個也可被利用成神奇的途徑。再次的，賽斯在星期一完成了他的書。」

一個月之後加的註：上次珍在筆記上寫的話真的是最後一次，因為在二月二十六日她結束本書的十八天之後，她就住進了一家本地的醫院，治療聽力問題、類風濕性關節炎及一些其他的毛病。珍和我的醫院經驗已變得如此複雜，以致我開始想描寫它們——及不論它們可能會發展成的什麼——寫成一系列給本書的依時序的隨筆，以取代我一直預期要寫的較傳統的後記。對我們而言，那驚嚇是非常大的，並且還在繼續中。在一無所知的情況下，我知道我們將需要很多時間來了解與這發展相關的所有深深令人感動並且衝突的情緒、心靈及知性的事件。每天當我看著我可愛的太太，在多年的掙扎之後躺在她的病床上時，我感覺那些事件的洶湧——而我看見它們在珍內，並且感覺它們在她內！

以一種方式而言，我們共同的世界在二月二十六日垮在我們身上了，然而，我們繼續住在我們信念的騷亂當中。在本書的註裡，我曾一而再的指出珍和我如何試著了解我們創造出的可能實相。就醫院經驗而言，我告訴自己，如果我能寫有關涉及了整個國家的意識風暴，我顯然也能描寫且反思我們自己的意識風暴。珍和我必然仍有多得不可置信的東西要寫，縱使我認為以較基本的說法，每個個人實相的某些部分在意識上是不可得知的。如賽斯在三年前說的：「意識試圖朝向自己理想的發展生長，那也助長了它參與的所有組織的理想發展。」

那麼，什麼是珍和我向之生長的那些「理想發展」呢？像那樣的問題必然令賽斯比令我們更感好奇；他與我們的來往——當然，尤其是和珍——對他而言就與對我們而言一樣，都是個學習經驗。畢竟，賽斯是與我太太在從事一件終生的事情，而就如賽斯是依靠透過珍的心靈傳來訊息，珍也依靠她從賽斯那兒所能得到的訊息，然後傳給我及其他人！賽斯必須要旅行過怎麼樣的意識風暴，以及平靜的區域，才能幫助珍如他做到的那麼多？就他而言，那些風暴及區域並非實質的，反之，卻包含了情感的**強度**——就如對我們而言基本上也一樣。

珍從她的神秘取向，從賽斯所提供的東西裡選擇她想學和用的東西。我認為如果一個人**不是**神秘者，這樣一種存在狀態只能被近似的了解：顯然有許多可能的變奏，但神秘者選擇我們其餘的人只能以最模糊的方式了解的挑戰。珍對她宇宙之神秘的創造只是她自己的，這一直是如此，並且永遠會如此。她曾一而再的在雖然看似簡單，實則不然的詩裡，以及在課裡，表達了她的方式。那種方式是我只能部分理會的一個創造泉源。現在當珍臥病在床時，我們共同的實相在我看來彷彿十分難以理解，但我知道對賽斯而言這顯得透明得多，並且在此時，他看見我們看不到的我們偉大的活躍潛能。

雖然在醫院裡，珍從賽斯那兒曾得到暗示，但她並沒替他說話，而我不知道她將來會不會再替他說話。

現在──我從某個「能量人格元素」那裡借來這句話：我要註明，三年半之後，在本書快要出版前，我們擁有的許多資料的影印本已被轉移給耶魯大學圖書館。這些包括了上千頁的賽斯資料，正規及刪除（或私人）的課；珍及我自己的日誌，以及其他的雜稿，寫下的記錄及筆記；ESP班的錄音帶；珍的一些詩及畫，及我們兩人的一些照片。我也寄給那圖書館數千封讀者來信的原稿，而這轉移仍在繼續。）

後記

羅勃・柏茲

一九八二年八月十二日。我原本計畫給《夢、進化與價値完成》寫一篇標準的序言。可是，當我變得投入於描述圍繞著今年早些時候，我太太珍・羅伯茲住院的一連串複雜而負荷著情感的事件時，那資料自動開始組織成一系列附有日期的隨筆。我非常高興去跟隨從我創造性的自己而來的這個直覺，因爲它答覆了許多我已開始擔心的問題。

事實上當珍在製作那本書時，她已然受損的身體狀況持續地變壞。在完成後不久，她進了醫院。既然我們一直想要確定我們的「心靈工作」是產生在我們日常生活的範疇內，在這些隨筆裡，我著手寫出與《夢》的創作有關的極爲個人的資料。

就像這些隨筆出現在此的樣子，我是一篇接著一篇寫的，不過我發現當我寫到後面時，又會給前面的做些補充。光就篇幅而言，很快就變得顯然不可能在某一天寫下所有的資料。可是，縱使再看一遍，我也無法討論到我想談的每件事；這些隨筆可以輕易地長成一本單獨的書。這種將東西織在一起以使它們「切合」，對我而言只不過是天性，但我並沒改變我任何的原稿——我拒絕那樣做——我將那些對珍身體上的困難，以及我們與之相連的由來已久、有時令人難過的感受，第一次自發的描述，也一字不改地保留下來。在寫這隨筆時，我沒有看《夢》本身，以免太受影響。反之，懷著對賽斯資料的整體知識及信心，我們要所有這些資料如實顯示，我們是如何過日子的。

更有進者，將資料以隨筆形式表出的選擇，有一個比所有其他好處加起來還有價值的好處：它容許我們一點一滴逐漸深入我描述的事件，以及「我們與之相連的由來已久的、有時令人難過的感受」。不然的話，那些情況可能對我們而言太具破壞性，太具威脅性，情感上太沉重，以致我們無法以文字所需的最起碼的一點客觀性去展現它們。許多事件及感受，對珍和我引起了如此深的試煉及挑戰的暗示，以致我們常有一種強烈的不眞實感：這不可能發生在我們身上。我們在這個年紀（珍和我分別爲五十二及六十二歲），爲何以如此惡夢似的內涵創造生活？我爲何每晚必須讓親愛的太太獨自留在醫院裡，以致當我獨自在坡屋上床時很想哭著要她回來？我們爲何無法安然共度平靜和創造性的日子？而在這星球上，世代以來，又有多少億萬的其他人曾有同感——而且將來還會有？我們的人生爲何結果變成這樣，當我們覺得光是度過每一天都是一項成就？

那個朝向生存的基本動力，變得優於任何其他事。的確，在我隨筆裡提到的挑戰開始後的數週中，像寫書和畫畫這種創造性的活動，相形之下往往不大重要了。對我而言，珍的情況變成代表了在我們特定之共同選擇的、可能的世俗實相裡我們所不知的一切。

然而，珍和我對此眞的一直都很有創意的，而在過程裡對**一切萬有**的了解更接近了好幾階。如果我們常常害怕，我們也感受到「我們活了下來」這樣一股殘酷的得意揚揚之情。我們**選擇**了那整個經驗，當然，它仍在持續中。賽斯告訴過我們無數次「你創造你自己的實相」。我們同意——而這也就是我倆與傳統確立的信念有最大分歧之處。傳統是說事件發生在人身上，而非由他們所創造。

隨筆這個形式讓我們至少有機會稍稍研究一下，至今我們的創造性學習經驗曾採取的種種形式。我們很快就同意，多年來我們是曾設定了這疾病症候群，然而，伴隨身體上的發展而來的情緒上的深深震驚，像來自另一個可能實相之攻擊性的黑鳥般撲面而來。我們學到了。我們以幾週前還彷彿不可置信的方式調整了過來——而，諷刺地，如常常發生在這種情況裡的樣子，一旦我們遷入了我們新的共同實相裡，就好像是那些特殊的挑戰老早就一直有兆頭似的。

這些隨筆包含了對這整個罹病經驗的意義之深刻洞見。我們的生命已無可挽回地改變了——經由選擇——而也並非變得更壞。珍和我用意志加強我們在某些領域的焦點。我確信當讀者細讀這些隨筆時，事情會變得很明顯：我不但是爲他們寫，也是爲珍和我自己寫的——全部包含在我們無休止地試想更了解、更掌握我們在「這一回合裡」身心的深入探險。

隨筆一　一九八二年四月一日　星期四

「讓我的靈魂在別處找到庇護所。」

這句發人深省的、預言式的話，是珍在一九八二年二月二十六日住進紐約州艾爾默拉市一家醫院之前幾天，從她唱給她自己聽的一首蘇馬利歌裡來的。蘇馬利是她在出神狀態裡能說或唱的一種「語言」，而且能將之轉譯成英文。她以一種我從未聽她用過的悲傷、低沉、顫抖的嗓音錄下她的短歌。以影響我們生活至深的住院之前及之後的經驗而言，這首歌中無法形容的感情深度，眞是有了不起的先見之明。

的確，在五週之後，珍從醫院回到我們的坡屋後，我才知道她錄了音：三月三十日我在她的寫作室裡發現了它，夾雜在其他的錄音帶中。她沒貼標籤，而我出於好奇開始放來聽。那歌哀慟的調子在室內沉重地遊走。它立刻令我聯想到一首輓歌或哀歌，而縱使根本沒有任何轉譯，當我開始直覺地了解它是多有意義時，不禁背脊發涼。

我在幾分鐘後放錄音帶給她聽，她給了我一個快速的翻譯——「讓我的靈魂在別處找到庇護所。」那是一個冷天的下午。她裹得緊緊的，坐在客廳的椅子上，垂著頭聆聽。我要她再譯多一些，但她只重複那一句。她強自打起精神，頑固地說稍後她會給我更多些。我立即明白那錄音帶的內容是如此的暴露出她對她的病的感受，如此的令她騷亂和害怕，以致她在那時無法叫她自己去探索那些深刻的情感。我也知道我太太怕那訊息對我的影響——因爲她已給了我的句子能有什麼意義，除了她的靈魂至少已在考慮離開她肉身的**可能性**，或許想在一個非實質的領域找尋庇護所？我接受她的反應，而只能在有點失望中等待，同時開始寫這隨筆的其餘部分。

日子一天天過去，珍繼續拖延翻譯的事，直到我終於對她的拒絕合作感覺不滿與絕望。我決定盡量繞著那句很棒的話來寫。因爲那時我知道她並無意寫出一個英文的版本；她心靈某個孩子氣、天眞卻又極度頑固的部分，如賽斯老早以前開玩笑地形容爲「執拗的地方」，就這樣接管了，而決定不再談那個題目。爲了它自己的理由它不幹了，不必多說了。以前我曾見珍以這種方式運作過，而我知道她心意已定。

不過，爲了不使人有一幅關於我太太的不正確畫面，讓我補充說，她將那彷彿不妥協的例子，與在大自然（即**一切萬有**）前的一種玄奧的直覺性天眞，及對自然之顯現的一個偉大的如實接受，和在那個架構內她自己的存在及創造組合起來。雖然在這一點上珍並不完全同意我，我卻認爲，基本上珍是個神秘者——在我們外向的、物質化的社會裡這並不容易，因爲它代表了如今少爲人了解的一種生活方式。這是她爲了許多理由而選擇的角色。神秘主義仍大半被認作是一種深奧的宗教性表達，而且是相當不實際的一種，但就我看來，那兩種情況都不適用於珍。她的「神秘的方式」是被一種強烈的秘密特性所加強，那種特質常常被她彷彿的外向個性和行爲掩飾住了。我花了很久時間才悟到這點。我也必須學到，她一板一眼的腦筋是直接來自她的神秘主義；而因此她可以是相當衝動的。關於珍，沒有任何事是打折扣的。她是極端地忠誠；她是個觀察入微的人，有許多才能，聰明並有極佳的批判品味。她顯出的保留態度——例如，她有意的壓抑衝動——都是習得的方法，的確是具有保護性質的。我眞的覺得她屬性的特定組合是獨特的，而如果她沒有那些特性，我不認爲她能像現在這樣表達賽斯資料。在所有這些隨筆裡，我希望給她的個性補充許多洞見。

同時，在我發現那帶子之後兩天，我問珍：「今晚你想上一節課嗎？」

起初她不知道。珍自上星期日，三月二十八日便從醫院回家。她在醫院待了三十一天，治療嚴重機能不足的甲狀腺、眼球凸出及複視、幾乎完全喪失的聽覺、輕微的貧血症及初期的褥瘡。好幾個褥瘡已長了幾個月。那些發紅的圓圈慢慢地在她臀部、尾骨及右肩胛的「壓點」綻放時，我倆都沒覺察那是什麼意思。褥瘡：一個最先加進我們迅速增加的醫學語彙的名詞——而且一旦它們站住了脚，就變成人最難擺脫的頑固苦難之一。即使到現在，珍的褥瘡也還沒完全復原，雖然有幾個已封口了。

附帶說一句，當她入院時，她的褥瘡並未發炎，卻在不到一週後發炎了。怎麼搞的呢？好幾位護士告訴我們：「是葡萄球菌。」珍的主治醫師曼達莉醫生宣告：「如果在尾骨上的瘡發炎到骨頭，那妳至少得待在醫院六週。」她開始給珍每天兩次塗抹雙氧水及磺胺消炎藥的治療。而我則開始看書，知道光是葡萄球菌就有多少種，以及在醫院裡發炎是多平常的事，因爲那些機構本來就不是最乾淨的地方……。

在施以充血解除劑，及動了兩次手術用細小排膿管插入她耳膜以減輕內部阻塞後，珍的聽力進步許多。曼達莉醫師最後告訴珍，她的甲狀腺根本就停止作用了，所以醫生開始了治療：給珍服用一種合成的甲狀腺賀爾蒙，以恢復她的內分泌系統，進而恢復她所有的身體功能。珍終其餘生都得服用這些藥丸，至少那是目前的預測。曼醫生開了眼藥以使珍的眼睛濕潤，還有一種液體的水楊酸

（代替阿斯匹林）以控制關節痛及發炎。這兩種藥每天都得用四次。增進的腺體活動也預期會對珍的關節炎有益，而可能對她的貧血症（一種常伴隨關節炎的狀況）也有用。我要求曼醫生給珍做食物過敏檢驗，因爲我讀過對種種的食物及添加物的反應可能會觸發關節炎，但曼醫生說：「如果珍有過敏，珍自己應該會知道。」——一種我徹頭徹尾不同意的看法。但我認爲，通常被診斷爲有類風濕性關節炎（rheumatoid arthritis）的問題就在於，不只當你**入**院時你有病，當你**出**院時你也有病。很不幸地，在這種例子裡，醫學的藝術僅止於此。

在我問珍今晚要不要上課之後，幾經猶疑，珍決定給本書的後記做些貢獻。這於我們而言是個新經驗。由於關節炎之故，珍甚至難以執筆，所以她想口授她的資料，就好像她自己在寫一樣，而我則爲她筆錄。不過就如我爲賽斯的口授所做的一樣，我以另體字替她記下時間、偶爾的停頓及任何其他的資訊。

（一九八二年四月一日，星期四，晚上七點十分。一旦珍開始口授，她的步調不錯。事實上，我必須相當快地寫，因為在這初始的實驗裡，我不想叫她放慢下來。）

賽斯用「價值完成」這個名詞來暗示生命更大的價值與特質——也就是說，我們活著不僅是要繼續、要保證生命的存在，並且要增益生命本身的特質。

我們不只是接過生命的火把並將之傳下去，好像奧林匹克的接力賽的賽跑者那樣，而且我們每個人都給那火把加上我們所獨有的一份力量、一份意義和一種特質。我們以個人、以家庭、以社區的一員，並以人類的一員的身分這樣做。無論何時，當那火焰有變暗、有失去而非增進潛能及欲望的跡象時，那麼危險信號便出現於所有的地方。它們出現爲戰爭及全國性的社會動亂，同時在個人層面上也出現爲家庭危機、疾病（停頓）及災難。

在《夢、進化與價值完成》裡，賽斯概括出偉大的宇宙性及私人性的能量，它們曾經將宇宙這實相以及我們個別日常生活所倚賴的那些私密的、凝聚的實相帶入存在。

（七點二十分。）如果不去試試我們自己的潛能，不在世界上試試自己的功力，那麼在我們的時間架構裡，我們是不可能在知性中認識自己的潛能的。我們必須藉由歡喜地踏入物質能量、物質時空的既定世界裡，才能激發我們的衝動及欲望，試試我們的能力，找出我們的力量。在每個個人的發展裡，我們一再演出將我們自己的宇宙帶入存在的可驚事件。宇宙**並非**在某個朦朧的過去裡被創造出來，卻是被我們自己的思維、夢想和欲望重新**再**創造的——因而實相同時在所有可能的層面上發生。而我們每個都在那生命的努力裡扮演一個角色。

當我們猶疑、退縮、躊躇時，當我們爲了節省精力而退縮時，當我們讓恐懼而非信任指引我們的活動時，當我們的生活**品質**不如我們知道它應該是的樣子時——那麼警報燈便閃了起來。（停頓良久。）一個接著一個的危機可能升起以吸引我們的注意。這發生在許多人的生命裡——因而近來這同樣的警報也出現在我自己的生命裡。

（七點三十五分。）當我寫這篇後記時，我正從一堆疾病裡復原，從住院了一個月裡恢復，而現在我正試圖看看我個人的情況在哪裡能符合賽斯更大的觀點。那是說，個人並非只是人們常稱之為演化過程的一個枝節性問題——他**正是**整個的問題所在，捨此則不會有人類，不會有生存，也不會有精緻的基因合作之**網**來產生任何生物了。

（「我要一根香菸。」珍在七點三十六分突然說。「親愛的，妳做得非常好。」我宣稱，輕拍她的膝說：「棒極了！」

「是啊，我知道我弄到它了——謝天謝地。」她答道。然後我們安靜地並坐在客廳破沙發旁的圓桌旁。

「我不知道——也許那就是我今晚所能做的了。」最後珍說，帶著一抹困窘的笑容。「我很難進行下一部分……」但是她在七點十五分又說：）

在我們其他的書裡，我偶爾會提及我身體的症狀。可是，到上個月賽斯結束了《夢》的口授時，我身體的狀況惡化了。兩週後我幾乎無法離開我的椅子到沙發或床上去。在一個週末回覆了差不多五十封來信之後，下個週末我卻幾乎無法提筆寫我的名字。不久我的聽力開始消失，然後突然變得被堵住了。幾天後我出現在一家本地醫院的急診室裡——而在那兒，我對醫學的整套測試很快變得熟悉起來。（停頓良久。）我被放在電腦斷層掃描機裡，光溜溜的臀部被痛苦地壓在一張冰冷的金屬桌上，頭被奇怪的甜甜圈圍繞著，明亮的白光和數字到處閃著。人們只用X光照了我的頭。

（當然，珍是指一個現代的X光機，它以一系列明亮的斷層影像顯示身體的內部。）

（在七點五十一分笑了一聲：）稍後那同樣光溜溜的臀部，瘦骨嶙峋的，又被壓在另一張金屬桌上，而這回電極接在我頭部每處可以連接的部位上，因此可以做一個腦電圖。他們除了叫我在過程中閉上眼以外，沒給我別的指令。（停頓。）某種白色的膠曾透過我的頭髮在頭皮上搓揉以增進電性接觸，而當檢驗結束時，檢驗者抓住儀器的一部分，一下子就把整個玩藝從我頭上拉開——我覺得好像整個頭皮都拉掉了。那中年女護士明顯的漠然令我勃然大怒。

「價值完成？」我想，「我讓自己陷入了什麼處境？我人生的事件又怎會演變到這地步？」當然，如任何熟悉醫院的人都知道的，這只是開始。還有數不清的驗血，我也必須被抬上抬下病床，抬上抬下可移動式便器。

（在八點五分停頓。）我八十二磅的血肉，被本性善良卻往往沒耐心的陌生人——護士、護佐和工友們——拖、拉、推，而我最私密的身體過程變成了一種公共記錄。真恐怖！

（「你看，我從不知該在這些後記裡說多少，」珍說，「這麼多種不同的人看這些書——」

「就照你自己的方式做，」我說，「管他的。你根本別無他法。」）

我記得我第一次在醫院排便時，閉著眼睛忍住羞辱的淚水。我覺得我的手臂被一個工友扶住（停頓良久），我瘦薄的肚皮和肋骨在燈光明亮的房間裡用著力，我的臀部由另兩隻陌生的手臂支撐著，同時第三個人——我不想說得太過粗俗——

（八點十二分。「沒關係，」我說，「如果必要的話我們可以修一修。」）——擦掉我被給以三劑強力通便劑的結果。然而，我知道，即使在那些步驟裡也有一種夥伴之情——我也許忽略了太久的一種，當一個族類或家庭或社區聚合起來以幫助他們其中一員的夥伴之情。而如我將會明白的，儘管醫學本身所有悲觀的暗示，但就在危機之中，也有某種無可置疑的合作感——一種「鄙俗的」身體上的樂觀，及一種我久已忘記其存在的幽默。

（八點二十一分。）在這本書裡，賽斯的確在某種程度上談到了一些疾病的本質，例如它們應用在個人生命及基因存活上的情況。而我在醫院裡躺了整整一個月，心裡最記掛的就是肉體的存活——很難說是個巧合。他們告訴我，我的甲狀腺嚴重機能不足，而且有關節炎。他們用X光照射我的手而非我的膝蓋。有種驗血顯示我有輕微的貧血。但其他的檢驗和X光顯示我有很好的肺——雖然我吸菸——健全的心、胃及其他器官。我笑了。

（在八點二十二分停頓良久。我想珍是累了。她或許可以補充說，她笑了是因為她並沒有醫生們以為她可能會有的腦瘤、癌、血管炎或任何幾種其他的疾病。她覺得她打敗了來自醫藥人員的幾個與所有那些疾病有關的負面暗示。）

我喜歡幾乎所有的醫生、護士和工友們，他們也喜歡我。他們大多不知道也不在乎「我是誰」，很少人熟悉我的作品。我發現我能在那最初看來似乎如此陌生的環境裡把握住自己。我學會開玩笑，即使是當我的臀部正在便器上方危險地擺盪，同時我希望它對準了目標時——而我再度感覺到和人們久已忘懷的同志之誼，以及與我的工作無干的一種內在成長。我有權利在地球上活著，因爲我像其他每個生物一樣出生於此，而光是在那個層面上，我就是肉體的能量與合作的偉大架構的一部分。

（八點三十一分。「今天就到此為止了，」在停了很久之後珍說，「我很驚訝我說了那麼多。我不知道我做得到——尤其是以那種方式……如果你沒建議的話，我絕不會去試的。」

珍並沒在出神狀態口授這資料，如她製作賽斯資料那樣。她並不覺得特別有靈感，也完全不確知如何進行，不過，她的創造力立刻來馳援。）

此處且容我解釋：當珍住院時，我們都沒試圖去「說服」那兒的人——醫生、護士、醫技人員等——去相信賽斯資料。除了說珍是個作家而我是個畫家之外，我們沒告訴任何人我們人生中的興趣。我們並不想將我們的信念強加在任何人身上。在危機中，我們有意識的共同決定去向醫學界熟練的專業人員尋求某種幫助，而我們願意向他們學習，縱使這些人必然會有與我們十分不同的信念系統。

隨筆二　一九八二年四月五日　星期一

（七點十五分。我們下一節「珍的課」發生於四天後。）

在晚近幾年裡，對存在於賽斯對實相本質的解釋與我們自己對它的私人經驗之間的多種迫切的不同，我再也不能視而不見了。舉例來說，在這本《夢、進化與價值完成》裡，賽斯將我們描寫成一個生氣蓬勃的、善意的族類——與物質調和一致的一種意識，被我們自己的宇宙性成分美麗地**裁製好**，去過有生產力的、有心靈享受及物質享受的生活，每個個別的生命都掌握了自己的命運，同時也增益了所有其他生命的潛能。

然而，我讀到報紙上那些所有可怕的新聞故事在預言災禍，也看到電視螢幕上每天的悲劇新聞事件被用活生生的色彩加以戲劇化。但還不只如此，我在自己的生命裡也看到肉體症狀在穩定的累積。假使如賽斯主張的，生命有如此偉大的潛能，它是在如此豐富的創造性與生產性的層面開始——那爲何我們的經驗這麼常令事情看來好像是，我們在奮力對抗未知的或漠不關心的宇宙力量，或我們對自己的資源及創造力如此無知，或我們永遠被關在我們自然的傳承之外？

無疑的，我們一直**誤解**了自己。無疑的，就我自己看來，我們對生命的每個標準解釋，現在都相當無用了，不論它們在過去可能曾幫助或妨礙了我們多少。

（在七點五十一分停頓良久。）我開始警覺，甚至我自己肉體上的無能爲力，其實也是創造性的冒險，而在我經驗裡出現爲壞的，或限制性的，甚或悲劇性的情境。或許實際上它們是我自己這方面的一種努力，想探索價值完成以重組我生命的廣大能量。但我沒能勇敢地面對生活方式的巨大改變，我慌張起來而覺得自己幾乎是被攻擊，被迫進入一種身體越來越不自由的生活。因此，再說一次，那經驗又如何符合賽斯的《夢、進化與價值完成》呢？

就我所知，好些年來我都活在兩套「事實」裡。過去成立的舊解釋已站不穩了，最後看來幾乎是不可理解了；而賽斯的新解釋好像又超乎我所及，至少在某些領域——在對身體和心靈的寧靜非常重要的領域。當然，當我們的生活彷彿侵犯到人類最大希望的領域，並且侵犯到最大恐懼的領域裡時，同樣的過程出現在我先生羅的生活裡。

（八點二分。「哦，我說完了。」珍突然說。今晚她的傳述與上回一樣快，然而卻較消沉。她的聲音帶著那同樣的顫抖。她累了，而當我在抵抗被壓制了一半的咳嗽——我很少有的毛病——時，我的情況也不怎麼好。）

昨天珍從醫院回來滿一週了。因爲好幾個原因，我們發現那是極爲艱難的一週。昨晚我告訴一個鄰居：「這是我們在一起二十七年來最難過的一週。」看著我極好的、可愛的太太如此衰退到目前近乎無助的狀態，幾乎令我無法忍受。珍對她自己的狀況則表現出一種堅忍的態度，如果我是體驗那狀況的人，我會無法忍受的。我怕有時候我的反應非常壞，我的情緒在絕望與極大的溫柔、愛和同情之間搖擺不定。我想哭卻哭不出來。我以沉痛的心情渴望見到我太太向我走來，臀部無邪而喜悅地搖擺，就如當我每天離開印刷廠——我在那兒擔任商業藝術師——時，她來接我的樣子。那是在一九五四年我們婚後不久。我並不想要珍像變魔術似地再度回到二十五歲——只不過我極想看到那無拘束的、沒預先計畫的動作本身的喜悅重現而已。因爲現在我了解，動作的自由至少是一個人創造潛能的眞實反映。

剛過去的這個星期我們充滿了一種孤注一擲的能量，我們掙扎著想安定下來，以便能多少有規律地回到「工作」——我們的藝術——上去。令我們驚慌的是，我們發現珍在住院期間失去了雙腿的大半功能，因爲在那個月裡她被強烈地阻止去以她習慣的方式用它們。這使我們想幫她像以前那樣坐在有輪子的辦公椅上，以便在屋子裡移動的所有努力都非常難辦了，也幾乎打敗了我們想自己獨自生活的努力。我們約好一位有執照的護士每週五天下午來爲珍做兩小時物理治療，並幫她換褥瘡上的藥膏。我倆都不想要住在家裡的幫手。就我而言，我怕這樣一種安排，不只表現出我們已接受了珍眞的陷入一種可怕而永久的情況裡，而且結果還會在心理上和創造力上摧毀我們。

珍努力想重獲她雙腿的力氣。在她入院後，我在不知不覺中體重開始減輕，而現在已到了別人開始注意它的地步了。我拚命努力多吃一點。在我太太回家後我變得極爲忙碌，彷彿打了數不清的電話和跑了數不清的腿，爲的是去配藥，去試各式各樣的床、床墊和椅子，去辦保險，去買移動式便器，去裝一個連在我們普通電話上的不持聽筒的電話，這樣珍就不必拿笨重的標準式聽筒。我們甚至在臥房裡裝了一個有遙控設備的小型電視，以便當她在晚上睡不著時可以看電視。當我開始睡在較安靜亦較暗的客廳的沙發上時，我們買了一對無線的對講機，以便珍任何時候都能在她床上呼叫我。

而在所有這些狂熱的活動之間，我們的繪畫與寫作——我們一直視為我們生活的創造性中心、我們這回選擇活在地球上的根本理由的那些活動——已退到很遠的距離，以致它們變得像是隱約記得的夢了。

我們尚未上過賽斯課，不論是正規的或私人的。珍的精力尚未達到它該達到的指數，雖然她服用的合成賀爾蒙已幫了她不少（曼達莉醫生告訴我們，爲了避免使心臟和內分泌系統負擔太重，賀爾蒙劑量必須慢慢增加）。

隨筆三　一九八二年四月十六日　星期五

我們的日日夜夜在如此千變萬化的活動裡過去，被如此不均勻的睡眠時段打破，以致我們幾乎沒留意是熱天或冷天，晴天或雨天。草開始從棕色變成淡淡的黃綠色。珍白天常在椅子上打瞌睡，晚上卻常醒來看電視上的老電影。在她回家的頭幾週，我每次很少睡超過兩小時：好像我老是在爬起來檢查她褥瘡上的紗布，調整她的枕頭，幫她在具有最佳支撐力的馬達推動的震動空氣床墊上弄得舒服些。我會給她一些飲料，並且按摩一下她平躺時捲曲的腿（她無法伸直她的腿）。當她吸兩口菸時，我會陪她坐一會兒。夜晚有一種莊嚴的無時間感，我一直很喜歡。那種感覺圍繞著我們的臥房——但縱使我往往是睡眼惺忪的，也可以很敏銳地覺察到那種寧靜能被電視機刺耳地危及到多大的程度。

珍試著用她受損的右手寫字，由於她無法好好握筆寫下在她腦子裡活躍的想法，她一而再地受挫。有時她用錄音機來補償她寫字能力的不足，但這卻令我們面對要找時間謄寫錄音帶的問題——而至今我們還沒那樣做（附帶說一句，那資料大半是如此的涉及個人，在此時我們還不想要其他人涉及它）。

（四月十二日星期一晚上，我們終於上了我們頭一次的「新」賽斯課。它很短，但正如我預期的，非常精采。我們很高興上了課，因為，如我告訴珍的，如果我們想了解我們生活中導致住院經驗的所有事件，我們必須利用我們的每種能力。而縱令這是一節涉及個人的課，我仍認為它包含了適用於我們所有人的線索。珍如往常一樣輕易地進入出神狀態，但她的賽斯嗓音包含了自她回家後我在幾個場合裡注意到的同樣顫音。）

（賽斯在八點五十六分帶著些幽默對我們說：）縱使你們抱怨不已，你們卻頗爲了解帶動你們生活的決定和行動，因此魯柏比平常更覺察到心理上及身體上的操縱，那正是躲在一般所謂的意識心所攜帶的資料之下。所以，在他的生活與他如何去過那生活之間，出現了一種暫時性的鴻溝——如剛在住院的空隙之前他的狀況所顯示的，在他的生活與他該如何去處理它之間，變得很明顯有一個停頓及遲疑。

我將助你們更進一步了解這些操縱，因爲許多人——大多數人——在做是否要在任一特定時刻繼續他們的生命的重要決定時，進行了同樣的過程。但他們遠比魯柏不清楚那些議題。

（在九點五分停頓良久。）請等我們一會兒……這整個議題已經進行有一段時間了，而爭議多少是一個靈魂面對它自己的立法，或也許站在它自己面前像個陪審團的樣子，在一種既私密卻又公開的心靈審判裡解決它自己的案子。生命的決策往往是以這種方式做成的。就魯柏而言，它們帶著一種心靈與身體的邏輯和經濟，在如此多重不同層面的確實性上都很明顯。以這樣一種方式，隱藏的議題被迫暴露出來，他所怕的弱點和不足之處被積極地演出，從而可以被適當地提出、分類及估量。到可能的不論什麼程度，配合你們的時間，我會試著解釋這種事情。

（九點十分。）當然，到這樣一個程度，那件事是有治療效果的。魯柏現在要遠比先前更肯在他生命中做某些改變，他更將自己視爲一個活生生的生物集合體——比以前較不孤立，剝除了超級完美的（潛意識）模型，因而不再有必須按照這樣一個心理束縛過活的強迫性行動。（全都相當加強語氣地說出來。）

那麼，他（魯柏）不必試著去做完美的自己、超級的形象——而事實上到某程度，他發現自己是那懇求的自己，敲著生物性的世俗之門，就像任何發現自己因不幸而受傷的生物可能向別的生物求助一樣。他發現了一個混雜的世界，很難說是黑或白的，一個有相當多妥協的世界，在其中，縱使在最不幸的情況下也有一些行動、一些改進、一些創造性反應的空間。因此，遊戲規則已自動地被改變了。

議題是更清楚而戲劇性地被描畫出來。

（九點十八分。）關節炎的情況是如我（在幾次私人課裡）所說過的，但你們仍面對了醫學對那情況的詮釋，所以要靠魯柏去將它排除。他正在以他天然的治療性步調回到活動上去，不再害怕他走得太快，卻清楚地明白活動和動作代表了對人生的挑戰唯一安全、健全而創造性的反應。

我們不想對到底發生了什麼事做冗長的討論，只要了解活動的變動過程。魯柏可以修正他現在的自我形象。它是不完美的，但它是柔順而願意改變的。

僅此而已。這是要給你們一點開始——而一如往常，給你倆我最衷心的祝福。

（「賽斯，非常謝謝你。晚安。」）

（九點二十五分。我們對這一節感到很滿意。它包含了幾個重要的線索。珍說，關節炎是醫學就其見識和觀點所能提供的唯一診斷——但在這麼多年之後她能不能「將之排除」？賽斯一直都堅持她根本沒有關節炎。反之，照他說來，珍採取了她身體的無法移動，做為防止她用她獨特的能力走得太遠、太快的一種保護。然而她也用她的「症候」來強化她對這些能力的貫注，並強化我倆天性中強烈的秘密面。不過，我必須補充，這些陳述代表了對非常複雜的心理現象極為簡化的說法。

同樣重要的是，賽斯建議珍不需要再「試著去做完美的自己」，縱使是在一個無意識的層面上。而坦白地說，我想從珍及賽斯那兒得到更多資料，關於她如何深思繼續活下去的好處。

事實上，我對知覺的遲鈍甚為驚訝，好像再一次的我又才剛開始了解，珍選擇了從事一個旅程，在其間她願以肉體上及情感上的強烈方式探索自己及世界——與她和我通常透過賽斯資料及我們自己喜歡探詢的心智去做研究的較知性的方式相反……我被她的決定及我自己在這樣一個計畫裡默許的參與嚇著了。而我自忖，為何我們大多數人，在大多數時間裡，都以如此昂貴的代價，去買我們的新經驗和知識？）

（一九八二年，四月十六日，星期五，上午九點三十分。賽斯—珍在五天前傳來那小小的一節。今天早晨珍以她自己的課繼續下去，首先她盡力透過寫作去那樣做：痛苦地、笨拙地握著她的筆，她花了不只一小時記下頭四段——縱使如此，在查對我們的記錄後，我補充了日期和順序。）

所以，我知道一件事：現在寫這篇後記的我，與賽斯口授這書時的我已非常不同了。而當他談到世界的開始時，我開始暗自思考結束我自己私人的存在圈子。非透過一種暴力的自殺，而是透過一種半蓄意的全面撤退。

很少有明顯的暗示出現在羅為此書寫的註記裡。一則因撤退的過程在一開始是很慢的。其次，當賽斯在本書寫到超過四分之三時，他開始用一系列的私人課深入討論「神奇之道」(the magical approach)——處心積慮要幫助我和其他像我這樣的人，去改變我們對經驗的探究途徑，從而改變經驗本身的資料。羅那時對我身體狀況的詳細註記，出現在那些頁裡。

所有那些有關「神奇之道」的工作，便是拖了這麼久才完成本書的原因。事實上，除了在一九八

○年十月上了一節課之外，從一九八○年六月初直到一九八一年七月中，我放下本書的工作超過十三個月。

我們可以將這後記資料的一部分插入本書那個大空隙裡，因爲它很重要的部分是在那時得到的，但我們不想以不同的主題去打斷那些講書的課。反之我們決定在此概括我們的故事，而且一直講到住院的經驗，因爲那是合理的結果。羅也想把這資料展現爲一個單位，因而它能被用爲我們已在討論的未來的書的一個基礎，而我同意他的決定。

（十一點三十分。我終於如我以前那樣開始寫下珍的話。）

的確，賽斯談「神奇之道」的資料是如此令人著迷，以致到他結束本書時，我已將其大部分組合成另一本書，儘管它大半是涉及個人的。還不只如此，那些「神奇的」課還自然地發展成**另一個**系列，這次是談賽斯稱爲「有罪的自己」(the sinful self)——我的及別人的——的人格之一部分，而那些課轉而又令我寫出許多頁的資料，直接來自於我自己的有罪的自己。那了不起的個人啓示發生在一九八一年六月。那麼，諷刺地，在我自己半有意識的撤退裡，我不但生下了此書，並且生下了幾個其他有趣的長程觀念。而即使所有這些課都生自我自己心靈與心理的挑戰和難局，我知道它們是極好的且值得出版。

我能感覺羅希望我自己的努力會幫助我。他也盡他可能地用一百種方式幫助我。賽斯在七月裡恢復寫《夢》，但我似乎每天越做越少。夏天轉爲秋天，然後轉爲冬天，而我幾乎沒注意到。當我坐在書桌旁時，我開始在椅子上打瞌睡。偶爾我會有意識地知覺到自己想著，讓我的欲望一個一個地捨掉，並且讓我自己就這樣漂走到一個毫不驚訝的死亡，在某些層面上是多容易啊！

那是說，我認爲它可以全都如此輕易、自然而無痛苦地發生，以致沒有一個點你可以說：「現在她活著，而現在她沒活著。」

也許我已寫出了所有我該寫的。也許我生命之火正來到它自己自然的結局。爲什麼要試著去將它再煽起來呢？尤其是如果它那最初的**喜悅**已永遠消失了，或那條路線比延長生命所必須的決心和痛苦的不適要好多了。因此當我從某個奇怪的內在存在聽到我自己的聲音慢了下來，也只是略微警覺而已。我的聲音內出現了顫抖，好像母音和象徵有無盡的空隙——不平整的邊緣——而我的某部分甚至在我話語的中間像煙似地逃走了。

（十一點三十五分，「讓我輕鬆一分鐘。」珍說。她的步調一直很快。然後較緩慢地：）

我的聽力開始減退，最初是逐漸地。我想，讓人們**繞過**我說話，我不再在乎了。然後是一股令人失措的衝擊，有天我發現自己幾乎全聾了。這兒並沒有溫和的寂靜，因爲「沒有聲音」比我所能記得的任何事情更令我驚嚇。（停頓良久。）羅在屋裡嗎？如果我看不到他我就不知道。他是否正保護性地站在我椅後，準備幫我把自己弄上床，或他是在幾間房間之遠的廚房裡？在鋪了地毯的地板上沒有腳步聲，沒有洩露活動的秘密的暗示。這經驗打斷了我的撤退。我記得我不知怎地，將四周所有的寂靜與**一堵冷峻的白牆**畫上等號。而（我不知爲何有那種感覺，但我就是有）我不能聾著死去（珍在十一點四十五分笑了一聲說）。我想我曾想像每件事都會漸漸地關閉。我顯然沒預想到一個感官突然地關掉了。

其後幾天——在一九八二年二月中旬。我決心理清聽力問題——至少在某個層面上，就是那個決心終於引導我到醫院的急診室去。我們沒有可招呼的家庭醫師，卻透過一位也是護士的好朋友的無價協助，我們與那醫院的一位醫師訂下了時間。

（十一點五十分。我們停下來用午餐。）

不過我們沒回去「工作」，一直到我們享用完了善心的鄰居爲我們準備的晚餐。那時我們的探訪護士已來過了。我很快地跑了一趟藥房和超市，並寫了兩封信給讀者，解釋我們沒時間見客。然而，我在此地的努力連帶有好些的反諷和幽默，因爲我才封好第二封信，就有人敲我們坡屋的前門。一位未預期的客人站在那兒，一位年輕的女律師從舊金山飛到艾爾默拉來見珍。雖然珍的情況不是頂好，她仍與訪客討論了一小時有關訪客的問題。

（這天〔四月十六日〕晚上，珍建議我們坐在客廳的桌邊，我來將她上午的口授讀給她聽。但她卻代而宣布：「我猜今晚我要上上賽斯課，但它不會長……」這使我很驚訝。當她在七點三十九分進入出神狀態時，她的聲音有很明顯的顫抖——比四月十二日明顯不少——及一種難以界定的遙遠感覺。我認為在下面的摘錄裡，賽斯相當俐落地將她過去的信念、她目前的狀況，以及她在面對她的挑戰裡還有多遠得走，全都包含在一起了。）

現在：在魯柏的一生裡，已發生過幾次涉及了甲狀腺的同樣過程，而在每一次裡，它都修好了它自己。

不過，如果魯柏先前曾有他走得太快的錯誤想法，而必須抑制自己並且得小心的話，現在他則接受了醫學的預斷，那是事情並非如此的「具體證據」，而事實正好相反：他太慢了。如果我們說的話無法說服他，或他自己的了解抓不住事實，那麼你還有帶著所有醫學專業權威所說出的「眞相」。而如果曾經有位醫師幾年前告訴過他他的聽力有多好，醫學專業現在則告訴他他的緩慢（他的甲狀腺機能不足）已損害了他的聽力到驚人的地步。

更有進者，在此有會改正那平衡的必須藥品——甲狀腺補充劑。而它也就會生效。

（在七點四十六分停頓良久。）如果魯柏曾經發現他自己在想像：他必須能堅強和完美以便解決其他每個人的問題，現在他則發現自己相當的無助而「不受保護」——那是說，他身體的狀況使他陷入這樣一種情況。那超級完美、不實際的自我形象離他而去。它無法活過這樣一種情況。

（七點五十分。）因此，相反於這完美的自我形象的信念，並且不論無助與否，魯柏還是不屈服……

（七點五十八分。）在他自己與醫院裡的其他人之間，存在著某種同志之誼。欲望和衝動變得更切身、清晰，更容易看出來。與身體有關的不適導致即刻的回應……他的弱點戲劇性地公開了出來，而從那一點，除非他選擇死亡，否則他只能向前走……因爲他突然覺得那兒終究還有一些移動的空間；先前在他預期的超人的活動面前，所有的成就彷彿都搆不上標準，然而現在，成就卻是可能的了。

那麼，他會繼續進步，因爲他已容許自己一些活動的空間，一些改變價值完成的空間。不過，當這些改變發生時，要信任身體的節奏。到院子裡走走（如珍今天下午在護士陪伴之下，坐在輪椅裡做的）就是個好例子，在實際的和象徵的層面上都很重要。

（在八點一分停頓良久。）以一種說法，有罪的自己創造出要求這麼多超人的自我形象，而它將魯柏的身體包裹起來好像在水泥裡一樣。然而，那形象在住院經驗裡破裂崩塌下來，留給魯柏他自己較本有的、遠爲實際的形象，那是他能與之相處的。當你們能夠時，務必看我「神奇之道」的資料。可以說，魯柏一直在調低其「自動調溫器」。現在他的欲望和意圖已將之設定在一個健康而合理的度數，而內在過程自動地啓動以帶來他身體正常的加速，正如先前他的意圖導致身體的自動緩慢。

今晚講夠了。我祝你們晚安——要知道你倆都已有重要的新進步。

（我說：「賽斯晚安。」）

（八點十分。「如果賽斯是對的話，我不知六個月之後妳會在做什麼。」我問。「身體終於變得如此不顧一切的想擺脫那僵化的有罪自己的超人形象，以致它會自己住院了一個月——縱使它為了達到目的幾乎殺害了自己……」珍同意了。她立刻描寫好幾回當她認為她的甲狀腺嚴重失常的時候。我記得其中兩次。)

在課後我開始臆測相較於珍在一九八一年六月收到的資料,她「有罪的自己」現在會怎麼說。在那一陣狂熱的活動期間,她有罪的自己曾以三十六頁密密麻麻的文字,雄辯濤濤地解釋及衛護其行動。我倆都被透過珍的筆而來的揭露弄得膽戰心驚,縱使我們的確不甘願地承認我們至少在知性上了解那個自己所提出的許多點。當那資料展露出來時,我變得很生氣——氣珍的心靈不論為何理由如此頑固地抓住這樣一套信念不放的那部分,並且氣我自己也不比她更了解其範圍和深度,以及它們能有多傷人。我也想起幾週前,在四月十六日的一個非常重要的私人課裡,賽斯自己所給的資料:「魯柏的許多信念都已改變,但對有罪的自己之核心信念則仍非常頑固。(對我:)雖然你沒以同樣方式擁有它,你也被它沾染了,從早年的背景得到這種信念,主要是從你的父親……」

雖然我很想要,在此卻不可能展現珍自己論她有罪的自己的資料,但很快地我真的想要簡略地給頭幾頁的一部分,讓讀者知道,一個人非常早年的經驗如何在後來的歲月裡有最深的影響。如你們將會見到的,那資料顯然引起了和它所回答的一樣多的問題,但現在我們只能略略觸及這整件事。在我們尋求了解時,我們還得花上數年的努力呢。無疑地,珍**選擇**她此生所有的挑戰,而我也一樣,我們相信每個人也都一樣。但貫注於某個活動上的一個主要附帶情況,涉及了一個人(往往在與別人的密切合作中)如何應付這些挑戰:一層層揭露情感與意念新而原始的深度。那是怎麼樣的洞見、反叛以及，是的，接受……

我想，我可能寫下許多空洞的文字來描述人生的神秘，以及我們每個人如何盡力去做，雖然我們也許往往不了解我們在做什麼；但我眞正想做的只是說明，在珍的情形，縱使她可能以爲她在人生的某個主要區域失敗了，但很幸運地，珍對她自己的情況得到了某種了不起的洞見。她在她自己人格的種種不同部分和賽斯及我的助力下試著做到了這點。我們希望**她的**個案能有助於啓發其他人。爲何她現在無法走路或拿筆寫字有其理由，我們堅持要知道那些理由是什麼。其中有些顯然是由珍所謂有罪的自己產生的。她和我要面對什麼樣的挑戰啊！再次的，讓我引一九八一年四月十六日珍舉行的一節私人課裡賽斯說的話：「相對說來，你們這種意識除了極爲了不起的潛能外，也還涉及了一些與生俱來的問題。你們在學如何由你們自己的信念形成實相，同時卻又有自由去選擇那些信念——舉例來說，以一種動物所不能的方式去選擇你們的精神狀態。在那更大的畫面裡，並沒有錯誤存在，因爲每個行動，不論愉快與否，不但在它與自己的關係裡，並且也在與……目前意識心也許並不能看見的一個更大畫面的關係裡，都會以它自己的方式得到補償。」

沒問題。我們同意賽斯的整體觀點，以及這兒所暗示的一個最高的神秘——但我們也想現在就盡可能的達成那彌補，並且是在有意識的身心層面上。

我開始那種追求的一個小小方式，就是去教珍用左手寫字——實際上是用印刷體寫——現在她的左手比右手靈活得多。我認爲要她做這事也許不是那麼困難，因爲她一向懷疑她生下來就是「左撇子」，而在很小的時候被強迫用右手寫字。她還沒針對我的建議做任何事。

在一九八一年五月底和六月初，我們出版了幾年心血的成果：賽斯—珍的《個人與群體事件的本質》及珍的《珍的神：心靈宣言》。我很確定那些書包含了許多絕佳的工作。我也很確定隨著它們的出版，珍的症狀——尤其是她行走的困難——變壞了不少。至少在表面上，就好像是她心靈的某個有力部分，爲了這些書出現在市場上而強索一個猙獰的補償。我想，或許那部分在創造一個身體上的殘障，以容許珍出版禁忌的資料，同時保護性地孤立她自己——及我——不受物質世界的排斥。我倆都變得極爲困惱。我們共同的畢生事業，在一個具體災難的邊緣搖擺不定。

那麼，在一九八一年七月十七日，我們深切的需要導致珍自發地寫出她有罪的自己之資料，就很難能說是個意外了。以下是那些我答應給讀者們的非常暴露性的段落。我在本書第九章第九三一節中放入它的開頭。我在這兒重複那資料，不過卻補充了不少。同樣的，我少數插入的話是放在括號裡的。

有罪的自己之宣言

我憎惡所給我的不公平的命名，因爲如果我曾相信罪的現象，而想要——顯然太僵化地——逃避它的話，其實我的意圖及興趣一直不是逃避罪，而是追求永恆的眞理；與宇宙性目標的聯盟，或至少在精神上與自己、全我及宇宙心的合一。那些目標點燃了你的創造力，並且曾（而且仍然）驅策你去探索存在所有可能的種類，尋求表達在每個存在——你們的以及我的——之內及之後的那些神聖的神秘。

我們的探索所涉及的，並非由別人傳下來的第二手證據，卻是我們的意識及存在與廣大的未知因素直接的個人接觸——自己（人性的並且脆弱的）與「神祇」及「永恆」之心理領域的會合；那是我們的天性感覺被吸引……並且獨獨能感知的心智之巨大領域。

首先，我相信靈魂死後猶存，並且啓發那「創造性的自己」盡可能自由地走出去，縱使在我心裡我也相信罪惡及魔鬼的存在。在我心上我感覺到該隱沉重而殘酷的印記（譯註：創世紀裡，亞當的長子該隱殺害其弟亞伯，而額上永留印記），感受到人類（不公平地）揹著被罪及古老邪惡所染的幾乎不可抹消的負擔——那悲劇性的缺陷。所以，我推理：如果我有缺陷，我必然自動地扭曲了那些看來甚至最清晰的靈魂的經驗。既然我分享了那有罪的傾向，那麼，當我最信任我自己時，我必定會不知不覺地陷入錯誤。然而，縱使有那些感受，我（我們）還是堅定不移地向前進。

對罪及有罪的自己之信念，在不可數計的世紀以來，都深埋在人們對於自己和神的觀念裡。文明圍繞著那些信念演化，而宗教也隨之運轉。所以我主張我是被不公平地攻擊了（或許那是個太重的字眼），因爲我以我自己的了解個人化地接受了一個哲學，那是萬人也曾屈從，並且「最聰明的」族類也曾對之給予他們的忠心與信任的。

然而，即使在童年時光，我也渴望從這種教義裡釋放出來，去尋找替代的解釋，去沒人到過的地方，並且冒險跑到**所有**官方信念的界限之外去。

而對我而言，這並不是兒戲，卻是主要的挑戰——在一個生命之內發現所有生命的意義；在一生脆弱的瞬間裡找到永恆之廣之深的證據，去發覺那廣大的未知幅度。所以，如果在追求這種目標時，我太過謹慎而反應過度的話，它顯然並非出自惡意，卻是一個保護創造性自己的善意企圖——一路小心以免揹上許多世紀以來人們因罪的信念而揹負的眞正重量，它爲我所無法理解。

丟棄這個或那個惡的象徵並不難，但假設所有這種象徵隱藏了一些深奧的眞理，並且投出某種抑制性的力量，而無知的我仍沒感知到它呢？因爲在我們——你和我——的經驗裡，到此時那創造性的自己一直難以控制地向前衝，不顧許多古老及現代的文件中所有告誡性的聲明，而我們的書正在被百萬人閱讀。

所以，我腦海中堅持人天生有罪的信念，成了人對他自己天性無知的一個經常的提醒。我怎能確定**我們的**眼光沒有同樣也被扭曲了，認爲我們的罪乃在**不**接受罪爲一個價值？或許罪**本身**包含了一些逃過我們計算的，仍未被發現的價值。

所以以一種方式而言，〔珍的〕身體症狀變成了一個心理上的棄權，因而在某個更大價值的法院裡，我們不能因引領他人離開確立的信念而「被告」，那些信念是我們仍然捨棄的，同時又沒有任何完成了的結構物，可以容許人從一個「救生筏」轉到**我們**試圖提供的新救生筏的便利通路或安全通道。……

但——現在變得很明顯——我自己並非被形上學說法的罪所沾染（如我以為我可能是的），卻是被我沒有排除的對罪的信念所沾染。因此，為了保護自己及他人不受我們作品裡任何要命的缺陷——罪的盲目使人看不見這缺陷——所影響，那「棄權」乃是必要的……

諸如此類。那全是很了不起的資料，關於珍心靈的某部分為什麼會覺得需要防備世界或防備她自己的另一世界，它比我自己的想法要更精確和透徹。雖然她有罪的自己之現身深深地困擾我倆，但也似乎提供了一個神奇的心理之鑰：終究會解放珍扭曲的肉身的了悟。然而它卻沒有用。任何事都沒有用——賽斯、連同所有他論神奇之道的資料、新書的出版，縱使是珍自己的作品也沒有用。在一九八一年那個夏天，我們學習如何啓動她的復元的挑戰仍與我們同在。

隨筆四　一九八二年四月十七日　星期六

（七點三十分。晚餐後，我告訴珍我要寫寫此書的隨筆。珍說她自己想再多做些口授，所以我同意替她做記錄。）

毫無疑問的，我是困在人生的對比之間而太過覺察來到腦海的無窮盡問題。在另一邊則有賽斯資料本身，以及賽斯在他書中的表現。

（在七點三十四分停頓良久。）他的概念不知怎地引我到了一個點，在那兒經驗的次元本身應該改變。如他展示的，他的觀念與自發性打交道，那是大自然天生具有的無羈的力量。賽斯堅持說，如果人至少在原則上追隨那些力量的話，它們會提升人的身分，而以一種光輝和喜悅充滿它，在其中，人類的老問題大半會消失無蹤。

無疑的，我們和其他人的一生曾強烈地被賽斯資料影響，而變得更好。顯然我們的理解因而加深了——然而面對著那偉大的前途，我爲什麼幾乎無法離開我的椅子呢？而如果自發的秩序在宇宙的運作裡是如此重要的成分，那我爲什麼在自己的日常生活裡將之排拒於外呢？

（在七點四十分停頓良久。）在同時，羅和我常常以爲手上這本書再也不會完成了。我可能判定我在賽斯研究上已用了太多時間和精力。在沒做任何有意識的決定之下，我可能根本就停止上課了。（停頓良久。）當然，我**的確**繼續上課，而這本書**已**完成了。我越來越明白，人生的經驗是在伸展於人生的對比**之間**的架構裡演出的。我們懸吊於最大的希望和最深的恐懼之間的世界裡，同時卻很少面對它們任何一個的純粹形式。

（七點四十八分。此地珍如此強調地說話，而好像約好了似的，一陣微風吹進開著的前窗，吹動掛在窗內的玻璃風鈴，它們悅耳的合音滿溢室內。）

就賽斯的書和我自己的經驗而言，價值完成，在這兒都是最大的議題。而如果我眞的了解賽斯在這書裡所說的，我不會需要在日常生活裡經歷這樣一個不舒服的戲劇。

（在七點五十一分停頓良久。）我們的活力想要表達它自己。整個自然世界是「擴張」的一個不可壓抑的表達領域。適者生存的老概念、傳統的進化過程、男女神祇等都無從解釋「宇宙的神秘」——但當我們愉快而自由地用我們自己的能力，我們變得如此接近於我們的本然，以致有時候我們變得很接近宇宙的本然。那麼，縱使是我們最不幸的惡作劇，我們最悲哀的冒險，也不是絕境，卻可做爲一個門戶，進入宇宙更深的理解，及與它更有意義的關係裡。因爲我們本是宇宙如此重要的一部分。

（七點五十八分。珍突然說：「後記結束，那並不意謂著當你把所有資料打字時我不會再加以補充。你可以用一篇短短的尾聲做結。」）

隨筆五　一九八二年四月十八日　星期日

（上午九點三分。昨晚珍宣告她給《夢》的後記已寫完了。我沒說什麼，但我猜她還有話要說。然後當我們去睡時，她又提出了兩個主題來討論：為什麼我們在過去沒為她的身體狀況更積極地求醫；還有賽斯多年來給她的許多私人的、或刪除的課。

今晨又出現了第三個主題，那是我們近來常談的。它是有關這些日子以來，全國各地冒出來的「賽斯們」。珍非常希望我們保護獨特而原創的賽斯資料的完整性。）

賽斯給了許多專談我自己身體狀況的課，最後我變得既困窘又迷惑：那些課顯然是棒極了——我爲何無法更實際地利用它們呢？

當然，我不知道，如果賽斯現象沒有出現在我生命裡（在一九六三年），或假使我沒有那些課可依靠的話，我的身體會在哪種狀態裡。而即使在最私人的課裡，賽斯永遠將其資料織入更公共的領域裡，因此我們未出版（且非常具爭議性）的資料，談到一個人的病和其他家人、社區關係，以及在所有人類活動之下的信念系統本身之間的關係。我們對人有哪種信念，就會帶來我們遭遇到的那種疾病。那顯然是賽斯最清楚的訊息之一。個人永遠在一種改變的狀態，將一組症候命名並高貴化，只會令它們更爲顯著，並提供了它們另一個永恆性的架構。

（九點十分。）當然，賽斯無法替我過我的生活。他也無法替別人過他們的生活——然而，多年來那些寫信要賽斯或我幫忙的身體有毛病的人，我開始對他們感到越來越大的責任感。他們——及我自己——的需要彷彿遮蔽了賽斯能提供的偉大希望：融合了解和理解來消除困鎖住個人的老信念模式。

當我自己的問題從一九六〇年代末開始時，我頑固地抵抗醫藥的幫助。如果我摔斷了一條腿，我會去找位醫生把它弄好。我覺得我能獨自處理我那種特別的困難。（停頓良久。）症候是夠明顯的：僵硬、動作變慢和普遍的缺乏活動性。我以爲，當我直接在身體上下工夫，不以藥物來混淆議題，且在我如此狡猾地創造出的實相和我之間沒有別人的話，我可以很輕易地關照到我自己的發展情形。除此之外，我還有什麼辦法眞能學到什麼東西呢？我以爲在我的身體狀況和我個人的信念之間，我放進越多的中間人我就會越迷惑。

（在九點二十一分停頓良久。）我不太清楚我在哪兒畫清界線。舉例來說，如果我覺得我心臟病發作的話，我知道我會馬上跑去醫院，但這卻是個慢性的狀況。診斷給了一個清楚明確的原因：一個嚴重機能**不足**的甲狀腺，這與賽斯對我身體狀態較廣的詮釋完全不衝突。

（九點二十五分。）我仍然必須要醫生告訴我如此。賽斯是對的：我**是**走得太慢——而**非**太快，如我所害怕的。我曾令自己太過鎮定，抑制自己太過，直到我唯一的希望是立刻改變我的路線爲止。

當我還是孩子時，當我母親已經因關節炎而臥病不起時，當我被診斷有個機能**亢進**的甲狀腺時——我母親告訴我那是個可能導致精神失常和死亡的病——醫生令我恐怖。如果醫學界與發出那醫學的魔咒有任何關係的話，那麼顯然它也可以十分有效地消除它。

（在九點三十五分停頓良久。）到了去年，當我的症候轉劇時，我開始覺得人生的挫折超過了愉悅。其他令人不快的事發生在我們的私人生活裡。出版我的書的公司Prentice-Hall正在改變組織和政策，我在那兒的長期友人與編輯譚・莫斯曼，考慮換到另一家出版公司去工作。而——非常令我煩惱的——我再三聽到傳聞說，形形色色的人在公開地「替賽斯說話」，並且索費甚高。

（九點四十三分。）我感覺我的工作受到了污染，而更有甚者，那些很明顯被其他的賽斯這麼輕易地騙了的讀者們，使我很生氣而且失望。如賽斯曾說過許多回的，他只透過我說話，以保護資料的完整性。而的確是他與我之間的那約定，永遠向你保證了賽斯著作的可靠性。

不管怎麼說，所有那些問題給了我很大的壓力。

我希望有一天能講出我身體上和創造上的整個挑戰，當然那至今仍未結束。目前這本書大半在談主要與宇宙的發展有關的個人發展：兩者本爲一。（停頓良久。）在人想做創造性的調適時，他往往似乎反而在生命的活力上加上了不幸的污點。然而，最終，這些也變成建設性的操縱，雖然當時我們也許並不了解其目的。

（九點四十九分。「我猜就此為止了，」珍說，「這些東西是和昨晚的東西在一塊兒的。」

「事實上，」當我們討論她關於其他賽斯的頗為溫和的評論時，她現在繼續以強得多的語氣說，「我深深地感到憤怒。有些自認是我或賽斯的『追隨者』的人，竟宣稱他們在替賽斯說話，如此輕易地愚弄他們自己——如此對他們自己的動機視而不見，或沒覺悟到他們是在利用人們。他們也在利用我的書去為他們自己的書背書……」）

關於珍那可理解的保護作品的願望，她許久以前曾做過非常清楚的聲明。在《靈界的訊息》（一九七〇）的第九章裡她寫道：「有好幾個人告訴過我賽斯藉著自動書寫與他們溝通，但賽斯否定了任何這種接觸，他說他的通訊只限於與我一起的工作，以保持賽斯資料的完整性。」而在她《靈魂永生》（一九七二）的序言裡，她引賽斯一九七〇年一月十九日在第五一〇節裡說的話：「雖然爲了保護資料的完整一貫性，我的通訊始終將透過魯柏做獨家報導，我還是要邀請讀者知覺到有我這麼一個『人』的存在……」

無論如何，如果他**眞的**透過別的人傳述，爲什麼賽斯自己不乾脆那麼說？我們對他就他的能力和意圖所做的聲明，和對他所有其他的聲明同樣尊重。如果我們從一九六三年起試想「檢查」賽斯以「獨占他」的話，那老早就會變成了一個不可想像的複雜而不誠實的任務：當珍和我重寫那些課時，會變得捲入了對他資料的不斷扭曲裡。對我們及對我們的讀者而言，這樣一個程序可能會變成一個創造性的悲劇。

甚至在一九八一年出版的《珍的神》裡，珍也舉出了來自賽斯的一些比較晚近的資料，以顯示他並不獨自與其他人溝通。不過，他曾如此做的想法卻很具啓發性呢。在珍的書裡，請見一九七九年八月二十七日的第八七六節，賽斯在解釋有兩名婦人近來曾宣稱賽斯曾與她們接觸之後，他說：「現在，我並沒有與那些婦人溝通——但她們對我的信心有助於她們利用某些能力。」

這整個具體而微的風暴，幾乎足以令人感到奇怪：那些別人怎麼在珍開始替**她的**賽斯說話並且出版了珍—賽斯資料**之後**，才讓他們的「賽斯」現身呢？受到啓發而去運用一個人的能力，是我們很願意接受且可理解的發展。但宣稱替珍的賽斯本人說話，做爲一種表達方法，則完全是另一回事……

隨筆六　一九八二年四月二十日　星期二

（早上八點四十七分。昨晚，我問珍要一些有關她住院期間的資料：由她自己的觀點，以及探測、檢查並討論過她的問題的那些醫生的觀點。人們中有些人就當她的面談論她，好像她不在那兒一樣——而，珍說，由於她的聽力當時仍很受損，她幾乎覺得她不在那兒似的。）

就我而言，彷彿當醫學一旦抓住了你，它就想合理化它的存在，在那些幸或不幸的足以被認作是其「適當的候選人」身上施展奇技異能。

當他們討論我的病情時，幾位最聰明的年輕風濕病專家及整形外科醫師，已替我的將來擬定了周詳的計畫——或看似如此。當他們跟羅和我說話時，我試著聆聽，但我的聽力仍這麼差，以致我幾乎每次都不可能湊成一整句。所有的醫生似乎都同意，我有一種耗竭性的類風濕性關節炎，帶有些微的發炎。但有位醫生嚴肅地告訴我，如果我眞是個「適當的候選人」，那麼除非經過一連串人工關節置換手術，否則我再也無法走路，甚至不能將我的重量放在兩脚上了。

做爲一個「適當的候選人」，意謂著我願將我的生命託付給醫藥科學。至少住院一年：花費在治療、外科手術及更多的治療上，直到我總共有了至少四次分別的手術爲止。我的膝關節和髖骨關節從而可被替補。

可是，我的情況有某些缺點，我身體的兩側不均衡，因此，我結果可能有四個光亮嶄新的金屬和塑膠關節，而仍無法好好地走路。我可能需要一枝手杖或一個學步車。不過，醫學會願意去**試**。出自其善心，它所有的科學程序都因我而調動。沒錯，這種外科手術上的可能性所費不貲，但總可以找到某種保險來承擔那費用。但不管費用的問題，有一位整形醫師負責讓我留在醫院裡，直到整個過程全部完成，再次的，尤其是如果我被證明是個適當的候選人的話。

（在九點二分停頓良久。）做一個適當的候選人，意指擺脫掉那些褥瘡，此其一，同時還得做大規模的物理治療。不管我聽力差不差，當我聆聽那些醫生說話時，我幾乎可感覺醫學開動了它所有的裝備，準備好替我上陣了——而當時我卻還沒準備好做任何這樣的決定。首先我想看看我的身體會如何對合成的甲狀腺賀爾蒙反應。我想，該死的！我眞希望我能跑，因爲，老天啊，我會盡快地逃離這裡！

（九點五分。）我看到的那群年輕醫師們，那些專家，可能是艾爾默拉市人們所知的最花梢的花花公子。他們是看來最高級的年輕人，穿著最新的流行服飾，而縱使在醫院裡，他們也按照最佳的**社會習俗**打扮。集體看來，他們像是魔術師，無緣無故就能變出花樣，以他們迷人的笑容和態度令你呆住，試圖說服你信從某個奇怪的主義。

（九點十二分。）在這個例子裡，那是「手術」主義。那是唯一的辦法：在我這年紀（五十三歲），若不接受全面而完全的手術，那是多麼罪過啊！

（在九點十三分停了一分鐘，眼睛眨了眨，然後又閉上。）一位醫師告訴我，我身體的動作一定會改變，當我的甲狀腺……

（在一句的中間停了很久之後，珍開始打瞌睡。她的頭點了下來，姿態也變了。到九點十七分她睡著了。看著她越來越歪斜，我心想不知她是否真的還有心靈及身體的儲存來治療她自己。或許她的挑戰對她而言是太厲害了。她的底線是什麼？在十七年不斷增長的奮鬥之後，她還能承受多少？不論為了什麼理由，她是否選擇了——有些是老早選擇的——那些挑戰？

珍在九點二十分驚醒。「現在那只是關於手術的事——」

「妳知道妳睡著了嗎？」

「直到我醒過來才知道。」她半帶著愧疚的笑容說，「現在我想要你寫些東西，但你不會贊同，因為它不是關於這後記的——」

「我才不在乎呢！」我說，「如果你不想把它放在這書裡，沒問題，我們仍可以寫下來，不是嗎？」

九點二十五分。「那麼，那就是所有給後記的資料囉……」而現在珍口授了她知道她終歸會想用在別的地方、相當於三頁打字紙的「其他的醫院資料」。）

事實上，我漸漸了解到，珍是如此地害怕有關那些手術的念頭，以致她在精神上將所有這種可能性擱置一邊。只有當她在家時，在我的幫助下，她才開始探測她替自己創造的物質實相之可能的深度。套句話說，她是「眞正地、深深地受到震驚」。醫師們竟然眞想將她的主要關節切除，再以金屬及塑膠的關節取代，插入骨端而固定位置。珍哭了起來，她的聲音顫抖：「但縱然如此，這些年來我從沒**覺得自己病了**，直到我住進了醫院。」我們聽到並讀到的關於關節替補手術的熱烈報告，對她毫無意義。「當然，也許一個或兩個關節。」我說，然後閉嘴，不想將我的恐懼加在她身上。但**四個**那種手術？而爲何停在那兒？如果他們固定了她的膝蓋和髖關節，她的肩膀又怎麼辦？她無法抬臂過肩。「哦，他們也會給肩膀動手術。」一位醫生在珍面前告訴我，音調沒有起伏，好像我們在討論一個需要重建的無生命機械。那麼，**六個**手術。但我太太的肘及手指又怎麼辦？有個醫院的人告訴我們，手指或指關節的替補往往沒那麼成功，因爲手的骨頭相當小而纖細。但我們很可以說，珍必須能握筆寫字，用那特定的初級方式表達她基本的創造力，甚至比走路更需要。所以可能有八個或十個手術？

我自忖，縱使身體的心靈寄主願意忍受任何一個或所有這些「外科程序」，身體又會怎麼樣？我以憶起我檔案中有的案例來解決自己的問題。這些案例解釋了種種不同年齡的人，如何在數年間忍受好多次不可置信的手術。但我很怕去想我親愛的太太，在我有意或無意的依從下，變得捲入於一個相似的實相裡。我知道她離做有關外科手術的決定還遠得很，但我可不想給她任何這種建議，不論能看到她站起來會有多好。關節替補手術是不可逆轉的程序，而在我的檔案裡，也有它們失敗的案例。

不過，除了根本的失敗之外，我蒐集的有些文章說，一個傳統的人工關節替補——比如說，給膝蓋關節——通常在鬆掉之前只能維持四到七年。一個非常令人氣餒的展望！當一個植入物開始搖晃時該怎麼辦呢？和我們談過的醫生沒有一位提及這樣一個可能性。珍和我也讀到過，醫學設計者正在透過動物實驗，努力改善一個有多孔性表面的人工關節，以增進骨頭與金屬的連結；它可以維持十五年。我告訴珍，不論我們是否會選擇利用任何的「外科程序」，有一天我們會非常詳盡地詢問整型醫生可用的程序。

所有檢查過珍的醫生，雖然試著對她有所幫助，並且以他們所見的「眞相」之名提出建議，可是，對我們而言，除了其中一位之外，所有他們普遍的無意識偏見都是負面的。例外的那位，是珍在最後一次診治時被介紹去看的年輕醫生。他恰巧是一開始收珍入院的醫生。他就**珍的現狀**給予她鼓勵，而珍感覺與他有一種立即的心靈上的融洽。但他是位神經學家，而由於他們認定他的特殊技術在珍的情況裡幫不上忙，所以我們越來越見不到他了。於是，如珍所說，以壓倒性的醫學觀點看來，手術**是**珍唯一的可行性了……

隨筆七　一九八二年五月七日　星期五

在這篇隨筆裡，我將觸及幾個主題，有些已被提及過。當我們在寫這些東西時，珍和我自動被一而再地導回到先前的資料去，但每次我們都試著更深入於該主題，以發掘意義和洞見的新層次。當我試圖去綜合我們對賽斯資料多年的承諾——因爲不可避免地，結果我們是在處理被社會普遍接受的信念架構之外的概念——將之全部組織起來是個極具挑戰性的工作。自從珍出院已經過了四十一天，而光是這「時間」的過去，已給了我們關於她的病及我們的信念、意圖和欲望更大的視野。

在至今尚未討論的主題之中，有賽斯（及我們自己）對轉世、對等人物（Counterparts）、可能實相及架構一和二的概念。珍在她上個月的口授裡（見隨筆三她自己在四月十六日的課），簡短地談到賽斯「神奇之道」的資料——因而開始了她「有罪的自己」頗長的引述。所以，爲呼應她談有罪的自己的文章，我將引兩段摘錄，以暗示賽斯的「神奇之道」是什麼意思。

如果，如珍在四月十七日的課裡口授的，「我們活在懸吊於我們最大的希望和最深的恐懼之間的一個世界裡」，那麼，無疑地，我們可以說，她至少選擇了去深入她某些「最深的恐懼」。她目前受損的情況，顯然激發了有力的身、心衝突與挑戰，而我個人估計，她正在以她自己獨特的方式去處理它。那個方式是與其他任何人都不同的。我認爲，如果她部分的心靈「害怕那些恐懼」的話，其他部分則否——或至少它們選擇去面對那些恐懼，並且實際上在許多年前便開始那樣做了。否則珍的「症候」無法存在於任何層面上。我也不是在暗示宿命的概念。當然，在此探索的機會是非常廣泛的。而我內心仍相信一九八一年四月十六日——至今已一年多以前——賽斯說的：「在那更大的畫面裡，並沒有錯誤的存在，因爲每個行動，不論愉快與否，都會以它自己的方式得到補償(redeemed：指在某件表面上不好的事背後可能賦予其價值的因素)，不但在它與自己的關係裡，並且也在與意識心或許無法感知的一個更大畫面的關係裡。」

我此處顯然不是在寫在平常宗教意義裡的救贖(redemption)概念，雖然我認爲非常可能在一些其他的、比我們視爲理所當然的身心架構更大的架構裡，也許涉及了一種宗教意義的救贖——及**了解**和**接受**——的概念，做爲對**一切萬有**的直覺理解的一部分。

既然透過婚姻，並且透過至少好幾次轉世和對等人物的角色(依照賽斯所說，以及我們自己的感覺)，我在此生與珍是如此密切相關，在這對救贖的追求裡，我也和她一樣深深捲入其中。就我們目前關於意識那無局限本質的想法而言，我們認爲共同的追求在我們出生前就已開始了——**出於選擇**——而我們預期終我們一生它都會繼續下去。舉例來說，我不是指耳或心的治療「這一回」不能或不會發生，卻是指，如果它們**眞的**發生了，它們也是會與我們生命整個、廣大得多的模式有很深的關聯。那麼，就我而言，救贖意謂著一個持續的追求或旅程，涉及了一路上爲了不論什麼目的，我們選擇去創造的事件——而我認爲，某些那些目的眞的會涉及「目前意識心也許並不能看見」的東西。那麼，我們相信這種事說明了我們自己這派的信仰，也指出珍和我認爲我們還有很多得學的。而我們試圖將賽斯的聲明謹記在心：「你們的知性並不必得知道你們所有問題的答案。」

不過，和其他每個人一樣，珍和我在俗世層面上過活，所以，無可避免的，我們往往發現自己在那些架構之內碰到日常的挑戰。然而，我們有一個很大的不同——因爲我們在內心抱持著賽斯在一些主題上的想法。彷彿我們能感覺他的觀念——與我們自己的問題、概念和成就混在一起——經常在一種特別的興奮和具啓示性的洞見裡打轉。即使當事情不順，當我們在不論我們想做的什麼事裡，自覺「愚蠢」或受阻時，我們仍有這種感覺。

在這種時候，我就會想到轉世和對等人物的概念。在這兒我談的只是賽斯兩個較大的觀念。但在沒太過詳論它們之下，我可以思考我更大的、非實體的「全我」（whole self）或「存有」（entity）是如何由幾個心靈相連且投射到時間裡的其他「具體」自己所組成。就賽斯而言，基本上是沒有時間的，只有一個最高的、無法描寫的**一切萬有**所顯現的了不起的「廣闊的現在」。不過我們粗糙的肉體感官，甚至我們的身體，堅持以線性方式——透過生、老與死等不可避免的過程——詮釋那廣闊的現在，因此爲了幫助我們了解他的說法，賽斯以我們能用感官去了解的方式，提出了他有關轉世的自己及對等的自己的概念。

他告訴我們，我們轉世的自己探索過去、現在和未來——**但基本上全部在同時存在**，因爲如他定義的，時間是同時性的。我以前曾寫過，做爲具體的生物，我們永遠會覺得「同時性時間」的矛盾說法很難理解，至少在知性上是如此。

在繼續談下去之前，我想要講清楚我所謂「轉世的自己」是什麼意思（同時暫且將這討論限制在「過去世」）。因爲，舉例來說，說「我是十二世紀德屬巴代利亞的一個農奴」也是矛盾的。如賽斯和我在《「未知的」實相》卷二裡都提到過的，我們每個人身分的焦點都在現在——而非在廣闊的現在的某個其他部分，正如每個轉世的自己有它自己歷史性的身分焦點。

如果一個人能回到那十二世紀的一生，即使是以一個觀察者的身分，他會發現什麼呢？一個個別的人——並且他並不急於將他的身分獻給任何人，或讓它被想作只是某個「未來的」自己的一個化身而已！我認爲當人們漫不經心地談到曾活過其他的生生世世時，他們忘了那些從前活過的人是完全獨立的生物，縱使他們在心靈上與別人有關聯。那旅遊者是幾乎無法住進他自己的其中一個人格裡的！有趣的問題：當二十世紀的一個人被來自二三五五年（比如說）的一位訪客告以他代表了他的未來者的「過去世」之一，他會有何反應？

那農奴無可避免地會透過一個與他未來的自己不同的焦點去看他的時代。再想想，當在現在與過去投生者之間涉及了性別的改變時，又增加了多少感受和感知上的挑戰！情欲——以及舉例來說，對相反的生殖器之公然的性好奇及興奮——有時必須討論到，雖然至少在文字上這些與轉世有關的性之細節彷彿是個禁忌的題目。相對比較之下，有關轉世的文章裡，有很多討論到一般的性行爲模式——由亂交到壓抑——的資料（我很好奇，一個長期的、過去世的性**幻想**，是否可能與今生或來生的一個**眞正的**性問題或挑戰有關）。

但，我們的時光旅客會願意放棄他現在精神與肉體的焦點，去全然進入一個早先的人格裡嗎？我想，在壓倒性的大多數情形下——或許根本——不會。因爲以那種說法，它會意謂著將全我或存有的一部分捨棄，那部分會透過投射到我們「現在」的時間裡，而獲得了一個獨特程度的某種意識和物質形式。然而，當我再考慮之後，我不敢排除這種古怪的發展。在廣大的可能實相（在本文內我也將論及）之內，也許像那樣的轉換能夠而且**眞會**發生。那麼，如果是那樣的話，只有從我們狹隘的觀點來看他們才奇怪。

更有進者，珍和我相信，在催眠之下的「前世追溯」裡，眞正發生的是，那被實驗者（除了對催眠師自己有意或無意暗示的反應外）從一個目前存在的舒適及安全裡，安適地看他的前生。甚至當受試者非常不喜歡目前的挑戰，而試圖將這歸因於一次或多次的先前存在裡的事件時，也是一樣的。宣稱一個人在九百多年前是個農奴是沒什麼問題的——但一個人更可能是調準到圍繞著那農奴的實際身心實相的微小信號，或是接收到與農奴的全我或存有相關的那個別人格的某些成分。兩種可能性都使他能安全得多地——並且有趣得多地——去宣告他的農奴身分。

在這兒有這麼多我可以討論的，以致時間和空間的匱乏令我非常有挫敗感。我只能暗示一下我認爲重要的幾點。談轉世的書和雜誌——這年頭還包括錄音帶——充滿了回到前生的故事，而其中有一些說得是天花亂墜。然而，即使承認像賽斯廣闊的現在的古老觀念，參與這種探險的人往往頗願意忽略「轉世也應該同樣可以從相反的方向——未來——運作」這個結論！正如最近有位非常敏銳的年輕女士寫信問珍和我，爲什麼人們不能像被**回溯**到前生那樣成功地被**前推**到來生去？的確有理。我們頗爲大量的信件中，極少帶給我們像那樣的問題。

早在一九七四年，賽斯答覆我自己對這主題的思考說：「你們害怕去考慮來生，因爲以你們的說法，那時你們就必須面對首先必須遇到的死亡。」（見《「未知的」實相》卷二附錄十二。）當然，賽斯說的是我們大多數人心存著在傳統上、文化上慢慢灌輸的對死亡的恐懼。無疑的，一個人未來的死亡，是個比「面對」任何他可能碰到的前生死亡遠較個人性且銳利的「預期」，因爲前生死亡已然發生了！但看來顯然透過探索「來」生，彷彿和探索「前」生一樣能讓人看清目前的挑戰。

我說到一個「成功的」來生探索，因爲顯然要搆到未來是難多了。在本質上，一個來生無法被證實——查對記錄等等。完全沒有線索。珍和我讀到過許多設計來使一個人回溯到前生的系統，這種「旅行」往往是由催眠師啓動的。它甚至可以自發地發生，而我曾以那種方式瞥見我自己的前生（見《「未知的」實相》卷二第七二一節）。**不過據我所知**，我倆都沒有和一個未來的自己有這樣一種直接的接觸。我認爲，在催眠之下幻想來生的衝動必然非常誘人；但不論一個人多努力去試，在催眠之下，他最多只是達到一個不成形的未來狀態，這又如何解釋？無法去到未來，將時間反轉過來，可以被視爲是當前自己這方的一個抗拒信號。

關於經由夢境，或許是被睡前的催眠或自我暗示教唆，去觸及來生又怎麼樣呢？我們自己的結果至多也不過是曖昧的，相對於珍和我所有的「普通的」預知夢，那些我們則能以寫下的記錄加以留檔。來生的夢的追憶可能爲了不令守護者——有意識的目前自己——驚慌而被徹頭徹尾地改扮過了。我常常在臆測，對來生的線索必然存在於我記錄下來的數百個夢之內。

關於投射到遙遠的來生的報告似乎很少，或許有意識的自己非常猶疑，而不願在意識的這樣一個未探測過的池裡游泳，即使是目前和未來的關係被假定存在。

我的重點是，雖然沒問過賽斯，我也覺得一個人越向前旅行時，他就會碰到越多的可能實相以及可能的人生。冒險深入這樣一種糾纏中，會要求一個人經常在它們之中做選擇——因爲每一動，甚至每一念，都能將旅行者送入一個不同的可能性裡。在某些案例裡，當事人會很害怕迷失在所有那些實相裡。（萬一一個人不想要他選擇的一個可能實相怎麼辦？但那必然是一直在發生的事！）有意識的自己在此所感知的無常，很可能抑制它想知道一次或多次的來生——正如害怕在此生事先調準到一個人肉身的死亡一樣。將這兩個因素加上第三個十分自然的憂慮——至少在任一來生中總不可避免的有些不愉快的事，那麼我們至少就有三個有力的抑制，或心靈障礙，制止了我們對來生的覺察。還會有其他因素。考慮了每件事之後，我們可能大半時間根本不想知道來生。

我離題一下來說，很明顯的，當由有技巧的治療師指揮時，前世追溯被證實對某些個人極有幫助。不論轉世是否被客觀地證實了，圍繞著那觀念，甚或那想法本身的信念結構，就已成了一個很好的架構。在其中，透過治療師使用催眠、譬喻、聯想、象徵及其他非常可敬的方法，某些今生的挑戰被解決了。

我們有多豐富的創造力啊！由過去的立足點看來，我們每個的現在是未來的一部分；從未來的立足點來看，我們每一個現在都是過去的一部分。

我認爲很幽默（且諷刺）的是，不論知覺與否，那些從事前生追溯的人也一直在玩未來的自己這個說法——因爲從他們搆到的任何「前」生的立足點來看，他們的今生顯然代表了未來的存在。以一種方式，且以那種說法，這也適用於珍的例子，當她接觸賽斯時，甚至在他們之間構建的「心理橋樑」上：當賽斯告訴我們，他最後一次肉身生活是在十七世紀的丹麥，那時珍和我代表了他的未來具體的自己。我這樣說是因爲賽斯自己曾評論說，我們三人是「同一存有的分枝」（這一次，見《「未知的」實相》卷二附錄十八）。然而我們現在全都是**不同**的：「現在在他的今生裡的魯柏（珍），並不是我自己。無論如何他卻是我曾一度是的賽斯之一個擴展和具體化。」

所有這些都是極端簡化的說法。在給自己和種種不同部分指派過去或未來的身分時，一個人應該非常小心，因爲最終，當一個人更移近到廣闊的現在時，像過去、現在與未來這種構築便開始溶掉了。而如在賽斯及珍的例子裡，可能性和選擇開始起了重要得多的作用。

不過，珍和我並不特別認爲，在我們目前這生裡，我們曾受到其他生所選擇的任何成功、失敗或疾病的很大影響，除非最廣義的說：比如一般的身體、人格特徵和能力。我隨意且帶著些幽默說，這多少可說是我們共同的一個矛盾態度。也許我們是太頑固而無法全心同意這種可能性存在，或即使有我們所有的挑戰，也許我們只是太著迷我們「現在的」肉體生活，而不想全然同意賽斯。

那麼，談到我們對賽斯資料的接受和利用，或不利用時，我們的態度也許點出了我們無意識的力量與弱點。我們也許比我們願意承認的更做了我們時代和觀念的「囚徒」，或更深深的植根其內。不過，珍本來就從未有意識地對轉世的想法太過熱心。她是以天主教徒的身分長大的，而且極熱情地接受那信仰。珍相信，許久以前她便將教會對轉世的教條留在後面了。她不想用那觀念做柺杖；她的謹慎是來自其他的信念，我會簡略地摘錄（至於我自己，當我長大時，除了只聽過轉世的名詞之外，什麼都不知）。但我們會第一個同意，在某些賽斯課，以及在她非常發人深省的詩裡，珍曾鼓勵她直覺和創造性的自己去認眞地討論轉世。在她第二本詩集《如果我們再活一次：或，公共的魔術和私人的愛》裡，這很明顯。從〈我又活了起來〉第三段的開頭寫著：

我又活了起來，
憶起一千個季節，
在我心之透明花瓶裡
安插又重安插
那些個四月和九月

而將之放在
我注意力的架上——
一個小型的靜物。

甚至從這小小摘錄裡就可以看出，珍的詩反映了我試圖在第一篇隨筆裡描寫的，在大自然（因而，最後就是**一切萬有**）面前那同樣神秘、直覺的天真。很可能她的心靈已由她的全我或存有引出實相的「事實」，那比我倆有意識的知識要好多了。我倆都有過涉及所謂「同時性地存在的轉世自己」的心靈表現，我們曾公開過幾個，有些經驗是在夢境裡發生。我們對轉世的不關心，也許只代表了我們這方有意識的剛愎，但我們相信，每個人都永遠有自由去接受或拒絕任何這種選擇或因果關係——**不論我們選擇去做什麼**。不，我們寧可將我們目前的挑戰認作是以最明確的方式對我們的全我的知識**有所貢獻**，而非我們被我們轉世或對等人物的關聯影響太多。可是，我完全不確定其他有多少人有那樣的感覺。我的確知道，縱有局部的差異，對轉世的接受千年來已遍及全球，而在美國最近的民意調查顯示，有四分之一的人相信它。

我也知道在本書的幾章裡，賽斯提到涉及轉世的基因因素。他說，基本上我們的基因結構和我們的轉世歷史都是意識的系統，它們是「彼此混合的」。前者是物質的，後者是心靈的，是我們內在知識庫的一部分。我不懷疑他是對的——也就是說，在我們短暫的人生裡，不論在何「時」，我們探訪我們想要的不論哪種意識系統：在我們的性別取向及其他人格因素的寬廣界限內運作的一種選擇和自由意志。

不過我一直在臆測那結果，關於一個人之選擇不去探訪他**任何的**轉生的庫藏，不論是在過去或未來。這種做法會非常恰好地消除了他這次應付他的「業」（karma）的需要——萬一眞有一個意識系統具體表現了那古老的觀念的話。想想一個人能有多少樂趣，若他在年幼時——甚或未出生時——決定去體驗一個不受其他心靈關係妨礙的生活；它在那兒沒有多少事要「解決」。眼前有多少自由啊——而是的，也有多少挑戰啊！佛教和印度教會禁止那想法本身：一個人竟敢**考慮**逃避，或只是忽略他的命運！然而我們的群體實相，顯然是大到足以給我空間去產生這種狂妄的想法……

所有這些提醒了我，近來，媒體曾登過幾個故事，細說醫學如何不僅努力試想替像癌症這種禍患找解藥，並且也宣稱已將其研究範圍縮小到一些特定的基因，它們影響到不像**行爲**這種可想像的東西——比如說，沮喪。還不只如此，社會學家正提出他們非常具爭議性的概念，說大半的人類行爲都有一個終極的基因基礎，那轉而影響文化的改變等等。

那麼，一個人可能會問，如果像沮喪這樣所謂的負面品質有一個基因性基礎，那正面屬性像喜悅——甚或像轉世——的基因又是什麼？如果轉世和基因系統**是**彼此混合的，那麼可以說，甚至一個人去忽略他轉世傳承的決心本身也是建築在基因上的——而去探索這樣一個狀態之彼此矛盾的分枝會很有趣。我們的細胞還可能含有其他哪些神奇？在自娛的同時，我是以大大簡化了的說法在說：

如果我們「連續性的」生生世世的痕跡是基因式地嵌入的，將它們理淸會是一項巨大的重任。

我確知，在此時研究者不可能在我們每個細胞核裡攜帶的四十六個染色體上約十萬個基因之中，發現任何轉世傳承被以密碼設下的證據。我們的基因將遺傳自肉體上的祖先們的特徵傳下去——但那個贈予是否也被轉世的屬性以任何方式影響或指揮了呢？那些因素可不可能就和來自一個祖父的遺傳一樣的有力呢？在裝飾爲了製造（透過核酸DNA及信差RNA）所有我們身體的蛋白質所需的顫抖的模板時，每個細胞內的基因都有它們各自的工作要做。但如果將我們的基因天賦首先想作是一個意識的系統，就像我們轉世歷史一樣，便能看出如賽斯說的，這兩種非具體的系統如何能彼此相混，而其一影響另一個。那麼，可以想像，我們每個人可以是一袋祖先與轉世傳承的混合物，比我們願意承認的更「混種」。有意思……我們選擇要怎麼去用在每一生我們展現給自己看的那些可能性，可能全然是另一個問題了。

而爲了要使隨筆易於處理，在我討論的這個部分，我絕口不提涉及了基因、轉世及**可能的**實相必然會有的枝節。

當我在寫這篇時，珍替我寫了以下的東西：「我認爲對轉世資料太明確的『解讀』（reading），令我們忘記時間的同時性質，並提倡了一種『嚴酷』的態度。例如，我們可能想要知道一個前世自己的時間和地點——而對『過去』的貫注本身就會深化了我們對時間的執著。尋找細節將使我們更遠離那些事實必然含在其內的更大的感知次元。

「舉例來說，我覺得羅和我已一同活過許多次，並且是以許多種的關係。但我並不想花許多『時間』去探索那些人生。我『知道』我們改變且補充那些其他的存在。

「當我寫詩時，我往往能感覺到那個超越生命的焦點，而抓住『眞的事實』。」

那麼，我們並不反對轉世，只是留心我們與之相關的信念。在我的討論範疇內，就賽斯來說，轉世是對等人物的觀念的歷史性版本。對等人物的觀念就是，我們每個人都在身體上與某些活在同個時間的其他男人和女人有關聯，而他們也是以一個肉體的自己無法相比的形形色色的觀點去探索肉身生活。這意謂著，每個轉世自己在它自己的時段裡，有其一叢的對等的自己，而所有都在非實質的層面彼此相連，像神奇的齒輪在不斷改變的模式裡嚙合在一起，跨越了時間和實相。而一個人一旦了解了這種說法的轉世和對等人物的概念，就變得很難想到其一而不想到另一，因爲它們看來是如此的不可避免。

（顯然，有些對等的自己得以實體相會，如轉世的自己所不能的。再次的，在某種情況下，並且以《「未知的」實相》卷二裡所說的方式，珍和我認爲我們曾邂逅過幾位我們對等的自己。只是爲了好玩，當每個人都存在於他大得多的轉世及對等自己的家庭中時，想像一下即使只有五個人的家庭裡就會有多複雜的關係。讓我們讀者中的數學家計算，光是涉及在「過去、現在和未來」這五個人的轉世及對等自己們可能有的心靈交會的數目！）

賽斯不只強調，在我們所知的這地球上，轉世和對等自己們的不斷的心靈活動——他還告訴我們，每個這些自己都能進入**其他的**或平行的實相。我引用他在《「未知的」實相》卷一第六八一節的一段話。

「所有可能的世界現在就存在。在任何一個實相裡，最微細的方面（aspect）的所有可能變奏現在就存在。你經常不斷地在可能性裡穿出穿入，一邊走一邊東挑西揀。在你身體裡面的細胞也在做同樣的事。」

所以，如果珍在**這個**實相經歷疾病，她在另一個裡則否——但在那兩個極端之間，她也在一連串的可能宇宙裡探索了她疾病的所有階段，基本上在「瞬間」閃過那些可能的宇宙……在那有些實相裡，我以種種不同的關係陪伴她。在其他實相中，**我**是那個生了病的人！在某些裡，我根本沒跟她實質地共存。但如賽斯說過的，既然我和她同住在這個實相，那麼在她任何一個實相裡，我的存在至少永遠可能。從珍的立足點上，這同樣適用於我。而雖然賽斯還沒如此說（就我記憶所及），我也認為，在可能實相自發的計畫內，我們每一個人在同時都在探索性別和親職的所有面向。

那麼，越過那些人類取向的界限，必然還存在著一群可能的實相，涉及了心靈與身體形式的改變，通常說來，那是我們極難與之發生關聯的我們自己**非**人的面向。我們可以進一步討論這種「界」（realm），但，反之我要說，即使在這裡，我也想不出有什麼會抑止在某些那遙遠的可能實相和我們自己現世的宇宙之間發生交流。這就全看你想在哪裡停止你的思緒，看你能想像什麼了……

我們曾在賽斯的《群體事件》及珍的《珍的神》裡，引用許多賽斯論架構一與架構二（Framework 1 and Framework 2）的資料。他在那些主題上的討論是個極佳的例子，顯示了處理一個個人情況的企圖，也能產生能夠幫助許多人的非常創造性的想法——因爲一九七七年九月十七日，在一個設計來幫助珍處理她身體症狀的私人課裡，賽斯引介了他的架構一和架構二的觀念。

就賽斯而言，架構一只不過是個代表我們視以爲當然的日常、線性、有意識的「實用的實相」。在其中，「時間」和事件自動一刻接著一刻的展現。它是我們大多數人不假思索地在裡面過活的環境。可是，在架構一之外存在著架構二，而它代表了偉大的無時間性或同時性的廣闊現在，**一切萬有**如此摯愛的一個顯現。所有我們的愛、計畫、思想、行動與選擇活在架構二裡；全都按照我們的信念由架構二流入架構一。

如賽斯四年半前在那節引介課裡告訴我們的，珍的「身體本身沒有問題，除了信念的應用之外……縱使你認爲身體眞的有點問題，那麼必要的調整會在另一種（在架構二）的時間裡進行，那在架構一裡則根本不花時間——或，不花你以爲需要的時間。」爲了強調，我自己在最後一句畫了線，因爲很容易忽略它有多重要：我們對完成一個像治療的行動所需時間的個人觀念，會控制其進程。然後，過了一陣子，賽斯做了一個我隨後一直認爲最反諷的聲明：「不過，就創造來說，魯柏長久以來就在架構二裡運作，而這節課應有助他達成某些關聯，使他能自動地將這種方法用在身體狀況上。」

接下來隨著有許多正規和私人的課，賽斯在其間討論架構一和架構二。正如當我們有意識地太靠近一個根深柢固的情況時可能發生的，珍和我很快便悟到了眞相：我們並非**無法**調準到架構二求助，以使我們在架構一創造的共同實相裡替她找到治癒——而是，在物質實相裡我們從架構二汲取**正是我們想要**的東西，縱使往往是在一個無意識或不經意的層面上。再次的，是個選擇的問題，並且是很難面對的眞相。如我在這些隨筆裡試圖顯示的，我們並未停止想搆到那更大架構的努力。我們以種種的方法，試圖透過我們情感和理性的銀幕所做的正是那個。就彼而言，在架構之間的溝通眞的是無法阻止的：我認爲，如果一個人中止了那交流，就會造成肉身的死亡。就我們而言，任何時候當我們決定一個身體上的疾病是「錯的」時，我們可以學習去改變它。但唯有當我們決定我們不再需要那病時，它才算是個錯誤。

我該說明賽斯曾非常簡短地提到架構三與四的存在。我相信他說，他與珍最初的接觸發生在架構三的環境。我自己則猜測，我們與不久前我提及的某些那非人的可能實相之溝通，可能涉及了架構四——**透過**前三個架構。

但如果，以我們的說法，在架構之間的互動對每個人都存在的話，那麼，在我看來它們對每樣**東西**也就都存在——而我的確是指所謂「無生命的」東西（這兒不是深入此點的地方，但賽斯認爲是我們爲了許多理由，片面地決定何者爲有生命，何者爲無生命）。每個轉世的自己、每個對等的自己、以及可能的自己，都有其所需要的架構。最微小及最巨大有生或無生的存有也都如此。所以，「很可能」一個人能想像到的前衛的可能實相也大半如此——因爲我不想逕行否認有些沒有這種架構結構的可能實相或許也存在。眞是奇怪的單次元的「扁平國度」！但在每個那些「架構互動」運作的地方，它們有助於每個受造物、每個存在、每個精髓或重要的原則完成「意識心目前也許無法感知的更大畫面」。以我在此甚至無法開始描述的方式，所有的架構終究必然在**一切萬有**難以形容的範疇裡結合。

在這隨筆的一開始，我提到賽斯在一九八〇年講了一連串談「探究實相的神奇之道」的課。在寫出我答應要給的摘錄之前，我想說明，賽斯只不過是說，從架構二（並可能從其他的架構）我們以我們選擇的不論什麼聚焦的方式：正面地、負面地、神奇地、實在地、懷疑地等等，汲取我們想要的不論什麼資料。如他於一九七二年二月十六日在一節私人課裡告訴我們的：「你們得到你們貫注其上的東西。沒有其他的主要規則。」那麼，位於不論哪個俐落地包好的時段——過去、現在或未來——裡的每個轉世的、對等的和可能的自己，都能利用神奇之道做爲一種選擇。可是，那簡單的去利用它的宣稱，涉及龐大的了解和經驗，並且是珍和我以我們有意想要啓動它的方式，發現極難做到的——雖然照讀者的信看來，至少他們許多人都能沒多大困難或根本沒困難地利用賽斯資料的種種不同部分。

賽斯在一九八〇年八月十三日的私人課裡——他談神奇之道系列的第三節——說：

「以最簡單的說法，神奇之道理所當然的認爲，任何個人的生命會完成它自己，會發展與成熟，環境與個人是獨特地相配而一同運作的。這聽起來很簡單，可是，它們是每個細胞的信念。它們被印在每個染色體上，在每個原子內。它們提供了彌漫每個活的生物、每隻蝸牛、你頭上每根頭髮的一個天生固有的信心。當然那些天生的信念在生物性上是恰當的，提供所有生長與發展的原動力。

「每個細胞都相信明天會更好（安靜地，帶著幽默）。我承認，在這兒我人格化了我們的細胞，但那句話具有堅定不移的眞實性。更有進者，每個細胞在它自己內都相信並了解它自己的必然性。換言之，它知道它自己超越死亡而活著……」

以及：「神奇之道理所當然的認爲人是個團結的生物，就像動物一樣在自然裡完成目的。不論那些目的是否被了解了，神奇之道理所當然的認爲每個個人都有一個將來，一個實現的將來，縱使明天就可能死亡。神奇之道理所當然的認爲發展的方法是在每個個人之內，而實現將自然地發生。整體而言，那種方式在你們的世界裡運作。若非如此，根本就不會有世界了。如果最壞的必然會發生，如科學家顯然以爲的，當然，甚至連他們說法的進化也會是不可能的了——一個可以放入某處的妙諦（全都很熱心地，但也帶著相當的幽默）。

「你們需要這背景，因爲我想建立這神奇的方式能被理解的氣氛。」

在第一篇隨筆裡我描寫曼達莉醫生如何告訴過珍，說她的甲狀腺已「根本停止作用了」，以及曼醫生如何開始小心地以每日五十微克的合成甲狀腺賀爾蒙，恢復我太太的內分泌系統。

可是在九週後，珍和我卻都準備增加劑量了，因爲她顯然需要。我提過幾次她在椅子裡打瞌睡，甚至公然睡著了。曼達莉醫生同意低落的甲狀腺活動與這些情形直接相關。然而所涉及的還不只是瞌睡——我還沒詳談而只能在此時提一下的效應。我們也還沒和她的醫生討論這些——我們自己秘密天性的清楚徵兆——但珍相信由於甲狀腺藥物治療，她有幾次半幻覺、半靈異的經驗。

「我有幾次新的意識改變狀態的經驗，」她吃力地寫，「而這些與我以前曾做過的任何事都相當不同。因此之故，很難將它們歸類……」當我們顯然在出體狀態（out-of-body state）時，她也曾與我——有時還與某些友人——長談。在這兒說的是她以爲她和我一起做的事，然而當她「醒來」，她發現我們並沒做任何那些事。她常常提到當她打瞌睡時她「意識裡的空隙」。昨天在上午十一點五分她說：「我不知道我在椅子裡做什麼。」她會在告訴我她必須用活動便器後又睡著了。「我不喜歡甲狀腺這碼子事給我的感覺……我覺得我擋了你的路，或擋了生命的路……」那次她顯然感覺沮喪，而我試著鼓舞她。

此外，珍還描述了與甲狀腺藥物治療有關的一些獨特的出體經驗。舉例來說，這些不像她覺得她的心靈自椅子的物質組織上升的標準經驗。反之，她覺得她的身體在**椅子裡**非常令人信服地被舉向天花板……有時那些事件真的變得很奇怪——因爲在珍椅子裡翻轉過來，而脚先接近我們臥室天花板。於是，在她底下，是一個顛倒的電視螢幕，以及窗簾在頂格而非在底格的兩扇窗子（譯註：他們用cafe curtain，即窗帘只遮住下半段窗子而空出上半段）。還不只如此，由於她的「複視」，珍有時看到**兩個**電視螢幕和**四**扇窗子！不過她還沒見到她自己的身體坐在她底下，像在出體狀態可能發生的樣子，而她也沒有看過或與任何已逝的人談過話。

在這時，在任何這些插曲裡，珍並不知道如何涉及了幻覺，或到什麼程度，或根本有沒有；有時夢境則顯然涉及了幻覺。但我在這兒提及的經驗，加上其他的，曾打開了她能力中一些令人驚訝的新次元，而稍後她想要徹底的調查它們並寫下來。

隨筆八　一九八二年五月二十三日　星期日

到如今應該很明顯，在這些隨筆裡我描寫過的所有的「自己」和處理方式，大半只代表了當賽斯試著將他的種種概念讓我們了解的時候，他在語意學上所做的遊戲。基本上，所有都是一體的，如他從他的有利地位，比我們能從我們的地位要明白——且能**感受**——得多的。

所有彷彿有的區隔，都反映了一個統一整體的各部分，這無疑是我們最老的觀念之一。就彼而言，當我們努力奮鬥去理解實相的「眞正」本質時，這觀念與我們一同自史前時代長大。在傳統上，由於缺乏一個更好的架構，我們以宗教的說法去談那感受或知識，但我想現在科學也越來越常在找尋一個學說——甚至一個假說——它會將我們通常主觀的變數鎖定成物理學統一理論（unified theory）的一個更人性化的同等物。無論如何，人是什麼東西？從珍和我能推斷的（尤其是經由我們的閱讀），至少有些世上領先的科學家們變得願意爭論意識本身了。我手邊部分最近的科學文章，尤其是由物理學家寫的，包含了不久前會被烙上玄學，甚或更糟名稱的參考資料。

但我帶著一些好笑的感覺注意到，科學吸收這種異端邪說，是藉由將它們織入當前已建立的想法，並在其中將它們發展出來——比如像量子力學的「大千世界」(many worlds) 的詮釋觀念。非常簡單地說，這個「量子的說法」，可以容納「我們每個人只住在無數的可能或平行世界之一裡」的主題。這理論甚至也採用了進化的理論，因爲那些其他的世界，據說是與我們所居的這個世界平行的**進化**。然而在量子力學內，並沒有解釋一個人的個人身分如何或爲何**選擇**去跟隨某一條可能的道路，而意識本身是不被考慮的（不過，有些物理學家曾暗示，當次原子核子——光子——走上它們分別卻「共鳴的」(sympathetic) 路途時，它們彼此溝通）。在此請原諒我語帶諷刺，但賽斯一直在談意識的分枝，並且也主張，我們並不只住在一個可能的世界，而且還經常憑著選擇在它們之間移動——而如果一個人選擇的話，是在瞬息間那樣做。

（我要補充說，賽斯和量子理論都預言，由「空的」空間能自發地創造出物質的粒子——對我來說，這彷彿是與某些能量不滅定律相違的事件。這些定律中有一個說，物質無法無中生有。賽斯說經由意識的行動，這自發的創造一直在發生。不過，在理論的量子世界，某種條件是必要的：超重核子在強力的電子場之中等等。）

我們有些讀者寄來努力於這些題目的科學家的新書和文章副本，他們說若珍和我讓體制來「證實」賽斯已討論了好幾年的觀念豈不更好。但再次的我又覺得彸諷刺，大體而言，科學甚至不覺察賽斯資料的存在，儘管我們收到代表形形色色的學科的個別科學家們贊同或鼓勵的信函。我們覺得沒必要證實。如我上週才給一位書迷寫的：「不論他個人做何想法，沒有一位有名的科學家會公開支持去相信賽斯資料。無疑地，在事業上那是不智之舉。」

有一天，為了我們自己的樂趣，我要請賽斯評論一下存在於他的概念與量子力學的概念之間的關聯。我想他會指出，既然量子力學的概念是建立在我們「知道」的每樣東西——物質、能量、我們的感官資訊——都是由光子組成，或是由無實質的「場」之互動組成，那隨之又十分弔詭地產生非常活躍的次原子束或粒子，那麼至少量子力學類似於他的敘述：基本上宇宙是由意識本身組成的。但我想意識的連續體（continuum）或**一切萬有**不只包括了量子力學的現象，而且也包括了賽斯的非實質EE（電磁能量）單位，及他的CU's（意識單位）。那麼，以那種說法，量子力學是個未足夠深入於基本實相的理論，縱使最近物理學家是將他們的統一場論（unified field theories）建立在量子的思維上（這些理論本身也是相當不完整的，因為在此時他們只併入了自然界裡四個基本互動的三個：電磁學以及強和弱的核子力。至今，引力仍未被所有整合的企圖所收編）。

對我而言，意識或**一切萬有**是個無所不在的，眞是無法描寫的覺性（awareness），對我們人類而言是沒有止境的。包含了不只是時間、空間及所有感受、思維及客觀性的屬性，並且也包含了在我們非常狹隘的內在與外在感知之外無數的其他特性、展現及可能性。那麼，就物理學而言，實相仍然是不可知的。

縱使珍得留在像她現在的受損狀態裡，她在我寫以上的段落時說，看來我們有賽斯資料仍比沒有要好些。「我絕對寧願以它碰碰運氣，而不願沒有它！」她宣告。

六天前，在五月十八日，曼達莉醫生終於增加了她開給我太太的甲狀腺賀爾蒙藥丸的劑量——從每天五十微克到七十微克，令我們大大鬆一口氣。「但還要好幾週才會見著好處。」她告訴珍。藥量的增加是幾天前醫生下令驗血的結果。

在我們無止境地找尋一個沒完沒了的個人問題清單的答案的過程裡，我們討論過一個說法，珍用自己的方式描寫過一個自她童年起的循環：她的父母，戴爾墨和瑪莉，一九二八年是在紐約州北部一個有名的度假聖地沙拉脫加溫泉市結的婚。他們在一九三一年離婚，當時珍是兩歲（她直到二十一歲才再見到她父親——他自己也是來自一個破碎的家庭）。到珍三歲大時，她母親已有了嚴重的類風濕性關節炎的毛病。說眞的，女兒只有意識的記得看見她母親自己站立過一次。我們只有幾張他們在婚後不久戴爾墨給瑪莉照的相片，顯示一個美麗的女人穿著泳衣站在佛羅里達的一處海灘上。

我們有些其他的書包含了更多資訊，關於珍如何長大：沒有父親，與一位很快變得臥病而懷怨的瑪莉住在一起。母女被社會福利養活，而多年來由一連串巡迴的管家協助。瑪莉是個聰明而憤怒的婦人，她活在經常性的疼痛裡，而她以若非精神異常也很接近異常的行爲例行地虐待她女兒（例如，她會把棉花塞在嘴裡，假裝她要自殺而嚇年幼的珍）。珍也在一家嚴格的天主教孤兒院住過。她父親死於一九七一年，享年六十八。她母親死於一九七二年，也是同樣年紀，幾年沒見過瑪莉的珍沒參加葬禮。我也沒勸她去。在我這方面，在與瑪莉見面的少數場合，我一直覺得非常不自在。

跟我們談過的醫生們，都不會公然說類風濕性關節炎是遺傳的——只說「它似乎在家族裡流傳」，而且得病的女人比男人多。然而除了她母親的病例，在珍的家族裡並沒有關節炎的歷史，只有一兩位祖父母有過風濕病的「例行」痕跡。奇怪的問題產生了：那麼，爲什麼首先是瑪莉，隨後是珍開始顯出她們的症候呢？就我們盡可能接近的推測，瑪莉是在約二十六歲開始發病。珍則是三十五歲發病；她明天就五十三歲了。我自己相信，至少在珍的例子裡，那年輕女孩的**心理制約**要遠比任何身體上的遺傳傾向來得重要，也遠較具傷害性。我想，瑪莉對世界的傲慢怒氣（由她所選擇的，不要忘了），深深地穿透珍在發展中的心靈，而令她建立了在任何時候、在某些情況下，都可以被啓動並轉變成身體症狀的壓抑的、保護的內在屏障。自許多可能性中，女兒的制約是心靈上被選擇及接受的，而她是要透過那個焦點來與母親的行爲互動。對我而言，這是「一個可能活動的過程能被所有涉及者同意的方式」的一個例子。

我甚至認爲，如今已有很好的醫學證據證明我對珍的「症狀」的看法。近年來，類風濕性關節炎被發現是一種複雜得令人驚異的病，涉及了很多身體的免疫因素。在患類風濕性關節炎的過程中，一個人自己的免疫系統攻擊身體而損傷了它。一個非常簡化的解釋是，在一個周而復始的過程裡，種種稱爲吞噬細胞的單核白血球變成巨噬細胞，或清除性細胞，又轉而釋出吃掉健康關節組織的酵素。結果所生的殘渣吸引更多的單核白血球等等。一個發炎性細胞碎屑的累積，最後破壞了關節的軟骨而吃掉骨頭。

可是，還不只如此，因爲現在實驗顯示，腦—心聯繫透過壓力的制約能影響免疫性，加強其效力或抑制它。直到幾年前，免疫系統是全然不受任何「外在」影響力的影響，還是個醫學的教條。但近來某些腦化學質被發現與免疫系統裡的細胞化學「受體」配成了對，而研究者預期會發現更多的這種關聯。那麼，就身體而言，我認爲在珍的例子裡，很可能始自她幼年期的長期壓力，恆常地過度刺激她的免疫系統。瑪莉一再告訴珍說她不好，說女兒的出生引發了母親的疾病。在她還不到十歲時，珍已發展出驅之不去的結腸炎症狀——常常與情緒緊張連在一起的大腸的炎症。到她十三、四歲時，已有了一個亢進的甲狀腺。瑪莉——及其他人——告訴她她會耗竭自己而在二十歲前死去。她的視力很差；她需要很深度數的眼鏡（她卻很少戴）。最後在她三十五、六歲時類風濕性關節炎開始了：珍的免疫系統大大地加強了它對她身體的攻擊。

（我相信等到這本書出版時，目前有關免疫系統和風濕病的醫學想法會擴大很多。不過，關於珍的早年心理制約和她目前的挑戰之關聯，我眞的認爲我說得沒錯。）

不久前，我提到所有與我太太有牽涉的人可能曾同意一系列可能活動的方式。你能想到多少種可能性就有多少種可能性。我幾乎無法將之全在此表列出來。舉例來說，在架構二裡，懷著珍的瑪莉，可能與她未來的女兒決定了在她們人生中要追求的某系列行動。或在架構二裡，她倆甚至可能在**瑪莉**出生前就合作達成這樣一個決定。如果要考慮到轉世的話，她們這回失常的關係，可能反映過去的一個不同卻類似的關聯，而也可能對任何未來的一生有重要的影響。更有進者，珍可能選擇了現有的關係，以便終有一天會有助於緩和她對賽斯資料的接受和反應，令她格外謹慎；雖然她事前就照料好與生俱來的某種堅毅和天眞的組合。爲了使她以選擇的能力加緊前進，這組合是必要的。她可能事前便協定好，由她外祖父那兒「借」一些強有力的神秘特質，她外祖父是法裔加拿大人和加拿大印第安人的混血，珍在兒時與他非常的認同。而珍的意志力——照賽斯說「是令人驚異地強」——在此生可能加強了她的對等人物們的了解和決心；她可能會（或已經）與這樣一個人見面；另一個人可能住在海的那一邊，比如說，而從來不會碰面。

在所有這些之中，我只略微暗示了涉及來自過去、現在和未來的其他家庭成員的複雜關係。數學上的可能組合是極大的。而**我**在所有這些裡的角色又是什麼呢？我倆何時在架構二裡做了我們自己的約定，而它們又將如何在架構一裡實現呢？甚至可能在我們**任何**一個人出生之前，瑪莉、珍、她外祖父和我就一同設定了最初的局面——而在某個可能實相（若非在這一個）裡，我們正是如此做的！要表達我在此的感受和想寫的東西，文字變成了極不夠用的工具，因爲我想同時記錄我能想像的每種組合關係……

從「過去」的不論哪一點，只在這個可能實相裡，不論什麼最初的爲每個當事人同意的行動路線，這些年來在架構一裡，參與者讓它經歷幾乎無窮的選擇和修改；但卻永遠在大自然的偉大結構之內，並且伴隨以每個當事人從他們個人在任何時刻的著眼點去接受、拒斥、中止或改變整件事的絕對自由。

那麼，只回到瑪莉和珍身上，我認爲她們長程的循環行爲和互動，不論在表面上看來有多痛苦，卻代表了母女兩人爲了某種她們想要體驗的整體目的，分別及共同設定的深深挑戰。橫跨實質與心理的時間，不但這兩個女人會在情感上受到考驗而更富足，她們的存有或全我也是一樣。

當然，在同樣的時間架構內，她們的一個共同創造就是類風濕性關節炎，因爲珍約在瑪莉去世前八年顯示**她的**症狀。可是，珍以我在第一篇隨筆裡提到的頑固脾氣，從未告訴瑪莉她自己的疾病；既然兩人不再相見，瑪莉從未有意識地知道這事。不過，我們倆都認爲心靈上她是**的確**知道的。我甚至認爲母與女共享那**同樣的**風濕病例——並沒有兩個分別的例子。

「哦，你爲什麼非得**那樣**寫！」當珍讀到最後一句時，她痛苦地喊道。那剛好成了我今日工作的結束，我在晚餐後拿給她過目。「那是個很妙的想法，但——」

「我知道那是個好想法，」我說，「我想人們一直在那樣做。在流行病裡也一定發生了同樣的事。但我無意讓妳難過——別管他吧！」

在以上幾頁裡（自從我開始討論我對珍的早年心理制約的信念），我曾指出目前我個人能使我們的世界有意義的唯一一種想法。尤其是當我想到典型日報的典型頭版「新聞」：戰爭、污染、貪污、貧窮及罪案，全都太正確地顯示，在此時我們人類多不認識或了解我們自己——以及想到，個別與集體地我還有多遠要走。

就算對「生命奧秘」及宇宙，我們人類最好的了解是極端不足，珍和我仍不認爲大自然是完全客觀地、漠不關心地殘酷，或根本不在乎，如科學想要叫我們相信的。對我們而言，遠較基本而令人滿意的是，我們直覺性的理解到，這個我們襄助創造的「大自然」是**一切萬有**活生生的顯現，而在它壯麗全景裡的某處，每個行動都有意義，並且**是**眞正有價值的。我們並沒被矮化。我們怎麼能被矮化？因爲，如我先前寫的，如果珍和我同意「所有彷彿的區隔都反映了一個統一整體的一部分」這個古老的概念，我們也認爲，以某方式那整體是包含在它**每個**部分裡。科學稱這概念爲「全學」(holonomy)，但賽斯多年來都在講同一件事卻從未提到那個字，珍甚至不知道那個字。

當然，當我寫這些東西時，我明知賽斯和我們自己的許多要點至多不過是理論罷了，縱使是非常有意思的理論。有些可能被爭辯說它們甚至不是理論，只是假說——嘗試性推斷出的解釋，需要更進一步的實驗和檢查。更糟的話（我懷著些幽默地寫），它們可能「只是」些想法。不論它們的身分爲何，珍和我從好幾千位來信的讀者那兒得到了鼓舞，他們曾一再說明，他們如何將賽斯資料非常正面的用在身心兩方面。

不過，由於其根本的本質，且縱使包含了足夠的「證據」，以支撐一個解釋某種現象運作的概括性原則，一個理論仍無可避免地包含了錯誤，因爲它本來就建立在不完整的資訊上。因此，它可能遭到後來的理論攻擊，研究者藉之以減少或消除那些錯誤。在尋找一個最後可變爲「事實」的眞理的過程裡，發生了持續不斷對細節的琢磨。

隨筆九　一九八二年五月三十一日　星期一

自從我從醫院接我太太回家，至今剛滿九週。上星期（在另一次驗血後）珍的醫生才剛再一次提高她服用的合成甲狀腺賀爾蒙的劑量，這回由每天七十五微克到一百微克。

在第一篇隨筆裡，我提到珍的頑固、天眞與神秘主義的獨特組合，而就彼而言，什麼都沒改變。不管她對接觸到的醫學做法和建議感到的恐怖，不管她對風濕病在肉體上引起了實質損害的驚慌，直到她——及／或她的全我——從整個疾病症候中得到她所想要得到的東西之前，她是不會放棄任何東西的。她對實質生活有一種不可置信的頑固耐心，這個特質支持她度過了所有的挑戰與成功。我想，在她早年與她母親相處的可怕歲月裡，這特性也必然特別的重要。她的決心甚至在她三、四歲時的照片裡就不知怎地顯露出來。珍學會拒絕去反擊病弱的瑪莉的怒氣和挖苦，而壓抑她的自發性和衝動，因此便開始了壓抑的習慣。然而她是完全不狡猾也不世故的。

透過她早年與天主教會的密切關係，她學到罪的觀念。至少在珍的例子裡，很容易看到，當天眞的孩子開始保護她自發的自然神秘主義時，教會關於罪的教誨如何開始增長。我認爲她的壓抑隨著「有罪的自己」上升到如此重要的地位而滋長，當時光過去時，它在心靈裡鉗制得越來越厲害，繼續其誤導卻「善意的企圖以保護創造性的自己……在其方向上保持警戒，以免好幾世紀以來人類對罪的信念帶來一個眞正的重量。這重量雖然也爲我所分享，我卻無法理解。」因而，當然，有罪自己的過度反應，雖然沒帶「惡意」，它們本身卻變成了這回珍長程學習挑戰的一部分。

直到她病得如此嚴重以致可說是被逼去住了院之前，我一直覺得，我太太那一心一意卻不知變通的意向焦點，能撐過要達到一個特定目標的不論多久的時間——不論是五分鐘或五十年。她的病令我去質疑那個前提，但現在它又歸回原位了。當珍面對她自己在物質實相裡的投射時，她可能並不是有意識地知道她要的是什麼，但她心靈的大部分卻是知道的（而我認爲這適用於任何一個人）。

在我們結婚的初期，我常告訴她，不論我有什麼想法，或是我想要什麼，她都會有她的「症狀」，而她會否認這話。然而我認爲她是如此，因而我被迫去搜尋更大的了解。我必須學到，如果在我分享的一個婚姻裡，我太太發展出一種慢性病，那麼我的某些部分也參與了那個共同的創造。對我而言，最後除此之外別的都不合理，我現在絕對相信我們每一個人**的確**創造了我們的實相。「當然，你與其他人之間的交互作用的確存在，」賽斯很久以前告訴我們，「然而，其中仍然沒有一件事是你所不肯接受的，也沒有一樁事不是被你的想法、態度或感情所吸引而來。」（見《個人實相的本質》第一章，一九七二年九月十一日第六一三節。）在那些存在的較大架構內，珍和我仍在探索、仍在搜尋——一塊兒——使得像疾病這類特質成爲可能且可以了解的因素。

在所有這些隨筆裡，我一直無法很深入珍和我想要討論的大多數主題，還有許多我甚至沒提及的，所以這記錄是相當不完整的。而不論我們的時間和空間在此是否很有限，要眞的透入任何主題或信念更深的核心，似乎仍然是不可能的。也許如果珍和我能做到那點，偉大的蛻變便會發生：我們經由可能性更向**一切萬有**前進，與所涉及的主題相關的緊張，便更會將它們自己轉化成極爲喜悅的答案和挑戰。

我幾乎沒提到我們的夢。就珍的身體症候而言，它們大半保持爲無意識的現象：我們一向知道我們常有「症候夢」，但卻沒能一貫地憶起它們，以便能在它們上面下很多有意識的工夫。現在仍是如此。顯然在那方面我們久已做了我們的選擇：就珍的病這深深影響情緒的題目而言，我們決定保持我們大半的夢工作在一個直覺和無意識的層面上，然後，我們精確地從架構二獲取我們想要的東西。

但那簡單的聲明也意謂著，我們有關珍的挑戰的夢工作，常常被賽斯那三百四十七次完全私人的及一百五十九次半私人的課有力地慫恿著。大半賽斯討論珍的症候的種種面向的迷人而有益的資料，都夠普遍化而足以公開，並且能幫助別人，但由於其非常強烈的個人意涵，它成了我們尙未開始的一個方案。

不過，一定有很大量貼切的夢資訊準備好爲我們取用，而或許在賽斯的幫助下，珍和我對她身體上的挑戰搏鬥時，有一天我們對共同的與個別的夢所扮演的無疑具治療性的角色會學到更多。就算我們對於過去、未來及**其他的**現在存在狀況如何，我們有個人性的隱諱，在夢的層面，我們任何一個轉世的自己、對等的自己或兩者種種不同組合之間的交換，又對珍的症候有何影響？我如何捲入在其中？珍和我的家人又如何捲入，而回溯到普通時間的多少代呢？珍的身體上的疾病經由夢境擴散到其他可能的實相到什麼程度？我認為珍本人能處理許多這種問題；如果她決定那樣做，可能靠她自己向它們調準頻率，或經由她「心靈圖書館」的轉達。這調查可自動地發展成一本書——我跟珍開玩笑說，甚至發展出一本「世界觀」的書。

在我給她看了這篇東西的第二天早晨，我問珍她對這樣一本書有什麼想法。「我不喜歡談它，」她說，「但我曾考慮過這個想法——想過關於像那樣的東西的一些想法。但我寧願不去討論它。」「好吧。」我說。我為她的反應感到驚喜，因為她不想談某一個題目，往往是她結果會以它做出一些創造性的東西來的徵兆。

當然，事實上，任何生物每一**秒**的生命都代表最深的一種創造行動，因為它送出那個實質存有想繼續以肉身方式活下去的決定的訊號。我想，自從進醫院後，珍已得到一些了不起的收穫。我們的朋友全告訴她，每次他們見到她她看起來都更好。她有美麗的光潔皮膚；她種種的關節活動都更自由，雖然她離能走路還遠得很。她現在每天能很笨拙地打個半頁字。「在那些夠令人害怕的醫院插曲當中，我學會如何在戰鬥狀態——可以這樣說——信賴我的身體。」她有一天寫著——我認為是個夠合適的比喻。

她也用我去年買給她的四吋乘六吋的水彩畫紙，畫了她首次的兩張淡彩墨筆畫。在這些素描裡，以它們用線條和原色畫出的簡單而有力的花樣，珍不知怎地超越了她日常的挑戰，而非常清晰地反映出她對世界基本的神秘看法。她斟酌試作的小詩也有同樣的味道，其中大半她認爲不僅是不完整，而且相當的不足取：「我甚至不會把它們打出來，像你那樣。」她評論道。然而我喜歡像這樣的句子：「讓輓歌被聽見，掃淨它前面的一切。」及：「我發展出一種對死亡的感受，當一個人幾乎不自知地離開了已知的路徑。」及：「我吸入公共的空氣而它變成了私人的。」珍偶爾也以蘇馬利唱歌，也以那種「語言」寫下了幾首短歌而未予翻譯。爲我們自己的記錄，我一直很小心地蒐集珍在這段休息和試煉期間所創作的散文、素描、詩和蘇馬利。

如今她複視的程度已減輕，但仍可能需動手術以改正她視覺肌肉的不平衡。才剛問世的一種實驗性治療，將提煉自臘腸菌素的一種藥注射到眼睛的肌肉裡，最後可能對她有益；顯然這種沒有副作用的措施，可藉鼓勵兩眼的再對齊而消除外科手術的需要。不過，珍仍舊非常反對藥和手術——縱使當她繼續每天服用合成甲狀腺賀爾蒙以及液體水楊酸時，她同時也很覺察她信念裡的矛盾。在他四月十六日的課裡，賽斯告訴我們，有好幾次珍的甲狀腺已「修好了它自己」，但這回我們不認爲那已完全地發生了。在最近的一節私人課裡（五月十日）賽斯告訴我們：「那腺體正在由它自己啓動它自己——開開關關，可以說，表現出一種滋滋作響的效果。總體而言，身體在探索最好的代謝節奏，並且使它自己與藥物治療配合一致。」

剛才所引的賽斯的話，無疑會令讀者們臆測，自從四月十六日之後我們從賽斯那兒，以及自四月二十日後從珍那兒還得到了什麼資料。答案是我們又上了十三課——其中四節是珍「自己」講的，而九節是賽斯透過她講的。最後一節是六月七日賽斯傳述的。

縱使由於明顯的篇幅限制而無法在此引用那些課，我可以特別提到珍和賽斯兩者都在繼續發展於**已**展示的課裡提出過的主題。它們長程的重要性在於，當我們在我們目前的人生裡尋求更加了解我們所選擇的承諾時，給珍和我一個密集研究之繼續不斷的進度。我們的問題反映了每個人不論有意識或無意識都有的問題，而在其中是在我們所知的每件事背後的永恆人性的「爲什麼？」在那些課裡的資料輪流的，是令人興奮的、痛苦的、啓發的、觀察入微的、困惑的和使人發狂的——而有時候，則似乎同時是所有那些。雖然它很難說全是奉承話，甚至有一些，由於我們人類的局限性可能在日常生活裡不是很有用，但我們很想出版其大部分。因爲如果那資訊在珍和我內心喚起如此悲喜交集的情緒，在別人身上，它一定也會如此。當它凸顯出一個人的力量與弱點的同時，也可做爲學到更多的一個原動力或驅策力。你創造你自己的實相。當珍開始記錄她有罪的自己的資料時，我對珍和自己感覺的憤怒久已消散。我不會宣稱其殘渣不會埋在我心靈內，但當一個人同意你**眞的**創造你自己的實相這概念時，就很難再氣下去了。

有時珍仍會變得沮喪，正如她仍在椅子裡打瞌睡一樣。當我在自己的寫作間工作時，偶爾會聽到她坐在起居室的牌桌邊自言自語。我知道在這種情形她往往是睡著了而在說夢話，解決當她致力於她選擇的學習過程時，由她心靈的層面持續升起的心理上的方程式。我盡力幫助她。當我花了所有時間在寫這些隨筆時，我一直怕我太讓她落單了。珍說她的確會感到寂寞。

自從珍回家後，我們已放棄了許多舊的生活模式，而以一種奇怪的方式，我們現在有自由可以每天只集中焦點在幾件主要事情上。我們又重被提醒——更正確地說，我們教我們自己——肉體生命本身是一個表達的神奇媒介，並且在那方面也是極為變化多端的。

我們共同的貫注變成像是先照向一件事，再照向另一件事的一束耀眼的光。由於珍仍需要經常的照顧，我們的睡眠模式保持相當平均地分配在白天和晚上。既然我不再能在賽斯書上一次工作幾小時，我訓練自己在通常一個小時的時段裡，在精力的集中爆發裡「生產出」文稿。繞著這些創造性的流溢，我忙著照管我太太、料理家務以及與我們的日常生活相關的許多差事、處理我們的出版事宜、見客並試著至少回覆一些信件。我再一次地變得覺察我的夢了，珍也一樣。自從珍出院後我便沒再能回到繪畫上去。我必須雇人剪草皮。我也沒能恢復我慣於在社區的峻峭街道上的午夜漫步。珍的護士現在一週來兩次，只需如此(舉例來說，我太太的褥瘡已受到控制了)。

在曼達莉醫生的要求下，幾天前珍在家裡接受她例行的放血。今天（六月十八日）醫生用電話通知我們，驗血的結果，我們能增加珍甲狀腺賀爾蒙的劑量從一百微克到一百二十五微克——一個頗受歡迎的進展，因為我們希望它會增進珍日常的精力。然而，也有不受歡迎的消息——因為驗血也顯示，在珍的血液裡液態水楊酸藥物的濃度太低。有將近十六週的時間她每天服那藥品四次。曼醫生指示我們讓珍再回頭服用阿司匹靈，以使任何風濕痛和發炎受到控制：「你每天最多能服用十六片。」

珍立刻完全拒絕了，覺得那劑量高得離譜，而宣稱她可能會回到她服用到十粒阿司匹靈的老慣例。我們既氣憤又驚慌。知道處方的藥物終究並沒有效，令我們非常不安。我多少有點懷恨的說，至少在某些例子裡，那是一個人從醫學不完美的營運裡必須學會預期的令人失望的結果。用**阿司匹靈**治類風濕性關節炎？我們總覺得那是無法置信的。但曼醫生說，縱使與美國食品藥物管理局最近開放進市場的新消炎、非類固醇的藥相比，那仍是最好的方法，因爲後者往往產生較大的副作用。而我近來爲我們的檔案蒐集的出版資料，強化了她的勸告。

看來似乎再一次的，我們必須以麻煩的方式學到，在珍的例子裡，我們能達成的任何改進都會是來自**我們自己**內的（因爲我顯然和她一樣的捲入並且得爲她的病負責）。就我們一輩子的習慣和信念系統來說，此時在我們心裡又挑起了這種感受絕非巧合。就我們喜歡隱密的傾向，及我們想盡可能自足的願望而言，這一回，不同的行爲模式不適合我們在肉身生活裡選擇的行動方向。我再次特別提到，以我的看法，珍的依賴至少有部分代表了一個「救贖」的尋求，包括了其他不「只」是與我們此生相關的動機和實相；的確，她受損的狀態是從她神秘的天性創造出來（但卻並非由它**引起**）！

因此，雖然我認爲在最近幾週裡珍有了「長足的進步」，我也認爲，基本上她還沒解決她的病的整個議題——甚或要不要繼續活下去的問題。

「我可能不想再寫什麼東西了，」她在五月二十七日口授說，「我怕我已失去了所有的靈感——二十年的答覆還不夠，而如果是那樣的話，可能我的人生已走投無路。我計畫再寫其他有罪的自己的資料……」

但她還沒開始那樣做。

我應當補充說，我不認爲珍已開始將有關她「類風濕性關節炎」的醫學詮釋「擱在一邊」，如賽斯在四月十二日傳過來時建議的。珍若想改變造成她的情況的根深柢固的信念，將需要她心靈的好幾個部分的合作，包括她有罪的自己，而看起來在此時，我倆都沒準備好去試著達成那種整體效應。我們的害怕失敗，無疑地在此扮演了一個很有力的角色。諷刺的是，珍有罪的自己在她的病象裡是個主要的創造者及參與者，所以她能引起的任何有益的改變，首先都會要求她心靈那非常頑固的部分在態度上有一個主要的改變。如果我們能創造那樣的改變，就眞的是一次勝利了。所有這些都預設了我們兩個將準備好去從架構二汲取「新的事實」到我們的日常生活裡來。

於是，在我的年紀（六十三），我又再度學到，不論我多麼想，我都無法替珍過她的人生，或保護她不受她自己身心的探索和**選擇**的動機的影響。她也無法爲我那樣做。在許多層面上，那種心靈干擾根本就被當事人忽略，並且理當如此。無論如何，珍的決心會負責保護她自己，而她天生的神秘本質必須完全知道並接受她肉身死亡的時間、樣子和方法，**不論它什麼時候**發生，這些都和她肉體的「生」一樣是她肉身生命的一部分。我深深相信，她的心靈本就會堅持她不需要我（或任何別人）給她任何一種基本的保護——只需要了解。我每天忍受著這個主題：我太太是在做深重的決定的過程裡，而一旦她決定了，在身體和精神兩方面都會據以反應。

在那方面來說，珍的全我或存有完全接受她的行動，透過她的個別性，做為「它」有效的學習過程的一部分——我不是指它是以任何被動或遙遠的方式那樣做，卻是以可能的最密切、敏感的方式，而也可能是以我們現在無法理解的方式。不論她的「死亡」在何時發生，在與她的全我合在一起的那個刹那，所有的一切都會以最細緻的創造性和了解被解決，因爲我相信珍自己一定會像一個個人那樣繼續「活著」。

我也相信這樣的挑戰——涉及要不要繼續肉體生命的決定——對地球上每種生物都一直是存在的。珍和我完全不知道我們個人的故事會有什麼結局，但我們的確想講這個故事。

切合我在這些頁裡談到的題目，我想引我一直認爲是賽斯給過的最好資料中的兩節來結束這隨筆。這些課仍活著，而在其中他強化我們每個人的確創造了我們自己的實相的想法。兩者都能在《個人實相》第一章裡找到。

摘自一九七二年六月七日第六一〇節：「就算你自己沒體認到，你其實向來都清清楚楚地知道自己在幹什麼。就像是你的眼睛知道它看得見，雖然它看不到它自己，除非是利用反映。同樣的，你所看見的世界，反映出你是什麼，所不同的只是這不是反映在鏡子裡，而是反映在一個立體的世界裡。你投射出你的念頭、感受和期盼，然後再把這些東西當作外境一樣地認知回去。因此，當你以爲外界的東西在觀察你的時候，其實是你從你投射物的那個角度在觀察自己。」

另摘自一九七二年九月十一日第六一三節：「當然，你與其他人之間的交互作用的確存在，但是，其中仍然沒有一件事是你所不肯接受的，也沒有一樁事不是被你的想法、態度或情感所吸引而來。這個法則適用於你生命中的每一個領域。用你們的話來說，這個法則還適用患C前及死後。你們所擁有的這個可以創造自己經驗的能力，是一項最最神奇的秉賦。」

隨筆十　一九八二年六月二十三日　星期三

最後，既然我以珍的一首蘇馬利之歌的一行來做第一篇隨筆的開場白，我認爲以蘇馬利來結束最後一篇隨筆也是很適當的。

不過，這一回，我有一整首蘇馬利的翻譯可以展示。昨天下午，當珍坐在我們坡屋玻璃窗圍起來的前廊上時，她即興地唱出那首歌。那是個溫和、晴朗而微風輕拂的日子，我爲她打開了所有的窗子。鮮綠的草地斜下去，一直到排在路邊的楓樹和鹽膚木。我並沒請她爲這最後的隨筆做一首歌；事後她告訴我她沒想到我已那樣接近結尾了。我只知珍開始以非常悅耳的的調子唱歌，歌聲流遍了屋子。我從我的寫作間很容易聽到她的歌聲。「哦，妳的歌聲是如此清亮而甜美！」有一天當我太太在探訪護士幫她換褥瘡的藥時開始唱起歌來，那護士驚歎道。而現在她聲音很清晰，幾乎沒有顫抖，顯示自從回家後珍進步了不少。現在她的歌聲和二月間出院前幾天她錄下來的悽愴的蘇馬利歌，相去何只千里！當時她曾悲歎：「讓我的靈魂在別處找到庇護所。」

不過，珍沒有錄這首新的蘇馬利——我們爲之遺憾——因爲她無法離開她的座椅去找她的錄音機；我只顧聽她唱歌，聽得入迷而沒想到錄音。她一唱完便寫下了譯文。當她吟給我聽時，我立刻知道它會出現在這兒，因爲她無疑地以寥寥數語唱出了這些隨筆的基本主題——詠唱大地與一切萬有那崇高、不朽的意識，詠唱我們每個人永遠在尋找的、在我們每個人永恆的私人世界裡意識永遠使之成爲可能的、懷著愛心的救贖：

蘇馬利治癒之歌

當你
睡眠時
地球上
所有的碗櫥
都裝滿了。
大地之母
找出每一個

需要。

當你
哭泣時
、你的淚水
如甜蜜雨滴
落在小小的
乾裂山丘上
那山丘升自
你無法看見的
世界
然而在那裡
你是被認識的。

當你
睡眠時，
大地之母

填滿你所有
血肉的碗櫥
直到滿溢。

在那些是你們的
卻又超越你們
所知的
世界裡
沒有一個原子
沒得到安慰。

國家圖書館出版品預行編目資料

夢、進化與價值完成／Jane Roberts作；王季慶譯. --初版. --臺北市：方智, 1996［民85］

面；　公分. --(新時代系列；51)

譯自：Dreams, "evolution, "and value fulfillment：a Seth book

ISBN 957-679-429-3（平裝）

1.靈魂論

216.9　　　85010697

ISBN 957-679-429-3

方智出版社 FINE PRESS

◎新時代系列51

夢、進化與價值完成

●定價450元

作　者／Jane Roberts
譯　者／王季慶
發 行 人／曹又方
出 版 者／方智出版社股份有限公司
地　址／台北市南京東路四段50號6F之1
電　話／五七九六六〇〇（代表號）
傳　眞／五七九〇三三八・五七七三二二〇
郵撥帳號／一三六三三〇八一　方智出版社股份有限公司
登 記 證／行政院新聞局局版台業字第四三六一號
責任編輯／應桂華
美術編輯／劉修瑜
校　對／王季慶、陳建志、應桂華
原 書 名／Dreams, "Evolution", And Value Fulfillment
原出版者／Prentice Hall Press
版權代理／博達著作權代理有限公司
法律顧問／詹文凱律師
印　刷／祥峯印刷廠
一九九六年11月　初版
二〇〇六年一月　五刷

Printed in R.O.C.

105

台北市南京東路四段50號6樓之一

圓神出版事業機構 收

廣告回函
北區郵政管理局登記證北臺字1713號
免貼郵票

寄件人：

地址：　　市　　鄉鎮
　　　　縣　　市
　　　　路(街)　　段　　巷　　弄　　號　　樓

電話：(宅)　　(家)